Berliner Theologische Zeitschrift
Band 40 (2023)

Berliner
Theologische Zeitschrift

———

Herausgegeben
im Auftrag der Humboldt-Universität zu Berlin
durch die Theologische Fakultät

Herausgeberkreis
Ruth Conrad (Berlin), Daniel Cyranka (Halle), Mohammad Gharaibeh (Berlin),
Katharina Greschat (Bochum), Rebekka Klein (Bochum), Torsten Meireis (Berlin),
Jürgen van Oorschot (Erlangen), Katharina Pyschny (Graz), Ulrike Schröder (Rostock),
Jens Schröter (Berlin), Henrik Simojoki (Berlin), Friedemann Stengel (Halle),
Markus Witte (Berlin)

Schriftleiter
Markus Witte

Band 40 (2023)

Theologie und Kinder

Herausgegeben von
Rebekka Klein, Katharina Pyschny und Henrik Simojoki

DE GRUYTER

Redaktionsassistenz
Miriam Raichle

Advisory Board
Lubomir Batka (Bratislava), Ingolf Dalferth (Claremont, CA), Wilfried Engemann (Wien),
Daniel Jeyaraj (Liverpool), Risto Saarinen (Helsinki), Joseph Verheyden (Leuven)

ISBN 978-3-11-132766-2
ISSN 0724-6137
e-ISSN 2699-3414

Library of Congress Cataloging-in-Publication Data
A CIP catalog record for this book has been applied for at the Library of Congress.

Bibliografische Information der Deutschen Nationalbibliothek
Die Deutsche Nationalbibliothek verzeichnet diese Publikation in der Deutschen
Nationalbibliografie; detaillierte bibliografische Daten sind im Internet über
http://dnb.dnb.de abrufbar.

© 2023 Walter de Gruyter GmbH & Co. KG, Berlin/Boston
Satz: Matthias Müller, Berlin
Druck und Bindung: CPI books GmbH, Leck
Umschlagabbildung: privat

www.degruyter.com

Inhalt

https://doi.org/10.1515/bthz-2023-0001

Teil III: **Kinder in religiösen Bildungsprozessen**

Editorial

1 Repräsentation von Kindern als Aufgabe und Herausforderung der Theologie

Was diesen Band bewegt, findet im Buchcover seinen bildlichen Ausdruck. Statt, wie etwa bei Passbildern geläufig, das Gesicht frontal von vorne abzubilden, nähert sich das Foto der Perspektive des abgebildeten Kindes seitlich von hinten an – eine eher ungewöhnliche Darstellungsweise, die in der Portraitfotografie als sogenanntes Verlorenes Profil bekannt ist. Dieser Fachbegriff spielt auf eine Aufmerksamkeitsverlagerung an, die sich auch beim Coverbild einstellt: Das Foto deutet einen eigenen Blick auf die Welt an, ohne diese Perspektive wirklich einfangen zu können. Was das Mädchen mit der Schmetterlingsspange sieht und fokussiert, bleibt den Betrachtenden verborgen – und ist in dieser Entzogenheit zugleich präsent.

Diese Spannung zwischen Präsenz und Entzogenheit zieht sich durch die Beiträge der vorliegenden Ausgabe der Berliner Theologischen Zeitschrift, die sich mit einer bislang eher selten gestellten Frage befasst: Wie wird die Perspektive von Kindern in der Theologie repräsentiert? Dass Kinder auch in religiöser Hinsicht eine eigene Perspektive der Wahrnehmung ihrer selbst, der Welt und des Zusammenlebens von Menschen haben, wird heutzutage in der Theologie nicht mehr hinterfragt. Doch wie die Perspektive von Kindern theologisch eingefangen, gedeutet oder gar vertreten werden kann, ist – so die Ausgangswahrnehmung dieses Bandes – bislang nicht hinreichend geklärt.

Die Brisanz der Frage nach dem Verhältnis von Theologie und Kindern erwächst aus einem Repräsentationsgefälle, das in den Konstitutionsbedingungen des theologischen Wissenschaftsbetriebs begründet liegt: Theologie ist Erwachsenen vorbehalten, die, explizit oder implizit, ihre Fragen und Antworten, Wahrnehmungen und Wertungen, Erfahrungen und Perspektiven in den Wissenschaftsdiskurs einzeichnen. Kinder haben weder die Möglichkeit noch das Interesse, aus eigener Initiative und mit ihrer eigenen Stimme direkt an der theologischen Wissenschaftskommunikation zu partizipieren. Es liegt also an der akademischen Theologie selbst, darüber zu befinden, ob und wie sie die Repräsentation von Kindern zu ihrer eigenen Sache machen will. Wie dringlich eine solche Vergewisserung ist, zeigte sich besonders in den Jahren der Pandemie, in denen die Perspektive von Kindern teils aus dem Blickfeld geriet, teils für die je eigene Sicht auf die angemessene Krisenbewältigung argumentativ in Anspruch genommen wurde. Wenn es um die Repräsentation von Kindern geht, kann man leicht zu wenig und zu viel tun.

https://doi.org/10.1515/bthz-2023-0002

Damit ist bereits angedeutet, dass die Repräsentation von Kindern für die wissenschaftliche Theologie nicht nur eine vordringliche Aufgabe, sondern auch eine veritable Herausforderung darstellt. Will sie als Angelegenheit von Erwachsenen auch und gerade eine Theologie für Kinder sein, muss sie sich kritisch mit den Grenzen der Repräsentation auseinandersetzen. Die Hermeneutik des kindlichen Seins darf keine Hermeneutik des paternalisierenden Übergriffs auf das andere und fremde Sein der Kinder werden. Grenzüberschreitungen bleiben auch dann Grenzüberschreitungen, wenn sie von hehren Beweggründen motiviert sind. Beim Nachdenken über Theologie und Kinder geht es folglich nicht nur um die Frage, wie Theologie Kinder angemessen vertritt, sondern auch um die Bereitschaft und Kompetenz, sich irritieren und verstören zu lassen durch die ganz eigene Wahrnehmung und Orientierung des Kindlichen in dieser Welt. Oder, um auf das Coverbild zurückzukommen: Zur konstruktiven Aufgabe, die Perspektive von Kindern zu erfassen und theologisch zu vertreten, gehört die kritische Reflexion darüber, was sich an dieser Perspektive dem erkennenden und gestaltenden Zugriff entzieht. Bildlich gesprochen, lässt sich die kindliche Sicht auf Gott, Welt und Leben theologisch nur aus dem begrenzten Blickwinkel eines Verlorenen Profils porträtieren.

2 Aufbau und Beiträge des Bandes

Die für diesen Band leitende Intention, die Repräsentation der Kinder in der Theologie zu klären, läuft der eingespielten Logik der inner-theologischen Arbeitsteilung bewusst zuwider, nach der (zu einem Großteil) die Religionspädagogik für die wissenschaftliche Bearbeitung von Kinderperspektiven zuständig ist. Vielmehr fordert die Frage, wie Kinder repräsentiert werden können und sollen, die gesamte Theologie heraus, die in der vernetzten Vielfalt ihrer Disziplinen bereit und fähig sein sollte, von Kindern her und auf sie hin zu denken. Diese Einsicht begründet den Aufbau des Bandes, der sich in drei perspektivisch überlappende Teile gliedert:

Die Beiträge des *ersten Teils* beschäftigen sich mit historischen Wahrnehmungen von Kindheit und Kindern aus altertumshistorischer, biblischer, kirchengeschichtlicher sowie ideengeschichtlicher Perspektive. Dabei scheint ein gemeinsamer Gedanke auf: In den antiken Kulturen, in der Bibel, in der Kirchengeschichte und in der islamischen Ideengeschichte sind Kinder keinesfalls Randfiguren, sondern im theologischen Denken und Schreiben allgegenwärtig.

Im Bewusstsein der semantischen Unschärfen mit Blick auf Kinder, Jugendliche und Heranwachsende in den Kulturen des Altertums arbeitet *Andreas Kunz-Lübcke* heraus, wie Kinder im Alten Testament und den literarischen sowie bildhaften

Quellen seiner Umwelt (besonders Ägypten und Mesopotamien) im Spannungsfeld zwischen Alltagswirklichkeit und den verschiedenen Horizonten der Theologie wahrgenommen werden. Kinder sind in der Geschichte des menschlichen Denkens und Schreibens in den Kulturen des Altertums im wahrsten Sinne des Wortes real präsent. Insbesondere mit Blick auf die Fülle an Material und die einschlägigen Untersuchungen werden die Vorstellung, Kinder seien als solche erst ab einer bestimmten Phase der Neuzeit wahrgenommen worden, zurückgewiesen und die Spezifika der Repräsentation von Kindern im Altertum herausgestellt.

Im Sinne des *childist criticism*, eines neueren hermeneutischen Zugangs innerhalb der neutestamentlichen Wissenschaft, legt *Malte Cramer* eine kinderorientierte Bibelauslegung zum Thema Kinder und Nachfolge Jesu vor. Am Beispiel der synoptischen Evangelien wird gezeigt, wie Jesus seine Botschaft vom Reich Gottes von den Kindern her denkt und sie zu Vorbildern seiner Nachfolge stilisiert. Die Perspektive von Kindern, ihre Wahrnehmung und ihr (sozialer) Status werden zum Leitgedanken und zum Maßstab der Nachfolge Jesu. Auch wenn die Kinder in den ausgewählten Texten nicht unbedingt selbst als aktive Subjekte gezeichnet werden, überträgt Jesu ihnen in gewisser Weise *agency*, indem er sie vom Rand der Gesellschaft ins Zentrum seiner Lehre rückt und sie durch Wort sowie Handeln in mehrfacher Hinsicht zu wertvollen Subjekten seiner Nachfolge deklariert.

Der Beitrag von *Thomas Söding* setzt bei den jesuanischen Impulsen, Kinder zu achten und zu ehren, zu schützen und zu segnen, an und erarbeitet, wie diese im Corpus Paulinum kreativ so umgeformt werden, dass die neuen Lebenskonstellationen der hellenistischen Welt als Kontexte des Christseins und der Kirchenbildung erschlossen werden. Es wird deutlich, dass die paulinische Tradition Kinder immer dort thematisiert, wo Glaube und Ethos zum Familienleben zusammenfinden sollen. Dabei konfligieren die Impulse des Glaubens, die die Gleichheit aller Gotteskinder soteriologisch betonen, sichtlich mit den sozialen und kulturellen Realitäten. Die klare Option für Kinder im Corpus Paulinum wird in der Analyse mit einem wirkungsgeschichtlichen Problembewusstsein korreliert, welches ihre hellen sowie ihre Schattenseiten offen anspricht.

Tim Weitzel wirft einen kritischen Blick auf den Kinderkreuzzug aus dem Jahre 1212, der oft als Chiffre für religiöse Verblendung, Infantilität und Unvernunft gehandelt wird. Es wird eine Neuinterpretation dieses Ereignisses vorgeschlagen, die an seinem Charakter als Kreuzzug festhält und die vermeintlichen Paradoxien sowie Eigentümlichkeiten des Vorhabens als konsequente Auslegungen der Kreuzzugsidee interpretiert: der Kreuzzug kein Menschenwerk, sondern vielmehr Gotteskrieg. Gleichzeitig wird herausgestellt, dass für den Erfolg keine weltlichen Kriterien, sondern vielmehr das Gottvertrauen und der Gnadenstand seiner Teilnehmer ausschlaggebend sind. Insofern war das Handeln der *pueri* – die in einer längeren Reihe von charismatischen Akteuren in der Kreuzzugsbewegung stehen –

weder infantil noch naiv, sondern im Kontext der zeitgenössischen Deutungsmuster durchaus folgerichtig.

Der Beitrag von *Mohammad Gharaibeh* zeigt auf, dass Kinder und Kindheit in der Islamischen Theologie und in muslimischen Gesellschaften in unterschiedlichen Kontexten eine Rolle spielen. Am Beispiel der Überlieferungspraxis der Prophetischen Tradition (*ḥadīṯ*) wird herausgearbeitet, dass Kindern im Laufe der Zeit eine größere Bedeutung zukam. Ab dem 11. Jahrhundert wurden Kinder im Zuge der Bestrebungen, kurze Überlieferungsketten mit wenigen Überlieferern und Überlieferinnen zu kreieren, die eine möglichst kurze (spirituelle) Verbindung zum Propheten herstellen sollten, vergleichsweise früh ins Überlieferungssystem eingeführt. Damit wurde ihre Rolle im Kontext und ihre Gelehrsamkeit entscheidend gestärkt, da eine frühe Initiation auch als bestmögliche Vorbereitung für eine erfolgreiche Gelehrtenkarriere galt.

Die Beiträge im *zweiten Teil* des Jahrbuches diskutieren die Einbeziehung von Kindern in den Diskurs der wissenschaftlichen Theologie. Dabei sind die Artikel insbesondere an der hermeneutischen und machtkritischen Frage interessiert, welche Möglichkeiten und Grenzen sich für eine Praxis der Repräsentation von Kindern in der Theologie auftun.

Der Beitrag von *Henrik Simojoki* zeigt auf, inwiefern die bisherigen Versuche der Theologie und Religionspädagogik, die eigentümliche Lebensweise und Weltsicht von Kindern zu repräsentieren, an eine Grenze stoßen. Eine ›Einbeziehung‹ von Kindern ist nur durch die intentionale Erschließung ihrer Präsenz zu leisten und gerät damit in eine Ambivalenz: Das zu Repräsentierende ist per definitionem abwesend und ausgeschlossen und kann daher nur ›um den Preis‹ seiner intentionalen Vergegenwärtigung integriert werden. Konkret führt dies oft dazu, dass die verstörende und herausfordernde Insistenz des Kindes, die sich allen Versuchen des intentionalen Verstehens entzieht, missachtet wird. Der Perspektivwechsel hin zu einer Theologie mit und für Kinder tut daher gut daran, ›unvollendet‹ zu bleiben und die Grenze der Repräsentierbarkeit des kindlichen Seins im Diskurs der Erwachsenen nicht zu verletzen.

Auch *Bernhard Grümme* weist in seinem Beitrag auf diese ›Lücke‹ der Repräsentation des Kindes hin und deutet sie als Ausdruck eines hegemonialen, die Alteritäten des Kindseins abblendenden Machtdiskurses der Erwachsenen. Er spricht sich daher für eine ›gebrochene‹ praktisch-bezogene Suche nach dem Kindlichen im Diskurs der Theologie aus, welche sich der asymmetrisch-einseitigen Bemächtigung des Kindlichen, die dem advokatorischen Diskurs der Kindertheologie eignet, im Ansatz enthält. Die theologische Vernunft müsse sich auf ihrer Suche nach Universalität und Wahrheit stets empfänglich und offen halten für ein Zuvorkommen von Alterität – für Abweichung und Anderssein des Anderen – und sich in ihrer Logik konstitutiv von ihm her unterbrechen lassen.

Das Unvermögen der Repräsentation, das Dasein der Kinder in seiner Eigendynamik vollkommen ab- oder nachzubilden oder es als ein sich entziehendes Moment auch nur zu benennen, führt *Clemens Sedmak* in seinem Beitrag auf eine Begrenzung der theologischen Vorstellungskraft und auf eine für das Denken oftmals konstitutive ›Diät der Beispiele‹ zurück. Eine Theologie des Kindes sei nur dann fruchtbar, wenn diese zuerst ihre eigene Vorstellung vom Kind ›dekolonialisiere‹. Wo eine Kolonialisierung des Kindlichen am Werk sei, zeige sich dies an einer den Kindern eigenen disruptiven Kraft, die Welt der Erwachsenen zu durchbrechen und zu verstören. Diese anzuerkennen, sei ein erster Schritt dazu, die Potenziale einer Gleichheit von Kindern und Erwachsenen und ihrer gleichberechtigten Teilhabe an Macht als kooperativem Gut zu verwirklichen.

Eine Erweiterung der Vorstellungskraft der Theologie für die Kinder sucht auch *Friedrich Schweitzer* in seinem Beitrag zu praktizieren. Unter Verweis auf die Pluralität und Diversität des Kindseins nimmt er die interreligiösen Dimensionen und Konfliktpotenziale des Lebens von Kindern in den Blick. Inter- und multireligiöse Lebenswege von Kindern nötigen dazu, sie bei ihren Wahrnehmungen und Erfahrungen mit der Begegnung des Anderen zu begleiten und ihren individuellen Erkenntnissen Aufmerksamkeit zu schenken. Dennoch dürfe die Theologie angesichts der Pluralität der Stimmen nicht auf eine Anthropologie des Kindes, also auf eine Beschreibung der verbindenden Gemeinsamkeit verzichten, da sie sonst die in den kontextuellen Einbettungen des Kindseins gefassten Erkenntnisse nicht systematisch integrieren und in ihrer Relevanz für die allgemeine Sicht des Menschseins artikulieren könne.

Die Artikel im *dritten Teil* des Bandes konkretisieren die Frage der Einbeziehung von Kindern an Fallbeispielen aus dem Bereich von kindlicher Entwicklung und Bildung. In historischen Studien wird aufgezeigt, inwiefern Kinder in religiösen Bildungsprozessen wahrgenommen wurden und warum sie teils nicht als ›eigene Stimme‹ angesprochen oder einbezogen worden sind. Zudem wird untersucht, wie es zur Veränderung hin zu einer subjektorientierten Pädagogik kommt, die Kinder nicht mehr als von Erwachsenen in Bildungsprozesse eingebundene, sondern diese (mit-)gestaltende Akteure begreift. Des Weiteren gehen die Beiträge des dritten Teils systematisch der Frage nach, wie von Kindern selbst initiierte (religiöse) Lernprozesse angemessen erforscht und wie grundlegend neue Erkenntnisse und ›Lerngeschichten‹ der Theologie ausgehend von einer Entwicklungstheorie kindlicher Autonomie entfaltet werden können.

Der Artikel von *Michael Rocher* rekonstruiert auf der Basis der Berichte Christian Gotthilf Salzmanns (1744–1811), wie im 18. Jahrhundert Religionsunterricht am Dessauer Philanthropin erteilt wurde. Er zeigt auf, inwiefern den Kindern am Philanthropinum trotz des dort herrschenden ›aufklärerischen‹ Geistes doch wenig Autonomie bei ihrer religiösen Bildung zugetraut und diese nicht als Dialogpartner anerkannt wurden.

Florian Bock zeichnet in seinem Beitrag die Geschichte der Wahrnehmung von Kindern in der katholischen Pastoralliteratur und Religionspädagogik des 18. bis 20. Jahrhunderts nach. Er macht deutlich, dass ein Sprechen für die Kinder lange als ein Sprechen anstelle der Kinder verstanden wurde und erst in der zweiten Hälfte des 20. Jahrhunderts sowie in den letzten Jahren im Zuge der Veröffentlichung des Missbrauchs von Kindern ein Umdenken einsetzte.

Britta Konz spricht sich ausgehend von den Erkenntnissen einer qualitativen Studie über religiöse Selbst- und Weltdeutungen von Kindern mit Fluchterfahrungen dafür aus, Kinder in ihrer eigenständigen Deutungskompetenz für traumatische Widerfahrnisse in ihrem Leben ernstzunehmen. Die Zuschreibung von Vulnerabilität an traumatisierte Kinder müsse dahingehend korrigiert werden, dass ihnen die eigenständige Bearbeitung von Krisen und Gewalt zugetraut und als Teil ihrer *agency* und Subjektivierung anerkannt werde. Diese zeige sich insbesondere an von den Kindern selbst entwickelten Deutungen des Handelns Gottes, die ein situationsbezogenes und zugleich zukunftsgerichtetes Coping mit Verletzungen ermöglichen.

Für den Bereich der politischen Bildung spricht sich *Johannes Drerup* dafür aus, den Ruf nach einer Bearbeitung der Repräsentations- und Partizipationsdefizite von Kindern und Jugendlichen nicht überzustrapazieren. Auf einen gewissen ›Paternalismus‹ könne in Bildungskontexten nicht verzichtet werden. Die advokatorische Repräsentation kindlicher Interessen in politischen und wissenschaftlichen Debatten sei zudem grundsätzlich mit der respektvollen Berücksichtigung kindlicher Perspektiven in unterschiedlichen Praxiskontexten kompatibel. Dies zeige sich gerade in der Behandlung kontroverser religiöser Themen im Unterricht, deren Diskussion Kinder nicht ohne die Unterstützung von Erwachsenen vernünftig gestalten können.

Für die Situation der islamischen Religionspädagogik betont *Fatimah Ulfat*, dass im Blick auf die Repräsentation der eigenständigen religiösen Entwicklung von Kindern großer Nachholbedarf bestehe. Aufgrund der Orientierung am Ideal der Nachahmung sei der religiöse Bildungsprozess über Jahrhunderte stets vom Erziehenden aus definiert worden. In einer aktuellen empirischen Studie können hingegen erste Erkenntnisse darüber gefasst werden, wie muslimische Kinder sich selbst im Spannungsfeld von Tradition und aktueller Situation positionieren und dass sie zu einer je individuell vollzogenen Selbstrelationierung zu Gott fähig sind.

In seinem abschließenden Beitrag zu einer ›Naturgeschichte der Freiheit‹ zeigt *Martin Breul*, wie der Blick auf die soziale Entwicklung von Kindern der Theologie zu neuen Einsichten verhelfen kann, wenn es um die seit langem kontrovers diskutierte Frage nach dem Zusammenhang zwischen göttlicher Gnade und menschlicher Freiheit geht. Dass die kindliche Autonomie nicht kontextenthoben entsteht und zudem im Vollzug reziproker Anerkennungsverhältnisse wurzelt (M. Tomasello), könne dafür sensibilisieren anzuerkennen, dass Freiheit stets der Interaktion mit dem Anderen ›verdankt‹ ist, und dass dies auch der Sinn der religiösen Deutung sei, die eine unvordenkliche Gnade Gottes zum ›Anfang‹ der Freiheit macht.

3 Dank

Der vorliegende Band der Berliner Theologischen Zeitschrift ist ein Gemeinschaftswerk vieler – und in einer Zeit entstanden, die im Schatten einer globalen Pandemie stand. Umso mehr Grund haben wir daher abschließend zu danken. Unser Dank richtet sich zunächst an die Kolleginnen und Kollegen für ihre beeindruckende Bereitwilligkeit, sich auf die für sie teils fremde Leitperspektive des Bandes einzulassen. Ebenfalls danken möchten wir Miriam Raichle und Lasse Joost, die den Redaktionsprozess exzellent koordiniert haben, sowie dem Verlag De Gruyter für die bewährte gute Zusammenarbeit. Last but not least gebührt unser Dank unseren studentischen Mitarbeiterinnen und Mitarbeitern Magdalena Bredendiek, Benedikt Busch und Martina Fuhrmann (Berlin), Paula Sandkuhl (Bochum) und Matej Papic (Graz) für ihre Aufmerksamkeit und Sorgfalt beim Korrekturlesen.

Der letzte Satz dieses Editorials lenkt den Blick erneut auf das Coverbild und gilt den zwei Bezugsgrößen, um die es im Folgenden zentral geht. Es ist unser Wunsch, dass die Beiträge dieses Bandes – zusammengenommen wie einzeln – der Theologie dazu verhelfen, den Kindern perspektivisch ein kleines Stück näher zu kommen und dabei auch schärfer zu sehen, was ihr nicht gehört.

Rebekka Klein, Katharina Pyschny und Henrik Simojoki
Bochum, Berlin und Graz, im März 2023

Teil I: **Historische Wahrnehmung von Kindheit und Kindern**

Andreas Kunz-Lübcke

Zur Repräsentation von Kindern in der Literatur des biblischen Israels und seiner Nachbarn

Zusammenfassung: Die Forschung zur Geschichte der Kindheit und die damit verbundenen Vorstellungen sind lange davon ausgegangen, dass die Kindheit als eine eigene Lebensphase mit einem eigenen Wert erst mit der Neuzeit als Konzept in Betracht gezogen worden ist. Dabei wurde postuliert, dass Kinder und Kindheit in den antiken Kulturen eben nicht als solche beziehungsweise als eine eigene Kategorie wahrgenommen worden sind. Mit diesem Beitrag soll aufgezeigt werden, dass Kinder und Kindheit in der Hebräischen Bibel (mit einigen Seitenblicken in die Kultur Ägyptens) sehr wohl als solche wahrgenommen worden sind. In einem wesentlichen Aspekt allerdings scheidet sich die Vorstellung von Kindheit in den Darstellungswelten der Hebräischen Bibel von der modernen Sichtweise: Kinder blieben zeitlebens die unvollkommenen Kinder ihrer Eltern, wobei sich dieses Gefälle von Generation zu Generation fortschrieb.

Abstract: Research on the history of childhood and the ideas associated with it has long assumed that childhood as a distinct phase of life with its own value was not considered as a concept until the modern era. In doing so, it has been postulated that children and childhood were precisely not perceived as such or as a distinct category in ancient cultures. The purpose of this paper is to show that children and childhood were indeed perceived as such in the Hebrew Bible (with some side glances into the culture of Egypt). In one essential aspect, however, the conception of childhood in the representational worlds of the Hebrew Bible differs from the modern view: Children remained the imperfect children of their parents throughout their lives, with this disparity continuing from generation to generation.

1 Einleitung

Die Frage, ab welchem Zeitpunkt Kinder in den verschiedenen Kulturen und Epochen als solche wahrgenommen worden sind, sie also nicht als »kleine Erwachsene« beziehungsweise als noch »unvollkommene Menschen« wahrgenommen

Kontakt: Andreas Kunz-Lübcke, Fachhochschule für Interkulturelle Theologie Hermannsburg; E-Mail: a.kunz-luebcke@fh-hermannsburg.de

https://doi.org/10.1515/bthz-2023-0003

worden sind, ab wann »Kindheit« als eine Lebensphase mit ihrem eigenen Wert und prägend für die Ausbildung individueller Persönlichkeiten verstanden wurde, ist widersprüchlich beantwortet worden. Einen Meilenstein stellte die von Philippe Ariès aufgestellte These dar, dass Kinder und Kindheit als Konzepte und Konstrukte der jeweiligen Diskurse erst ab dem 16. Jahrhundert greifbar sind, entsprechende Vorstellungen bezüglich kindlicher Eigenschaften und Bedürfnisse, auf Kinder abgestimmte pädagogische Konzepte hätten in der Menschheitsgeschichte zuvor nicht existiert.[1]

Im Gefolge der Arbeit von Ariés sind eine ganze Reihe von Untersuchungen erschienen, die sich der Frage widmen, ab wann genau die Kindheit als eine eigene Phase, die von der Erwachsenenwelt abzugrenzen ist, betrachtet worden ist. Ein gewisser Konsens hat sich dahingehend etabliert, dass im 18. Jahrhundert eine entsprechende sprunghafte Entwicklung auszumachen sei. Die Gründe, die dafür angeführt werden, fallen verschieden aus. Einigkeit besteht allerdings darin, dass die Entwicklung einer kindgerechten Pädagogik, die ihre Ursachen in einem gesteigerten Bildungsbedarf oder in der Verfügbarkeit von gedruckten Texten gefunden hat, ein maßgeblicher Faktor gewesen sei.[2]

Allerdings muss hier die Frage aufgeworfen werden, inwieweit die komplexeren Literaturen des Alten Orients und Ägyptens, die sich insbesondere in der sumerischen, akkadischen und der ägyptischen Sprache auf ein System von etwa 2500 verschiedenen Zeichen gestützt hat, nicht auch eine kindgerechte Pädagogik notwendig gemacht haben. Zusammenfassend hält Cunningham fest, dass sich als Ergebnis der Untersuchungen – bezogen auf das neuzeitliche Europa –, die Erkenntnis postulieren lasse, »dass sich im Laufe der Zeit signifikante Veränderungen in der Haltung gegenüber und dem Umgang mit der Kindheit ergeben hatten. Andere, weniger weit reichende Studien, die sich auf das 18. Jahrhundert als wichtigstes Zeitalter der Veränderungen konzentrierten, kamen zum selben Ergebnis.«[3]

---

1 P. Ariès, L'enfant et la vie familiale sous l'ancien régime, Paris 1960, deutsche Übersetzung erstmals ders., Geschichte der Kindheit, übers. Caroline Neubaur und Karin Kersten, München 1975 mit zahlreichen Nachauflagen.

2 Die Diskussion der Frage, durch welche Faktoren sich die Kindheit in der Perspektive der Erwachsenen als eine eigene Lebensphase von der Erwachsenenwelt abgesetzt hat, hat verschiedene Argumente ins Spiel gebracht, die nicht gegeneinander ausgespielt werden sollten. Das Buch als massentaugliches Medium, die Notwendigkeit von Bildung, verbesserte soziale Situationen, die Industrialisierung, das Aufkommen von »Freizeit«, diese und andere Faktoren sind angeführt worden, um das Aufkommen der Kindheit im kollektiven Bewusstsein zu erklären; vgl. H. Cunningham, Die Geschichte des Kindes in der Neuzeit, übers. Harald Ehrhardt, Düsseldorf 2006, 11–34.

3 Cunningham, Geschichte (s. Anm. 2), 27.

Die Geschichte der Kindheitsforschung kann hier nicht abgehandelt werden. Hervorzuheben ist, dass in den antiken Kulturen des Mittelmeeres Kinder durchaus präsent sind und wohl auch als solche gedacht worden sind. Im Folgenden soll exemplarisch aufgezeigt werden, dass Kinder in den verschiedenen Kulturen mit unterschiedlichen Schwerpunkten und in jeweils verschiedenen sozialen Kontexten begegnen.[4]

2 Kinder, Jugendliche, Heranwachsende: Semantische Unschärfen

Innerhalb der komplexen Komposition der Erzählungen über Gideon (Ri 6–8) tauchen in einer der Episoden zwei beiläufige Notizen auf. Im Zuge seines Krieges gegen die Midianiter und der Bestrafung der Bewohner der Stadt Sukkot nimmt Gideon eine bemerkenswerte Quelle in Anspruch:

> Und er ergriff einen *na'ar* von den Männern/Leuten Sukkots [*me'anše sukkot*] und befragte ihn. Dieser schrieb ihm auf die Fürsten von Sukkot und seine Ältesten, 77 Männer. (Ri 8,14)

Offenbleiben muss die Frage, ob sich der Ausdruck *me'anše sukkot*, wie hier in der Übersetzung angedeutet, auf die erwachsene männliche oder auf die gesamte Bevölkerung der Stadt bezieht. Ebenso lässt sich nicht sicher sagen, ob es sich bei dem *na'ar* um einen Knaben, einen männlichen Heranwachsenden oder um einen jungen Mann handelt. Vom Erzähler vorausgesetzt ist immerhin, dass der *na'ar* erstens schreibkundig und zweitens in der Lage ist, die soziale Oberschicht der Stadt (wobei die Zahl 77 eher symbolisch ist) zu memorieren. Im weiteren Verlauf der Erzählung adressiert Gideon die Frage an die beiden gefangen genommenen

---

4 Auf die inzwischen in großer Fülle angewachsene Literatur kann hier nur exemplarisch verwiesen werden: Sh. Betsworth/J. F. Parker (Hg.), T&T Clark Handbook of Children in the Bible and the Biblical World, London u. a. 2019; E. Feucht, Das Kind im Alten Ägypten, Frankfurt/M. 1995; R. M. Janssen/J. J. Janssen, Growing up and Getting old in Ancient Egypt, London 2007; A. Kunz-Lübcke, Das Kind in den antiken Kulturen des Mittelmeers. Israel – Ägypten – Griechenland, Neukirchen-Vluyn 2007; A. Kunz-Lübcke/R. Lux (Hg.), »Schaffe mir Kinder …«. Beiträge zur Kindheit im alten Israel und in seinen Nachbarkulturen (ABIG 21), Leipzig 2006; J. Neils/J. H. Oakley (Hg.), Coming of Age in Ancient Greece. Images of Childhood from the Classical Past, New Haven/London 2003; Sh. W. Flynn (Hg.), Children in the Bible and the Ancient World. Comparative and Historical Methods in Reading Ancient Children (SHANE), London 2019; V. Dasen (Hg.), Naissance et petite enfance dans l'Antiquité. Actes du colloque de Fribourg, 28 novembre–1er décembre 2001 (OBO 203), Fribourg 2004.

midianitischen Könige, wer die Männer gewesen sind, die die beiden in Tabor exekutiert haben. Die Antwort lautet: Sie waren jeder wie du, gleich der Gestalt von Königssöhnen (Ri 8,18*). Gideon antwortet darauf, dass diese seine Brüder die Söhne seiner Mutter gewesen sind (Ri 8,19*). Abgesehen davon, dass die Getöteten in der Sichtweise Gideons *wie* seine Brüder geschätzt worden sind, bleibt die Frage offen, was es mit der Gestalt von Königssöhnen auf sich hat. Sind hier Heranwachsende im Sinne von Königskindern oder »Prinzlein« gemeint? Setzt die hohe Geburt bestimmte morphologische Besonderheiten wie Anmut oder eine Art angeborene Schönheit voraus? Mit Blick auf die hier besprochene Wahrnehmung von Kindern und der entsprechenden Eingrenzung der relevanten Begrifflichkeiten, nicht weniger unbestimmt ist eine dritte Bezugnahme auf Kinder beziehungsweise Heranwachsende.

Gideon befiehlt seinem erstgeborenen Sohn, die beiden gefangenen Könige zu exekutieren:

> Gideon sprach zu Jeter, seinem Erstgeborenen: »Stehe auf und erschlage sie!« Aber der *na'ar* zog sein Schwert nicht, denn er fürchtete sich, denn er war noch ein *na'ar*. (Ri 8,20)

Würde zur Beantwortung der Frage, was genau sich hinter dem Begriff *na'ar* semantisch verbirgt, nur auf die Geschichte von der Hinrichtung der beiden midianitischen Könige zurückgegriffen werden können, ergäbe sich folgendes Bild: Ein *na'ar* ist eine noch nicht erwachsene oder eine gerade erwachsen gewordene männliche Person, die eine Ausbildung in der Schreibkunst durchlaufen hat und die noch nicht »Mann« genug ist, eine Exekution durchzuführen, wobei hier weniger die physische als vielmehr die psychische Stärke in den Blick genommen ist.

Allerdings ist damit alles andere als eine klare Abgrenzung dessen gegeben, was mit dem Ausdruck *na'ar* bezüglich des Lebensalters oder der Entwicklung einer männlichen Person gemeint sein kann. Der jüngste *na'ar*, der in der Hebräischen Bibel (HB) begegnet, ist das erste Kind Davids und Batschebas, das im Alter von sieben Tagen stirbt. Im betreffenden Abschnitt 2 Sam 12,14–19 wird dieses siebenmal als *jeled*, einmal als Sohn und ein weiteres Mal als *na'ar* bezeichnet. Geradezu enigmatisch mutet das Vorkommen des Ausdrucks in Est 2,2 an. Hier raten die *na'are hammelek* dazu, dass als Ersatz für die aufsässige Königin Vasti *ne'arot* ausfindig gemacht werden sollen, unter denen der König sich eine neue Königin auswählen könne. Für die *ne'arot* wird präzisiert, dass diese sexuell noch unberührt und zudem von schöner Gestalt sind. Während für diesen Personenkreis das ungefähre Lebensalter klar umrissen ist, lässt sich das für die Berater des Königs gerade nicht sagen. Unter den bekannten Übersetzern bleiben allein Martin Buber und Franz Rosenzweig konsequent und konstatieren, dass es die Knaben des Königs gewesen sind, die ihm zu diesem Schritt geraten haben.[5]

3 Kinder in verschiedenen kulturellen Horizonten

3.1 Kinder in der ägyptischen Theologie und Ikonographie

Kinder begegnen in den zahlreichen Hinterlassenschaften und Artefakten aus dem Alten Ägypten insbesondere in zwei Kontexten. Sie sind sowohl ein fester Bestandteil der sepulchralen Darstellungswelten als auch der sakralen Ikonographie und Architektur. Insbesondere in den Privatgräbern wird eine Kontinuierung und Revitalisierung verstorbener Familien, in deren Zentrum in den allermeisten Fällen der Grabherr selbst steht, als ein erstrebenswertes Ideal projiziert. Ein häufig wiederkehrendes Motiv ist, dass sich der Grabherr zusammen mit seiner Gemahlin in jugendlicher Schönheit in Szene hat setzen lassen. Auch wenn davon auszugehen ist, dass ein Großteil der ägyptischen Oberschicht, die sich entsprechende Grabbauten hat leisten können, im mittleren bis hohen Alter verstorben ist, so wird dieser Umstand im Jenseits geradezu retuschiert. Jugend und Schönheit sind ein wesentliches Merkmal der ägyptischem Jenseitsvorstellungen. Dazu gehört auch, dass die Kinder in den allermeisten Fällen als Kleinkinder dargestellt werden. Die auffälligen Merkmale dafür sind Nacktheit, ein spezifischer Haarschnitt und der typische Gestus des an den Mund gelegten rechten Zeigefingers.

Eine häufig zu beobachtende Szene ist, dass das Kind, hierbei kann es sich um Tochter oder Sohn handeln, den Vater bei seiner Tätigkeit beobachtet oder aber diesen in einem Gestus der Vertrautheit mit der Hand berührt. Es handelt sich dabei um eine Art paradiesische Inszenierung, die den Grabherren bei der Ausübung aristokratischer Beschäftigungen wie Jagen und Fischen zeigt. Gelegentlich ist auch zu sehen, dass die Aufmerksamkeit des Kindes vom Vater abgelenkt ist und es verspielt das Leben unter der Wasseroberfläche betrachtet.[6]

Eine zweite und besondere Form der Wahrnehmung von Kindern stellt deren Theologisierung dar. In der »klassischen« ägyptischen Theologie begegnet mit der Gestalt des Hauptgottes Horus eben nicht nur ein Gott in einer umfassenden, insbesondere beschützenden und durch den König repräsentierten Figur, sondern auch als ein als Kind dargestellter Gott, der dementsprechend gefährdet und schutzbe-

---

5 M. Buber, Die Schrift, Bd. 4: Die Schriftwerke, Heidelberg [4]1976, 415, übersetzt: »Die Knaben des Königs, die ihn aufwarteten, sprachen: ›Man suche für den König Mädchen, Maiden, gut anzusehn‹ [...].«
6 Einen Einblick in die Präsenz der Kinder in den inszenierten Familienidyllen in den ägyptischen Gräbern bilden die Bildbände: A. G. Shadid, Das Grab des Sennedjem. Ein Künstlergrab der 19. Dynastie in Deir El Medineh, Mainz [2]1994; ders./M. Seidel, Das Grab des Nacht. Kunst und Geschichte eines Beamtengrabes der 18. Dynastie in Theben-West, Mainz 1991.

dürftig ist.[7] Dieser Kindgott hat in der ptolemäischen und römischen Zeit offensichtlich an Popularität gewonnen. Den jetzt unter verschiedenen Namen begegnenden Kindgöttern (etwa Horus-*pa-chered*/Griechisch: Harpokrates) werden ganze Tempelbereiche, insbesondere das Geburtshaus gewidmet, in dem die Zeugung, Geburt, Ernährung des Kindes und die Aufzucht durch die göttliche Mutter in aller Ausführlichkeit dargestellt werden. Dabei weist der Kindgott unterschiedliche Fähigkeiten wie die Gabe der Zukunftsdeutung auf. Der Kindgott ist in der Lage, die komplex gestaltete Zukunft in ihrer ganzen Breite zu erkennen und zu vermitteln.[8]

Nicht zu übersehen ist, dass im Ägypten der ptolemäischen und römischen Zeit Kindgötter geradezu eine sprunghafte Karriere durchlaufen.

> Im Ägypten der griechisch-römischen Zeit hat sich die Kindgottverehrung zum festen Bestandteil der Religion etabliert. Neben die alten Götter traten deren junge Nachfahren, auf die sich die Hoffnungen der Menschen richteten. Vielerorts wurde dem lokalen Götterpaar ein Kind [ägypt.: *pa-chered*] beigestellt, dem meistens ein eigener Kult zuteilwurde.[9]

Offensichtlich haben sich in der letzten Phase der altägyptischen Religion Kinder und die mit ihnen verbundenen Konzepte und Vorstellungen einer so hohen Beliebtheit erfreut, dass die in der Religionsgeschichte schon immer präsenten Kinder hier noch einmal einen rasanten Bedeutungsaufschwung erfahren haben.

Dass männliche Minderjährige aufgrund der Regelungen der Thronnachfolge nach dem Tod ihrer Vorgänger als Könige eingesetzt werden können, entspricht einem weit verbreiteten System, das auch in Ägypten praktiziert worden ist. Das Besondere in der ägyptischen Kunstgeschichte ist, dass einzelne Könige vollumfänglich als Kinder dargestellt werden können. Dies betrifft zum einen die Morphologie in der kindhaften Darstellung einzelner Könige. Ebenso spielt das Konzept von Kindheit bei der Darstellung des Verhältnisses des Königs zu einem bestimm-

---

7 Ein beliebtes und weit verbreitetes Motiv stellt die Darstellung des sich vor den Nachstellungen seines Bruders Seth im Papyrusdickicht verbergenden Horuskindes/Harpokrates dar; vgl. M.A. Stadler, »Das Kind sprach zu ihr« – ein Dialog der Isis mit einem göttlichen Kind im Papyrus Wien D. 12006, in: D. Budde/S. Sandri/U. Verhoeven (Hg.), Kindgötter im Ägypten der griechisch-römischen Zeit. Zeugnisse aus Stadt und Tempel als Spiegel des interkulturellen Kontakts (OLA 128), Leuven u.a. 2003, 301–322.

8 Vgl. D. Budde, Das Götterkind im Tempel, in der Stadt und im Weltgebäude. Eine Studie zu drei Kultobjekten der Hathor von Dendera zur Theologie der Kindgötter im griechisch-römischen Ägypten (Münchner Ägyptologische Studien 155), Darmstadt/Mainz 2011, 62.

9 D. Budde, Ägyptische Kindgötter und das Orakelwesen in griechisch-römischer Zeit, in: H. Beck/ P.C. Bol/M. Bückling (Hg.), Ägypten Griechenland Rom, Abwehr und Berührung. Städelsches Kunstinstitut und Städtische Galerie. 26. November 2005–26. Februar 2006, Tübingen 2005, 334–341.646–651: 335.

Abb. 1: Luxor-Museum; Statue Amenophis' III. (1388–1351 v. Chr.): Der König ist in Gestalt eines Kindes zusammen mit dem Gott Sobek dargestellt (© Andreas Kunz-Lübcke; Zeichnung: Jacklein Atef Sedrak).

ten Gott eine Rolle. Das Museum in Luxor beherbergt eine Statue Amenophis' III., die den König als Kind zusammen mit dem Gott Sobek zeigt (s. Abb. 1).

Amenophis steht neben dem Gott, der ihn in seiner sitzenden Position um wenige Zentimeter überragt. Sowohl die körperliche Gestalt als auch die Physiognomie zeigen den König als Kind mit ausgesprochen weichen Gesichtszügen. Der Gott richtet mit seiner rechten Hand das Anch-Zeichen auf den König, wodurch die Szene göttliche Fürsorge und Hingabe für den kindlichen König ausdrückt. Amenophis' III. hat den Thron im Alter von 12 Jahren bestiegen. Dass er somit auf der Stele steht, die aus der Anfangszeit seiner Regierung datieren dürfte, ist somit zunächst nicht ungewöhnlich. Aufgestellt wurde die Stele im Sobek-Tempel in der antiken Stadt Sumenu. Da sie dort während der gesamten Regierungszeit Amenophis' III. verblieb, ist somit das Verhältnis zwischen König und Gott als eine dauerhafte Beziehung zwischen einem kindlichen Sohn und seinem fürsorglichen göttlichen Vater zum Ausdruck gebracht worden.

3.2 Kinder in der assyrischen Ikonographie des Krieges und des Vertragsrechts

Kinder begegnen in den bildlichen und schriftlichen Hinterlassenschaften aus dem Zweistromland insbesondere in zwei Kontexten:

Dies betrifft zunächst die Inszenierung und Darstellung der Kriegszüge und Eroberungen einer ganzen Reihe von ethnischen Gruppen und Städten. Hierbei werden Kinder und auch Frauen insbesondere als Opfer des Krieges dargestellt. In den sehr zahlreichen Darstellungen aus den assyrischen Palastreliefs werden Kinder ausschließlich post bellum gezeigt. Kinder befinden sich auf dem Weg in die Gefangenschaft oder Geiselhaft, sie sind den Entbehrungen des langen Marsches ausgesetzt, sie leiden unterwegs Durst, sie sind Zeugen von Gewalthandlungen gegen Männer, womöglich soll es sich dabei um die jeweiligen Väter handeln. Um hierfür ein sehr drastisches Beispiel zu geben: Auf einem assyrischen Palastrelief, dass sich mit hoher Wahrscheinlichkeit auf die Belagerung und Einnahme der judäischen Stadt Lachisch bezieht, wird gezeigt, wie assyrische Soldaten Gefangene foltern. Der Szene wohnen zwei Jungen bei, die offensichtlich genötigt worden sind, sich den Vorgang anzuschauen. Die Gesamtkomposition der Darstellungen zielt darauf ab, einerseits die absolute Überlegenheit des assyrischen Reiches darzustellen und zugleich, hier ließe sich wohl von präventiver ideologischer Kriegsführung sprechen, eindringlich vor Widerständen und Rebellion gegen das assyrische Imperium zu warnen.[10]

Zum anderen begegnen Kinder in einem solchem Umfang in den assyrischen privaten Verträgen, dass sich ihnen eine umfassende Monografie widmen konnte.[11] Auffällig ist, dass die Adoption von Kindern in den Vertragstexten in einer auffällig hohen Zahl begegnet, wobei deren rechtlicher Status im Verhältnis zu den leiblichen Kindern der Adoptiveltern und die Frage von Freilassung und Rückkehr zu den Eltern im Mittelpunkt stehen. In diesem Zusammenhang vermutet Garroway, dass die Aussetzung von Kindern und die nachfolgende Adoption beziehungsweise Versklavung ein allgegenwärtiges Phänomen der assyrischen Gesellschaft gewesen ist. Zu erwähnen ist in diesem Zusammenhang, dass sich im Kodex Hammurabi immerhin sieben Kapitel dem rechtlichen Status von adoptierten beziehungsweise unfreien Kindern widmen. So notieren etwa die Paragraphen 188 und 189 den Rechtsfall, dass ein adoptiertes Kind, nachdem sein »Besitzer« ihm ein Handwerk

---

10 Vgl. dazu das Kapitel Kinder im Krieg mit Umzeichnungen der Kinderszenen auf den assyrischen Palastreliefs bei Kunz-Lübcke, Kind (s. Anm. 4), 186–191.
11 K. H. Garroway, Children in the Ancient Near Eastern Household (Explorations in Ancient Near Eastern Civilizations 3), Winona Lake 2014.

Abb. 2: Grab des Menna/Menena (Theben; TT 69): Der Grabherr Menna geht, begleitet von seiner Familie, der Ausübung der Jagd im Jenseits nach (© Andreas Kunz-Lübcke; Zeichnung: Jacklein Atef Sedrak).

gelehrt hat, von seinen leiblichen Eltern nicht mehr zurückgefordert werden kann. Für den Fall, dass kein Handwerk gelehrt worden ist, besteht die theoretische Möglichkeit einer Rückforderung des Kindes durch die leiblichen Eltern. Diese Regelungen dürften nicht allein einen ökonomischen Hintergrund haben. Möglicherweise geht es hier auch um die Frage, in welchem emotionalen Verhältnis das »adoptierte« Kind zu seinen Adoptiveltern/Besitzern und zu seinen leiblichen Eltern bis ins Erwachsenenalter stand.

4 Zur sozialen Alltagswirklichkeit von Kindern

Die oben schon besprochene Auffassung, dass Kinder in vorindustriellen Gesellschaften als solche nicht wahrgenommen worden sind, lässt sich mit Blick auf die Vielzahl der ikonographischen Belege in den verschiedenen Kulturen des Altertums hinterfragen. Bemerkenswert ist, dass in den letzten drei Dekaden eine ganze Reihe von Publikationen erschienen sind, die sich mit dem Thema Kind in den verschiedenen Kulturen des Alten Orients beschäftigen. Ohne die Vielzahl der Belege, die sich dem Thema Kind widmen, wäre diese Quantität an Publikationen nicht möglich gewesen.

Abb. 3: Grab des Menna/Menena (Theben; TT 69): Zwei spielende Kinder im Kontext von Erntearbeiten (© Andreas Kunz-Lübcke; Zeichnung: Jacklein Atef Sedrak).

Lassen die Publikationen etwas über die soziale Welt, in der die Kinder lebten und aufwuchsen, erkennen? Diese Frage kann nur bedingt mit Ja beantwortet werden. Nahezu alle Artefakte, die sich dem Thema widmen, entstammen aristokratischen oder königlichen Kreisen. Anders gesagt: Es lässt sich nur erahnen, wie Kinder, die in der sehr dünnen Oberschicht aufgewachsen sind, wahrgenommen worden sind.

Für die ägyptische Kultur lässt sich festhalten, dass die Darstellung von Kindern hauptsächlich in den Gräbern begegnet. Die einschlägigen Wandmalereien in den Gräbern artikulieren den Wunsch des Grabherren, mit seiner Familie im Jenseits wieder vereint zu werden. Dazu zählt die Wiederherstellung der Jugendlichkeit der beiden Ehepartner und die Rücksetzung des Lebensalters der Kinder in die Zeit des Kleinkindalters. So findet sich etwa im Grab des Menna eine idealisierte Szene, in der der Grabherr dem aristokratischen Hobby der Jagd und dem Fischfang nachgeht, wobei er von seiner Gattin zärtlich berührt wird (s. Abb. 2).

Der Szene wohnen kleine Kinder bei, die entweder den Vater bewundernd bei seinen Jagdkünsten beobachten oder die verträumt im Wasser des Papyrusdickichts spielen. Bemerkenswert ist, dass die Kinder hier mit unterschiedlichen Entwicklungsstufen dargestellt werden. Eine der Töchter steht aufrecht, ist voll bekleidet und assistiert ihrem Vater, indem sie die erbeuteten Wildvögel trägt. Ein zweites Mädchen ist nackt, allerdings zeigen die dargestellten Brüste, dass sie sich schon im adoleszenten Alter befindet. Das Mädchen ist mit sich selbst beschäftigt und spielt verträumt im Wasser. Offensichtlich zielt die Darstellung darauf ab, dass mit der Phase der Adoleszenz die Kindheit noch nicht vorüber ist und auch ein

Abb. 4: Grab des Menna / Menena (Theben; TT 69): Zwei spielende (oder raufende?) Mädchen im Kontext von Erntearbeiten (© Andreas Kunz-Lübcke; Zeichnung: Jacklein Atef Sedrak).

fast erwachsenes Mädchen als ein spielendes Kind wahrgenommen und dargestellt werden kann.[12]

In dem Grab des Menna finden sich noch weitere Darstellungen von Kindern, die Aussagen über deren Lebenswirklichkeit erlauben. Auf den Wandmalereien werden ausführlich Erntearbeiten dargestellt. Diese werden hauptsächlich von erwachsenen Männern ausgeführt, einige wenige Frauen sind ebenfalls dargestellt. Unter den Arbeitern befinden sich einige wenige kleinere Personen, die zudem nackt dargestellt sind. Sehr wahrscheinlich ist hier ausgedrückt, dass Jugendliche allmählich in die Arbeitswelt hineingeführt werden.

Inmitten der arbeitenden Personen befinden sich zwei Paare von Kindern. Diese sind nackt, ihre Haartracht lässt darauf schließen, dass jeweils zwei Jungen und zwei Mädchen dargestellt sind. Einer der beiden Jungen hält den Fuß des anderen, möglicherweise zieht er seinem Gefährten einen Dorn aus dem Fuß (s. Abb. 3).

Die Szene der beiden Mädchen lässt sich schwerer deuten, da diese sich gegenseitig an Kopf und Hand fassen (s. Abb. 4). Möglich wäre eine Deutung, nach der die beiden miteinander raufen, im Kontext der Ernte wäre damit pure Not zum Ausdruck gebracht. Denkbar ist aber auch, dass sich beide Mädchen in ihrem Spiel berühren. Nimmt man die zweite Deutung an, wäre im Grab des Menna im Kontext

---

12 Vgl. die Zeichnung des Wandreliefs bei Kunz-Lübcke, Kind (s. Anm. 4), 137.

einer Arbeitswelt von Erwachsenen eine vom Spiel geprägte Kinderwelt hinein-projiziert.[13]

Erika Feucht führt einige Beispiele an, in denen stillende Mütter im Kontext individueller Arbeitsbereiche gezeigt werden. Dies betrifft Arbeiten in der Küche, in der Backstube beim Mahlen des Getreides, während der Fahrt auf einem Schiff, wobei auf diesem auch Arbeiten verrichtet werden. Auch wenn die Stillphase eine bleibende dauerhafte Nähe von Mutter und Kind voraussetzt und diese Situation nicht auf ältere Kinder übertragen werden kann, so lässt sich aus den Materialien schließen, dass Kinder und Heranwachsende in einer dauerhaften Nähe zu den individuellen Arbeitsfeldern standen. Auch dieser Befund bestätigt noch einmal die Vermutung, dass Kinder sich häufig in der Nähe von arbeitenden Erwachsenen aufgehalten haben.[14]

5 Zur gefährdeten Kindheit künftiger Herrscher, Retter und Götter

Der Beginn des Matthäusevangeliums zielt mit der Fluchtgeschichte der Familie nach Ägypten darauf ab, die Ereignisse im Leben Jesu mit der HB zu verbinden. Allerdings greift der Erzähler weitaus tiefer in das Repertoire der Erzählstoffe des Altertums ein, als es der bloße Verweis auf Hos 11,1 (»aus Ägypten habe ich meinen Sohn gerufen«) zunächst vermuten lässt. Dass der künftige Retter oder Herrscher bedroht ist, gilt in Ägypten sogar für den Gott Horus, der als Kind beinahe von einem mächtigen Widersacher getötet wird, der in der bloßen Existenz des Kindes eine Gefahr für sich sieht.

Zunächst ist hier aber noch auf das Motiv der Herbergssuche, das in der Geburtsgeschichte bei Lukas begegnet, zu verweisen. Im Unterschied zu Mt schwebt das Kind hier nicht in Lebensgefahr, dennoch stellen die vergebliche Suche nach einer Übernachtungsmöglichkeit und die Geburt an einem wenig komfortablen Ort dramatisierende Elemente dar.

Eine ähnliche Konstellation begegnet auf der aus Ägypten stammenden Metternich-Stele. In dieser von Elementen des Horusmythos geprägten Erzähltradition flieht die mit dem Horuskind schwangere Isis vor den Nachstellungen Seths. Auch dieser Schwangeren wird zunächst die Aufnahme seitens einer reichen Frau verweigert (allerdings ist sie in Begleitung von Skorpionen), die Tür öffnet ihr schließ-

---

13 Vgl. die Zeichnungen der Wandreliefs bei Kunz-Lübcke, Kind (s. Anm. 4), 194–196.
14 Feucht, Kind (s. Anm. 4), 152f.199.324.

lich ein armes Mädchen, das (nach einigen Turbulenzen) für ihre Großzügigkeit belohnt wird. »Die Geschichte [...] benutzt das aus der Weltliteratur bekannte Motiv der Obdach suchenden Gottheit, die hier von der reichen Frau zurückgewiesen, von der armen jedoch aufgenommen wird.«[15]

In der HB begegnet mit der Gestalt des Mose das Motiv des unter Zwang ausgesetzten und gefährdeten Kindes. Wie andere Herrscher in anderen Literaturen auch, muss das Kind Mose zunächst die Phase einer Bedrohung durchstehen. Das Besondere hierbei ist, dass nicht nur der Säugling Mose, sondern alle hebräischen Knaben vom Tod bedroht sind, da der entsprechende Befehl des ägyptischen Königs auf die faktische Auslöschung Israels zielt. Zu den bemerkenswerten Motivparallelen gehört in diesem Zusammenhang das gefährdete Kind, dem der amtierende Herrscher nachstellt und dieses (in einem Akt der Verzweiflung) im Fluss ausgesetzt wird. Dieses Motiv begegnet sowohl in der Literatur Mesopotamiens als auch in der römischen Legende von Romulus und Remus. Der jeweilige Herrscher trachtet dem betreffenden Kind nach dem Leben, da er befürchtet, dass von diesem eine Gefahr für ihn ausgehen könnte. Für die Geburtsgeschichte des Mose und des legendären assyrischen Königs Sargon kommt als Motivparallele noch hinzu, dass sich die Existenz beider Kinder einer illegitimen Zeugung verdankt.

Die betreffende Passage in der Geburtsgeschichte Sargons umfasst die illegitime Zeugung, die Aussetzung im Fluss, das rettende Auffinden des Kindes und dessen Adoption:

> Sargon, der starke König, König von Akkad, bin ich.
> Meine Mutter war eine Hohepriesterin (enetu), meinen Vater kenne ich nicht. Meine Mutter, eine Hohepriesterin, wurde mit mir schwanger. Insgeheim gebar sie mich.
> Sie legte mich in einen Schilfkasten. Mit Bitumen dichtete sie meine Behausung ab. Sie setzte mich am Fluss aus, der mich überspülte.
> Der Fluss trug mich fort, zu Akki, dem Wasserschöpfer, brachte er mich. Akki, der Wasserschöpfer, zog mich heraus, als er seine Wassereimer eintauchte. Akki, der Wasserschöpfer, zog mich als sein Adoptivkind groß.[16]

Das Motiv der nicht legitimen Zeugung begegnet auch im Kontext der Romulus- und Remus-Sage. Dem Herrscher wird geweissagt, dass eine bestimmte Frau einen Sohn gebären wird, der seine Herrschaft gefährden könnte. Zur Sicherung seiner Macht bestellt er diese zur Vestalin, wodurch sich Sexualität und Zeugung eines Kindes ausschließen. Allerdings wohnt dieser Frau ein Gott gewaltsam sexuell bei,

---

15 L. Kákosy, Metternichstele, in: LÄ 4 (1982), 122–124: 123.
16 Übersetzung nach E. Otto, Mose und das Gesetz. Die Mose-Figur als Gegenentwurf Politischer Theologie zur neuassyrischen Königsideologie im 7. Jh. v. Chr., in: ders. (Hg.), Mose. Ägypten und das Alte Testament (SBS 189), Stuttgart 2000, 43–83: 52 f.

die Folge ist die Schwangerschaft mit den beiden Zwillingen, wodurch auch hier von einer illegitimen Zeugung gesprochen werden kann.

Natürlich überleben die Kinder diese Phase der Gefährdung, der Leserschaft ist in allen drei Fällen deutlich, dass dabei die schützende Hand eines Gottes eine maßgebliche Rolle spielt.

Die auffälligen Parallelen im Motivgebrauch in den drei verschiedenen narrativen Kontexten lassen sich so einfach nicht erklären. Sicher kann angenommen werden, dass die narrative Kultur Mesopotamiens Einflüsse in den biblischen Erzählwelten hinterlassen hat. Die Frage, wie der Stoff nach Rom gekommen ist, lässt sich allerdings nicht überzeugend beantworten.

Ein Motiv, auf das hier näher einzugehen ist, ist die Aussetzung des gefährdeten Kindes im Fluss. Die Geburt des Mose ereignet sich unmittelbar nach dem in Ex 1 notierten Befehl des Pharao zum Infantizid an den hebräischen Knaben.

> Es ging ein Mann aus dem Haus Levi und nahm eine Levitin. Die Frau wurde schwanger und gebar einen Sohn und sie sah, dass er schön war. Sie verbarg ihn drei Monate lang. Als sie ihn nicht länger verbergen konnte, nahm sie für ihn einen Kasten aus Schilfstroh, dichtete ihn mit Bitumen ab und legte das Kind hinein und setzte ihn in das Schilf am Ufer des Nils. (Ex 2,1–3)

Mose wird von einer Prinzessin gerettet, also einer Repräsentantin des Machtapparats, der der Initiator des Tötungsbefehls ist. Im Unterschied zu anderen ausgesetzten Kindern geschieht das Wunder, dass Mose ausgerechnet in seine Familie zurückgegeben wird. Offensichtlich kommt es dem Erzähler hier darauf an, dass Mose im kultischen und sozialen Kontext der Hebräer und Hebräerinnen verbleibt, um dann erst als Erwachsener in die Obhut des Palastes übergeben zu werden (Ex 2,10).

Eine weitere Besonderheit besteht im Umstand der Zeugung des Mose: Dem Satz »Es ging ein Mann aus dem Haus Levi und nahm eine Levitin« fehlt der sonst übliche Hinweis auf die Eheschließung (»zur Frau nehmen«). Zudem steht die Frage nach der Existenz einer älteren Schwester des Mose im Raum.

Die bekannten Parallelen zur Geburtsgeschichte des akkadischen Königs Sargon seien hier noch einmal kurz angeführt: (1) die illegitime Zeugung und Geburt (»meinen Vater kannte ich nicht«); (2) die Aussetzung im Fluss (ein Grund dafür wird nicht genannt); (3) die Benutzung eines Vehikels, in dem das Kind ausgesetzt wird, das zudem noch mit Bitumen abgedichtet wird; (4) die Auffindung und Rettung des Kindes; (5) das Aufwachsen des Kindes mit unerkannter Identität; (6) Zuneigung für das Kind durch eine weibliche Gestalt (Prinzessin/Ischtar).

Es ist davon auszugehen, dass die Erzählungen von ausgesetzten Kindern, die später eine Führer- oder Herrscherrolle eingenommen haben, jeweils unterschiedliche Intentionen aufweisen.[17]

Mose ist das theologische Schwergewicht in der HB. Warum hat ausgerechnet er eine Kindheit, die zunächst unter keinem guten Stern steht? Zunächst ließe sich vermuten, dass der Umstand, dass das gefährdete und zugleich zu einer grandiosen Zukunft auserwählte Kind sich in der Hand eines schützenden Gottes befindet, der dieses alle Gefahren überstehen lässt.

Denkbar ist auch eine andere Deutung: Es dürfte in den antiken Kulturen kaum anders gewesen sein, als es heute ist. Kinder erwecken die Sympathie der Leserschaft. Soll also der kleine Mose in seinem Korb im Nil Empathie erwecken? Gut möglich ist das schon, zumal an seinem Lebensende gesagt wird, dass es keinen Größeren als ihn in Israel gegeben habe.

6 Wann werden Kinder erwachsen?

In moderner Perspektive gibt es klare Definitionen, in welche Phasen Kindheit, Jugend und Vollmündigkeit eingeteilt werden und wie genau die Phase der Kindheit vom Erwachsensein abgegrenzt wird. In den antiken Kulturen begegnet diese Betrachtungsweise nicht. Wie oben schon erwähnt, können spezifische Begriffe für Kindheit durchaus auch in der Welt der Erwachsenen Anwendung finden. Eine klare Definition, wann die Kindheit zu Ende ist, wann der betreffende Mensch heiraten kann, wann er zu Pflichten gegenüber dem König oder der Gemeinschaft verpflichtet ist, ab wann er eine gewisse Reife erlangt haben sollte, all diese Fragen werden nicht genau spezifiziert.

Einige Anzeichen sprechen dafür, dass zumindest bei Männern das Erreichen des 18. Lebensjahres eine gewisse Zäsur dargestellt hat. Ebenso lässt sich aus zwei Beispielen aus der HB und aus Ägypten ableiten, dass auch mit dem 30. Lebensalter eine gewisse Zäsur und ein Meilenstein in der Biografie gegeben ist.[18]

Zunächst zeigt ein Beispiel aus Ägypten die Bedeutung des 18. Lebensjahrs. In der großen Sphinxstele Amenophis' II. heißt es:

---

17 Zu den einzelnen Motiven in den Darstellungen des ausgesetzten Kindes in der Romulus- und Remus-Sage sowie auf dem Telephosfries im Berliner Pergamonmuseum vgl. Kunz-Lübcke, Kind (s. Anm. 4), 62–68.

18 Allerdings lassen sich die beiden Alterszäsuren mit 18 und 30 Jahren auch im klassischen Griechenland nachweisen. So erreichen die Athener mit 18 Jahren das Recht zur Teilnahme an der Bürgerversammlung, mit 30 Jahren beginnt das Recht, ein Amt als Richter oder Ratsmitglied auszuüben; vgl. J. Timmer, »Wer, der über 50 Jahre alt ist, will sprechen?« (Aischin. 1,23). Überlegungen zu einer Zäsur und ihrem Verschwinden im Lebenslauf attischer Bürger, in: Th. Fitzon/S. Linden/ K. Liess (Hg.), Alterszäsuren. Zeit und Lebensalter in Literatur, Theologie und Geschichte, Berlin/ New York 2012, 193–219: 195.

> Es war aber seine Majestät als König erschienen, als er ein vollkommener Jüngling war und seinen Leib austrainiert hatte; er hatte 18 Jahre in Tapferkeit auf seinen Schenkeln vollendet und war einer, der jede Tätigkeit des (Kriegsgottes) Month kannte, ohne daß es seinesgleichen auf dem Schlachtfeld gab.[19]

Allerdings ist es nicht allein das Erreichen des 18. Lebensjahres, das einen gewissen Lebensabschnitt markiert. Die Vollendung zum vollkommenen Mann erfolgt gleichermaßen im Kontext der Thronbesteigung. Vor dem 18. Lebensjahr und vor der Thronbesteigung gilt der Regent noch als *ḥwn nfr*, als schöner, vollkommener Jüngling. In einer weiteren Quelle verschiebt sich der Eintritt in das Erwachsenenalter zusammen mit dem Amtsantritt weiter nach hinten: In der Stele des Ichernofret heißt es, dass dieser im Alter von 26 Jahren, als er immer noch ein *ḥwn* war, vom König in sein Amt berufen worden ist: »My Majesty appointed you as a courtier when you were (still) a youngling (*ḥwn*) of 26 years.«[20] Möglicherweise ist mit dem 18. Lebensjahr ein Mindestalter gemeint, mit dem zusammen mit dem Amtsantritt der Status als vollendeter Erwachsener erreicht ist.

Allerdings begegnen auch Inschriften, in denen der Auftraggeber sich rühmt, noch als Kind seinen Aufgaben nachgekommen zu sein. Offensichtlich handelt es sich dabei um Personen, die das Amt von ihrem verstorbenen Vater ererbt haben und somit schon als Minderjährige, sicher mit entsprechender Beratung, ihre Funktion ausfüllen mussten. In diesen Inschriften wird betont, dass die Amtsinhaber noch als Kind vollkommen den an sie gestellten Anforderungen nachgekommen sind.[21]

Josef wird als Siebzehnjähriger in die Geschichte eingeführt. Sein Auftreten ist aufgrund seiner Bevorzugung durch den Vater und seiner Träume alles andere als bescheiden. Er nutzt seine besondere Stellung beim Vater, um die Brüder bei diesem anzuschwärzen. Rüdiger Lux hat ihn deswegen folgendermaßen charakterisiert: »Er ist eine Petze.«[22]

Zudem stolpert er recht unbeholfen in seine eigene Geschichte hinein. Von seinem Vater losgeschickt, nach seinen Brüdern zu suchen, läuft er offensichtlich

---

19 Übersetzung W. Decker, Sportliche Elemente im altägyptischen Königsritual. Überlegungen zur Sphinx-Stele Amenophis' II. (SAK 5), 1977, 1–20: 4.
20 Übersetzung nach www.bbaw.de, Lexem: *ḥwn* (abgerufen am 29.09.2022).
21 Ein signifikantes Beispiel hierfür ist die ausführlichste Biografie aus dem Mittleren Reich. Der Grabherr Chnumhotep II. rühmt sich, dass er als *sḏtj* bzw. als *nḫn*, beide Ausdrücke implizieren die Semantik *Kind*, erfolgreich gewesen sei. Zu diesem Zeitpunkt war er noch nicht beschnitten, zudem trug er noch eine wohl für Kinder typische Federtracht; zum Text siehe www.bbaw.de, Lexem: *nḫn*, (abgerufen am 29.09.2022).
22 R. Lux, Josef. Der Auserwählte unter seinen Brüdern (Biblische Gestalten 1), Leipzig 2001, 76.

orientierungslos umher. Erst ein zufällig seinen Weg kreuzender Mann kann ihm über den Aufenthaltsort Auskunft geben und ihn auf den richtigen Weg schicken. Der Leser muss sich hier natürlich fragen, was aus dem unbeholfenen Jungen geworden wäre, hätte er nicht zufällig Hilfe und Auskunft im unwirtlichen Gelände bekommen. Lakonisch ließe sich das Kapitel wie folgt zusammenfassen: Josef ist ein 17-jähriger und unfertiger Jüngling, der viel träumt und viel redet.

Er ist also alles andere als ausgereift und perfekt. Das ändert sich dramatisch, als er in die Situationen von Entfremdung, Gefangenschaft und versuchter sexueller Verführung durch die Frau seines ägyptischen Herrn gerät. Hier erweist er sich als ein moralisch integrer Mensch, der sich innerhalb der Leitlinien der Weisheit Israels zu bewegen weiß. Aus dem 17-Jährigen ist umgehend ein Erwachsener geworden. Auch wenn die übrigen Biografien in der HB, die sich ausführlicher mit einzelnen Personen befassen, so etwas wie eine Entwicklung im psychologischen Sinne nicht kennen, scheint diese für Josef doch gegeben zu sein. Mit 30 ist er schließlich auf dem Höhepunkt seiner Macht. In diesem Alter hat er sich als der göttlich inspirierte Ratgeber erwiesen, der es versteht, die Geschicke des Reiches positiv zu wenden.

Bemerkenswerterweise gibt es eine ägyptische biografische Notiz, in der das 18. Lebensjahr als das Jahr der Vollendung beschrieben wird. Es handelt sich dabei um die Gizeh-Stele Amenophis' II., die insbesondere festhält, dass der Kronprinz nach 18-jähriger Vorbereitung nunmehr in der Lage ist, das Amt des Königs und Kriegsherrn auszufüllen.

Die oben erwähnte Inschrift Amenophis' II. stellt weiter fest, dass der Jüngling erhebliche Anstrengungen unternommen habe, um sich auf sein künftiges Amt vorzubereiten. Allerdings war er zu diesem Zeitpunkt noch »ein Junge in süßer Liebe, noch ist er nicht weise«.[23] Da Amenophis II. zu seinem 18. Lebensjahr noch nicht als alleiniger König, sondern als Koregent zusammen mit seinem Vater eingesetzt worden ist,[24] muss das Erreichen dieses Lebensalters offensichtlich als Abschluss von Ausbildung und körperlicher wie geistiger Entwicklung gesehen werden.

Zwischen dem ersten Auftritt Josefs und seiner Vollendung liegen 13 Jahre. Wie lange die einzelnen Episoden Aufenthalt in Potifars Haus, Aufenthalt im Gefängnis und »erste Dienstzeit« am Hof vom Erzähler gedacht worden sind, darüber kann nur spekuliert werden. Deutlich ist aber, dass sich in dieser langen Phase der Wandel von einem noch nicht Erwachsenen zu einem vollendeten Mann vollzieht.

---

23 Übersetzung nach H. Brunner, Altägyptische Erziehung, Wiesbaden 1957, 165.
24 Vgl. Decker, Sportliche Elemente (s. Anm. 19), 19.

> Josef war dreißig Jahre alt, als er vor dem Pharao, dem König von Ägypten, stand. Josef zog
> vom Pharao aus und er durchquerte das ganze Land Ägypten. (Gen 41,46)

Dass es sich bei dieser Altersangabe wohl nicht um eine zufällige Zahl handelt, legt der Vergleich mit einem aus Ägypten stammenden sogenannten Schülertadel nahe. Hier maßregelt ein fiktiver Lehrer seinen ebenso fiktiven Schüler, dass er immer noch weit hinter den gesteckten Erwartungen zurückgeblieben sei. Dem Zögling wird vorgeworfen, dass er das Schreiben, wohl seine Ausbildung, aufgegeben habe, unstetig wie ein auf und ab fliegender Vogel sei. So ergeht dann die Mahnung:

> Du bist ein Vogel bei der Paarung.
> Flieg doch nicht immer auf und nieder!
> Du bist doch am Orte deiner Vervollkommnung.
> Benimm dich nicht wie ein dummer Junge, wenn
> du schon 30 Jahre alt bist.
> Angenehm ist ein Schreiber, der seine Aufgaben kennt.[25]

Wenn mit dem »Ort der Vervollkommnung«[26] das 30. Lebensjahr gemeint ist, dann hat Josef genau das erreicht, was dem fiktiven ägyptischen Schreiberlehrling nicht vergönnt ist: Im idealen Alter von 30 Jahren hat er den höchstmöglichen Punkt einer ägyptischen Beamtenkarriere erreicht.

Während bei männlichen Personen ein allmähliches Hineinwachsen in den Status eines Erwachsenen anzunehmen ist, scheint die Situation für Mädchen und junge Frauen anders zu liegen.

Das erste Beispiel hierfür begegnet in Ez 16. Hier wird in einer, nach heutigen Kriterien sexistischen, Redeweise die körperliche Reifung einer heranwachsenden weiblichen Person beschrieben. Die Fiktion besteht darin, dass JHWH zugleich als Adoptivvater und künftiger Ehemann des als Säugling ausgesetzten Mädchens agiert. Er nimmt sich des Kindes an, pflegt dieses und lässt es bei sich aufwachsen.

---

25 Übersetzung nach Brunner, Erziehung (s. Anm. 23), 180.
26 Der entsprechende Passus im Papyrus Turin notiert: *tw=k m tꜣ st ꜥrꜥr*; Text nach R. A. Caminos, Late Egyptian Miscellanies (Brown Egyptological Studies 1), London 1954, 507. Im Kommentar notiert Caminos, der Ausdruck *ꜥrꜥr* »is clearly a periphrasis for ›school‹« (452). Dieser Deutung folgt auch H. Hannig, Großes Handwörterbuch Ägyptisch-Deutsch. (2800–950 v.Chr.) (Kulturgeschichte der antiken Welt 64), Mainz ²1997, 149: »Der Ort deiner Perfektionierung (Schule)«. Mit Blick auf die Komplexität des ägyptischem Schriftsystems war die Ausbildung zum Schreiber sicher nicht mit dem Ende der Kindheit abgeschlossen. Es ist davon auszugehen, dass Ausbildung und die Tätigkeit als Schreiber nicht streng voneinander geschieden waren. Gemeint ist hier wohl, dass der Schreiber ab dem 30. Lebensjahr eigenverantwortlich und ohne ein weiteres Training seinen Aufgaben nachgehen konnte.

Mit der Ausbildung der Brüste und wohl auch mit der ersten Menstruation schickt sich der vormalige Adoptivvater an, das Mädchen zu heiraten.[27] Hinter diesem mit sexueller Sprache aufgeladenen Text dürfte die Vorstellung stehen, dass junge Frauen unmittelbar nach dem Eintritt ihrer Gebärfähigkeit verheiratet worden sind.

Ein gegenteiliges Beispiel begegnet in einer ägyptischen Grabinschrift. Es handelt sich dabei um die Stele der Chereduanch aus dem Hildesheimer Römer- und Pelizaeusmuseum. Der Text beinhaltet eine in der ersten Person geschriebene Rückschau einer jungen Frau, die im Alter von 21 Jahren und einigen Monaten von einem Krokodil getötet worden ist. Der Urheber des Textes ist unklar, als Verfasser kommen der Ehemann oder die Familie der Verstorbenen in Frage. Chereduanch kann wohlwollend auf ihre kurze Ehe zurückblicken. So sei ihr Mann seit Beginn der Ehe ohne sie nicht in ein Bierhaus gegangen. Ob sich die beiden zusammen diesem Amüsement hingegeben haben oder ob der Ehemann darauf verzichtet hat, lässt der Text offen. Mit Blick auf ihr junges Alter spricht die Verstorbene von sich als Mädchen, entsprechend wird auch das Determinativ für Kind verwendet. Mit Blick auf ihren Status als Verheiratete spricht Chereduanch von sich als einer Frau, die einen hohen sozialen Status innehatte. Offensichtlich kann die 21-Jährige von den Hinterbliebenen sowohl aufgrund ihres Alters noch als kindlich, aufgrund ihres sozialen Status aber eben auch als erwachsene Frau wahrgenommen werden.[28]

Eine ähnliche Vorstellung, dass eine schon verheiratete junge Frau noch in einem Transformationsprozess zwischen Kindheit und Erwachsenenalter gesehen wird, begegnet in Joel 1,8. Hier ist von einem kollektiven Desaster die Rede, die Angesprochenen werden aufgefordert, wie eine *betulah* um den *baal ne'ureha* zu trauern. Dass die häufig vorgeschlagene Übersetzung des Nomens *betulah* mit »Jungfrau« nicht zutreffend sein kann, wird an dieser Stelle deutlich.[29] Die Ter-

---

27 Dass in Ez 16,9 das Menstruationsblut gemeint ist (so etwa M. Greenberg, Ezekiel 1–20 [AncB 22], New York u. a. 1983; ders., Ezechiel 1–20 [HThKAT], Freiburg 2001), ist wenig wahrscheinlich. Schließlich ist im Vorfeld schon vom Heranwachsen des Mädchens bzw. der jungen Frau, einschließlich der Entwicklung der Brüste (V. 7) die Rede.

28 Zur Deutung der Stele mit Blick auf die differenzierte Sicht auf das Erwachsenwerden vgl. Kunz-Lübcke, Kind (s. Anm. 4), 88 f.; zum Text mit Übersetzung s. K. Jansen-Winkeln, Die Hildesheimer Stele der Chereduanch, MDAI.K 53 (1997), 91–100 und Tafeln 11–12.

29 Die Auslegung hat an dieser Stelle immer wieder einen Widerspruch zwischen der Bedeutung des Nomens *betulah* mit der vermeintlichen Bedeutung »Jungfrau« und dem angeführten Status der Frau als verheiratet sehen wollen; vgl. H. W. Wolf, Dodekapropheton 2. Joel und Amos (BKAT IV/2), Neukirchen-Vluyn 1969, 34. Das Nomen erschließt sich besser aus Hi 31,1: Hiob insistiert, dass er niemals lüstern hinter der *betulah* hergeschaut habe. Damit ist impliziert, dass es sich um

minologie lässt keinen anderen Schluss zu, als dass die trauernde Symbolfigur als verheiratet zu sehen ist. Offensichtlich wird der Verlust des Partners in den ersten Jahren der Ehe als besonders dramatisch eingeschätzt. Anders als im Beispiel aus Ägypten wird die junge Frau trotz ihres Status als Verheiratete noch als Heranwachsende oder noch als nicht völlig erwachsene Frau betrachtet.[30]

Die Einstellung der Eltern zu ihren Kindern manifestiert sich im Altertum in einer Sichtweise, nach der Kinder im Verhältnis zu den Eltern nie so richtig als Erwachsene angesehen worden sind. Spr thematisiert intensiv das Verhältnis zwischen der jüngeren und der älteren Generation. Zunächst zielen die Erziehungsratschläge sicher auch auf die Erziehung von Kindern, zugleich wird die ältere Generation bleibend angewiesen, in der Erziehung ihrer Kinder nicht nachzulassen, auch wenn diese schon erwachsen sind. Auf der anderen Seite ist die jüngere Generation angehalten, gegenüber den Eltern bleibenden Respekt und Ehrfurcht zu zeigen.

In der darstellenden Kunst Ägyptens begegnen ähnliche Beispiele, die beiden hier genannten Beispiele stammen allerdings aus dem Alten Reich und weisen so zur Entstehungszeit der HB eine gewisse Distanz auf.

Im Grab des Anchtifi erscheinen zwei Frauengestalten, die annähernd gleich stilvoll gekleidet und mit Schmuck versehen sind (s. Abb. 5). In morphologischer Sicht werden beide nahezu identisch dargestellt, eine jeweils zur Schau gestellte Brust zeigt, dass es sich hierbei um adulte Frauen handelt. Allerdings ist eine der Personen doppelt so groß wie die andere. Es handelt sich dabei um die Frau des Grabherren, die mit ihrer Tochter an der Hand dargestellt ist. Einerseits ist die Tochter als eine (fast) erwachsene Frau dargestellt, andererseits zeigt der Größenunterschied die bleibende soziale Differenz zwischen beiden Personen. Ein anderes

---

eine körperlich entwickelte Person handelt, die zu Sexualität und somit zum Gebären von Kindern und zur Eheschließung bereits in der Lage ist.

30 In der griechischen klassischen Literatur begegnet ebenfalls eine männliche Gestalt, die sich mit 21 Jahren in einem Transformationsprozess zwischen dem Status eines noch nicht Erwachsenen und dem eines erwachsenen Mannes befindet. Es handelt sich um die Gestalt des Telemachos, der bei der Rückkehr des Vaters Odysseus 21 Jahre alt ist. Telemachos wird von seiner Umwelt differenziert wahrgenommen. Er selbst sieht sich noch nicht im physischen Sinne als ausgewachsen an, sodass es ihm noch nicht möglich scheint, den Freiern, die seine Mutter Penelope belagern, entgegenzutreten. Ganz anders wird er von seiner Mutter charakterisiert. In Unkenntnis über die Rückkehr ihres Mannes und einen damit verbundenen Zweikampf tadelt sie ihren Sohn, dass er gegen den aus ihrer Sicht unmoralischen Vorgang hätte vorgehen müssen. Allerdings, so vermerkt sie, fehle ihm dazu noch die geistige Reife. Ganz anders betrachtet der Vater seinen Sohn. Er fordert ihn auf, ihn im Kampf gegen die Freier zu unterstützen, da er dazu das notwendige Potential entwickelt habe; vgl. dazu die entsprechenden Passagen bei Homer, Odyssee, 16,93–95.99–103; 18,165–168.214–222.228–230; 21,131–133 und dazu Kunz-Lübcke, Kind (s. Anm. 4), 89–93.

Abb. 5: Grab des Gaufürsten Anchtifi in Mo'alla aus der 1. Zwischenzeit: Die Frau des Grabherren ist mit ihrer erwachsenen Tochter abgebildet. Der lebenslang bestehende hierarchische Unterschied ist durch die unterschiedliche Körpergröße der beiden erwachsenen Frauen dargestellt (© Andreas Kunz-Lübcke; Zeichnung: Jacklein Atef Sedrak).

Beispiel, ebenfalls aus dem Alten Reich, befindet sich im Besitz des Hildesheimer Römer- und Pelizaeusmuseums. Dargestellt ist die Familie der Pepi. Die Frauen- gestalt wird von zwei Personen zur Linken und zur Rechten umgeben. Zu ihrer Rechten steht ein junger Mann, mit Schurz und Perücke ausgestattet. Es handelt sich also dabei um einen Erwachsenen, allerdings noch mit jugendlicher Physiog- nomie, der offensichtlich schon in das Amt seines verstorbenen Vaters eingetreten ist. Zur Linken steht eine kleinere nackte Gestalt, ob Junge oder Mädchen ist nicht genau zu erkennen. Auch hier sind Größenunterschiede auszumachen. Die Mutter ist etwas größer als ihr Sohn dargestellt. Sie umfasst dessen Körper mit einem festen Griff, der deutlich Hingabe und Zuneigung ausdrückt. Allerdings, so ließe sich salopp formulieren, zeigt der Gestus, dass die Mutter ihren erwachsenen Sohn auf eine liebevolle Art und Weise immer noch fest im Griff hat.

7 Wie wurden Kinder erzogen?

> Züchtige deinen Sohn, solange Hoffnung da ist, aber lass dich nicht hinreißen, ihn zu töten. (Spr 19,18, Luther-Bibel 2017)

> Züchtige deinen Sohn, solange noch Hoffnung vorhanden ist, und lass dir nicht in den Sinn kommen, ihn dem Tod preiszugeben! (Spr 19,18, Schlachter-Bibel 2000)

Die beiden Deutungen können in ihrem Aussageinhalt kaum weiter auseinander liegen. Während die erste Übersetzung suggeriert, der Vater könne oder müsse seinen Sohn so intensiv körperlich züchtigen, dass nur eben dessen Tötung vermieden werden soll, impliziert die zweite Übersetzung den Gedanken, eine unterlassene Erziehung würde zum Untergang des Sohnes führen. Als grundsätzliches Problem stellt sich die Semantik des hier begegnenden Verbs *jasar* dar, dass tatsächlich die Konnotationen von Züchtigen bis Erziehen aufweisen kann.

Dem gegenüber rät die zweite Übersetzung, dass ein Unterlassen der Erziehung, wobei hier wohl eher ein positives Einwirken auf den Sohn gemeint ist, dessen Untergang zur Folge haben könnte.

Mit Blick auf die ägyptischen Texte, die sich dem Thema Erziehung und ihrer Methoden widmen, käme die erste Deutung durchaus zu ihrer Berechtigung. Helmut Brunner listet in seiner Sammlung ägyptischer Texte zu Schule und Erziehung eine ganze Reihe von Beispielen auf, in denen das Schlagen, Fesseln, Einsperren und andere drakonische Maßnahmen gegen die Schüler benannt werden.[31] Würde man den Ratschlag zur drakonischen Erziehung in Spr 19,18 in diese Tradition stellen, hätte die erste Deutung durchaus ihrer Berechtigung.

---

[31] Als Beispiel vgl. die Geschichte des zwölfjährigen Osire und seiner Mutter bei Brunner, Erziehung (s. Anm. 23), 188: Die Mutter besucht die Schule, um sich nach den Lernerfolgen ihres Sohnes zu erkundigen. Der Lehrer kann ihr bescheiden, dass der Junge, ganz anders als er selbst in seiner Schulzeit, ohne Schläge Fortschritte mache: »Als ich noch ein Knabe war, hat mein Lehrer mir das Schreiben beigebracht, … nachdem er meine Glieder mit den Schlägen der Peitsche geprügelt hatte.«

Allerdings hält kein Text der HB in irgendeiner Weise das Töten von Kindern, seien sie erwachsen oder nicht, durch die Eltern fest.[32]

Die weisheitlichen Texte in Israel und Ägypten lassen den Eindruck entstehen, dass eine drakonische Beziehung mit entsprechenden Strafen anempfohlen worden ist, wobei die Ratschläge sich sowohl auf die Schule als auch auf das Elternhaus beziehen. Dahinter steht der Gedanke, dass Erziehung nur zur Prävention und Minimierung einer negativen Entwicklung dienen können, der moderne Gedanke, dass Erziehung und Bildung einen Menschen zum Positiven motivieren können, scheint im Altertum nicht existiert zu haben.[33]

Ein entsprechender Vorstellungshorizont liegt in der späten Literatur Israels auch für die Erziehung von Mädchen vor. Otto Kaiser hat das Buch Jesus Sirach einer gründlichen Analyse unterzogen. Er kommt zu dem Schluss, dass eine negative Entwicklung eines Mädchens oder einer jungen Frau sich negativ auf das Ansehen der Eltern auswirken würde. Auch hier gilt die Regel, einer negativen Entwicklung kann nur durch intensive Erziehung entgegengewirkt werden. Die Vorstellung, dass Erziehung und Bildung zu Karriere und Entwicklung führen können, ist in den verschiedenen Literaturen des Altertums wenig bis gar nicht präsent.[34]

---

32 Gegen diese Sichtweise könnte zunächst Dtn 21,18–21 angeführt werden. Hier ist davon die Rede, dass die Eltern, sollte sich ihre Erziehung beim Sohn als wirkungslos erweisen, diesen öffentlich als unerziehbar bezichtigen. In diesem Fall würde dann der Sohn von der Gesamtheit der Stadtbevölkerung zu Tode gesteinigt werden. Allerdings lautet der Vorwurf hier, dass der Sohn sich der Schlemmerei und der Trunksucht hingegeben habe. Zudem ist von »seiner« Stadt, also nicht von der Stadt der Eltern die Rede. Demzufolge muss es sich um einen erwachsenen Sohn handeln. Hinzu kommt, dass der Fall öffentlich gemacht werden muss. Positiv formuliert wird es den Eltern geradezu untersagt, den Sohn im Falle einer negativen Entwicklung mit einer Art innerfamiliärer Lynchjustiz zu bestrafen. Gerade weil der Fall öffentlich gemacht werden muss, was durchaus die Ehre der Eltern ankratzen würde, schließlich ist es ihre Erziehung gewesen, die fehlgeschlagen ist, kann hier von einem Versuch zur Eindämmung häuslicher Gewalt ausgegangen werden.
33 Als Beispiel für diese Sichtweise soll eine Passage aus Pap. Insinger genügen: »Denn kein Unterricht hat Erfolg, wenn Widerwille vorhanden ist [...] Denn der Tadel des Charakters eines Kindes (?) entsteht, weil es (?) nicht gehorsam ist. Thoth hat den Stock auf Erden gesetzt, um den Dummen damit zu unterweisen«; Übersetzung nach Brunner, Erziehung (s. Anm. 23), 186.
34 Vgl. O. Kaiser, Erziehung und Bildung in der Weisheit des Jesus Sirach, in: Kunz-Lübcke/Lux, »Schaffe mir Kinder ...« (s. Anm. 4), 223–251.

8 Kinder in den Literaturen Israels und seiner Nachbarn – Ausblick

Kinder sind deutlich wahrnehmbare Kategorien, die in den verschiedensten Kontexten des Altertums begegnen. Für das biblische Israel ist festzuhalten, dass Kinder nur in literarischen Kontexten erscheinen (können). Der Umstand, dass Kinder in den verschiedenen Formen der Literatur wahrgenommen werden, lässt darauf schließen, dass sie auch auf eine entsprechende Weise in den Alltagswelten wahrgenommen worden sind. Ägypten, Mesopotamien und Griechenland bieten aufgrund der archäologischen Evidenzen mehr Plattformen, in denen sich die Präsenz von Kindern nachzeichnen lässt. Auch hier kann festgehalten werden, dass Kinder in einer der sozialen Realität entsprechenden Weise wahrgenommen und dargestellt worden sind. Dass Kinder im sehr breiten Spannungsfeld zwischen Alltagswirklichkeit und den verschiedenen Horizonten der Theologie wahrgenommen worden sind, zeigt einmal mehr, dass sie in der Geschichte des menschlichen Denkens und Schreibens in den Kulturen des Altertums im wahrsten Sinne des Wortes real präsent gewesen sind.

Wenn es in der europäischen Neuzeit eine Phase gegeben hat, ab der sich ein wachsendes Interesse der Erwachsenen an den Kindern abzuzeichnen beginnt und in der die »bürgerliche Familie begann, sich um das Kind herum zu konzentrieren und ihre Aufgabe darin zu sehen, es auf das Leben in der Gesellschaft vorzubereiten«,[35] muss mit Blick auf das zahlreiche Material zu den Kindern im biblischen Israel und seiner Nachbarn die Frage aufgeworfen werden, ob tatsächlich von einer Erstmaligkeit der Entdeckung von Kind und Kindheit gesprochen werden kann.[36] Es ist davon auszugehen, dass es nur ein Bruchteil der Texte und Artefakte, die sich Kindern widmen, in die moderne Welt und ihre Wissenschaften »geschafft« hat.

---

35 S. Andresen/K. Hurrelmann, Kindheit, Weinheim 2010, 14.

36 Mit Blick auf die Präsenz von Kindern in den Literaturen des Alten Orients gilt ebenso wie für die neuzeitliche Literatur: Die Darstellung von Kinderwelten geschieht in der Perspektive von Erwachsenen und sagt deshalb mehr über die Wahrnehmung der Welt in adoleszenter Perspektive und weniger über eine entsprechende kindliche Reflexion aus. Vgl. hierzu: Th. Schulze, Rekonstruktion der Kindheit in autobiografischen Texten, in: I. Behnken/J. Zinnecker (Hg.), Kinder. Kindheit. Lebensgeschichte. Ein Handbuch, Selze-Velber 2001, 167–181: 175: »Einige Biographieforscher ziehen daraus den Schluss, dass Kindheitserinnerungen wenig über das Kind und viel über den Erwachsenen aussagen. Sie sehen in ihnen vor allem eine Quelle, die darüber Auskunft gibt, in welcher Weise der Erzähler gegenwärtig seine Welt deutet oder sich selbst sieht, nicht aber darüber, was in der Kindheit tatsächlich geschah, und auch nicht darüber, in welcher Weise das damals Geschehene vom Kind aufgenommen wurde und was es für sein weiteres Leben bedeutet.«

Mit Blick auf das ausgewertete Material und die Fülle der einschlägigen Untersuchungen muss der Gedanke, dass Kinder als solche erst ab einer bestimmten Phase der Neuzeit wahrgenommen worden sind, zurückgewiesen werden.[37] Kinder sind Gegenstand des menschlichen Schreibens und Denkens in Israel und seiner Umwelt.[38] Hier ist noch auf eine Besonderheit zu verweisen. Die biblische Literatur benennt ebenso wie die Materialien aus der Umwelt Israels eine krisenhafte Situation, die durch Infertilität ausgelöst werden konnte.[39] Im Gegensatz dazu existiert in der HB kein Text, in dem die Belastung durch Kinder beziehungsweise eine zu große Zahl von diesen in irgendeiner Form beklagt worden ist.[40]

Oben ist der Gedanke erwähnt worden, dass sich die europäische neuzeitliche Familie darauf konzentriert, sich um ihre Kinder herum zu versammeln. Mit Blick auf die ägyptische Darstellung von Kindern in den Gräbern ihrer Eltern kann vermutet werden, dass eine entsprechende Vorstellung auch in Ägypten anzutreffen ist. Zwar setzen sich die Grabherren durchaus selbstherrlich in den Mittelpunkt der Szene, dennoch erscheinen die Kinder eingebettet in der Mitte des Familienidylls.

---

37 Vgl. auch K.H. Garroway, Methodology: Who is a Child and Where Do We Find Children in the Ancient Near East; in: Bethsworth/Parker, Handbook (s. Anm. 4), 4–90, zur differenzierten Wahrnehmung von Altersstufen von Kindern in den ikonographischen und literarischen Materialien Israels und seiner ao. und ägyptischen Umwelt.
38 Das Verhältnis zwischen den Materialien in der HB zu den Kindern und den sich darauf beziehenden Untersuchungen und Erkenntnissen hat Asgard unlängst so beschrieben: »Es bleiben aber noch viele weiße Flecken auf der Landkarte.« R. Aasgard, Kinder und Kindheit im Neuen Testament und seiner Welt. Beiträge und Trends der modernen Forschung, ZNT 48 (2021), 5–26.
39 Es ist kaum zufällig, dass ausgerechnet die drei Erzmütter Sarah, Rebekka und Rahel mit dem Problem einer langwierigen Infertilität konfrontiert sind. Zu verweisen ist auch auf die narrativ intensiv inszenierte Krise, die die Kinderlosigkeit bei Samuels Mutter in 1 Sam 1 ausgelöst hat. Zur Strategie, die in 1 Sam 1 begegnet, die schwere Krise mit einem an JHWH adressierten Gelübde zu überwinden; vgl. H.D. Dewrell, Vows and Children in the Hebrew Bible, in: Flynn, Children (s. Anm. 4), 3–16.
40 Damit soll keineswegs die Kindheit in Israel idealisiert werden. Die Zahl der Texte in und außerhalb der HB, in denen Gewalt gegen Kinder thematisiert und teilweise sogar idealisiert wird, ist bedrückend; vgl. hierzu A. Michel, Gewalt gegen Kinder im alten Israel. Eine sozialgeschichtliche Perspektive, in: Kunz-Lübcke/Lux, »Schaffe mir Kinder ...« (s. Anm. 4), 137–163. Zu verweisen ist in diesem Zusammenhang auch auf die langwierige und intensive Debatte zur rituellen Tötung von Kindern; vgl. hierzu die neuere Übersicht bei H.D. Dewrell, The Logic of Sacrificing Firstborn Children, in: Bethsworth/Parker, Handbook (s. Anm. 4), 91–107. Dewrell selbst geht von einer Diversität von JHWH verehrenden Gruppen in dieser Frage aus. Während verschiedene Gruppen eine entsprechende Praxis entweder abgelehnt oder zumindest nicht praktiziert haben, muss dennoch angenommen werden: »there is no reason to doubt that it does in fact indicate that at least some Israelites regularly sacrificed their firstborn children to Yahweh« (107).

In einem anderen Aspekt unterscheiden sich die Vorstellungen von Kindern und Kindheit grundlegend von den modernen Leitgedanken. Das Beispiel aus dem Grab des Anchtifi zeigt anschaulich, dass die erwachsene Tochter für immer die Tochter ihrer Mutter blieb. Eine entsprechende Vorstellung begegnet auch in der biblischen Literatur, insbesondere im Sprüchebuch. Zusammenfassend lässt sich notieren: In Israel gab es Kinder, und diese blieben es in gewisser Hinsicht ein Leben lang.[41]

---

41 »Once a Child, Always a Child«, so hat Sh. W. Flynn, Children in Ancient Israel. The Hebrew Bible and Mesopotamia in Comparative Perspective, Oxford 2018, 171, das bleibende Verhältnis zwischen Kindern und Eltern umschrieben. Er verweist dabei auf die häuslichen kultischen Praktiken, in denen die Kinder dauerhaft zum Dienst gegenüber ihren Eltern, lebend oder verstorben, verpflichtet gewesen sind. Zu den angeführten Beispielen aus Israel und seiner Umwelt lässt sich noch eine Besonderheit in den ägyptischen Gräbern anfügen. Neben der bereits erwähnten Gepflogenheit, das verstorbene Elternpaar als verjüngt und zusammen mit seinen kleinen Kindern zu präsentieren, erscheint in den Gräbern zugleich der älteste Sohn des verstorbenen Paares, der erstens die Nachfolge seines Vaters in dessen Amt angetreten hat und der zugleich die zum Totenkult gehörenden Rituale vollzieht. Der älteste Sohn erscheint somit in zweierlei Gestalt: einerseits als kleines und verspieltes Kind seiner Eltern und andererseits als erwachsener Inhaber eines Amtes, der bereits seine kultische Funktion ausübt und zugleich bleibend für die Versorgung der Eltern im Jenseits zu kultischen Handlungen verpflichtet ist.

Malte Cramer

»Lasst die Kinder zu mir kommen!« (Mk 10,14)

Kinder und Nachfolge Jesu in den synoptischen Evangelien

Zusammenfassung: Der vorliegende Aufsatz befasst sich aus der Perspektive einer kinderorientierten Bibelauslegung mit dem Thema *Kinder und Nachfolge Jesu in den synoptischen Evangelien*. Nach einer kurzen Einführung zum Forschungstrend des *childist criticism* in der neutestamentlichen Wissenschaft untersucht der Beitrag anhand der Texte Mk 9,33–37 parr. und Mk 10,13–16 parr. die Stellung von Kindern in der Nachfolge Jesu.

Abstract: From the perspective of a child-centered biblical interpretation this paper deals with the topic of *children and discipleship in the synoptic gospels*. After a brief introduction to the current research trend of *childist criticism* in New Testament scholarship, the paper examines the role of children in the discipleship of Jesus based on Mk 9:33–37 parr. and Mk 10:13–16 parr.

1 Einleitung – Neues Testament und *childist criticism*

Die bibelwissenschaftliche Erforschung der Themen *Kinder und Kindheit* geht zurück bis in die 1960er Jahre und lässt sich skizzenhaft in drei Phasen gliedern.[1] In einer ersten Forschungsphase standen u. a. religiöse sowie bildungsgeschichtliche Aspekte von Kindern in der Bibel und in der Antike im Fokus. In einer zweiten Phase, die maßgeblich durch Impulse der aufkommenden sozialgeschichtlichen Exegese beeinflusst war, wurden schwerpunktmäßig die familiären Beziehungsgefüge von Kindern, ihre gesellschaftliche Stellung und ihre soziale Heteronomie zum Gegenstand der Untersuchung. In der dritten und jüngsten Phase der Erfor-

---

1 Vgl. zum Folgenden R. Aasgaard, Kinder und Kindheit im Neuen Testament und seiner Welt. Beiträge und Trends der modernen Forschung, ZNT 24 (2021), 5–26: 6 f.

Kontakt: Malte Cramer, Evangelisch-Theologische Fakultät, Ruhr-Universität Bochum; E-Mail: malte.cramer5@rub.de

https://doi.org/10.1515/bthz-2023-0004

schung von Kindern im Alten und Neuen Testament, deren Beginn in den 1990er Jahren verortet werden kann, kam es dann zu einem Perspektivwechsel: Kinder wurden beziehungsweise werden nun zunehmend als aktive und handelnde Subjekte in den biblischen Texten und ihrer Umwelt wahrgenommen.[2] Gerade diese jüngste Forschungsphase hat eine Vielzahl an Projekten und Veröffentlichungen zum Thema hervorgebracht, wie auch Reidar Aasgaard festhält:[3] »In den letzten zwei Jahrzehnten hat die Erforschung von Kindern und Kindheit in der biblischen Welt stetig zugenommen und sich als ernsthaftes wissenschaftliches Forschungsgebiet etabliert.«[4]

Viele dieser Forschungsarbeiten der vergangenen Jahre stehen unter dem Paradigma eines *childist criticism* respektive sind unter dem Vorzeichen einer *child-centred* oder *childist biblical interpretation* entstanden. Grundsätzlich zeigt der Begriff *childist* hierbei an, dass in der jeweiligen Untersuchung ein Kind, Kinder, Jugendliche oder junge Menschen in den Mittelpunkt der Aufmerksamkeit gestellt werden. Nach einer Definition von Julie Faith Parker untersucht eine *childist biblical interpretation* »the construction of children in the Bible and reads the text with a focus on children to reassess their roles and importance. Instead of ignoring children or viewing them primarily as victims, we seek to discover their agency and contributions to the text and its ancient world.«[5] Ähnlich wie Ansätze einer feministischen, befreiungstheologischen, postkolonialen oder queer-theologischen Bibelauslegung besteht das Anliegen einer *childist interpretation* somit darin, die Konstruktion und

---

2 Für einen kompakten Überblick zur Geschichte der Erforschung der Themen Kinder und Kindheit in der Bibel vgl. R. Aasgaard, History of Research on Children in the Bible and the Biblical World, in: S. Betsworth/J.F. Parker (Hg.), T&T Clark Handbook of Children in the Bible and the Biblical World, London 2019, 13–38.

3 Vgl. auch Aasgaard, Kinder (s. Anm. 1), 19. »The majority of work dealing with children has been produced in the last ten years.« K.H. Garroway/J.W. Martens, Introduction. The Study of Children in the Bible. New Question or a New Method?, in: dies. (Hg.), Children and Methods. Listening to and Learning from Children in the Biblical World (BSJS 67), Boston 2020, 1–16: 1f.

4 Aasgaard, Kinder (s. Anm. 1), 24. Deswegen sprechen z.B. Garroway/Martens, Introduction (s. Anm. 3), 1, davon, dass »the history of the study of children in the Bible is a short history, going back no more than twenty years or so.« Freilich ist diese Einschätzung insofern unpräzise, als dass damit diejenigen Forschungsarbeiten aus dem Blick geraten, die bereits vor den 1990er Jahren entstanden sind. Vgl. hierzu den Forschungsüberblick von Aasgaard, History (s. Anm. 2).

5 J.F. Parker, Click »Add to Dictionary«. Why We Need to Speak of Childist Interpretation (Vortrag bei dem Annual Meeting der SBL), San Diego, CA Nov 2014, zit. n. Garroway/Martens, Introduction (s. Anm. 3), 7f. Ähnlich formuliert J.F. Parker gemeinsam mit K. Gallagher Elkins andernorts mit Blick auf den Begriff *childist*, dass dieser zur Definition einer Interpretation dient, »that focuses on the agency and action of children and youth in the biblical text, instead of seeing them primarily as passive, victimized, or marginalized.« K. Gallagher Elkins/J.F. Parker, Children in Biblical Narrative, in: D.N. Fewell (Hg.), Oxford Handbook of Biblical Narrative, Oxford/New York 2019, 422–433: 425.

Funktion bestimmter biblischer Figuren, in diesem Fall von Kindern, zu untersuchen und dabei traditionelle hegemoniale Präsumtionen und Strukturen infrage zu stellen.[6] Der Ansatz eines *childist criticism* besitzt folglich ein de-marginalisierendes Potential und vertritt »das Anliegen, vergangene wie gegenwärtige Diskriminierungen bestimmter Menschengruppen forschend zu erschließen um damit gesellschaftliche Veränderungen kritisch zu begleiten oder gar mit anzustoßen.«[7]

In ihrem Sammelband zum Thema schildern Kristine H. Garroway und John W. Martens vier Säulen des *childist criticism*: »1) giving the children agency and a voice, 2) filling in the gaps, 3) changing the focus from adult-centric to child-centric, and 4) exploring the interplay between a child's value and vulnerability in their society.«[8] Diese vier Säulen bilden nach Garroway/Martens die Grundlage für eine bibelwissenschaftliche Beschäftigung im Sinne eines *childist criticism*. Folgt man den genannten Punkten, bietet der *childist criticism* die Möglichkeit, zunehmend die Stimme von Kindern in der Vergangenheit wahrzunehmen und auf diese Weise sowohl mehr über als auch von Kindern in der Bibel und ihrer Umwelt zu lernen.[9] Garroway fordert deshalb im Schlusssatz ihres konkludierenden Beitrags des Bandes: »Moving forward, let us listen to and learn from them, and in doing so, open the door for even more voices to be heard.«[10]

Der *childist criticism* hat sich in den vergangenen zehn Jahren zu einem fruchtbaren Forschungsfeld in den Bibelwissenschaften etabliert. Und wenngleich es sich beim *childist criticism* keineswegs um eine exegetisch operationalisierbare *Methode* im eigentlichen Sinne handelt,[11] sondern vielmehr um einen *hermeneutischen Zugang*,[12] steht außer Frage, dass sich zukünftig für die bibelwissenschaft-

---

6 Vgl. Gallagher Elkins/Parker, Children (s. Anm. 5), 425. »In gewisser Parallele zu den feministischen Studien ist es der historischen Forschung zu Kindern und Kindheit gelungen, eine marginalisierte Gruppe wie Kinder in den antiken Quellen ausfindig und sichtbar zu machen.« Aasgaard, Kinder (s. Anm. 1), 9.

7 W. Grünstäudl, Hermeneutik und Vermittlung. Was ist neu am childist criticism?, ZNT 24 (2021), 101–115: 109. In diesem Sinne kann auch das vorliegende Themenheft der BThZ dem Anliegen eines *childest criticism* zugeordnet werden, indem es nach einer genuin kindlichen Perspektive in der Theologie, nach einer kindlichen Perspektive auf die Wirklichkeit und ihre Möglichkeitshorizonte sowie nach der Wahrnehmung und Orientierung des Kindlichen in dieser Welt fragt.

8 K. H. Garroway, Conclusions, in: dies./J. W. Martens (Hg.), Children and Methods. Listening to and Learning from Children in the Biblical World (BSJS 67), Boston 2020, 217–228: 217.227.

9 Vgl. Garroway, Conclusions (s. Anm. 8), 227.

10 Garroway, Conclusions (s. Anm. 8), 227.

11 Diese Position vertreten etwa Garroway/Martens: »Rather than a new question, Childist Criticism is indeed a new method that has started as a seed, which has developed into a fully blossoming tree.« Garroway, Conclusions (s. Anm. 8), 217.

12 Auf diesen Aspekt hat bereits Grünstäudl, Hermeneutik (s. Anm. 7), 107 ff., treffend hingewiesen.

liche Forschung »aus der Begegnung mit dem *childist criticism* mit Sicherheit weitere Impulse, Anregungen und Aufgaben ergeben« werden.[13] Dem stimmt auch Aasgaard im Anschluss an seine ausführliche Analyse der Forschungen zum Thema Kinder und Kindheit im Neuen Testament und seiner Umwelt zu:[14] Seiner Ansicht nach ist trotz der Vielzahl an Studien, die gerade das letzte Forschungsjahrzehnt hervorgebracht hat, »weitere Arbeit an den Quellen erforderlich, und eine Reihe von Fragen muss weiter diskutiert werden.«[15] Diesem Desiderat soll im Folgenden entsprochen werden, wenn in diesem Beitrag das Thema *Nachfolge Jesu in den synoptischen Evangelien* aus einer *kinderorientierten* beziehungsweise *kinderzentrierten* Perspektive betrachtet wird.

2 Kinder und Nachfolge Jesu in den synoptischen Evangelien

Antike Texte und damit auch die Texte des Neuen Testaments vermitteln zuweilen den Eindruck, dass die Themen Kinder und Kindheit nur eine untergeordnete Rolle spielen.[16] Zum einen stimmen jedoch dieser erste »Eindruck, den die Texte von der (geringen) Anwesenheit von Kindern vermitteln, und das Erscheinungsbild der antiken Gesellschaften [...] nicht überein. Die alten Kulturen waren in der Regel kinderreiche und vom Altersdurchschnitt her gesehen junge Gesellschaf-

---

13 Grünstäudl, Hermeneutik (s. Anm. 7), 113.
14 Vgl. Aasgaard, History (s. Anm. 2), sowie ders., Kinder (s. Anm. 1).
15 Aasgaard, Kinder (s. Anm. 1), 24.
16 Eine vielfach diskutierte Frage ist selbstverständlich, welche Kriterien geltend gemacht werden können, ob es sich bei einer Person noch um ein Kind oder bereits um einen Erwachsenen handelt. Vgl. hierzu kompakt J.N. Neumann/M. Sigismund, Geburt, Kindheit und Jugendzeit, in: K. Erlemann (Hg.), Neues Testament und Antike Kultur, Bd. 2: Familie – Gesellschaft – Wirtschaft, Neukirchen-Vluyn 2005, 52–57. Abhängig davon, ob man biologische, kulturelle oder entwicklungspsychologische Gesichtspunkte berücksichtigt, kommt man hierbei durchaus zu unterschiedlichen Einschätzungen. Vgl. zu diesen Fragen u. a. K.H. Garroway, Methodology: Who Is a Child and Where Do We Find Children in the Ancient Near East?, in: S. Betsworth/J.F. Parker (Hg.), T&T Clark Handbook of Children in the Bible and the Biblical World, London 2019, 67–90; J.W. Martens, Methodology: Who Is a Child and Where Do We Find Children in the Greco-Roman World?, in: S. Betsworth/J.F. Parker (Hg.), T&T Clark Handbook of Children in the Bible and the Biblical World, London 2019, 223–243. Im Folgenden soll die Definition von A.J. Murphy, Kids and Kingdom. The Precarious Presence of Children in the Synoptic Gospels, Eugene 2013, 7, als Arbeitsgrundlage dienen: »Non-adult children are largely defined in physically developmental and social terms as those who have not yet ›come of age,‹ but particularly with those still dependent on the adult world around them.«

ten.«[17] Und zum anderen erweist sich bei genauerem Hinsehen das neutestamentliche Material zum Thema Kinder und Kindheit als vielfältiger, als der erste Blick es vermuten lässt.[18] Sowohl im Matthäusevangelium als auch im Lukasevangelium begegnet uns Jesus als Kleinkind. Der *auctor ad theophilum* präsentiert uns überdies sogar eine Erzählung über Jesus im jugendlichen Alter.[19] Darüber hinaus sind Kinder vielfach Protagonisten in den Wundererzählungen der Evangelien und auch in der Apostelgeschichte tauchen punktuell Kinder auf.[20] Freilich handelt es sich in den meisten Fällen nicht um die Hauptcharaktere einer Erzählung, nichtsdestoweniger wirken Kinder häufig in entscheidender Weise auf den Handlungsverlauf einer Erzählung ein.[21] »Indeed, in the canonical Gospels, few of the children speak or are spoken to and most of them are not recurring characters in the stories.

---

17 B. Eltrop, Kinder im Neuen Testament. Eine sozialgeschichtliche Nachfrage, in: M. Ebner/I. Fischer/J. Frey/O. Fuchs (Hg.), Gottes Kinder (JBTh 17), Neukirchen-Vluyn 2002, 83–96: 85. Vgl. zum Thema Kinder in der Antike allgemein u.a. M. Golden, Children and Childhood in Classical Athens, Baltimore ²1990; W. Strange, Children in the Early Church. Children in the Ancient World, the New Testament and the Early Church, Carlisle 1996; M. Harlow/R. Laurence (Hg.), Growing up and Growing Old in Ancient Rome. A Life Course Approach, London/New York 2002; J. Neils/J.H. Oakley (Hg.), Coming of Age in Ancient Greece. Images of Childhood from the Classical Past, New Haven/London 2003; J.M.M. Francis, Adults as Children. Images of Childhood in the Ancient World and the New Testament, Oxford 2006. Zur Frage des Durchschnittsalters in der hellenistischen Antike vgl. auch E. Kobel, Paulus πρεσβύτης. Der alternde Paulus im Kontext antiker Altersdiskurse, in: M. Cramer/P. Wick (Hg.), Alter und Altern in der Bibel. Exegetische Perspektiven auf Altersdiskurse im Alten und Neuen Testament, Stuttgart 2021, 153–174: 154ff.
18 Eine ausführliche Darstellung zur Häufigkeit des Vorkommens von Kindern bietet anhand des sprachlichen Befunds P. Müller, In der Mitte der Gemeinde. Kinder im Neuen Testament, Neukirchen-Vluyn 1992, 175. Ist in den Evangelien von Kindern die Rede, wird für gewöhnlich der Diminutiv παιδίον – ›Kindlein‹ (παῖς) oder die Bezeichnung τέκνον verwendet. Darüber hinaus finden sich mehrfach die Begriffe θυγάτηρ und υἱός, wenn die Beziehung eines Kindes zum Vater oder zur Mutter im Blick ist. Der Begriff παιδίον begegnet im Neuen Testament 53 Mal – davon alleine 46 Mal in den Evangelien. Paulus hingegen verwendet, wenn er von Kindern spricht, nahezu ausschließlich den Begriff τέκνον.
19 Vgl. D. Klinkmann, Warum ist Jesus in Lk 2,41–52 zwölf Jahre alt?, in: M. Cramer/P. Wick (Hg.), Alter und Altern in der Bibel. Exegetische Perspektiven auf Altersdiskurse im Alten und Neuen Testament, Stuttgart 2021, 137–152.
20 Vgl. u.a. Apg 2,39; 7,5.19f.; 13,13; 21,5.21.
21 »Children are by no means the main characters in the Gospels. But when their stories are read with intention, utilizing narrative analysis and other interpretive methods, a different image of the child in the Bible begins to appear from that which has been nearly invisible for so long.« S. Betsworth, Narrative Criticism and Childist Intepretation. A Study of Mark 7,24–30, in: K.H. Garroway/J.W. Martens (Hg.), Children and Methods. Listening to and Learning from Children in the Biblical World (BSJS 67), Boston 2020, 164–176: 175.

But boys and girls, dependent sons and daughters, young children and teenagers, are just as significant in the Gospel narratives as their adult counterparts.«[22]

Diese Beobachtung gilt insbesondere hinsichtlich der Thematik der *Nachfolge*. Kinder waren ebenso Nachfolgerinnen und Nachfolger Jesu wie es seine Jüngerinnen und Jünger waren, von denen die Evangelien explizit berichten. Jesus spricht im Kontext seiner Jüngerbelehrungen über das Reich Gottes und die Nachfolge einerseits ganz ausdrücklich über Kinder. Und andererseits sind Kinder ebenfalls in solchen Texten als Teil des narrativen Settings der Evangelien mitzudenken, in denen sie nicht ausdrücklich erwähnt werden. »Wenn z. B. von dem vielen Volk die Rede ist, das Jesus zujubelt oder ihm nachfolgt, dem ὄχλος oder den ὄχλοι, dann sind darunter selbstverständlich auch Kinder.«[23] Kinder waren somit von Beginn an ein Teil der christlichen Nachfolgegemeinschaft.

Im Folgenden soll dieser Umstand näher untersucht werden, indem danach gefragt wird, welche Stellung Kindern in der Nachfolge Jesu in den synoptischen Evangelien zukommt. Ein Fokus liegt hierbei auf der Betrachtung des Markusevangeliums. Hieran anschließend sollen das Matthäusevangelium und das Lukasevangelium in den Blick genommen werden.

2.1 Das Markusevangelium

Das MkEv ist *das* Evangelium der Nachfolge.[24] Nachfolge kann als das »Grundthema« des MkEv betrachtet werden.[25] Denn in keinem anderen Evangelium wird das Motiv der Nachfolge Jesu so prominent in den Fokus gerückt wie bei Markus.[26]

---

22 S. Betsworth, Children in Early Christian Narratives (LNTS 521), New York 2015, 4.

23 Eltrop, Kinder (s. Anm. 17), 84. Betsworth, Children (s. Anm. 22), 2, spricht diesbezüglich von den vielen »›hidden‹ Children« in den biblischen Erzählungen.

24 Vgl. ähnlich D. Klinkmann/P. Wick, Bibelkunde des Neuen Testaments, Stuttgart ²2020, 26.

25 C. Breytenbach, Nachfolge und Zukunftserwartung nach Markus. Eine methodenkritische Studie (AThANT 71), Zürich 1984, 271. Vgl. zum Thema grundlegend E. Best, Following Jesus. Discipleship in the Gospel of Mark (JSNT.S 4), Sheffield 1981.

26 Das Motiv der Nachfolge beinhaltet im MkEv immer sowohl eine wörtliche als auch eine metaphorische Dimension. Einerseits bedeutet Nachfolge das physische Hinterhergehen (ἀκολουθέω, Mk 1,18 et al.), das Folgen der Jüngerinnen und Jünger hinter (ὀπίσω, Mk 1,17 et al.) Jesus auf seinem Weg. Andererseits bedeutet Nachfolge im übertragenen Sinn die existenzielle und rückhaltlose Bindung an Jesus Christus, seine Botschaft und seinen (Leidens-)Weg (Mk 8,34). Vgl. zum Thema Nachfolge allgemein R. von Bendemann, Art. Nachfolge, in: M. Honecker/H. Dahlhaus/J. Hübner (Hg.), Evangelisches Soziallexikon, Stuttgart ⁸2001, 1114–1117; U. Luz, Art. Nachfolge Jesu. I. Neues Testament, in: TRE 23 (1994), 678–686.

Die Tatsache, dass der Nachfolgegedanke für Markus ein »zentrales Thema« ist,[27] wird insbesondere anhand des ersten öffentlichen Wirkens Jesu ersichtlich (Mk 1,16–20). In keinem anderen Evangelium beginnt Jesu öffentliches Wirken mit der Berufung von Jüngern. Anhand der Berufung der ersten Jünger (Mk 1,16–20; 2,13f.) wird paradigmatisch dargestellt, was es bedeutet, umzukehren und an das Evangelium zu glauben (Mk 1,15).[28] In der Nachfolge Jesu manifestiert sich der Glaube an das Evangelium.[29] Für Markus heißt Nachfolgen Glauben und »Glauben heißt Nachfolgen.«[30] Die Berufung der ersten Jünger am See Genezareth besitzt daher einen gewissen Modellcharakter für das Nachfolgeverständnis des MkEv.[31]

Für das gesamte Evangelium gilt, dass Markus sein Verständnis der Jesusnachfolge nicht theoretisch reflektiert, indem er zum Beispiel seinen Jesus eine lange Rede halten lässt, sondern »Markus bindet das Thema Nachfolge vielmehr direkt in seine Erzählung ein und entwickelt es narrativ, indem er *Erzählfiguren* präsentiert, die sich in der Nachfolge versuchen. Dabei wird an gelingenden und misslingenden Beispielen durchbuchstabiert, was Jesusnachfolge mit all ihren Konsequenzen bedeutet.«[32] Zu den Erzählfiguren, anhand derer das markinische Nachfolgeverständnis dargestellt wird, gehören selbstverständlich vorrangig die Jüngerinnen und Jünger, die Zwölf (Mk 3,13–19; 4,10; 6,7; 9,35; 10,32; 11,11; 14,7), der Dreier- beziehungsweise Viererkreis um Petrus, (Andreas,) Jakobus und Johannes (1,29;

27 H.-J. Klauck, Die erzählerische Rolle der Jünger im Markusevangelium. Eine narrative Analyse, NovT 24 (1982), 1–26: 1.
28 Vgl. zum Thema auch T. Söding, Die Nachfolgeforderung Jesu im Markusevangelium, TThZ 94 (1985), 292–310.
29 »Der Glaube schließt die Bereitschaft zur Nachfolge, zum Sich-Einlassen auf Jesus ein.« J. Gnilka, Wie das Christentum entstand, Bd. 3: Theologie des Neuen Testaments, Freiburg i. Br. 1999, 170.
30 Klinkmann/Wick, Bibelkunde (s. Anm. 24), 26. Ähnlich U. Schnelle, Theologie des Neuen Testaments, Göttingen ³2016, 410: »Der Weg des Glaubens ist für Markus die Nachfolge.« Zum Thema Glaube bei Markus vgl. ausführlich T. Söding, Glaube bei Markus. Glaube an das Evangelium, Gebetsglaube und Wunderglaube im Kontext der markinischen Basileiatheologie und Christologie (SBS 12), Stuttgart ²1987.
31 Vgl. K. Kertelge, Jüngerschaft und Nachfolge. Grundlegung von Kirche nach Markus, in: T. Söding (Hg.), Der Evangelist als Theologe. Studien zum Markusevangelium (SBS 163), Stuttgart 1995, 151–165: 155.
32 M. Lau, »Wenn einer hinter mir nachfolgen will …«. Konturen markinischer Jesusnachfolge, ThG 58 (2015), 2–15: 2. Die Erzählungen des MkEv über Jüngerschaft und Nachfolge erhalten auf diese Weise idealtypische und paränetische Bedeutung für die markinische Gemeinde. Vgl. hierzu auch Klauck, Rolle (s. Anm. 27), 26. Das erzählte Spektrum von Berufung, Nachfolge, Erkenntnis und Unverständnis der Jüngerinnen und Jünger bildet ab, welche Dimensionen die Nachfolge Jesu auch nachösterlich hat. In narratologisch-theologischer Hinsicht wird das MkEv zu einer Geschichte der Nachfolge, welche die Lesenden in die Nachfolge ruft.

5,37; 9,2; 13,3; 14,33).[33] Jedoch treten an deren Seite ebenso »kleinere Erzählfiguren, die auf der Bühne der Erzählung nur kurz auftauchen und dann wieder im Hintergrund zu verschwinden scheinen. Auch durch diese Randfiguren wird Jesusnachfolge charakterisiert.«[34] Zu ebendiesen Randfiguren gehören auch Kinder.[35]

Das Nachfolge-Motiv korreliert im Markusevangelium eng mit dem Weg-Motiv.[36] Dies gilt zum einen in topographischer Hinsicht: Das Markusevangelium schildert Jesu Reiseweg von Galiläa beziehungsweise Cäsarea Philippi nach Jerusalem, auf dem die Jüngerinnen und Jünger Jesus nachfolgen. Zum anderen gilt dies in theologisch-epistemischer Hinsicht: Der Weg Jesu wird im Markusevangelium für die Jüngerinnen und Jünger zu einem Weg des Lernens und der Erkenntnis, des Unverständnisses und des Scheiterns, der gelingenden sowie der misslingenden Nachfolge.[37] »Trotz der über das Evangelium verstreuten Belege für das Motiv wird der Weg, den Jesus unter die Füße nimmt, vor allem im Mittelteil thematisiert. Man kann die Wegstrecke von Mk 8,27–10,52 daher als deutlich abgegrenzten Textabschnitt betrachten, der insbesondere die Mühen thematisiert, welche die Jünger mit der Nachfolge haben.«[38] Genau in diesem Mittelteil des Evangeliums, der in besonderer Weise das Thema der Nachfolge Jesu fokussiert, begegnen gleich mehrere Texte, die den Konnex von Kindern beziehungsweise Kindheit und Nachfolge zum Thema haben.[39] Zwei Texte, die im Folgenden im Fokus stehen sollen, stechen hierbei besonders hervor: Mk 9,33–37 und Mk 10,13–16.[40]

---

33 Vgl. zum Thema R. C. Tannehill, Die Jünger im Markusevangelium, in: F. Hahn (Hg.), Der Erzähler des Evangeliums. Methodische Neuansätze in der Markusforschung (SBS 118/119), Stuttgart 1985, 37–66. Zu den unterschiedlichen Gruppen von Erzählfiguren unter den Jüngerinnen und Jüngern Jesu siehe K.M. Schmidt, Wege des Heils. Erzählstrukturen und Rezeptionskontexte des Markusevangeliums (NTOA 74), Göttingen 2010, 26–40.
34 Lau, Wenn einer hinter mir nachfolgen will (s. Anm. 32), 2f. Vgl. zu den unterschiedlichen Erzählfiguren des MkEv ausführlich J.F. Williams, Other Followers of Jesus. Minor Characters as Major Figures in Mark's Gospel (JSNT.S 102), Sheffield 1994, sowie M. Ebner, Im Schatten der Großen. Kleine Erzählfiguren im Markusevangelium, BZ NF 44 (2000), 56–76.
35 Zu Kindern im MkEv vergleiche ausführlich: J.M. Gundry, Children in the Gospel of Mark, with Special Attention to Jesus' Blessing of the Children (Mark 13:13–16) and the Purpose of Mark, in: M.J. Bunge (Hg.), The Child in the Bible, Grand Rapids 2008, 143–176; Betsworth, Children (s. Anm. 22), 39–72; A.J. Murphy, Children in Mark. A Deconstructive Approach, in: K.H. Garroway/J.W. Martens (Hg.), Children and Methods. Listening to and Learning from Children in the Biblical World (BSJS 67), Boston 2020, 196–216.
36 Vgl. hierzu Schmidt, Wege (s. Anm. 33).
37 Insbesondere der Aspekt der Leidensnachfolge (vgl. Mk 8,34) wird für die Jünger immer wieder zum *Stolperstein* in ihrer Nachfolge (vgl. insb. 8,31 ff.; 9,31 ff.; 10,32 ff.).
38 Schmidt, Wege (s. Anm. 33), 40.
39 Selbstverständlich sind die Texte aus Mk 9,33–37 und Mk 10,13–16 nicht die einzigen Texte, in denen Kinder explizit im MkEv begegnen. Zu nennen wären diesbezüglich vor allem die Hei-

2.1.1 Ein Kind im Mittelpunkt (Mk 9,33–37)

Ein erster Text, in dem das Thema *Kinder und Nachfolge* ausdrücklich zur Sprache kommt, ist der sogenannte *Rangstreit unter den Jüngern* in Mk 9,33–37: Auf ihrem Weg nach Jerusalem (ἐν τῇ ὁδῷ) durchqueren Jesus und seine Jünger Galiläa und kommen nach Kapernaum. Dort kehren sie in ein Haus ein (Mk 9,33), bei dem es sich vermutlich um das Haus des Petrus handelt (vgl. Mk 1,29; 2,1).[41] Auf ihrem Weg hat Jesus Diskussionen der Jünger beobachtet und fragt nun, worüber sie debattiert haben (Mk 9,33b). Eine Antwort der Jünger bleibt aus.[42] »Anstelle der Jünger antwortet der Evangelist als der allwissende Erzähler auf Jesu Frage, der den Grund für ihr Schweigen angibt (γὰρ).«[43] Im Folgenden tritt Jesus deutlich erkennbar als Lehrer auf, indem er sich hinsetzt (καθίσας) und die Zwölf zusammenruft (ἐφώνησεν τοὺς δώδεκα).[44] Die folgende Lehre Jesu ist geprägt einerseits durch zwei Logien und andererseits durch eine Zeichenhandlung. In Vers 35 geht Jesus zunächst auf den Rangstreit der Jünger ein und hält ihren Ambitionen und Bestrebungen nach Macht und Geltung entgegen, dass derjenige, der der Erste (πρῶτος)

---

lungsgeschichten, in denen Jesus unmittelbar an Kindern wirkt: Jesus erweckt die zwölfjährige Tochter des Jairus von den Toten (Mk 5,22–24.35–43), er treibt einen bösen Geist aus der kleinen Tochter der Syrophönizierin aus (Mk 7,25–30) und er treibt einen Dämon aus, der den kleinen Sohn eines Mannes taub und stumm macht (Mk 9,17–29). Diese Wunder, die Jesus an Kindern vollbringt, »imply that children are those for whom the kingdom of God has drawn near; they are among the intended beneficiaries.« Gundry, Children (s. Anm. 35), 151.

40 Ein weiterer Text, der in diesem Zusammenhang zu nennen wäre, hier aber aufgrund der vorzunehmenden Begrenzung des zu untersuchenden Materials nicht in den Blick genommen werden kann, ist Petri Frage nach dem Lohn der Nachfolge in Mk 10,28–31. Thematisiert wird hierbei der – gerade aus einer kinderorientierten Perspektive – interessante Umstand, dass die Nachfolge Jesu auch ein *a-familiäres* Ethos beinhaltet. Wer Jesus nachfolgen will, ist dazu aufgefordert, die Bindung an seine Familie aufzugeben und Teil einer neuen Gemeinschaft zu werden, der *familia dei*. Jesus führt diesen Bruch aus sozial-familiären Beziehungen selbst vor (Mk 3,31–35) und fordert ihn auch von seinen Jüngern (vgl. Mk 1,19f.). Vgl. zum Thema kompakt Lau, Wenn einer hinter mir nachfolgen will (s. Anm. 32), 6ff.

41 In Mk 7,17 und Mk 9,28 finden sich ebenfalls Jüngerbelehrungen in einem Haus. Dort begegnet οἶκος jedoch ohne Artikel. Die Formulierung ἐν τῇ οἰκίᾳ legt daher nahe, dass es sich um das Haus des Simon und Andreas handelt, das bereits zuvor im Handlungsverlauf des Markusevangeliums Schauplatz der Erzählung war.

42 Zum Schweigen der Jünger vgl. H. Giesen, Jüngerschaft und Nachfolge angesichts der zweiten Leidens- und Auferstehungsankündigung Jesu (Mk 9,33–50), SNTU 32 (2007), 89–113: 91.

43 Giesen, Jüngerschaft (s. Anm. 42), 91.

44 Vgl. J. Gnilka, Das Evangelium nach Markus, Teilbd. 2 (EKK 2), Neukirchen-Vluyn 2010, 56.

sein will, der Letzte (ἔσχατος) und Diener (διάκονος) aller sein soll.[45] Dieser Ausspruch Jesu stellt die kulturellen Annahmen von Status und Rang in der antiken Gesellschaft nicht nur in Frage, sondern geradezu auf den Kopf.[46] »Indeed, servanthood is the counterbalance to the disciples' desire for greatness.«[47]

Was es bedeutet, der Letzte und Diener aller zu sein, veranschaulicht Jesus durch eine Zeichenhandlung an einem Kind (Mk 9,36). Jesus nimmt ein Kind, stellt es in die Mitte der Jünger (ἔστησεν αὐτὸ ἐν μέσῳ αὐτῶν) und umarmt es (ἐναγκαλισάμενος αὐτὸ). »Das Kind eignet sich in der Tat am besten zur Illustrierung dessen, was Jesus meint, wenn er dazu ermutigt, Letzter und Diener aller zu sein. Denn in der damaligen Gesellschaft war das Kind völlig rechtlos und stand ganz unter der Autorität und Fürsorge anderer.«[48] Indem Jesus das Kind in die Mitte stellt, wird es von einer Randfigur – sowohl in dem räumlichen Setting der Erzählung als auch im übertragenen Sinne – zum Mittelpunkt des Geschehens. Vom ἔσχατος wird das Kind auf diese Weise zum πρῶτος. Jesus rückt das Kind in das Zentrum der Aufmerksamkeit aller Anwesenden und gibt ihm, dem vermeintlich Geringsten in der Hausgemeinschaft, den höchsten Rang. Jesus kehrt die bestehenden Verhältnisse um und führt das Geltungsbedürfnis der Jünger *ad absurdum*. In diesem Sinne ist auch Jesu Umarmung des Kindes zu verstehen. Zwar ist diese selbstverständlich *auch* als »Ausdruck der Liebeszuwendung«[49] Jesu zu verstehen, jedoch hat die Geste Jesu »mit sentimentalen Regungen nicht das Geringste zu tun. Angesichts der Geringschätzung des Kindes in der palästinischen Gesellschaft könnte man eher von einer Provokation sprechen.«[50]

Jesu Handlung an dem Kind leitet über zum zweiten Logion (Mk 9,37). Er fordert seine Jünger auf, Kinder wie dieses (τοιούτων) in seinem Namen aufzunehmen,[51] das heißt sie so aufzunehmen, wie Jesus selbst das Kind soeben aufgenommen hat.[52] Kinder und damit diejenigen, die ansonsten den letzten Platz, den

45 »Das καὶ zwischen Letzter und Diener ist höchstwahrscheinlich epexegetisch. ›Diener aller‹ erklärt, was Letzter aller bedeutet.« Giesen, Jüngerschaft (s. Anm. 42), 92.
46 Vgl. Betsworth, Children (s. Anm. 22), 66. Ähnlich Giesen, Jüngerschaft (s. Anm. 42), 92.
47 Betsworth, Children (s. Anm. 22), 66.
48 Giesen, Jüngerschaft (s. Anm. 42), 93.
49 Gnilka, Markus (s. Anm. 44), 57.
50 J. Ernst, Das Evangelium nach Markus (RNT), Regensburg 1981, 275. Ähnlich J.M. Gundry, »To Such as These Belongs the Reign of God«. Jesus and Children, ThTo 54 (2000), 469–480: 475: »The action is more than a display of affection.«
51 »Mit der Wendung ›eines dieser Kinder‹ statt ›ein Kind‹ weist Mk über das konkrete Kind hinaus und macht die Aussage transparent auf jene, die Kindern in ihrer Hilf- und Bedeutungslosigkeit gleichen.« Giesen, Jüngerschaft (s. Anm. 42), 93f.
52 Der Terminus δέχομαι wird im Neuen Testament vor allem für das Bedienen von Gästen verwendet (vgl. Lk 10,8; 16,4). Dass Jesus ein Kind in die Mitte stellt und in seine Arme nimmt, symbo-

Platz am Rand der Gesellschaft, den Platz als Dienerinnen und Diener einnehmen, sollen die Jünger in die Mitte ihres Interesses und ihrer Gemeinschaft stellen und an ihnen selbst zu Dienern werden.[53]

2.1.2 »Lasst die Kinder zu mir kommen!« (Mk 10,13–16)

Ein zweiter Text, in dem der Konnex von Kindheit und Nachfolge im MkEv im Fokus steht, ist das sogenannte *Kinderevangelium* in Mk 10,13–16. Anhand der Szene in Mk 9,33–37 hat Jesus seinen Jüngern bereits vor Augen geführt, dass »to be great in the reign of God, disciples have to love and serve children.«[54] Doch trotz der eindrücklichen Worte und der Handlung Jesu an einem Kind in Mk 9,33–37 »the disciples, however, continue to lack understanding of Jesus' words. This becomes evident in the second teaching about children (10.13–16), which is closely connected to the first teaching.«[55]

Die Erzählung aus Mk 10,13–16 setzt damit ein, dass Kinder zu Jesus gebracht werden, damit dieser sie berührt (ἅψηται).[56] Die Jünger wollen dies jedoch verhindern und fahren diejenigen an, die die Kinder bringen (Mk 10,13).[57] Als Jesus das Handeln seiner Jünger sieht, empört er sich (ἠγανάκτησεν). Es handelt sich hierbei um nur eine von zwei Erwähnungen des Zorns beziehungsweise der Empörung Jesu im Neuen Testament (vgl. Mk 3,5), was darauf hindeutet, wie ernst es ist, Kinder von der Nähe Jesu abzuhalten.[58] Was folgt, sind – ähnlich wie in Mk 9,33–37 – zwei an die Jünger gerichtete Logien Jesu sowie eine Zeichenhandlung an den Kindern.

---

lisiert einen solchen Dienst. Vgl. Gundry, Reign of God (s. Anm. 50), 475. Die Umkehrung der Verhältnisse besteht nun darin, dass es für gewöhnlich Kinder waren, die ebendiesen (Tisch-)Dienst von Gästen übernahmen. Jetzt aber ist es das Kind, welches aufgenommen und dem gedient wird resp. werden soll. Vgl. hierzu auch Eltrop, Kinder (s. Anm. 17), 88.

53 Vgl. hierzu auch Gundry, Reign of God (s. Anm. 50), 476.

54 Gundry, Reign of God (s. Anm. 50), 475.

55 Betsworth, Children (s. Anm. 22), 67.

56 Angesichts der vorherigen Wundererzählungen im Markusevangelium, in denen Kinder geheilt werden (5,22–24.35–43; 7,25–30; 9,17–29), könnte die Erwartungshaltung derjenigen, die Kinder zu Jesus bringen, darin bestehen, dass Jesus ebenso an ihren Kindern handelt, vgl. Gundry, Children (s. Anm. 35), 150. Jedoch wird im Text nichts über etwaige Erkrankungen der Kinder ausgesagt. Über die Beweggründe derjenigen, die die Kinder zu Jesus bringen, kann folglich nur spekuliert werden. Vgl. Gnilka, Markus (s. Anm. 44), 80; Betsworth, Children (s. Anm. 22), 68.

57 Ebenso wie die Beweggründe derjenigen im Unklaren bleiben, die die Kinder zu Jesus bringen, bleiben auch die Gründe offen, warum die Jünger sie abweisen. Vgl. hierzu Gundry, Reign of God (s. Anm. 50), 471.

58 Vgl. Gundry, Reign of God (s. Anm. 50), 471.

Jesus setzt sich energisch über das Eingreifen seiner Jünger hinweg, indem er den doppelten Befehl gibt: *Lasst die Kinder zu mir kommen! Hindert sie nicht, denn solchen gehört das Reich Gottes* (Mk 10,14).[59] Jesus wiederholt hiermit in gewisser Hinsicht seine Lehre aus Mk 9,35f., dass der Platz der Kinder nicht am Rand der Nachfolgegemeinschaft ist – wo die Jünger sie durch ihr abwehrendes Handeln halten wollen –, sondern dass der Platz der Kinder in deren Mitte ist. Sie sind die ersten und vordersten (πρῶτος) Adressaten des Reiches Gottes (vgl. Mk 9,35).[60]

An dieses erste Wort in Vers 14 anschließend, adressiert Jesus, eingeleitet durch die Formulierung ἀμὴν λέγω ὑμῖν, ein zweites Logion an seine Jünger: *Wer das Reich Gottes nicht annimmt wie ein Kind, wird dort nicht hineinkommen* (Mk 10,15). Das Reich Gottes gehört den Kindern (Mk 10,14),[61] folglich ist es die Aufgabe aller Nachfolgerinnen und Nachfolger Jesu das Reich Gottes anzunehmen (δέξηται) wie ein Kind (ὡς παιδίον). Diese Forderung Jesu beinhaltet mehrere Dimensionen: (1) Durch das ebenso wie in Mk 9,37 verwendete Verb δέχομαι wird erneut auf den Dienstcharakter der Nachfolge Jesu eingegangen. Nachfolgen, Glauben, das Reich Gottes annehmen, heißt den Platz des Dienenden (διάκονος), des Rangniedrigsten (ἔσχατος) in der Gemeinschaft einzunehmen (vgl. Mk 9,35). Ganz im Sinne der narrativ-theologischen Entfaltung des Nachfolgegedankens im Mittelteil des MkEv (Mk 8,27–10,52) heißt annehmen wie ein Kind, »klein werden vor Gott und den Menschen, das Über-andere-herrschen-wollen beiseitelegen, zum Abbau eigener Privilegien bereit sein.«[62] (2) Wird darüber hinaus das Reich Gottes in einer theologischen Dimension als Gnade, als Geschenk verstanden, »das Gott den Menschen machen will. […] wendet sich Jesus gegen das theologische Verdienstdenken einer patriarchalisch orientierten Gesellschaft und erklärt die Fähigkeit des Kindes für bedeutsam, Gott vertrauensvoll Vater zu nennen und sich von ihm beschenken zu lassen.«[63] (3) Das Annehmen des Reiches Gottes ὡς παιδίον darf jedoch auch nicht

59 Die Formulierung erinnert an die Seligpreisung aus Lk 6,20 parr.
60 »The disciples' rebuke thus provides the occasion for Jesus to make explicit what has until now been implicit, namely, that the kingdom of God belongs to little children – for God chooses to give the kingdom to the needy and dependent – and they now participate in its blessings. This forthright explication, overturning the assumptions of the twelve disciples, bring Jesus' ministry to children to a culmination.« Gundry, Children (s. Anm. 35), 154.
61 »The kingdom of God belongs to them without respect to their subjective attitude or activity.« Gundry, Children (s. Anm. 35), 152.
62 Gnilka, Markus (s. Anm. 44), 81.
63 Gnilka, Markus (s. Anm. 44), 81. Ähnlich Ernst, Evangelium (s. Anm. 50), 292. Dennoch bedeutet das Werden ὡς παιδίον in dieser Hinsicht »nicht Übernahme kindlicher Naivität, die erwachsenen Menschen schlecht ansteht. Nicht Hinwendung zu einem schlichten Kinderglauben, der nur Selbstbetrug sein könnte. Nicht romantische Sehnsucht nach dem Einst, die alle schrecklichen Kinderängste zuvor verdrängt.« Sondern es bedeutet, »empfangen zu sollen, von Liebe und Barmherzig-

in einer unangebrachten Weise romantisiert werden, die der marginalisierten Stellung von Kindern in der Antike nicht gerecht wird.[64] Die Bedingung, Teil der Nachfolgegemeinschaft Jesu zu werden, ist Jesus zu vertrauen, an sein Evangelium zu glauben (Mk 1,15), sich existentiell an ihn zu binden (vgl. Mk 1,15–20).[65]

Den Abschluss der Szene aus Mk 10,13–16 bildet eine zu Mk 9,36 vergleichbare Zeichenhandlung Jesu. Jesus nimmt die zuvor von den Jüngern noch abgewiesenen Kinder in den Arm, legt ihnen die Hände auf und segnet sie (Mk 10,16). Der Dienst Jesu an den Kindern gipfelt folglich nicht nur darin, dass er sie ausdrücklich zu Erben und Nutznießern der durch Jesus angebrochenen Gottesherrschaft erklärt (Mk 10,14),[66] sondern wiederum darin, dass er sie in die Mitte der Gemeinschaft positioniert (vgl. Mk 9,36), sie in deren Zentrum der Aufmerksamkeit stellt und sich selbst als Dienender an ihnen erweist (Mk 10,16). In der Zeichenhandlung Jesu an den Kindern kommt zum Ausdruck, dass »in his kingdom the most dependent have the highest priority. His blessing of the children against the wishes of the disciples shows the countercultural power of his teaching that the kingdom of God belongs to little children.«[67] Wiederum kehrt Jesus bestehende Hierarchien um und definiert herkömmliche Machtstrukturen zugunsten der Kinder neu.

2.2 Das Matthäusevangelium

In seinen Grundzügen übernimmt Matthäus das markinische Nachfolgeverständnis,[68] akzentuiert dieses jedoch neu. Während das Motiv des Hinterhergehens auf dem Weg Jesu, das für Markus zentrale Bedeutung besitzt, etwas in den Hintergrund rückt, wird bei Matthäus der Weg der Nachfolge zu einem Weg der besseren Gerechtigkeit (vgl. Mt 21,32) beziehungsweise einem Weg der Vollkommenheit

---

keit leben zu müssen und zu dürfen.« W. Schmithals, Das Evangelium nach Markus. Kapitel 9,2–16 (ÖKT 2), Gütersloh ²1986, 444.

64 E. Best, Mark 10:13–16. The Child as Model Recipient, in: ders. (Hg.), Disciples and Discipleship. Studies in the Gospel According to Mark, Edinburgh 1986, 80–97: 96.

65 Hierauf verweist auch Best, Mark 10:13–16 (s. Anm. 64), 96: »But we must beware of giving too theological a connotation to faith when children are being spoken of: A child trusts adults; he has confidence in them; he receives from them what they offer. So the disciple is to trust God and receive the Kingdom. The Kingdom is not a place or a thing; it is God's active rule; the disciple has therefore to allow God to rule in his life.« Vgl. ähnlich L. Schenke, Das Markusevangelium. Literarische Eigenart – Text und Kommentierung, Stuttgart 2005, 244.

66 Vgl. Gundry, Reign of God (s. Anm. 50), 158.

67 Gundry, Children (s. Anm. 35), 168.

68 Dies gilt insbesondere für den Aspekt der Leidensnachfolge (vgl. Mt 16,21–28).

(vgl. 19,21).[69] Nachfolge ist folglich im MtEv vordergründig ethisch konnotiert.[70] Darüber hinaus akzentuiert Matthäus Nachfolge stärker ekklesiologisch, was sich einerseits auf sprachlicher Ebene festhalten lässt, da es bei Matthäus auffallend häufig die Volksmenge ist (Mt 4,25; 8,1; 12,15; 14,13; 19,2; 20,29), die Jesus nachfolgt (ἀκολουθέω) und nicht nur der Einzelne.[71] Und andererseits wird dies darin ersichtlich, dass das Motiv der Nachfolge gerade auch in der Aussendungsrede (Mt 10) sowie in der Gemeinschaftsrede (Mt 18) und dessen unmittelbarem Kontext thematisiert wird.[72]

2.2.1 Werden wie ein Kind (Mt 18,1–5)

Hierzu passt auch die matthäische Verarbeitung von Mk 9,33–37 – und Teilen von Mk 10,13–15 – in Mt 18,1–5.[73] Anders als im MkEv gibt es jedoch keinen unmittelbar vorangehenden Rangstreit der Jünger auf dem *Weg*, auf den Jesus rekurriert (Mk 9,33f.), sondern die Jünger treten mit der Frage an Jesus heran, wer der Größte im Himmelreich sei (Mt 18,1).[74] »By formulating the question in this way, the disciples do not seem to be jockeying for position in the same way in which the other Gospels portray them. However, ›greatness‹ still presumes that they are thinking about matters of status, wealth, and power.«[75] Während Jesus im MkEv auf die Frage der Jünger, wer der Größte sei, mit dem Logion vom Ersten (πρῶτος) und Letzten (ἔσχατος) antwortet (vgl. Mk 9,35) und dieses durch die Zeichenhandlung

---

69 Vgl. Luz, Nachfolge (s. Anm. 26), 684.

70 »Vollkommenheit basiert für Matthäus auf der vollkommenen Erfüllung der hermeneutisch im Liebesgebot zentrierten Tora nach der Auslegung Jesu, und sie ist die Voraussetzung dafür, ›in das Himmelreich einzugehen‹ (5,20, vgl. 19,23f). Daraus folgt zugleich, dass das Halten der Gebote (V. 17) in ihrem von Jesus vermittelten Verständnis von Matthäus als integraler Bestandteil der *Nachfolge* angesehen wird.« M. Konradt, Das Evangelium nach Matthäus (NTD 1), Göttingen 2015, 304.

71 Vgl. Luz, Nachfolge (s. Anm. 26), 683.

72 Zur Aussendungsrede vgl. U. Luz, Die Jüngerrede des Matthäus als Anfrage an die Ekklesiologie, in: K. Kertelge/T. Holtz/C.-P. März (Hg.), Christus bezeugen. FS Wolfgang Trilling, Freiburg u. a. 1990, 84–101.

73 »Matthäus hat seine Markusvorlage jedoch recht frei behandelt.« Konradt, Matthäus (s. Anm. 70), 283.

74 Gegenüber der markinischen Version erhält die Frage durch die Ergänzung ἐν τῇ βασιλείᾳ τῶν οὐρανῶν eine neue Färbung. Bei Markus changiert die Frage zwischen einem präsentischen und einem futurischen Verständnis. In der matthäischen Version hingegen verlagert sich dessen Gewicht stärker ins Futurische.

75 Betsworth, Children (s. Anm. 22), 92.

an einem Kind erläutert, streicht Matthäus das Logion und geht direkt dazu über, dass Jesus ein Kind herbeiruft und in die Mitte stellt (Mt 18,2).[76] Ebenso wie bei Markus präsentiert Jesus den Jüngern das Kind folglich – »in einer der gesellschaftlichen Stellung des Kindes in der Antike diametral entgegengesetzten Weise – als Orientierungspunkt« für ihre Christusnachfolge.[77]

In dem darauffolgenden Doppellogion (Mt 18,3f.) verarbeitet Matthäus nun Stoff aus Mk 10,15. Dies wird bereits an der einleitenden Formulierung ἀμὴν λέγω ὑμῖν ersichtlich. Zwei auffällige Änderungen fügt Matthäus dem Logion aus Mk 10,15 jedoch hinzu. Zum einen unterstreicht Matthäus durch die Addition der Formulierung ἐὰν μὴ στραφῆτε die Notwendigkeit der Umkehr als Voraussetzung der Nachfolge. Zum anderen bezieht Matthäus das ὡς τὰ παιδία (Mt 18,3) nicht wie Mk 10,15 das ὡς παιδίον auf das Annehmen (δέξηται) des Reiches Gottes, sondern der matthäische Jesus fordert dazu auf, wie ein Kind zu *werden* (γένησθε). Was das geforderte Werden wie ein Kind bedeutet, konkretisiert der zweite Teil des Logions (Mt 18,4): Selbsterniedrigung und Statusverzicht.[78] In Mt 18,5 nimmt Matthäus wieder den Faden von Mk 9,33–37 auf und schließt ebenso wie seine Vorlage mit dem Logion ab, dass derjenige, wer ein solches Kind aufnimmt, auch Jesus selbst aufnimmt.[79] Insgesamt exemplifiziert Matthäus in Mt 18,1–5 – einerseits anhand des Kindes, das Jesus in die Mitte stellt und andererseits mittels der Logien über das Werden wie sowie das Annehmen von Kindern – ein »Ethos der Niedrigkeit im Blick auf den Umgang mit den Kleinen und Sündern in der Gemeinde.«[80] Dieses

---

76 Matthäus bringt eine Variante des Logions in Mt 20,26f. bzw. 23,11f. Vgl. Konradt, Matthäus (s. Anm. 70), 283. Der matthäische Jesus verwendet für das Rufen des Kindes das gleiche Wort wie für die Herbeirufung der Jünger in Mt 10,1 (προσκαλέομαι) und stellt damit eine Verbindung zwischen dem Kind und den Motiven Jüngerschaft und Himmelreich her. Vgl. Betsworth, Children (s. Anm. 22), 93. Die intime Geste der Umarmung des Kindes durch Jesus (Mk 9,36) streicht Matthäus.
77 Konradt, Matthäus (s. Anm. 70), 283.
78 »Nicht Naivität, Unschuld, Gehorsam gegenüber den Eltern, Offenheit für Neues oder eine andere Kindern zuweilen zugeschriebene Eigenschaft bilden Vergleichspunkte, sondern ihr allgemein niedriger Status in antiken Gesellschaften. ›Sich niedrig zu machen‹ umfasst die innere Haltung der Demut ebenso wie konkreten Statusverzicht bzw. soziale Niedrigkeit.« Konradt, Matthäus (s. Anm. 70), 283f.
79 Matthäus streicht jedoch die theozentrische Zuspitzung aus Mk 9,37. Mt 18,5 erhält durch den Umstand, dass Matthäus eine Geburts- und Kindheitsgeschichte enthält, gegenüber der markinischen Version eine weitere Dimension: »Jesus' teaching that welcoming the child equals welcoming him (18.5) reinforces this connection by alluding again to the child in Mt. 2. [...] Welcoming the child equals welcoming Jesus.« Betsworth, Children (s. Anm. 22), 95.
80 Konradt, Matthäus (s. Anm. 70), 284.

wird auch im weiteren Verlauf von Mt 18 verhandelt.[81] Kinder werden auf diese Weise zu Leitbildern für die Mitglieder der Nachfolgegemeinschaft Jesu.[82]

2.2.2 Die Segnung der Kinder (Mt 19,13 ff.)

Während Matthäus das Logion aus Mk 10,15 bereits in Mt 18,3 verarbeitet hat, begegnet die eigentliche Rahmenerzählung des sogenannten *Kinderevangeliums* aus Mk 10,13–16 erst in Mt 19,13 ff. Die bei Mk 10,13 nicht näher vorgebrachten Beweggründe derjenigen, die Kinder zu Jesus bringen, benennt Matthäus ausdrücklich in Mt 19,13: Jesus soll den Kindern die Hände auflegen und für sie beten.[83] Ebenso wie bei Markus wollen die Jünger zunächst verhindern, dass die Kinder zu Jesus gebracht werden, bevor dieser befiehlt, dass man die Kinder zu ihm lassen solle, τῶν γὰρ τοιούτων ἐστὶν ἡ βασιλεία τῶν οὐρανῶν (Mt 19,14).[84] Diese Antwort Jesu korrespondiert mit »der Vorbildfunktion des Kindes in Mt 18,1–4, wo das Kind die Niedrigkeit verkörpert, die auch von den Nachfolgern Jesu erwartet wird.«[85] Wer Teilhaber des Reiches Gottes sein will, muss zunächst wie die Kinder werden, das heißt Statusverzicht und Selbsterniedrigung üben. Darüber hinaus erinnert die Episode ausdrücklich an die ebenfalls in diesem Kontext erfolgte Erklärung Jesu, dass die Aufnahme von Kindern gleichbedeutend ist mit der Aufnahme Jesu.[86]

2.3 Das Lukasevangelium

Das LkEv übernimmt vergleichbar zum MtEv das Nachfolgeverständnis von Markus in Grundzügen, setzt aber ebenfalls eigene Akzente. So spielt etwa für Lukas der Besitzverzicht der Jünger als Kennzeichen der Nachfolge eine hervorgehobene Bedeutung (vgl. Lk 5,11.28; 9,6; 10,3; 12,33; 14,33; 18,22). Darüber hinaus kann festgehalten werden, dass Lukas die Nachfolge Jesu vor dem Hintergrund seiner Dop-

---

81 Vgl. hierzu auch Eltrop, Kinder (s. Anm. 17), 84 ff.
82 Vgl. Betsworth, Children (s. Anm. 22), 92.
83 Zumindest vom Händeauflegen wird im weiteren Verlauf der kurzen Erzählung berichtet (vgl. Mt 19,15).
84 Den Hinweis auf Jesu Empörung hat Matthäus im Zuge seiner Überarbeitung des markinischen Jüngerbildes gestrichen. Vgl. Konradt, Matthäus (s. Anm. 70), 301. Von der Umarmung der Kinder durch Jesus ist in Mt 19,15 ebenfalls keine Rede.
85 Konradt, Matthäus (s. Anm. 70), 301.
86 Vgl. Betsworth, Children (s. Anm. 22), 96.

pelmonographie stärker historisiert.[87] Insgesamt steht das Motiv der Nachfolge im LkEv somit weniger im Fokus als bei den anderen Synoptikern.

Das Thema Kinder und Kindheit wiederum nimmt in keinem anderen Evangelium einen so großen Raum ein wie bei Lukas. Das LkEv enthält mehr Material über Kinder als alle anderen kanonischen Evangelien. Jesus heilt im LkEv Kinder und bezieht sie in seine Gleichnisse und als Metaphern in seine Lehren ein, die Geburten von Johannes dem Täufer und Jesus werden angekündigt und nacherzählt, die Geburt Jesu wird zudem weit ausführlicher als im MtEv geschildert, und Lukas ist der einzige Evangelist im Neuen Testament, der eine Geschichte über den jugendlichen Jesus enthält.[88]

2.3.1 Jesus an der Seite des Kindes (Lk 9,46–48)

Lukas übernimmt in seinem Evangelium (vgl. Lk 9,46–48) ebenso wie Matthäus die Perikope vom Rangstreit der Jünger aus Mk 9,33–37, gestaltet sie jedoch im Detail neu. Ähnlich wie Matthäus übergeht auch Lukas die Schilderung eines Streits der Jünger auf dem Weg (Lk 9,46).[89] Stattdessen erkennt Jesus die Gedanken darüber, wer der Größte unter ihnen sei, in den Herzen der Jünger. Dies veranlasst ihn dazu, ein Kind zu nehmen und dieses *neben* sich (παρ᾿ ἑαυτῷ) zu stellen (Lk 9,47). Jesus reagiert auf die Gedanken der Jünger folglich zunächst mit der Zeichenhandlung an einem Kind, bevor er diese mit einem Doppellogion erläutert.[90] Auch wenn Lukas hier anders als Markus und Matthäus nicht von der *Mitte* redet (vgl. Mk 9,36; Mt 18,2), in die Jesus das Kind stellt, sondern davon, dass Jesus das Kind an seine Seite stellt, gibt er dem Kind nichtsdestoweniger »einen Ehrenplatz und damit eine Würde, die seiner eigenen vergleichbar ist.«[91] Noch stärker als bei Markus und Matthäus wird durch die Platzierung an der Seite Jesu deutlich, dass Jesus sich selbst mit dem Kind identifiziert und dass die Jünger in dem Kind auch Jesus entdecken sollen. Die Zeichenhandlung führt somit bereits vor Augen, was Jesus im Folgenden sagt: *Wer dieses Kind aufnehmen wird in meinem Namen, nimmt mich auf, und wer mich aufnehmen wird, nimmt den auf, der mich gesandt hat* (Lk 9,48). Sollte diese Aussage Jesu nicht ohnehin Grund genug sein für die Annahme des Kindes,

---

87 Vgl. Luz, Nachfolge (s. Anm. 26), 684f.

88 Vgl. Betsworth, Children (s. Anm. 22), 99.

89 Demnach entfällt z.B. Jesu konfrontative Frage und das Schweigen der Jünger (Mk 9,34). Diese Streichungen fügen sich gut ein in die lukanische Tendenz einer insgesamt positiven Jüngerdarstellung.

90 Lukas ordnet damit die markinische Vorlage um, indem er Mk 9,36 vorzieht.

91 H. Klein, Das Lukasevangelium (KEK I/3), Göttingen 2005, 354.

gibt Lukas im abschließenden Logion, welches er in leicht abgewandelter Form aus Mk 9,35 übernimmt, eine weitere Begründung: *Denn wer der Kleinste ist unter euch allen, der ist groß* (Lk 9,48). Lukas übernimmt demnach beide Lehrworte Jesu aus der markinischen Vorlage, »but reverses them, placing the emphasis on the second saying and the theme of lowliness.«[92] Denn Lukas geht es in seinem Nachfolgeverständnis vordergründig um genau diese Umkehrung der Verhältnisse. Alle Vorstellungen der Jünger von Größe, Ehre, Macht und Verdienst kehrt Jesus um.[93] Da gerade Kinder in der gesellschaftlichen Hierarchie ganz unten standen, sowohl physisch als auch wirtschaftlich, rechtlich, religiös und politisch, identifiziert sich Jesus mit dem Kind und sagt seinen Jüngern, dass die Größe im Reich Gottes ebenso aussehen wird: Der Kleinste ist der Größte.[94]

2.3.2 Jesus und die Säuglinge (Lk 18,15–17)

Das sogenannte *Kinderevangelium* (vgl. Mk 10,13–16) verarbeitet Lukas in Lk 18,15–17.[95] Die lukanische Redaktion hält sich hierbei inhaltlich in Grenzen, jedoch fällt eine maßgebliche Änderung auf. Lukas ersetzt in der Exposition der kurzen Erzählung (Lk 18,15) den allgemein gebräuchlichen Diminutiv παιδίον durch das Wort βρέφος.[96] Es werden somit nach Lukas Kleinkinder beziehungsweise Säuglinge zu Jesus gebracht. Diese Säuglinge werden als Modell für diejenigen gezeichnet, denen das Reich Gottes gehört.[97] »Luke's replacement of the more general term *paidion* (›small child‹) used in the other synoptics with the more helpless *brephē* (infant) indicates the lack of human involvement in determining one's place in God's king-

---

92 Betsworth, Children (s. Anm. 22), 123.

93 »In the upside-down, inside-out world of reversal that is God's dominion, children – like others among the socially marginalized – will be specially honored guests.« J. T. Carroll, »What Then Will This Child Become?«. Perspectives on Children in the Gospel of Luke, in: M. J. Bunge (Hg.), The Child in the Bible, Grand Rapids 2008, 177–194: 194.

94 Vgl. Betsworth, Children (s. Anm. 22), 124.

95 Es fällt auf, dass die »Kinderperikopen« im LkEv in gewisser Hinsicht eine *inclusio* um den sog. lukanischen Reisebericht bilden. Vgl. hierzu J. Kodell, Luke and the Children. The Beginning and End of the Great Interpolation (Luke 9:46–56; 18:9–23), CBQ 49 (1987), 415–430.

96 Jesu Rede in V. 16 enthält wiederum entsprechend der markinischen Vorlage das Wort παιδίον. Betsworth, Children (s. Anm. 22), 124, schließt daraus, dass »older children are coming as well.« Eine weitere lukanische Redaktion besteht in der Streichung der Umarmung des Kindes durch Jesus. Darüber hinaus entfällt der Bericht über ein etwaiges Handeln an den Kindern (vgl. Mk 10,16; Mt 19,13). Dem lukanischen Jesusbild entsprechend streicht der Evangelist zudem Jesu Empörung über das Verhalten der Jünger (vgl. Mk 10,14).

97 Vgl. Klein, Lukasevangelium (s. Anm. 91), 586.

dom.«[98] Darüber hinaus lässt der Begriff βρέφος in diesem Zusammenhang selbstverständlich an die Geburtsgeschichten von Johannes und Jesus selbst denken, in denen die eigene Erniedrigung Jesu zum Ausdruck kommt (vgl. Lk 2,12.16). Ähnlich wie in Lk 9,46 ff. identifiziert sich Jesus folglich in Lk 18,15 ff. erneut »with the children, embracing their low status and powerlessness, which is also Luke's call to discipleship.«[99]

3 Fazit

Mit den Ausführungen dieses Beitrags konnten längst nicht alle synoptischen Belege zum Thema *Kinder und Nachfolge Jesu* in den Blick genommen werden. Dennoch konnten anhand der vorgenommenen *kinderorientierten* Betrachtung der exemplarisch ausgewählten Texte, dem Rangstreit der Jünger einerseits (Mk 9,33–37 parr.) und dem sogenannten *Kinderevangelium* andererseits (Mk 10,13–16 parr.), zentrale Erkenntnisse über das Thema Kinder und Nachfolge Jesu in den synoptischen Evangelien gewonnen werden:

Das MkEv stellt mehrfach heraus, dass einerseits Selbstverleugnung und Statusverzicht und andererseits Leidens- und Dienstbereitschaft die maßgeblichen Grundprinzipien der Nachfolge Jesu sind. Insbesondere in den untersuchten Texten Mk 9,33–37 und Mk 10,13–16, in denen Jesus den Konnex zwischen Kindern und Nachfolge herstellt, wird dies evident. Kinder werden für die Jünger zu Vorbildern der Nachfolge stilisiert. Kinder sind die »model recipients« des Reiches Gottes.[100] Jesus stellt die Kinder darüber hinaus vom Rand in die Mitte der Nachfolgegemeinschaft und erhebt ihr Wesen und ihre soziale Stellung zum Maßstab der Nachfolge.[101]

Das MtEv und das LkEv folgen dem MkEv in diesen grundlegenden Aspekten zum Thema Kinder und Nachfolge. Das MtEv verstärkt zudem den ethischen

---

98 A. Lindemann, »Theirs is the Kingdom«. Children as Proprietors of the Kingdom of God in Luke 18:15–17, in: S. Betsworth/J. F. Parker (Hg.), T&T Clark Handbook of Children in the Bible and the Biblical World, London 2019, 265–289: 269.

99 Betsworth, Children (s. Anm. 22), 126.

100 Gundry, Reign of God (s. Anm. 50), 480. Vgl. ähnlich Best, Mark 10:13–16 (s. Anm. 64), 95.

101 Gundry, Children (s. Anm. 35), 176: »Mark's Gospel illustrates how, in the light of the dawning of God's kingdom in Jesus, children's traditional social and religious inferiority can no longer justify their marginalization, but instead requires their emulation and devoted service by adult members of Jesus' ›family‹ of disciples.« Hierzu auch Betsworth, Children (s. Anm. 22), 72: »These teachings indicate that children are valued as children, reversing the disciples' understandings of who Jesus is and what the reign of God is.«

Aspekt der »childlikeness as *humility toward children,* on the part of *church leaders* in particular, and *for the sake of children* who are at the mercy of those greater than themselves in the community.«[102] Darüber hinaus enthält die Rede von Kindern im MtEv – sowie im LkEv – eine weitere Dimension durch die Eröffnung der Gesamterzählung mit der Geburts- beziehungsweise Kindheitsgeschichte Jesu (Mt 1–2). Diese einleitende Darstellung Jesu als Kind zieht sich durch das gesamte MtEv, zum Beispiel wenn Jesus seinen Jüngern sagt, dass sie umkehren und wie Kinder werden müssen (Mt 18,3), um in das Himmelreich zu gelangen.[103] Mit Jesu Kindheitsgeschichte im Hintergrund bedeutet das zugleich, dass »they must become like the child he was and like the vulnerable, threatened adult he will become. The children are then illustrative of Matthew's understanding of discipleship.«[104] Ähnlich verhält sich dies im LkEv, wenn Jesus ein Kind an seine Seite stellt (Lk 9,47) und dadurch zum Ausdruck bringt, dass ein Kind annehmen gleichbedeutend ist mit der Annahme Jesu – der selbst als Kind auf diese Welt gekommen ist (Lk 1–2).

Von kleineren Akzentverschiebungen sowie den matthäischen und lukanischen Zufügungen abgesehen, entwerfen die synoptischen Evangelien hinsichtlich der Thematik Kinder und Nachfolge ein einheitliches Bild: Kinder sind ein wichtiger Teil der Nachfolgegemeinschaft Jesu. Sie erhalten durch Jesus eine besondere Zuwendung und werden durch ihn von Randfiguren zu zentralen Gestalten der Nachfolge. Jesus rückt die Kinder sogar in den Mittelpunkt der Nachfolgegemeinschaft (Mk 9,36 parr.). Kinder sind nach Jesus »models of discipleship«,[105] Vorbilder der Nachfolge. Jesus denkt das Reich Gottes von den Kindern her, denn sie sind dessen vorrangige Adressatinnen und Adressaten (Mk 10,14f. parr.).[106] An ihnen sollen die Jüngerinnen und Jünger Jesu erkennen, was die vertrauensvolle Annahme des Evangeliums und des Reiches Gottes bedeutet (Mk 9,37 parr.). Die Perspektive der Kinder, ihre Wahrnehmung und vor allem ihr Status werden zum Leitgedanken und zum Maßstab der Nachfolge Jesu (Mk 9,35 parr.).[107] Und auch wenn die Kinder in den untersuchten Perikopen aus Mk 9,33–37 parr. und Mk 10,13–16 parr. nicht selbst als aktive Subjekte begegnen – keines der Kinder kommt

---

102 Gundry, Reign of God (s. Anm. 50), 475.
103 Vgl. Betsworth, Children (s. Anm. 22), 185.
104 Betsworth, Children (s. Anm. 22), 185 f.
105 Betsworth, Children (s. Anm. 22), 67.
106 Vgl. Gundry, Reign of God (s. Anm. 50), 470.
107 Es ist daher auch Eltrop, Kinder (s. Anm. 17), 95, zuzustimmen, wenn sie sagt: »Die Kinderperikopen Mk 9,33–37 parr und Mk 10,13–16 parr haben darum nichts an Aktualität eingebüßt: Sie mahnen auch heute Menschen in der Nachfolge Jesu, die Augen für die Letzten in der Gesellschaft offen zu halten, sich für die Schwachen, Ausgenutzten, für die, die wirtschaftlichen Interessen schutzlos ausgeliefert sind, einzusetzen.« Siehe auch Gundry, Reign of God (s. Anm. 50), 469:

eigenständig zu Jesus, sondern sie werden gebracht oder Jesus ruft beziehungsweise nimmt ein Kind herbei; keines der Kinder redet und keines der Kinder vollzieht eine aktive Handlung –, so werden sie dennoch durch Jesu Worte und sein
Handeln in mehrfacher Hinsicht zu wertvollen Subjekten in der Nachfolge Jesu
deklariert. Jesus überträgt den Kindern in gewisser Weise *agency* und stärkt damit
ganz ausdrücklich die soziale Handlungsfähigkeit und das Handlungspotential der
Kinder in der christlichen Nachfolgegemeinschaft.

»Clearly, in the light of the Gospels' teaching, Christians are called to make a place for children in
the fellowship of believers as co-participants in the gifts of salvation through Christ, and also to
learn from children how to participate in God's reign.«

Thomas Söding
Kinder im Licht des Evangeliums

Christusglaube und Familienethos in der Paulustradition

Zusammenfassung: Die Kinderbilder im Corpus Paulinum zeichnen sich ab, wenn die religiösen, sozialen und kulturellen Kontexte mit dem Zeugnis der Texte verschränkt und mit einem wirkungsgeschichtlichen Problembewusstsein gelesen werden, das durch die Ambivalenzen der Rezeptionsgeschichte gestärkt wird. Kinder sind dem Zeugnis der Briefe zufolge in den Gemeinden wichtig, weil sie in den Familien, aber auch in anderen Lebensformen wichtig sind: als Geschöpfe Gottes. Die Aufgabe, die sich in den frühen Gemeinden stellt, besteht darin, die Impulse des Glaubens, die soteriologisch die Gleichheit der Gotteskinder betonen, mit den sozialen und kulturellen Realitäten zu vermitteln. In diesen Konstellationen bauen sich Spannungen zwischen traditionellen Lebensmustern und ethischen Verantwortungen auf, nicht zuletzt für die Bildung von Kindern. Diese Spannungen zu analysieren, ist der erste Schritt einer hermeneutisch reflektierten Vermittlung in gegenwärtige Lebenswelten und Lebensrechte von Kindern. Die historischen Rahmenbedingungen dürfen nicht dogmatisiert werden, die soteriologischen Einsichten gilt es zu wahren, die ethischen Impulse zu transformieren.

Abstract: The images of children in the Corpus Paulinum emerge when the religious, social and cultural contexts are intertwined with the testimony of the texts and read with an awareness of the problem that is strengthened by the ambivalences of the history of reception. According to the testimony of the letters, children are important in the churches because they are important in families, but also in other forms of life: as creatures of God. The task that arises in the early communities is to transmit the impulses of faith, which soteriologically emphasize the equality of the children of God, with the social and cultural realities. In these constellations, tensions build up between traditional patterns of life and ethical responsibilities, not least for the education of children. Analyzing these tensions is the first step of a hermeneutically reflected mediation in the current worlds and rights of children. The historical framework must not be dogmatized, the soteriological insights must be preserved, the ethical impulses must be transformed.

Kontakt: Thomas Söding, Katholisch-Theologische Fakultät, Ruhr-Universität Bochum;
E-Mail: Thomas.Soeding@rub.de

https://doi.org/10.1515/bthz-2023-0005

1 Fragestellung

Kinder spielen in den synoptischen Evangelien eine große Rolle. Jesus hat sie als Vorbild in die Mitte gestellt, wenn Jünger um ihren Rang besorgt waren (Mk 9,35–37 parr.); er hat vor der Gefahr gewarnt, sie zu Opfern religiös verbrämten Machtwillens zu machen (Mk 9,42–48 parr.); er hat sie gesegnet, wenn sie zu ihm gebracht wurden (Mk 10,13–16 parr.); er hat Kinder geheilt (Mk 9,14–29 parr.) und Jugendliche von den Toten erweckt (Mk 5,21–24.35–43 parr.; Lk 7,11–17). Johannes dem Täufer und Jesus setzt Lukas vor und nach ihrer Geburt ein literarisches Denkmal von höchster Popularität bis heute (Lk 1,5–2,40). Mit der Erzählung vom zwölfjährigen Jesus im Tempel zeigt er einen jungen Gottessohn, der die traditionellen Rollen von Lehrern und Schülern, Eltern und Kindern gehörig durcheinanderwirbelt (Lk 2,41–52).[1] Kinder sind im Blickwinkel Jesu, wie die Evangelien ihn reflektieren, nicht Rand-, sondern Zentralfiguren; sie sind nicht kleine Erwachsene, sondern Geschöpfe Gottes mit eigenen Rechten. Erwachsene sollen Kinder schützen, aber sich auch an Kindern orientieren, weil sie nicht groß vor Gott sein wollen, sondern sich von ihm beschenken lassen.

In der Geschichte der Kindheit[2] ragen diese jesuanischen Szenen heraus.[3] Sie sind nicht völlig einzigartig,[4] weil auch im Alten Testament,[5] in der frühjüdischen Literatur und in der hellenistisch-römischen Antike[6] Glückskinder als Geschenke des Himmels gesehen werden und weil die Trauer von Müttern über ihre getöteten Kinder unermesslich ist, wie Matthäus mit Jeremia in sein Weihnachtsevangelium hineingeschrieben hat (Jer 31,15 – Mt 2,18). Aber die Frequenz, die Prägnanz und die Intensität der jesuanischen Erinnerungen sind charakteristisch.[7] Sie haben die

---

1 Andere Akzente setzen die apokryphen Kindheitsevangelien; ihre Pointe ist, dass schon das Kind Jesus über göttliche Kräfte verfügt.

2 Vgl. P. Ariès, L'enfant et la vie familiale sous l'Ancien Régime, Paris 1960 u.ö.

3 Vgl. H. Lutterbach, Kinder und Christentum. Kulturgeschichtliche Perspektiven auf Schutz, Bildung und Partizipation von Kindern zwischen Antike und Gegenwart, Stuttgart 2010.

4 Vgl. JBTh 17 (2002): Gottes Kinder.

5 Vgl. M.J. Bunge/T.E. Fretheim/B.R. Gaventa (Hg.), The Child in the Bible, Grand Rapids/Cambridge 2008; C.B. Horn/J.W. Martens (Hg.), »Let the Children Come to Me«. Childhood and Children in Early Christianity, Washington 2009.

6 Vgl. A. Kunz-Lübcke, Das Kind in den antiken Kulturen des Mittelmeeres. Israel – Ägypten – Griechenland, Neukirchen-Vluyn 2007; C. Laes, Children in the Roman Empire. Outsiders within, Cambridge 2010.

7 Vgl. B. Eltrop, Art. Kinder, Kindheit, in: Das Wissenschaftliche Bibellexikon im Internet (www.wibilex.de) 2017 (abgerufen am 15.10.2022).

Bedeutung von Kindern im Licht des Gottesreiches hervorgehoben und damit Maßstäbe gesetzt.[8]

Allerdings hat das helle Licht des Glaubens, das in den synoptischen Evangelien auf Kinder fällt, weder Gewalt noch Ausbeutung verhindert. Viele Jahrhunderte hindurch werden Kinder nicht *als* Kinder, sondern als kleine Erwachsene gesehen. Auch wenn es ältere Gedächtnisspuren gibt: Erst seit dem 19. Jahrhundert gibt es im Abendland Galerien von Kinderbildern. Jean-Jacques Rousseau wird die Wiederentdeckung der Kindheit zugeschrieben.[9] Aber Breitenwirkung haben die Kirchen erzielt: Kinderkatechesen, Kinderbibeln, Kinderandachten, Kinderheime, Kindergärten und Schulen zeigen die Entwicklung an, nicht zuletzt auch Bilder der Heiligen Familie mit dem Jesuskind. Die Phänomene sind heute brisanter denn je. Weltweit werden Kinder versklavt;[10] Kindesmissbrauch ist eine offene Wunde aller Gesellschaften;[11] Kindersterblichkeit hängt sehr stark von den sozialen Bedingungen ab.[12] Auch die Kirchen sind involviert, als Täterorganisation und Zufluchtsort für Opfer. Desto wichtiger sind Aufklärung und Aufarbeitung.

Die Entwicklungen lassen sich nicht ohne einen Blick auf die Geschichte der jungen Kirche analysieren.[13] Sie macht sich von Galiläa und Jerusalem aus auf den Weg zu den Völkern mitten hinein in die Welt. Sie greift das Evangelium Jesu auf und vermittelt seinen Grundimpuls, die Befreiung der Menschen durch den Glauben in der Hoffnung auf das Reich Gottes, mit den Realitäten des Lebens, in denen die Umkehr das gesamte Leben prägen soll. Diese Transformation soll ohne sektiererische Überspanntheit und ohne opportunistische Leisetreterei geschehen, dafür mit der Verheißung, Gottes- und Nächstenliebe so zu vereinen, dass das Zeugnis des Glaubens in Wort und Tat sowohl der missionarischen Ausbreitung als auch der inneren Stärkung der kirchlichen Gemeinschaft und der Menschen dient, die zu ihr gehören.[14]

---

8 Damit haben sie Wirkungen erzeugt; vgl. C.B. Horn/R.R. Phenix (Hg.), Children in Late Ancient Christianity (STAC 58), Tübingen 2009.
9 Émile ou de l'éducation (Amsterdam 1762), Paris 2009.
10 Vgl. G. Wimmer, Kinderarbeit – ein Tabu. Mythen, Fakten, Perspektiven, Wien 2015.
11 Vgl. M. Gründer/M. Stemmer-Lück, Sexueller Missbrauch in Familie und Institutionen. Psychodynamik, Intervention und Prävention, Stuttgart 2013.
12 https://www.aerzteblatt.de/callback/image.asp?id=20316 (abgerufen am 15.10.2022).
13 Eine differenziert positive Wirkung sieht O.M. Bakke, When Children Became People. The Birth of Childhood in Early Christianity, Minneapolis 2005. Schattenseiten zeigen sich in Kindesvernachlässigung durch religiöse Selbstverwirklichung und in der Projektion einer komplexen Hamartiologie auf Kinder; Licht fällt durch den Glauben an die Gottesebenbildlichkeit, aus der folgt, dass Kinder nicht Menschen werden, sondern sind.
14 Das Ergebnis dieser ebenso originären wie orientierenden Inkulturation wird in der neutesta-

Um die Ambitionen und Ambivalenzen der kirchlichen Kinderbilder zu rekonstruieren und weiterzuentwickeln, ist deshalb zu fragen, welche Rolle Kinder in den frühesten Gemeinden gespielt haben.[15] Wie stark bleibt die Motivation Jesu? Welche alttestamentlichen und frühjüdischen, welche paganen Faktoren beeinflussen das Bild? Wie verbinden sich die Kinderbilder, die in den frühen Gemeinden entstehen, mit den gesellschaftlichen Konventionen jener Zeit? Wie wird die Aufgabe angegangen, den Glauben mit Kindern in Familien zu leben, die teils christlich geprägt, teils aber auch multireligiös zusammengesetzt sind? Wie haben die neutestamentlichen Konstellationen spätere Theologien von Kindern beeinflusst? Wie stellen sie sich im Licht der traditionellen Deutungen dar? Welche Orientierungen können sie heute geben, um Kinderliebe in den Familien, Kinderglauben in den Kirchen und Kinderrechte in der Gesellschaft zu fördern?

Die Forschungsdiskussion[16] konzentriert sich traditionell auf die ökumenisch bis heute strittige Kindertaufe.[17] Der von Paulus forcierte Verzicht auf die Beschneidung von Männern und Knaben aus heidenchristlichen Familien hat zusammen mit der Etablierung der einen Taufe für Männer und Frauen (Gal 3,26–28) erhebliche Konsequenzen für das Verhältnis der Geschlechter. Das Feld der Sozial- und Kulturgeschichte ist aber weiter,[18] psychologische und medizinische Aspekte treten hinzu. Im Kern steht die Frage, wie Gott, dem urchristlichen Glauben zufolge, auf Kinder schaut, wie sie deshalb leben können sollen und wie Erwachsene, in erster Linie die Eltern,[19] mit ihnen so umgehen, dass Glück und Segen sich vereinen können, inneres und äußeres Wachstum, familiäre Prägung und kirchliche Bindung.[20]

---

mentlichen Ethik erforscht; vgl. M. Konradt, Ethik im Neuen Testament (NTD.E), Göttingen 2022; R. Zimmermann (Hg.), Kompendium neutestamentlicher Ethik, Gütersloh 2023 (angekündigt).

15 Vgl. A. Lindemann, Kinder und Eltern in frühchristlichen Gemeinden, in: D. Dettinger/C. Landmesser (Hg.), Ehe – Familie – Gemeinde. Theologische und soziologische Perspektiven auf frühchristliche Lebenswelten (ABG 46), Leipzig 2014, 61–84.

16 Vgl. A. Lindemann, Kinder in der Welt der Antike als Thema gegenwärtiger Forschung, ThR 78 (2011), 82–111.

17 Vgl. (kontrovers) J. Jeremias, Die Kindertaufe in den ersten vier Jahrhunderten, Göttingen 1958; G. R. Beasley-Murray, Baptism in the New Testament, London 1962; K. Aland, Taufe und Kindertaufe. 40 Sätze zu Aussagen des Neuen Testaments, Gütersloh 1971; D. F. Wright, Infant Baptism in Historical Perspective. Collected Studies, Colorado Springs 2007. Eine pastoral engagierte Aufarbeitung bietet: P. Wick, Die Kindertaufe fordert uns heraus. Am Neuen Testament stoßen alle Tauftheorien an ihre Grenzen, ThBeitr 42,5 (2011), 264–282.

18 Vgl. B. Eltrop, Kinder im Neuen Testament. Eine sozialgeschichtliche Nachfrage, JBTh 17 (2002), 83–96.

19 Vgl. P. Balla, The Child-Parent-Relationship in the New Testament and its Environment (WUNT 155), Tübingen 2003.

20 Vgl. P. Müller, In der Mitte der Gemeinde. Kinder im Neuen Testament, Neukirchen-Vluyn 1992.

2 Die Paulustradition als Paradigma

Das Corpus Paulinum lässt im Fokus der historisch-kritischen Exegese ein halbes Jahrhundert frühester Kirchengeschichte erkennen: nicht in ganzer Breite, aber in einiger Tiefe. Während die anerkannt echten Paulusbriefe (Röm; 1/2 Kor; Gal; Phil; 1 Thess; Phlm) die Gründungsphase reflektieren und Probleme des Anfangs lösen wollen, suchen die Schreiben, die den Apostel zum idealen Autor machen, die Konsolidierungsphasen der weiterhin stürmisch wachsenden Gemeinden zu steuern (Eph; Kol; 2 Thess) und das Erbe des Apostels zu sichern (1/2 Tim; Tit). In der älteren Exegese meinte man, an den Briefen eine Entwicklung vom jungen zum alten Paulus nachzeichnen zu können; heute hat sich das Modell einer Schule gebildet, die innovativ die Aposteltradition pflegt.

In allen Phasen, die das Corpus Paulinum dokumentiert, spielen Kinder eine wichtige Rolle. Sie sind nicht durchgehend in den Texten präsent, werden aber immer wieder dort zum Thema, wo Glaube und Ethos im Familienleben zusammenfinden sollen. Kinder werden so wichtig genommen, dass sie als Metaphern nicht nur des Gottesverhältnisses,[21] sondern auch der Verbundenheit zwischen dem Apostel und den Gemeindemitgliedern prominent in Erscheinung treten.[22] Kinderlosigkeit, die in der Antike weithin als Unglück galt und immer der »unfruchtbaren« Frau angelastet wurde (vgl. Lk 1,5–7.24f.), wird in den Briefen nicht behandelt; denn Paulus sieht auch die Ehelosigkeit als eine charismatische Lebensform für Männer und Frauen (1 Kor 7). Kindesmissbrauch und sexuelle Ausbeutung sind ein Gräuel (1 Kor 6,9). Kindesaussetzung und -tötung, eine Geißel der Antike,[23] wird so entschieden abgelehnt, dass sie gar nicht verboten zu werden braucht.[24] Abtreibung wird gleichfalls nicht zum Thema, weil sie ausgeschlossen ist.[25] In der

---

21 Vgl. P. Müller, Art. Gotteskindschaft (NT), in: Das Wissenschaftliche Bibellexikon im Internet (www.wibilex.de) 2010 (abgerufen am 15.10.2022).

22 Vgl. C. Gerber, Paulus und seine »Kinder«. Studien zur Beziehungsmetaphorik der paulinischen Briefe (BZNW 136), Berlin 2005.

23 Vgl. zur historisch differenzierten Einschätzung C. Thuor-Kurth, Kindesaussetzung und Moral in der Antike. Jüdische und christliche Kritik am Nichtaufziehen und Töten neugeborener Kinder (FKDG 101), Göttingen 2010.

24 Der Kindermord von Bethlehem spiegelt die dunkle Seite der messianischen Sendung Jesu wider (Mt 2,16–18); die Rettung des Mose vor dem Tötungsbefehl des Pharao (Ex 2,1–10) wird aufgegriffen, um die Eltern zu rühmen, die das »schöne Kind« verborgen haben (Hebr 11,25), und die Tochter des Pharao zu würdigen, die Mose an Kindes statt angenommen hat (Apg 7,19–21).

25 Vgl. A. Lindemann, »Du sollst ein Kind nicht im Leib der Mutter töten«. Schwangerschaftsabbruch als ethisches Problem im antiken Judentum und im frühen Christentum, in: ders., Glauben, Handeln, Verstehen. Studien zur Auslegung des Neuen Testaments, Bd. 2 (WUNT I/282), Tübingen 2011, 284–307.

patriarchalischen Welt des Neuen Testaments[26] sind Mädchen tendenziell zurück-
gesetzt;[27] die Sprache ist vom generischen Maskulinum geprägt; desto wichtiger ist
es, inklusive Dynamiken zu eruieren.

Im Corpus Paulinum treten Familienbeziehungen hervor. Es galt, die traditionellen Strukturen mit der Befreiungserfahrung des Glaubens, die sich »in Christus«
ereignet, so zu vermitteln, dass überzeugende Lebensformen gebildet werden, so
Gott will: mit Kindern.

3 Die Familie als Bewährungsfeld

In der Antike werden durch die Familien traditionelle Rollenmodelle geprägt.[28] Sie
sind in den jüdischen, den griechischen und den römischen Kulturen nicht identisch, aber vergleichbar. Die kleinste soziale Einheit der Gesellschaft ist die Familie,
bestehend aus Eltern und Kindern. In einem »Haus«[29] – einer Villa in der Stadt oder
auf dem Land – leben Großfamilien, und zwar nicht nur mehrere Generationen
und Verwandte verschiedenen Grades, sondern auch Freie mit Versklavten (vgl. Lk
15,11–32 u. ö.).

Das Haus steht unter der Ägide des *pater familias*, des δεσπότης. Für die Grie-
chen ist der Ehemann lebenslang der Vormund seiner Frau; Aristoteles sieht ihn als
ihr »Haupt« (Pol I 12). Bei den Römern herrschte die Praxis, dass die Ehefrau direkt
aus der Hand ihres Vaters in die des Gatten übergeben wird; erst in der Kaiserzeit
weichen die Formen auf, aber die etwas größeren Rechte der Ehefrauen werden
dadurch abgesichert, dass sie immer auch Töchter ihrer Väter bleiben. Der »Vater«
hat das traditionelle Vorrecht, in allen Lebensfragen das entscheidende Wort zu
sprechen (*patria potestas*). Wer die Rolle ausübt, entscheidet sich nach dem Erb-

---

26 Vgl. I. Fischer/C. Heil (Hg.), Geschlechterverhältnisse und Macht. Lebensformen in der Zeit des
frühen Christentums (Exegese in unserer Zeit 21), Wien 2010.
27 Vgl. J. R. Ebeling, Women's Lives in Biblical Times, London 2010, bes. Kapitel 2.
28 Vgl. A. Burguiere, Histoire de la famille I. Mondes lointains, mondes anciens, Paris 1986; J. Evans
Grubbs, Women and the Law in Roman Empire. A Sourcebook on Marriage, Divorce and Widow-
hood, London 2002; J.-U. Krause, Antike, in: A. Gestrich/J.-U. Krause/M. Mitterauer (Hg.), Europäische Kulturgeschichte I. Geschichte der Familie, Stuttgart 2003, 21–159; W. Schmitz, Haus und
Familie im antiken Griechenland (EGRA 1), München 2007; T. S. Scheer, Griechische Geschlechter-
geschichte (EGRA 11), München 2011; zum Judentum vgl. S. J. D. Cohen, The Jewish Family in Antiquity (BJSt 289), Atlanta 1993; M. L. Satlow, Jewish Marriage in Antiquity, Princeton 2001; E. Levine,
Marital Relations in Ancient Judaism (BZAR 10), Wiesbaden 2009.
29 Vgl. M. Ebner, Die Stadt als Lebensraum der ersten Christen (GNT 1,1), Göttingen 2012, 27 f. 166–
189.

recht. Meist ist es der Erstgeborene. Die Öffentlichkeit gilt als genuiner Bereich von Männern. Im Haus hat die Ehefrau viel zu sagen, ohne dass es rechtlich geregelt wäre. Wenn »die Frau die Hosen anhat«, amüsiert sich die Komödie.

Ehen werden arrangiert. Eheleute können nicht frei entscheiden, sondern werden verheiratet. Entscheidend ist Geld. Liebesheiraten sind nicht vorgesehen, auch wenn es echte Liebe zwischen Eheleuten gegeben hat, von denen die Kinder profitiert haben. Das Verhältnis zwischen Mann und Frau wird durch die meist starken Altersunterschiede und die deutlich abweichenden Lebenserwartungen beeinflusst. Frauen wurden in der Regel kurz nach der Geschlechtsreife verheiratet, Männer gingen ihre erste Ehe im Durchschnitt erst Ende 20 ein. Wegen des Geburtenrisikos ist die Lebenserwartung von Frauen erheblich geringer als die von Männern. Der antike Patriarchalismus prägt auch die Sexualität,[30] die ihrerseits im Kern nicht als Privatangelegenheit gilt, sondern unter sozialer Kontrolle steht. Sexualität in der Ehe dient der Erzeugung von Nachkommen. Mutterschaft steht in höchstem Ansehen. Kinderlosigkeit ist ein weithin akzeptierter Scheidungsgrund. Üblicherweise hatten Männer, die heirateten, sexuelle Erfahrungen. Bei jungen Frauen hingegen wurde Jungfräulichkeit vorausgesetzt; Witwen, die wieder heirateten, mussten ihrem verstorbenen Ehemann treu und nach dessen Tod sexuell abstinent gewesen sein. Sexuelle Rechte wurden den besitzenden Männern auch gegenüber Sklavinnen zuerkannt. Die »unehelichen« Kinder waren den ehelichen nicht gleichgestellt, standen aber nicht so im Schatten moralischer Empörung, wie sie das 19. und frühe 20. Jh. inszeniert haben.

Die Vorherrschaft der Familie bestimmt auch die Religiosität. In der Antike hat sie neben der Politik, deren Ort das Heiligtum ist,[31] einen festen Platz.[32] *Zum einen* ist die Familie selbst ein religiöser Hauptakteur, weil die Verehrung der Ahnen, die Pietät gegenüber den Verstorbenen und der Kult der Hausgötter Pflicht sind, damit die Gunst der Götter erhalten bleibt. Die Kinder sind Teil des Rituals. Von ihnen wird erwartet, dass sie mitmachen, damit sie später selbst religiöse Verantwortung tragen können. *Zum anderen* bestimmen die Familien über die religiöse Praxis ihrer Mitglieder. Die zahlreichen Familienkonflikte, die in den Evangelien dargestellt werden, spiegeln die harten Auseinandersetzungen, die durch eine Konversion entstehen. Um der Nachfolge Jesu willen sollen sogar Kinder verlassen werden –

---

30 Die älteren Sittengeschichten zeichnen gerne das Bild einer liberalen Genussfreude; vgl. L. Friedländer, Darstellungen aus der Sittengeschichte Roms I–II, Darmstadt 2016 (1862/1864/1871); E. Friedell, Kulturgeschichte Griechenlands. Leben und Legende der vorchristlichen Seele. Vorbemerkung von W. Schneider, München 1949. Die Einbeziehung sozial- und geschlechtergeschichtlicher Forschungen zeigt die Projektionen dieser Studien auf.
31 Vgl. B. Linke, Antike Religion (EGRA 13), München 2014.
32 Vgl. J. Bodel/S. M. Olyan (Hg.), Household and Family Religion in Antiquity, Malden u. a. 2008.

freilich um hundertfach wiedergewonnen zu werden (Mk 10,28–30 parr.), da die Beziehungen im Glauben nicht nur durch biologische und soziale, sondern auch durch religiöse Gründe gestiftet werden, die im Ethos des Evangeliums gründen.

Das Alte Testament, in dem das Neue auch mit dem Corpus Paulinum tief verwurzelt, und das Frühjudentum, mit dem es eng verwandt ist, prägen die religiöse Dimension des Familienlebens[33] und der Kinderbilder durch den Glauben an den einen Gott. Er hat den Menschen männlich und weiblich erschaffen und mit dem Auftrag in die Welt entlassen, fruchtbar zu sein (Gen 1,27f.). Nach der zweiten Schöpfungsgeschichte sind »Adam« und »Eva« erschaffen, damit sie »ein Fleisch« werden und Kinder bekommen können (Gen 2,24). Diese Theozentrik prägt das Familienleben, weil der häusliche Kult nicht die Gunst der Götter erwirken, sondern der Gottesliebe eine verlässliche Form geben soll, auch durch Kindererziehung (vgl. Dtn 6,1–9). Die Erziehungsaufgabe wird nicht zuletzt in der Weisheitsliteratur genau beschrieben.[34] Kinder sollen Einsichten in den Lauf der Welt erhalten, damit sie persönliche Orientierung gewinnen, aber auch das erworbene Wissen an die nächste Generation weitergeben können (Spr 1,8 u.ö.). Robuste Erziehungsmethoden gehören zum Stil der Zeit (Sir 30,1–13).

Die Familienbeziehungen werden durch das Vierte Gebot des Dekaloges (Ex 20,12; Dtn 5,16; vgl. Ex 21,17; Lev 20,9), im Neuen Testament oft zitiert (Mt 15,4; 19,19; Mk 7,10; 10,19; Lk 18,20; Eph 6,2f.), so geordnet, dass die Verantwortung der Erwachsenen gegenüber den alt gewordenen Eltern zum Ausdruck kommt (Spr 23,22; 30,17; Sir 3,12f.; vgl. Mk 7,9–13), aber auch der Gehorsam jüngerer Kinder gegenüber ihren Eltern.[35] Die Familien werden als soziale Körperschaften enorm gestärkt, passend zur Bedeutung des genealogischen Prinzips in der Konstruktion der Identität Israels. Die Mischehenverbote (Num 12,1 u.ö.), die in nachexilischer Zeit teils an Bedeutung gewinnen, sollen die religiöse und soziale Identität stärken.

Auch in den alttestamentlichen und frühjüdischen Texten herrscht Patriarchalismus. In den Zehn Geboten werden Männer angeredet. Sie haben das entscheidende Wort, vor allem in der Öffentlichkeit. Ihnen wird auch in frühjüdisch-hellenistischen Texten das familiäre Strafrecht zugeschrieben (Philo, SpecLeg 2,232; Jos, Ant 4,260). Kinder werden als Nachkommen des Mannes gewertet. Sie gelten als Eigentum der Eltern und können in die Schuldsklaverei verkauft, das heißt für Arbeitsleistungen verpfändet werden (2 Kön 4,1; Neh 5,2) – im Widerspruch zur

---

33 Vgl. O. Dyma, Art. Ehe (AT) (2020) in: Das Wissenschaftliche Bibellexikon im Internet (www .wibilex.de) 2010 (abgerufen am 15.10.2022).
34 Vgl. F. Goia, Metodi e ideali educativi dell'Antico Israele e del vicino Oriente, Roma 2008.
35 Vgl. H. Jungbauer, »Ehre Vater und Mutter«. Der Weg des Elterngebots in der biblischen Tradition (WUNT II/146), Tübingen 2002.

religiös begründeten Überzeugung, dass Kinder nicht Eigentum der Eltern, sondern Geschöpfe Gottes sind. Sie sind als Nachkommen wichtig, nicht nur um der Versorgung der Eltern willen, die sie später zu garantieren haben, sondern auch wegen des Fortbestandes der Familie; aber sie erfüllen nicht nur Zwecke, sondern sind gottgewollte Menschen. Kindesaussetzung (vgl. Ez 16,4f.) und -tötung (vgl. Ex 1–2) sind streng verboten. Witwen und Waisen stehen unter dem besonderen Schutz Gottes, weil sie in prekären Verhältnissen leben (Dtn 10,18; 24,17–19 u.ö.). Eva soll außerhalb des Paradieses unter Schmerzen Kinder gebären (Gen 3,16), aber auch darin erweist sie sich als die Mutter des Lebens, die sie ihrem Namen nach ist (Gen 3,20). Von Mose (Ex 1–2) bis Samuel (1 Sam 1–2) und David (1 Sam 16,1–13), von Mirjam (Num 26,59) bis Ester (Est 2,5–11) und zum verschleppten Mädchen, das dem aussätzigen Aramäer Naaman hilft (2 Kön 5,1–27), zieht sich die Linie von Jungen und Mädchen, mit denen Gott Großes vorhat. Er selbst schafft sich durch den Mund von Kindern und Säuglingen Lob (Ps 8,3 LXX – Mt 21,16).

Das Neue Testament nimmt diese Impulse auf. Durch den Bezug auf Jesus Christus und in der Ekklesia, die mitten unter den Völkern aufgebaut wird, entstehen neue Bezüge, neue Probleme und neue Lösungen. Das Corpus Paulinum speichert typische Bewegungen. Es zeigt die Grenzen der antiken Weltbilder auch in den Kinderbildern; es zeigt aber innerhalb dieser Grenzen, wie Gott als Beschützer und Lehrer von Kindern die Praxis christlicher Eltern und Gemeinden bestimmt hat.

4 Die Heiligung der Kinder bei Paulus

Paulus hat Kinder und Erwachsene deutlich unterschieden, aber nicht auseinandergerissen, sondern im Glauben neu aufeinander bezogen. In pädagogischer Hinsicht differenziert er nüchtern zwischen kindlichen und erwachsenen Kenntnissen, Erfahrungen und Kompetenzen (1 Kor 3,1; vgl. Eph 4,14); infantile Erwachsene sind peinlich, Kinder, die erwachsen werden, großartig (1 Kor 13,11). Paulus wäre allerdings nicht der Dialektiker, der er ist, wenn er nicht auch festhielte, dass Kinder gegenüber Älteren einen großen Vorteil haben: nämlich unmündig an Bosheit zu sein (1 Kor 14,20), also nicht aus freier Entscheidung andere schädigen zu wollen (Phil 2,15). In rechtlicher Hinsicht ist Paulus klar, dass Kinder zwar erbberechtigt, aber unmündig sind, bis sie die Volljährigkeit erlangt haben (Röm 8,16f.); mit diesem Vergleich ist es ihm zu vermitteln möglich, dass auch Gläubige aus den Völkern im Vollsinn Mitglieder der Kirche sein können. Dann aber macht es keinen Unterschied, ob jemand aus einer jüdischen oder heidnischen Familie kommt, von einer Freien oder einer Sklavin geboren wurde und als Junge oder als Mädchen auf die Welt gekommen ist: »In Christus« werden alle Diskriminierungen überwunden

(Gal 3,26–28). Der Apostel bricht im Rückblick auf die Geschichte Israels den Primat der Genealogie auf, indem er Kinder in den Blick nimmt, und führt mit Verweis auf Gottes Gerechtigkeit den Primat der Verheißung ein, der auch Nachgeborenen und Adoptierten volle Kindes- und Erbrechte garantieren kann (Röm 9,6–13; Gal 3,15–18; 4,27 f. 31). Er hält die sozialen Pflichten fest, die Eltern gegenüber ihren Kindern haben, indem sie für deren Unterhalt sorgen (2 Kor 12,14); Paulus zitiert einen allgemein anerkannten Grundsatz (Plut, Mor 526 A; Philo, VitMos II 245), der Kinderarbeit ausschließt und Familiensolidarität stärkt.

In all diesen Kontexten hat der Apostel allerdings nicht Kinder als Kinder im Blick. Vielmehr geht es ihm meist um die Beziehungen der Gemeindeglieder zu ihm und untereinander, um die Verheißungen des Glaubens und um die Rechte der Christenmenschen. Kinder sind aber wichtige Argumente: Sie personifizieren Gottes Gnade und Liebe; sie begründen Verantwortung; sie machen Hoffnung. Die Grundlinien seiner Gnadentheologie prägen die Kinderbilder des Apostels; er findet sie im Buch des Lebens; er entwirft sie, um zu zeigen, wie der Glaube, der ins Land der Verheißung führt, schon gegenwärtig Land gewinnen kann.

Dort, wo er sich intensiv mit dem Familienleben befasst, kommt Paulus auch eigens auf Kinder zu sprechen, direkt und indirekt. In Korinth hat er mit dem Problem zu kämpfen, dass aus Gründen religiösen Eifers, verbunden mit der Naherwartung, Gläubige meinen, auf Sexualität, auf Ehe und Kinder verzichten zu sollen (1 Kor 7).[36] Paulus erkennt in dieser Ambition einen Irrweg: Nur wer das Charisma hat, soll zölibatär leben, für alle anderen ist es besser, in einer Ehe zu leben, die auch eine Gnadengabe Gottes ist (1 Kor 7,7). Dort können und sollen sie ihrer Sexualität eine Form geben; so können sie ihr sexuelles Verlangen zügeln und ihr Glaubensleben mit einem Familienleben verbinden, das ihnen hilft, Gott nicht erst im Jenseits, sondern bereits im Diesseits zu erfahren. Paulus setzt die gesellschaftlichen Konventionen seiner Zeit einschließlich der familiären Rollenmuster voraus, ohne sie zu revolutionieren oder zu sakralisieren; er will sie vielmehr durch den Glauben zivilisieren, indem er die Verhaltensweisen am Ethos des Evangeliums misst. In allen Fällen profitieren Kinder: durch verlässliche Beziehungen, durch verantwortete Elternschaft, durch das Verbot von Zwangsehen.

An einer Stelle werden Kinder ausdrücklich zum Thema. Paulus argumentiert mit ihnen, um die Ängste vor einer Mischehe zu nehmen, die angeblich den reinen Glauben vergifte (1 Kor 7,13): »Denn der ungläubige Mann ist in der Frau geheiligt, wie die ungläubige Frau im Bruder; sonst wären eure Kinder unrein, sie sind aber heilig« (1 Kor 7,14). Als selbstverständlich nimmt Paulus die Überzeugung

---

36 Vgl. H. Külling, Ehe- und Ehelosigkeit bei Paulus. Eine Auslegung zu 1. Korinther 6,12–7,40, Zürich 2008.

aller Gläubigen an, dass Kinder nicht »unrein«, sondern »heilig« sind. »Unrein«
hieße: abgegrenzt von Gott, ausgeschieden aus dem Gottesvolk, isoliert vom Leben;
»heilig« heißt: verbunden mit Gott, zugehörig zur Gemeinde, mitten im Glaubensleben. Weil Kinder als »heilig« gelten, auch wenn sie in einer Mischehe aufwachsen, dürfen christliche Eheleute darauf vertrauen, eine heiligende Wirkung auf
ihre nicht-christlichen Partnerinnen oder Partner auszuüben. Kinder sind der
lebendige Beweis der schöpferischen Gnade Gottes. Heiligkeit strahlt aus; sie wird
nicht von Unreinheit überschattet, sondern hat in dem archaischen Sinn biblischer
Theologie, den Paulus hier anwendet, eine reinigende Wirkung. Sie umfasst die
Elternliebe, die Fürsorge, die Erziehungsarbeit – Paulus braucht es nicht auszuführen, weil er mit dem Engagement in Korinth rechnen kann; sie umfasst auch
die Beteiligung am religiösen Leben. Ob die Kinder getauft waren oder nicht,[37] lässt
sich dem Vers nicht direkt entnehmen. Was Paulus schreibt, gilt für beide Fälle:
Getaufte Kinder werden nicht verunreinigt, ungetaufte geheiligt. Die Heiligung ist
bei Paulus die Durchdringung des ganzen Lebens mit der Gnade Gottes, die befreit
und erneuert (vgl. 1 Kor 1,30; 6,11); sie betrifft durchaus auch das Ethos, erfasst
aber gleichfalls die Beteiligung am Gottesdienst und die Befähigung zum Zeugnis.

Im Ersten Korintherbrief erinnert Paulus sich daran, dass er das »Haus des
Stephanas getauft« (1 Kor 1,16) habe, und zwar als »erste Frucht Achaias« (1 Kor
16,15).[38] Einige »Häuser« sind zu Gemeindeversammlungsorten geworden (1 Kor
16,15.19; Phlm 2; Kol 4,15; vgl. Apg 16,15).[39] Kinder waren Mitglieder von christlichen Häusern und Familien. Ob aus den Hinweisen abgeleitet werden kann,
dass auch Kinder getauft worden sind, wird bezweifelt, ist aber naheliegend; weil
der Familienzusammenhalt offenbar wichtig bleibt. Ob bereits Säuglinge getauft
worden sind, lässt sich den Texten nicht entnehmen.

Die kurzen Notizen erlauben es nicht, eine Theologie der Kindheit beim Apostel
Paulus zu rekonstruieren. Er, der selbst ehelos gelebt hat, nimmt aber Kinder oft in
den Blick. Er sieht sie im Licht des Evangeliums als Geschöpfe Gottes, die große
Hoffnungen begründen, aber auch in einer ungerechten Welt viel zu erdulden
haben. In seiner eigenen apostolischen Arbeit ist ihm die Nähe, die Herzlichkeit,
die Liebe wichtig, wie Kinder sie von ihren Eltern erfahren sollen (1 Thess 2,7–

---

37 Negativ urteilt W. Schrage, Der Erste Brief an die Korinther (1 Kor 6,12–11,16) (EKK VII/2), Düs-
seldorf/Neukirchen-Vluyn 1995, 107f.
38 Vgl. F. W. Horn, Stephanas und sein Haus – die erste christliche Hausgemeinde in der Achaia.
Ihre Stellung in der Kommunikation zwischen Paulus und der korinthischen Gemeinde, in: ders.,
Paulusstudien (NET 22), Tübingen 2017, 233–248.
39 Hauskirchen sind ein »Phantom« nach St. Heid, Altar und Kirche. Prinzipien christlicher Li-
turgie, Regensburg 2019, 69–84. Aber die Kritik ist überzogen, so wenig das Urchristentum eine
Religion ohne Kult gewesen ist.

12.17–20; 1 Kor 4,14–21; Gal 4,12–20). Sorgen und Freuden werden plastisch; die Autorität des Apostels verbindet sich mit seiner Beziehungsarbeit; die biologische steht für die spirituelle Fruchtbarkeit. Das Familienethos entspricht weitgehend dem der Weisheit Israels, mit dem besonderen Merkmal, dass nicht nur jüdische, sondern gleichermaßen und gleichberechtigt auch heidnische Kinder im Blick stehen, Mädchen genauso wie Jungen.

5 Die Erziehung der Kinder in der Paulusschule

Die von Martin Luther so genannten »Haustafeln« (Kol 3,18–4,1; Eph 5,22–6,9; vgl. 1 Petr 2,18–3,7)[40] geben in der Paulusschule Orientierung, wie das christliche Familienleben gestaltet werden soll. Sie gehören zu einer breiten Tradition antiker »Ökonomie«, die sich mit dem Leben im »Haus« und dessen – ungeschriebenen – Gesetzen befasst.[41] Meist sind diese Ratgeber angetan, zwei Pole miteinander zu verknüpfen: die Unterstützung der bestehenden Verhältnisse und deren Kultivierung im Sinne größerer Humanität. In diesem Spektrum liegt auch das Neue Testament. In den Ansprachen wird das herrschende Gesellschaftsbild einerseits stabilisiert, weil soziale Autorität anerkannt werden soll, andererseits reformiert, weil die Stärkeren auf die Pflichten gegenüber den Schwächeren hin angesprochen werden. Bemerkenswert ist allerdings, dass nicht nur, wie üblich, das Verhältnis von Männern und Frauen, Freien und Versklavten, sondern auch, wie selten (Xen, Oik 7,12.19), das zwischen Vätern und Kindern besprochen wird: Ökonomisch scheinen sie allenfalls im Blick auf spätere Pflege, ekklesiologisch sind sie jedoch als Kinder Gottes wichtig.

Die Haustafeln sind typischerweise reziprok gestaltet, entlang den traditionellen Ständen, und zwar so, dass zuerst der (nach antiken Rollenbildern) schwächere, dann der stärkere Part angesprochen wird: Frauen sollen sich unterordnen, Männer sie lieben (Kol 3,18f.; Eph 5,22–33; vgl. 1 Petr 3,1–7), Sklaven sollen ihren

---

40 Vgl. M. Gielen, Tradition und Theologie neutestamentlicher Haustafelethik. Zur Frage einer christlichen Auseinandersetzung mit gesellschaftlichen Normen (BBB 75), Frankfurt am Main 1990. Speziell zu Kol 3 und Eph 5–6: J.P. Hering, The Colossian and Ephesian Haustafeln in Theological Context. An Analysis of their Origins, Relationship, and Message (AmUStTR 260), New York 2007. Speziell zu Kol 3: A. Standhartinger, Die Entstehung und Intention der Haustafel im Brief an die Gemeinde in Kolossä, in: C. Janssen u. a. (Hg.), Paulus: umstrittene Traditionen, lebendige Theologie. Eine feministische Lektüre, Gütersloh 2001, 165–181.
41 Wichtige Referenztexte sind Arist, Pol I 1253; Sen, Ep 94,1; Philo, Hyp 7,14; Ps-Phok 195 ff. 207 f. 223 f.

Herren gehorsam sein, Herren für Sklaven Verantwortung übernehmen (Kol 3,22–
4,1; Eph 6,5–9; vgl. 1 Petr 2,19). Auch das Verhältnis von Kindern und Eltern wird
im Kolosser- wie im Epheserbrief in der gleichen Art besprochen:»Ihr Kinder,
gehorcht den Eltern in allem; denn dies ist wohlgefällig im Herrn« (Kol 3,20) – »Ihr
Kinder, gehorcht euren Eltern (im Herrn); denn das ist gerecht« (Eph 6,1). Dieser
Aufforderung entspricht die an die Väter:»Ihr Väter, reizt eure Kinder nicht, dass
sie nicht mutlos werden« (Kol 3,21) – »Und ihr Väter, erzürnt eure Kinder nicht,
sondern zieht sie auf in der Bildung und Weisung des Herrn« (Eph 6,4).[42] Aufgrund
der Wechselseitigkeit ist das Grundübel häuslicher Gewalt gegenüber Kindern ausgeschlossen. Auffällig ist, dass auch die Kinder direkt angesprochen werden: ein
Hinweis darauf, dass sie als Mitglieder der Gemeinschaft angesehen werden und
dass sie präsent sind, wenn der Brief gelesen wird. Über das Alter verlautet nichts;
kleinere Kinder sind ebenso wie Jugendliche und junge Erwachsene im Blick, die
noch keine eigene Familie gegründet haben. Weder in der Gehorsamsforderung
noch in der Motivationsanweisung wird zwischen Mädchen und Jungen unterschieden; unterschiedslos wird von »Kindern« (τέκνα) gesprochen. Die sublime Gleich-
berechtigung der Mädchen ergibt sich aus theologischen Gründen: Es gibt nur eine
Taufe für Männer und Frauen (Eph 4,5; vgl. Kol 2,12), wie ja auch Mann und Frau
gleichermaßen Gottes Ebenbild sind (Gen 1,26f.). Herkunft spielt keine Rolle (Kol
3,11); Jesus Christus schenkt Zukunft, die in den Familien gewonnen werden soll.

Der Gehorsam, der den Kindern abverlangt wird, ist die Anerkennung der
legitimen Autorität den Eltern, also Vater und Mutter, gegenüber. Er besteht nicht
zuletzt in der Bereitschaft, sich von ihnen erziehen zu lassen. Dass der Gehorsam
nach Kol 3,20 (anders als nach Eph 6,1) »in allem« eingefordert wird, ist risikoan-
fällig formuliert, weil erst die passende Mahnung der Väter Willkür ausschließen
kann, entspricht aber dem Umstand, dass die Eltern-Kind-Beziehung für das ganze
Leben bestimmend ist, nicht nur in traditionellen Gesellschaften, wie der Kolosserbrief sie voraussetzt.[43] Dass dieser kindliche Gehorsam gottgefällig sei, ist eine
traditionell tief verwurzelte Überzeugung, die vor allem in der Weisheit Israels
ausformuliert wird. Nach dem Epheserbrief ist der Gehorsam der Kinder zwei-
fach bestimmt. Zum einen soll er »im Herrn« geleistet werden, das heißt als Ausdruck der Liebe zu Gott, die sich im Glauben an Jesus Christus erweist – ein Indiz
für getaufte Kinder. Zum anderen ist der Gehorsam »gerecht«, weil er die Rollen
bejaht, die der – nach herrschender Auffassung gottgewollten – Lebensordnung
einer Familie entspricht (Eph 6,1). Angesprochen sind also Kinder, die das Alter der

---

42 Vgl. A. Lindemann, ἐκτρέφετε αὐτὰ ἐν παιδείᾳ καὶ νουθεσίᾳ κυρίου (Eph 6.4). Kinder in der Welt
des frühen Christentums, NTS 56 (2010), 169–190.
43 Eine Parallele zieht die stoische Ethik; vgl. Epikt, Diss II 10,7.

Unterscheidung erreicht haben; sie sind Mitglieder der Kirche und insofern auch Adressaten des Briefes.

Die Gehorsamsaufforderung wird aus dem Vierten Gebot abgeleitet, wie es in der Antike weithin verstanden worden ist: als Einforderung von Respekt gegenüber den Eltern. Der Epheserbrief macht den Bezug explizit; er bezieht auch die Verheißung nachhaltiger Lebensqualität ein, die aus der Generationensolidarität erwachsen soll (Eph 6,2 f.). Indirekt wird durch diesen Bezug auch deutlich, was der Anlage des gesamten Schreibens und der Intention der Paulusschule entspricht: dass die christlichen Gemeinden ein positiver Faktor in der Zukunftsgestaltung nicht nur der Kirche, sondern auch der »Welt« sein wollen. Kinder sind der Schlüssel.

Die reziproke Forderung ist nur an die Väter adressiert (Kol 3,21; Eph 6,4), weil sie in den traditionellen Familien die Macht hatten, auch die Strafgewalt. Im Epheserbrief wird die Erziehungsarbeit[44] in ein umfassendes ekklesiologisches Programm eingezeichnet, dass der Mündigkeit im Glauben und der Orientierungsfähigkeit in der Welt dient (Eph 4,11–16).[45] Die »Evangelisten, Hirten und Lehrer«, die in der Nachfolge der Apostel und Propheten stehen, sollen die Gläubigen ertüchtigen, kraft des Geistes ihr eigenes Urteil im Glauben zu finden, ihre persönliche Gnadengabe zu entwickeln und ihren spezifischen Beitrag zum Wachstum des ekklesialen Leibes Christi zu leisten. Die Erziehungsarbeit im Elternhaus legt den Keim, so wenig sie nur auf religiöse Fragen zu reduzieren ist.

Die soziale Verantwortung, die Eltern – und wegen ihrer Machtstellung nicht zuletzt die Väter – gegenüber ihren Kindern haben, entspricht dem antiken Ethos (Arist, Pol I 1259 b). Der Kolosserbrief mahnt die Väter, ihre Kinder nicht zu reizen, das heißt sie durch ungerechtes Verhalten, zum Beispiel übergroße Härte, zu demütigen. Sie sollen nicht »mutlos« werden, positiv gewendet: Sie sollen sich geliebt, gestärkt und ermutigt sehen, ihren Lebensweg – im Kreis der Familie – zu finden. Der Epheserbrief warnt die Väter davor, die Kinder zu erzürnen, das heißt ihnen durch ihr eigenes ungerechtes Verhalten Grund zum Hass zu geben, der wiederum nur zerstörerisch wirkt. Die positive Alternative wird in elementarer Klarheit so beschrieben, dass eine hohe Kompatibilität mit dem philosophischen Elternethos der Zeit die christologische Orientierung füllt, die es transzendiert. Der Imperativ ἐκτρέφετε markiert die Erziehungsaufgabe im umfassenden Sinn der Fürsorge und Ernährung, des Lehrens und Bildens, des Forderns und Förderns. Die folgenden

44 Vgl. M.Y. MacDonald, Parenting, Surrogate Parenting, and Teaching. Reading the Household Codes as Sources for Understanding Socialization and Education in Early Christian Communities, in: D. Dettinger/C. Landmesser (Hg.), Ehe – Familie – Gemeinde (s. Anm. 15), 85–102.
45 Vgl. T. Söding, Das Christentum als Bildungsreligion. Der Impuls des Neuen Testaments, Freiburg i. Br. 2016, 186–199.

Begriffe παιδεία und νουθεσία markieren das hellenistische Erziehungsideal, das prinzipiell im Einklang mit dem weisheitlich-jüdischen steht: Strenge gehört dazu, aber auch die Formulierung von Ansprüchen, die erstrebenswerte und erreichbare Ziele markieren, im Sinne der Persönlichkeitsbildung – nicht in der modernen Form der Autonomie, aber in der antiken Form der aktiven Partizipation am Gemeinschaftsleben, hier nicht nur der Gesellschaft, sondern in erster Linie der Kirche.

Die Paulusschule setzt bei der Aufmerksamkeit für Kinder an, die schon beim Apostel selbst nachzuweisen ist, und konkretisiert die Rollen, die sich im Zuge der Sozialisation christlicher Familien ergeben. Die Mischehenthematik tritt zurück, ohne dass auf geschlossene christliche Milieus zu schließen wäre: Die originär paulinischen Weisungen bleiben gültig. Mit dem Apostel wird die jesuanische Linie fortgeschrieben, die sich aus der christlichen Transformation des Judentums ergibt: Kinder sind Geschöpfe Gottes, unabhängig von Alter, Geschlecht, Status oder Herkunft. Sie sollen zu aktiven Gemeindemitgliedern werden. Voraussetzung ist, dass sie in den Familien, in denen sie aufwachsen, geliebt und gefördert werden. Die Basis bildet der Glaube an Jesus Christus, der sich nicht nur Erwachsenen, sondern auch Kindern als Retter erweist. Über den Apostel Paulus hinaus wird geklärt, wodurch Kinder ihren Platz im Leben finden: durch Gehorsam, wie er vom Glauben inspiriert wird. Deutlich wird auch, welche Verpflichtung die Väter haben, die offenbar im Gegensatz zu den Müttern auf ihre besonderen Pflichten aufmerksam gemacht werden müssen: Sie sollen ihren Kindern jene Freude am Leben vermitteln und jene Orientierung im Leben geben, die sich im Licht des Evangeliums ergibt.

6 Die Sorge für Kinder im Haus Gottes nach den Pastoralbriefen

Die Pastoralbriefe an Timotheus und Titus lenken das Augenmerk auf die Etablierung kirchlicher Leitungsstrukturen (1 Tim 3,1–7.8–13; Tit 1,5–9), die den wachsenden Gemeinden zu gesellschaftlichem Ansehen verhelfen, vor allem auch in theologischen Auseinandersetzungen klare Orientierungen geben sollen. Frauen werden aus dem öffentlichen Leben zurückgedrängt (1 Tim 2,8–15).[46] Jüngere Männer sollen als Reformer die Führung übernehmen (1 Tim 4,12–16).

---

46 Kritisch analysiert von M.M. Mitchell, Corrective Composition, Corrective Exegesis. The Teach-

Kinder bleiben wichtig. Der »Paulus« der Pastoralbriefe führt die Familienmetaphorik der Homologoumena so weiter, dass er Timotheus und Titus, die idealen
Adressaten, seine Musterschüler, jeweils persönlich und vertraulich (wenngleich
literarisch inszeniert) als »Kind« anspricht (1 Tim 1,2.18; 2 Tim 1,2; 2,1; Tit 1,4).[47]
Auch Paulus selbst kann so schreiben (1 Kor 4,17: Timotheus; vgl. Phlm 10: Onesi-
mus; Phil 2,22: Epaphroditus). Die Pointe ist nicht Infantilisierung,[48] sondern Inti-
mität. Timotheus ist für Paulus das »eigene Kind im Glauben« (1 Tim 1,2), so auch
Titus (Tit 1,4). Das eigene (γνήσιον) ist das eheliche im Unterschied zum unehelichen Kind; der Glaube stiftet die Beziehung: Er ist kreativ. Sowohl Timotheus als
auch Titus sind durch Paulus zum Glauben gelangt (vgl. Apg 16,1–5; Gal 2,1.3). Das
eigene ist das »geliebte« Kind (2 Tim 1,2), da es sich seinerseits in Gottes Liebe der
apostolischen Nachfolge verschreibt (2 Tim 3,10f.); denn der geteilte Glaube inspiriert die Liebe.

Tiefe erhält die Familienmetaphorik der apostolischen Ekklesiologie dadurch,
dass auch die natürlichen Beziehungen qualifiziert und mit den spirituellen vermittelt werden. Paulus geht im Zweiten Timotheusbrief auf die Herkunftsfamilie
seines »Kindes« ein, indem er zwei Frauen, die Mutter und die Großmutter, hervorhebt, Eunike und Loïs (2 Tim 1,5); vom Vater (der sich offenbar nicht um die Erziehung gekümmert hat) ist keine Rede. Timotheus ist nicht beschnitten gewesen,
was Paulus laut Lukas nachgeholt hat, aber der »Glaube« ist in der Frauenfamilie
lange lebendig, vielleicht seit dem Gründungsaufenthalt in Lystra (Apg 14,7–20).
Timotheus hat aber nicht nur von der Paulusmission, sondern auch vom Judentum
seiner Mutter und Großmutter profitiert, nicht zuletzt durch seine Kenntnisse der
Heiligen Schrift Israels, die ihn seit seiner Jugend ausgezeichnet haben (1 Tim 3,15).
Der Glaube der Familie vereint Jüdisches und Christliches; er steht nicht in Konkurrenz zur paulinischen Beziehung, sondern fügt sich bestens mit ihr zusammen.
Denn Paulus selbst zerstört die Familienbande nicht, sondern führt Timotheus in
eine Welt, in der Gott ihm neue Wege zeigt. Titus hingegen ist – in der Apostelgeschichte und in den originalen Paulusbriefen – ein Heidenkind, das sich als Gottes-
kind hat finden lassen und dann in keiner anderen Beziehung zu Paulus steht als
das jüdische Kind Timotheus.

---

ing on Prayer in 1 Tim 2,1–15, in: K. Donfried (Hg.), First Timothy Reconsidered (COeP 18), Leuven
2008, 41–62.
47 Vgl. T. Söding, Hijos amados. Familias de Dios en las Cartas Pastorales, in: A. Saez Gutierrez/
G. Cano Gomez/C. Sanvito (Hg.), filiación VII, Madrid 2018, 83–95.
48 So aber W. Rebell, Gehorsam und Unabhängigkeit. Eine sozialpsychologische Studie zu Paulus,
München 1986, 80.

Paulus bestätigt im literarischen Selbstportrait, das die Pastoralbriefe zeichnen, die Spannungen zwischen biologischer und soteriologischer Kindschaft, die im besten Fall ein Energiefeld engagierten Glaubens aufbauen. Denn auf der einen Seite wird der Apostel als Prototyp des Sünders gezeichnet, der Gottes erlösende Gnade erfahren hat (1 Tim 1,12–17); auf der anderen Seite wird ihm die Aussage zugeschrieben, Gott als dem zu danken, »dem ich von den Vorfahren her mit reinem Gewissen diene« (2 Tim 1,3). Beides fügt sich so zusammen, dass Paulus durch seine Konversion den religiösen Eifer, der sein Judentum und seine ererbte Religiosität vergiftet hat, überwunden und als Christusgläubiger, als Verkünder und Kirchenleiter den jüdischen Glauben wiederentdeckt hat (2 Kor 11,18.22; Gal 1,13f.; Phil 3,4f.; vgl. Apg 21,39; 22,3), der seiner Familie Halt gegeben hat – eine Konstruktion mit erheblichen Gefahren der Desavouierung jener großen Mehrheit der Juden, die nicht an Jesus glauben, aber auch mit Potential für jene friedliche Vermittlung von familiärer Religiosität jüdischer Prägung und Christusgläubigkeit, die dem Christentum wegen der Marginalisierung der Judenchristen bald abhandengekommen ist.

In diesem Horizont werden auch Kinder angesprochen, die im Gemeindeleben eine Rolle spielen: zwar nicht als Subjekte des Glaubens, aber als Objekte von verantwortlicher Erziehungsarbeit. Ein »Bischof« (ἐπίσκοπος) ist nur dann für seine Leitungsaufgabe gut qualifiziert, wenn er seinem eigenen »Haus«, also seiner Familie, gut vorgestanden und sich, ganz im Sinn der Haustafeltradition (Kol 3,21; Eph 6,4), als Erzieher bewährt, der seine Kinder in die gute Ordnung des Hauses, in eine glückliche Familie eingewiesen hat (1 Tim 3,4); ein ähnliches Kriterium gilt für den Diakon, der Kinder »gut« angeleitet haben muss, bevor er in sein Amt eingesetzt wird (1 Tim 3,12), und auch für einen Presbyter, der sich für seine Aufgabe dadurch qualifiziert haben muss, dass er seine Kinder im und zum Glauben erzogen hat, auf dass sie auch mit Sitte und Anstand leben (Tit 1,6). Der Realismus ist konsequent: Lebenserfahrung und Erziehungsverantwortung sind wichtige Kompetenzen. Das »Haus« ist der Bewährungsort für die kirchliche Aufgabe, die es in der Stadt auszuüben gilt. Kinder sind und bleiben auch für diejenigen wertvoll und wichtig, die sich in der Kirche engagieren und dort Karriere machen.

Kritisch ist der Unterton, wenn die Aufgaben von Witwen beschrieben werden (1 Tim 5,3–16). Der Pastoralbrief denkt an einen eigenen kirchlichen Dienst, dessen Mitglieder aufgelistet werden (1 Tim 5,9), also in der Gemeinde bekannt und anerkannt sind. Der Ausschluss von Frauen von kirchlichen Leitungsämtern bleibt bestehen; aber im »Haus« – nicht nur im eigenen, sondern überhaupt in der Privatsphäre – können Witwen eine wichtige Rolle spielen. Die Anknüpfung an die paulinischen Punkte (1 Kor 7) ist nicht zu verkennen: weil nur bewährte, erfahrene, gefestigte Frauen für den kirchlichen Dienst in Frage kommen sollen, der sich speziell für Witwen öffnet. Während sie in der Antike sehr oft nur als *personae miserae* gesehen werden, sind sie hier ein Aktivposten der Gemeinden – dezentral, nämlich dort, wo sich das Alltagsleben abspielt und mit Gott in Verbindung kommen soll, nicht zuletzt durch Erziehungsarbeit. Auch wenn der Passus von misogynen Tönen nicht frei ist (1 Tim 5,13), operiert er mit einigen klaren Grundsätzen konkreter Ethik: Zuerst gilt es, der Verantwortung im Nahbereich – im eigenen Haus, in der eigenen Familie, gegenüber den eigenen Kindern – gerecht zu werden; dann kann sich die Aufmerksamkeit auch anderen Häusern, anderen Familien, anderen Kindern zuwenden (1 Tim 5,4. 8. 10). Die Konzentration auf die Familien- und Erziehungsarbeit, die der Brief fördern will, ist einerseits hoch konventionell und geeignet, die traditionelle Geschlechterungerechtigkeit zu verstetigen, spiegelt aber andererseits die große Bedeutung, die Kindern, ihrer Pflege und Erziehung zugesprochen wird.

Dass Frauen Mütter werden (können), ist für die Pastoralbriefe kein Makel, der eine zu große Abhängigkeit von den Dingen dieser Welt beweisen würde, sondern eine Auszeichnung, die eine Verantwortung begründet (1 Tim 2,15; 5,14).[49] Es gibt keine Pflicht zur Mutterschaft. Aber gegenüber leibfeindlichen Tendenzen, die im Umkreis der Pastoralbriefe reüssieren, plädieren die Verfasser für eine ebenso realitätsnahe wie ethisch relevante Verbindung von Glauben und Leben zum Wohl der Kinder. Besonnenheit (σωφροσύνη) ist nicht nur eine männliche Tugend, wie sie sonst oft dargestellt wird, sondern auch eine weibliche. Sie zeigt sich im »Glauben« (πίστις), weil der Gottesbezug auch die Mutterschaft erfüllt und vor Exaltiertheit wie vor Laissez-faire bewahrt; sie zeigt sich in der »Liebe« (ἀγάπη), weil die Liebe Gottes die Herzen der Mütter mit Kinderliebe erfüllt, die sich mit Mutterwitz und Urteilskraft paart; sie erweist sich in der »Heiligung« (ἁγιασμός), weil Mütter durch die Sorge für ihre Kinder ein Ethos der Verantwortung übernehmen, das Gottes Liebe zum Kind entspricht und sich mit der religiösen Bildung, der Einführung in den Glauben und der Mitnahme zu den religiösen Feiern konkretisiert, die Taufe unausgesprochen eingeschlossen.

---

49 Medizinische Probleme sieht angesprochen A. Booth, The Pastor among the Physicians. 1 Tim 2:15 and Salvation in a Context of Contested Health Claims, RB 128 (2021), 593–608. Philosophische Aspekte integriert A. Weissenrieder, What does sōthēsethai [sōthēsetai] de dia tēs teknogonias »to be saved by childbearing« mean (1 Timothy 2:15)? Insights from ancient medical and philosophical texts, EC 5 (2014), 313–336. Eine patriarchalische Ideologie kritisiert S. Fuhrmann, Saved by Childbirth. Struggling Ideologies, the Female Body and a Placing of 1 Tim 2:15, Neotest 44 (2010), 31–46. Näher liegt es aber, dass »Rettung«, wie sonst im Brief, soteriologisch zu verstehen ist und dass die zugespitzte Formulierung nicht Mutterschaft als Voraussetzung der Erlösung betrachtet, sondern als Lebensform des Glaubens, der die Erlösung bringt. Diese Fokussierung folgt aus dem Konditionalsatz.

Die anthropologischen Probleme, die der Geschlechtertheologie der Pastoralbriefe zugrundliegen, lassen sich nicht verkennen, auch wenn sie dem damaligen
Zeitgeist entsprochen zu haben scheinen. Sie lassen sich hermeneutisch nur lösen,
wenn die Zeitbedingtheit nicht verkannt und der Widerspruch zu biblisch-theolo-
gischen Grundaussagen nicht verschliffen werden. Sie schließen ein Kinder-Ethos
ein, das Glaube und Familie vermittelt – in traditionellen Lebensformen, die weder
dogmatisiert noch diskreditiert werden dürfen, sondern in ihrer Relativität analysiert, in ihrer Begrenztheit kritisiert und in ihren Impulsen interpretiert werden
müssen.

7 Glauben von und mit Kindern – in der Kirche

Kinder sind dem Corpus Paulinum zufolge wichtige Mitglieder der christlichen
Gemeinden. Denn zu diesen Gemeinden gehören auch Mütter und Väter, die nach
Gottes Willen nicht von ihren Kindern getrennt, sondern mit ihnen verbunden
sind. Mehr noch: Die Kinder selbst gehören der Kirche an, nicht nur als fester Teil
christlich gewordener Familien, sondern auch als Waisen oder wenn die Elternbe-
ziehungen nicht intakt sind. Allerdings sind alle diese Konstellationen nicht Thema,
sondern Voraussetzung und Konsequenz neutestamentlicher, alttestamentlich ver-
wurzelter Anthropologie und Ekklesiologie. Gotteskindschaft hängt nicht vom
Alter, auch nicht vom Glauben oder der Taufe ab; die Gemeinden richten sich nicht
in Nischen ein, sondern suchen ihren Ort mitten in der Welt. Kleine und große
Familien bilden idealerweise und häufig, aber bei weitem nicht immer auch faktisch wichtige Orte, an denen Gottesglaube entsteht und gefördert wird. Themen
wie Gewalt gegen Kinder, Missbrauch und Verwahrlosung werden nicht direkt,
aber indirekt behandelt: weil sich eklatante Verstöße gegen den Glauben, die Liebe
und die Hoffnung von selbst verbieten sollten. Kinder werden dem Corpus Paulinum zufolge durch das Hineinwachsen in den Glauben von Familien geheiligt,
das heißt in ihrer Gotteskindschaft bejaht und gefördert. Sie sollen wachsen und
mündig werden. Sie werden im Glauben geliebt und zum Glauben geführt. Wahrscheinlich werden sie in den Häusern, die christlich geworden sind, auch getauft,
wiewohl nicht gesichert ist, in welchem Alter und in welchen Formen.

Die jesuanischen Impulse, Kinder zu achten und zu ehren, zu schützen und zu
segnen, bleiben im Urchristentum erhalten. Sie werden kreativ so umgeformt, dass
die neuen Lebenskonstellationen der hellenistischen Welt als Kontexte des Christseins und der Kirchenbildung erschlossen werden. Die alttestamentlichen Wurzeln
sind stark, besonders die im Vierten Gebot und in der Weisheitstheologie. Da Jesus
selbst mit ihnen substanziell übereinstimmt und eher Konsequenzen zieht als Alter-

nativen verfolgt, verstärken sich die Effekte. Die Nähe zur stoischen Popularphilo-
sophie ist dort groß, wo die Verantwortung von Eltern, meistens der Väter, betont
wird, ihre Kinder, vor allem die Söhne, gut zu erziehen. Zwischen Mädchen und
Jungen wird in den neutestamentlichen Schriften aber kein Unterschied gemacht.
Die Gottesebenbildlichkeit verbindet sie ebenso wie die Liebe Jesu Christi – und
wahrscheinlich auch die Taufe. Die Aufgabe der – nicht nur religiösen – Kindererziehung wird zuerst als Aufgabe der Eltern, subsidiär in den Pastoralbriefen
auch der Witwen angesehen, die im Gemeindedienst stehen; allerdings gehört es
zur Aufgabe der Gemeindeleitung, alle Gläubigen durch Katechese zu befähigen,
nicht nur selbst im Glauben Orientierung zu finden, sondern auch anderen geben
zu können; Kinder eingeschlossen.

Die Briefe sind durchweg an Erwachsene gerichtet; aber immer wieder wird
der Blick auf Kinder gerichtet. Diese klare Option für Kinder hat nicht nur die
Alte Kirche tief beeindruckt; sie ist auch durch die Generationen hindurch immer
wieder neu entdeckt worden. Ausbeutung und Missbrauch hat sie allerdings nicht
verhindert: wegen Heuchelei und religiös verbrämter Perversion. Die Einbindung
von Kindern in traditionelle Familienstrukturen, die einerseits der Stabilität von
Beziehungen dienen und dadurch den Kindern guttun, andererseits aber feste
Rollenmuster fixieren, Freiheit beeinträchtigen können und zur Diskriminierung
von »unehelichen« Kindern führen, gehören zur Wirkungsgeschichte der neutestamentlichen Brieftradition. Die hellen Seiten der Verbindung von Ehe, Familie und
Kindern sind ebenso wie die dunklen Seiten darin begründet, dass die (jesuanische) Grundentscheidung konkretisiert wird, den Glauben nicht in Utopia, sondern
hier und jetzt zu leben. Deshalb kommen die sozialen Muster traditioneller Gesellschaften ins Bild neutestamentlicher Ethik – und werden dogmatisiert, wenn verkannt wird, dass sie weder ihr Thema noch ihre Pointe, sondern ihre Voraussetzung bilden.

Wer heute nach Orientierung fragt, um den Glauben von Kindern und den
Glauben mit Kindern zu leben, wird im Corpus Paulinum keine Muster finden,
die es zu kopieren gälte, aber Anstöße, wie groß die Chance und wie wichtig die
Aufgabe ist, wie heutig sie genutzt werden kann und gelöst werden muss und wie
stark der Glaube an Gott beides prägt: die Gottesliebe von Kindern und das Ethos
der Elternliebe, verbunden mit der Fähigkeit, diverse Lebensformen mit Gnade
erfüllt zu sehen, die Freiheit mit Verantwortung verbindet.

Tim Weitzel

Der Kinderkreuzzug von 1212 *oder* von der Attraktivität eines Mythos

Zusammenfassung: In diesem Artikel wird ein kritischer Blick auf ein historisches Ereignis geworfen, das bei modernen wie zeitgenössischen Beobachtern gleichermaßen Kopfschütteln ausgelöst hat: den Kinderkreuzzug aus dem Jahre 1212. Zunächst gilt es dabei, der modernen Sichtweise nachzuspüren, um anschließend dieses Bild im Lichte eines neuen Textfundes seinerseits kritisch zu hinterfragen, um zu einer etwas anderen Lesart des Kinderkreuzzugs zu gelangen.

Abstract: The article takes a critical perspective at a historical event that has caused irritation among modern and contemporary observers alike: the Children's Crusade of 1212. The first task is to trace the modern view and then to critically question this image in the light of a new source that has recently been discovered.

Wer derzeit deutschsprachige Tages- und Wochenzeitschriften durchblättert, der stößt bemerkenswert häufig auf ein bestimmtes historisches Phänomen: den Kinderkreuzzug aus dem Jahr 1212.[1] Obgleich ein Rekurs auf geschichtliche Ereignisse in solchen Medien an sich nicht überrascht, so ist die Häufigkeit, mit der neuerdings auf jenes spezielle Geschehnis Bezug genommen wird, doch erklärungsbedürftig. Anders gefragt: Warum interessieren sich derzeit so viele Redakteure beziehungsweise Journalistinnen ausgerechnet für den Kinderkreuzzug?

Die Antwort hängt mit der aktuellen Lesart dieses Ereignisses zusammen, das bereits als eines der »merkwürdigsten«[2] des europäischen Mittelalters bezeich-

---

1 Hier kann nur eine Blütenlese aktuellerer Beiträge über den Kinderkreuzzug präsentiert werden, die keineswegs einen Anspruch auf Vollständigkeit erhebt, jedoch bereits als solche aussagekräftig sein dürfte. Vgl. B. Seewald, »Wir werden die Welt retten«, WELT, 16.08.2019; ders., 800 Jahre vor Greta Thunberg: Kinder wollen die Welt retten – und werden versklavt, WELT, 15.08.2019; O. de Weert, In aller Unschuld, Arte Magazin 2 (2021); ders., Für viele endete das Himmelfahrtskommando auf den Sklavenmärkten des Orients, WELT, 19.02.2021; R. Hank, Kinderkreuzzug damals und heute, FAZ, 11.05.2019; J. Schnelle, Kreuzzug der Abgehängten, SZ, 23.02.2019; C. Haas, Mittelalterlegenden. In aller Unschuld, Die ZEIT, 04.04.2012.
2 So wird der Kinderkreuzzug von Rainer Hank in einer Kolumne der Frankfurter Allgemeinen

---

Kontakt: Tim Weitzel, Fakultät für Philosophie, Kunst-, Geschichts- und Gesellschaftswissenschaften, Institut für Geschichte, Universität Regensburg; E-Mail: tim.weitzel@geschichte.uni-regensburg.de

https://doi.org/10.1515/bthz-2023-0006

net wurde. Denn die *peregrinatio puerorum*, wie der Kinderkreuzzug von den Zeitgenossen bezeichnet wurde, gilt modernen (wie vormodernen) Beobachtern als ein geradezu wahnwitziges Unterfangen, ja als regelrechtes »Himmelfahrtskommando«.[3] Tatsächlich ist bereits das Wenige, was wir sicher über jenes Phänomen wissen beziehungsweise zu wissen glauben, ein Faszinosum: Im Jahr 1212 machten sich auf dem Boden des heutigen Frankreichs und Deutschlands scharenweise Kinder auf den Weg, um das Heilige Land aus den Händen der Muslime zu befreien – und zwar »unbewaffnet und ohne Erwachsene«, wie es ein Journalist beschrieben hat.[4] Ähnlich wundersam lesen sich noch andere – jedoch stärker unumstrittene – Informationen über das Ereignis. So sollen die minderjährigen Teilnehmer nämlich nicht nur ohne Waffen und ohne vorherige militärische, diplomatische oder sonstige Vorbereitungen ausgezogen sein, sondern auch die Hoffnung gehegt haben, dass Gott das Meer für sie teilen und ihnen das Heilige Land übergeben werde.[5] Es verwundert darum nicht, dass der Kinderkreuzzug zur Chiffre für religiöse Verblendung, Infantilität und Unvernunft geworden ist. Gerade deswegen liegt ihm auch eine große Anziehungskraft für den und im feuilletonistischen Kulturkampf zugrunde. Durch den Analogieschluss mit den *pueri* wird der politische Gegner in ein schlechtes Licht gerückt, indem man ihm oder ihr Infantilität attestiert und jegliches vernünftige Maßhalten abspricht. Insbesondere aktuelle Jugendbewegungen wie *Fridays for Future* werden gerne als Vergleichsfall herangezogen – und durch diesen Brückenschlag zugleich desavouiert.[6] Dass

---

Zeitung vom 11.05.2019 bezeichnet, die auch online abrufbar ist: https://www.faz.net/aktuell/wirtschaft/hanks-welt/f-a-s-kolumnist-rainer-hank-ueber-greta-und-das-mittelalter-16182332.html (abgerufen am 20.09.2022).

3 So wurde der Kinderkreuzzug von Oliver de Weert in einem bekannten Kulturmagazin bezeichnet, womit zugleich die Geschichtsdokumentation »Der Kreuzzug der Kinder« reklamiert wird, die am 20. Februar 2021 auf einem bekannten zweisprachigen Kultursenders lief und bis zum 20. Mai 2022 in der Mediathek dieses Senders auch online abrufbar war. Der hier zitierte Begleittext namens »In aller Unschuld« findet sich in der Arte Magazin Ausgabe 02/21, ist jedoch bis heute auch digital abrufbar: https://www.arte-magazin.de/in-aller-unschuld/ (abgerufen am 20.09.2022).

4 De Weert, In aller Unschuld (s. Anm. 1)

5 Siehe dazu die Belegstellen unten in Anm. 58.

6 Dieser Brückenschlag zwischen dem Kinderkreuzzug und der *Fridays for Future*-Bewegung wird in allen der oben zitierten Artikel hergestellt. In den Kommentaren zu dem Welt-Artikel von Berthold Seewald wird dies von dem zuständigen Redakteur, Sven-Felix Kellerhoff, sogar ausdrücklich gerechtfertigt, und zwar mit folgender Begründung: »Wir halten die Hysterikerin greta [sic] für eine Gefahr für das weltklima [sic], und zwar sowohl für das konkrete Klima wie für das im übertragenen Sinne. Die Behauptungen, die dieses unreife Kind aufstellt, sind abstrus. Damit zerstört man nur die Akzeptanz für echten Umweltschutz. Insofern ist die Parallele zum Kinderkreuzzug schon sehr naheliegend.« Online abrufbar unter: https://www.welt.de/geschichte/article 198567853/807-Jahre-vor-Greta-Thunberg-Der-Kinderkreuzzug.html (abgerufen am 20.09.2022).

solche Vergleiche letztlich anachronistisch sind und daher zwangsläufig hinken, sei hier nur als Randnotiz vermerkt. Interessanter ist an dieser Stelle vielmehr eine andere Feststellung: Die moderne Lesart hat nicht nur bei zahlreichen Journalisten Interesse an dem Ereignis geweckt, sondern zugleich bei nicht gerade wenigen Wissenschaftlerinnen Zweifel geschürt. Ist es wirklich denkbar, dass sich haufenweise Minderjährige zeitgleich in Frankreich und Deutschland auf den Weg machten, um trockenen Fußes durchs Meer zu schreiten und das Heilige Land von den Muslimen zu befreien? Und diese Naivität soll dann auch noch von gewieften Händlern ausgenutzt worden sein, so dass die Kinder letztlich auf Sklavenmärkten Nordafrikas landeten, wie es von einem Chronisten dargestellt wird?[7] Die naheliegende Antwort lautet: Wohl kaum.[8] Es liegt, mit anderen Worten, der Verdacht nahe, dass wir es beim Kinderkreuzzug mit einer vormodernen Variante von *fake news* zu tun haben. Tatsächlich gilt das Ereignis nicht wenigen Wissenschaftlern als Legende und Mythos.[9] Eine Folge dieser Sichtweise ist, dass beinahe jeder Aspekt des Phänomens kritisch beleuchtet und im Anschluss dekonstruiert wurde.

---

7 Vgl. Chronica Albrici monachi Trium Fontium, ed. P. Scheffer-Boichorst (MGH SS 23), Hannover 1874, 631–950: 893–894.

8 Tatsächlich hat Nikolas Jaspert just diesen Teil der Erzählung über den Kreuzzug in einem Zeitungsinterview als Legende bewertet. Vgl. Haas, Mittelalterlegenden (s. Anm. 1), online abrufbar unter: https://www.zeit.de/2012/15/Jaspert-Kinderkreuzzug (abgerufen am 20.09.2022), 1 f. Auch Gary Dickson hat betont, dass das desaströse Ende, welches der Kinderkreuzzug nach dem Bericht einiger Chronisten angeblich nahm, der Quellenkritik nicht standhalte. Vgl. G. Dickson, The Genesis of the Children's Crusade (1212), in: ders. (Hg.), Religious Enthusiasm in the Medieval West. Revivals, Crusades, Saints (Variorum Collected Studies Series 695), Aldershot 2000, 1–52: 4 f.

9 Vgl. zum Kinderkreuzzug R. Röhricht, Der Kinderkreuzzug 1212, HZ 36 (1876), 1–8; G. de Janssens, Etienne de Cloyes et les Croisades d'enfants au XIIIe siècle, Bulletin de la Société Dunoise 7 (1891/93), 109–149; D.C. Munro, The Children's Crusade, AHR 19 (1913/14), 516–524; J.E. Hansbery, The Children's crusade, CHR 24 (1938), 30–38; P. Alphandéry, La chrétienté et l'idée de croisade, hg. von Alphonse Dupont, 2. Bd., Paris 1959, 115–148; G. Miccoli, La crociata ei fanciulli' del 1212, StMed 2 (1961), 407–443; N.P. Zacour, The Children's Crusade, in: K.M. Setton (Hg.), A History of the Crusades. Bd. 2: The later crusades 1189–1311, London 1969, 325–343; P. Raedts, The Children's Crusade of 1212, JMedHist 3 (1977), 279–323; U. Gäbler, Der »Kinderkreuzzug« vom Jahre 1212, SZG 28 (1978), 1–14; M. Menzel, Die Kinderkreuzzüge in geistes- und sozialgeschichtlicher Sicht, DA 55 (1999), 117–156; G. Dickson, La genèse de la croisade des enfants (1212), Bibliothèque de l'Ecole des Chartes 153 (1995), 53–102; ders., The Genesis of the Children's Crusade (s. Anm. 8), 1–52; ders., The Children's Crusade. Medieval History, Modern Mythistory, Basingstoke 2008.

1 Die *peregrinatio puerorum* – ein Kreuzzug?
Der Kinderkreuzzug im Spiegel der Forschung

So soll es sich bei den *pueri* keineswegs (nur) um Jungen oder Knaben im engeren Sinne gehandelt haben, sondern mit dem fraglichen Begriff bezeichnete man im Mittelalter »auch jene, denen im weitesten Sinne kindliche Attribute zugeschrieben wurden: einfache, unschuldige Menschen meist jüngeren Alters«, wie ein renommierter Kreuzzugsforscher in einem Zeitungsinterview konstatierte.[10] Ein anderer Forscher will hinter dem Begriff gar eine rein soziale Kategorie erkennen.[11] Kurzum, die Teilnehmer des Kinderkreuzuges sollen keineswegs nur oder auch nur hauptsächlich Kinder und Jugendliche gewesen sein, sondern Angehörige des unteren Spektrums der Gesellschaft.[12]

Sodann wurde zweitens der Kreuzzugscharakter des Phänomens in Zweifel gezogen. Denn anders als die vermeintlich echten und meist mit einer Ordnungszahl versehenen Kreuzzüge, seien die Teilnehmer der *peregrinatio puerorum* weder bewaffnet gewesen noch seien sie einem offiziellen Aufruf des Papstes gefolgt. Daher wurde der Kinderkreuzzug bereits als »entirely unofficial, unauthorized crusade«[13] bezeichnet. Kurzum, der Kinderkreuzzug soll weder (ausschließlich) von Kindern geführt worden sein, noch soll er ein Kreuzzug im eigentlichen Sinn gewesen sein. Beide Komponenten des Terminus Kinderkreuzzug sind also irreführend, so ließe sich der Forschungsstand zusammenfassen.

Neben dem angesprochenen inoffiziellen Status wurde die soziale Differenz zwischen dem Vorhaben der *pueri* und den Kreuzzügen konstatiert. Denn beim Kinderkreuzzug hätten weder Adelige noch Kleriker teilgenommen, welche bekanntermaßen eine zentrale Funktion in den großen Jerusalemkreuzzügen spielten, wenn diese auch keine reinen Ritterheere waren.[14] Außerdem wurde auf die Waffenlosigkeit der *pueri* als Distinktionskriterium gegenüber den anderen

---

10 So äußert sich Nikolas Jaspert in einem Zeitungsinterview mit dem Journalisten Christian Haas, Mittelalterlegenden (s. Anm. 1), 2.

11 Vgl. Raedts, The Children's Crusade of 1212 (s. Anm. 9), 296 f.

12 Diese These wurde abgesehen von Peter Raedts noch von anderen Forschern postuliert. Vgl. C. Jordan, The French Monarchy and the Jews, Philadelphia 1989, 310 f. Anm. 119; R. Scheck, Did the Children's Crusade of 1212 Really Consists of Children?, Journal of Psychohistory 16 (1988), 176–182: 178.

13 Dickson, The Children's Crusade (s. Anm. 9), 127. Ähnlich Menzel, Die Kinderkreuzzüge (s. Anm. 9), 132.

14 Vgl. Raedts, The Children's Crusade of 1212 (s. Anm. 9), 304; Dickson, The Children's Crusade (s. Anm. 9), 84.

Kreuzzügen hingewiesen,[15] die man als »bewaffnete Wallfahrt« qualifiziert hat.[16] Schließlich wurde der Zusammenhang zwischen dem französischen und dem deutschen Kinderkreuzzug kontrovers diskutiert.[17] Aufgrund dieser Erwägungen wurde der Kinderkreuzzug von vielen Forschern, wenn überhaupt, so nur unter Vorbehalt oder in Anführungszeichen als Kreuzzug bezeichnet und dem Phänomen als skurrile Sonderform meist nur ein peripherer Platz in der Kreuzzugsgeschichte zugewiesen – wenn er darin überhaupt Erwähnung fand.[18] Auch Gary Dickson, der derzeit wohl als bester Kenner des Kinderkreuzzugs gelten darf und die einzige Monographie zur Thematik vorgelegt hat, unterscheidet den Kinderkreuzzug terminologisch und typologisch von anderen Formen des fraglichen Phänomens, wenn er ihn als »popular Crusade« klassifiziert.[19]

In den verbleibenden Seiten dieses Beitrags soll der Versuch unternommen werden, eine etwas andere Lesart des Ereignisses zu entfalten, indem einige der angesprochenen Kritikpunkte ihrerseits kritisch hinterfragt werden.

2 Der Kinderkreuzzug – ein Kreuzzug

Zunächst sollen hier einige Bedenken gegen die frühere sozialgeschichtliche Interpretation zusammengetragen werden. Zwar nahmen sicherlich nicht nur Kinder an dem Phänomen teil,[20] jedoch macht man es sich andererseits auch zu einfach, die Kinder einfach wegzudiskutieren beziehungsweise als bloße Chiffre für das wandernde Landproletariat zu sehen, wie dies etwa Peter Raedts im Anschluss an Georg

---

15 So etwa Gäbler, Der »Kinderkreuzzug« (s. Anm. 9), 10.

16 Vgl. H. E. Mayer, Geschichte der Kreuzzüge, Stuttgart [10]2005, 25.

17 Der Zusammenhang zwischen dem französischen und dem deutschen Kinderkreuzzug ist Gegenstand einer Forschungsdiskussion, lässt sich jedoch nur schwerlich evident machen, wie bereits Dana C. Munro feststellte: »There are two movements in 1212, one of the French, the other of German children; if they were in any way connected, as seems probable, such connection cannot be proven form the extant sources.« Munro, The Children's Crusade (s. Anm. 9), 518. Gegen einen Zusammenhang hat sich Norman Zacour ausgesprochen, wohingegen Gary Dickson einen solchen zu erkennen glaubt. Vgl. Zacour, The Children's Crusade (s. Anm. 9), 330 f.; Dickson, The Children's Crusade (s. Anm. 9), 66–82.

18 Vgl. Zacour, The Children's Crusade (s. Anm. 9), 330; Gäbler, Der »Kinderkreuzzug« (s. Anm. 9), 2.10; Menzel, Die Kinderkreuzzüge in geistes- und sozialgeschichtlicher Sicht (s. Anm. 9), 117.

19 Dickson, The Children's Crusade (s. Anm. 9), 84. Ähnlich auch Raedts, The Children's Crusade of 1212 (s. Anm. 9), 304.

20 Michael Menzel will das fragliche Phänomen daher auch nicht als »reinen Kinderkreuzzug« verstanden wissen. Vgl. Menzel, Die Kinderkreuzzüge in geistes- und sozialgeschichtlicher Sicht (s. Anm. 9), 128.

Duby getan hat.[21] Denn fast alle zeitgenössischen Texte betonen die Jugend der Teilnehmer.[22] Oder mit den Worten von Gary Dickson: »Consequently, the Children's
Crusade was not, possibly never, composed *exclusively* of young people. Never-
theless, nearly all the chroniclers single out the youthful *pueri* as its core group,
as well as its most visible and most remarkable element.«[23] Mit Michael Menzel
lässt sich fernerhin feststellen, dass insbesondere die zeitgenössischen Kritiker des
Unternehmens die Jugend der Teilnehmer in den Hintergrund rücken, wohingegen
diejenigen Chronisten, die dem Phänomen neutral bis positiv gegenüberstehen,
die *pueri* in den Vordergrund rücken: »Deutlich werden die *pueri* allerdings histo-
riographisch entweder in den Hintergrund gedrängt oder aber herausgestellt. Sie
sind, wie sich zeigen wird, ein entscheidender Punkt für die Ausrichtung der Darstellung und für die Wertung des Geschehens.«[24]

   Auch den Kreuzzugscharakter wird man dem Unternehmen nicht so einfach
absprechen können. Zwar ist das semantische Spektrum des lateinischen Wortes
peregrinatio sicherlich nicht mit dem modernen Begriff ›Kreuzzug‹ deckungs-
gleich, sondern heißt vor allem Pilgerfahrt, wie in der Forschung allseits bekannt
ist und immer wieder betont wird; andererseits wurde mit diesem Terminus eben
auch das bezeichnet, was heute als ›Kreuzzug‹ firmiert.[25] Kurzum, am lateinischen
Begriff wird man die Statusfrage nicht festmachen können. Es gab allerdings eine
Symbolhandlung, die einen Akteur eindeutig als Kreuzfahrer markierte: die Kreuznahme. Mit anderen Worten: Die Kreuznahme war eine Symbolhandlung, die eine
recht eindeutige, wenn auch non-verbale Mitteilung kommunizierte. Und die *pueri*
hatten das Kreuz genommen, darin sind sich die Chronisten einig.[26] Ungeach-

---

21 Vgl. Raedts, The Children's Crusade (s. Anm. 9), 297 mit Bezug auf G. Duby, Les pauvres des
campagnes dans l'occident médiéval jusqu'au Xiiiᵉ siècle, Revue d'histoire de l'église de France 52
(1966), 25–32: 30–32.
22 Besonders deutlich stellt der Fortsetzer der Kölner Königschronik auf das junge Alter der *pueri*
ab, laut dessen Darstellung die jüngsten Teilnehmer nicht älter als sechs Jahre gewesen sein sollen. Vgl. Chronicae regiae coloniensis continuatio prima, ed. G. Waitz (MGH SS 24), Hannover 1879,
1–20: 17f. Auch Sicard von Cremona weist die Teilnehmer der *peregrinatio puerorum* als Kinder
aus. Vgl. Sicardi episcopi Cremonensis Cronica, ed. Oswald Holder-Egger (MGH SS 31), Hannover
1903, 22–181: 180f.
23 Dickson, The Children's Crusade (s. Anm. 9), 34 (Hervorhebung im Original). Vgl. auch die Kritik
von Menzel, Die Kinderkreuzzüge in geistes- und sozialgeschichtlicher Sicht (s. Anm. 9), 136, 153.
24 Dickson, The Children's Crusade (s. Anm. 9), 128 (Hervorhebung im Original).
25 Vgl. zum Kreuzzugsbegriff M. Markowski, ›Crucesignatus‹. Its Origins and Early Usage, JMedHist
10 (1984), 157–165; E.-D. Hehl, Was ist eigentlich ein Kreuzzug? HZ 259 (1994), 297–336: 298; T. Weitzel, Kreuzzug als »Heiliger Krieg«? Der Erste Kreuzzug im Spannungsfeld zwischen Gewalt und
Frieden, HZ 311 (2020), 321–350: 331.
26 Vgl. Annales Marbacenses, ed. H. Bloch (MGH SS rer. Germ. 9), Hannover 1907, 82; Chronicae re-

tet ihrer sehr konträren Einstellungen, so berichten doch sowohl die positiv wie die negativ eingestellten Chronisten übereinstimmend, dass die *pueri* das Kreuz genommen hätten.[27] Es gilt also festzuhalten, dass die *peregrinatio puerorum*, obwohl diese weder vom Papsttum autorisiert noch propagiert oder mit Privilegien sanktioniert wurde,[28] von den Zeitgenossen dennoch als Kreuzzug wahrgenommen wurde.

Dieser Befund wird noch sinnfälliger, wenn man das weitere semantische Spektrum in den Blick nimmt, mit dem der Kinderkreuzzug von den Chronisten beschrieben und bezeichnet wurde. Denn jene beziehen sich auf das fragliche Phänomen nicht nur mit dem mehrdeutigen Begriff *peregrinatio*, sondern das Unterfangen wird zudem als *iter*,[29] *via*[30] und sogar als *exercitus*[31] und *procinctum*[32] bezeichnet. Insbesondere die beiden letzteren Begriffe lassen sich eher der Kreuzzugssemantik zuweisen als der Nomenklatur einer klassischen Pilgerfahrt. Dieser Befund erhärtet sich noch, wenn man die militärische Zielsetzung des Kinderkreuzzugs bedenkt. Trotz ihrer Waffenlosigkeit handelt es sich beim Kinderkreuzzug nämlich keineswegs um eine friedliche Pilgerreise,[33] sondern laut dem Zeugnis der meisten Quellen verfolgten die *pueri* eine militärische Agenda, nämlich die (Rück)Eroberung des Heiligen Landes beziehungsweise des Heiligen Kreuzes aus der Hand der Muslime.[34] Auch der Slogan der *pueri* ist hinsichtlich des Kreuz-

---

giae coloniensis continuatio prima, ed. Waitz (s. Anm. 22), 17; Chronicon Ebersheimense, ed. L. Weiland (MGH SS 23), Hannover 1884, 431–452: 450; Annales Placentini Guelfi, ed. G. Pertz (MGH SS 18), Hannover 1863, 411–457: 426; Chronica regia Coloniensis continuatio III (Annales S. Panthaleonis Coloniensis maximi), ed. G. Waitz, (MGH SS rer. Germ. 18), Hannover 1880, 234.

27 Vgl. Dickson, The Children's Crusade (s. Anm. 9), 32.

28 Einige Chronisten weisen auf den inoffiziellen Status der *peregrinatio puerorum* ausdrücklich hin. Vgl. Annales Marbacenses, ed. Bloch (s. Anm. 26), 82; Chronicae regiae coloniensis continuatio prima, ed. Waitz (s. Anm. 22), 17; Willelmi Chronica Andrensis, ed. J. Heller (MGH SS 24), Hannover 1879, 684–773: 754.

29 Annales Marbacenses, ed. Bloch (s. Anm. 26), 82; Gesta Treverorum continuata, ed. G. Waitz (MGH SS 24), Hannover 1879, 368–488: 398.

30 Reineri Annales S. Jacobi Leodiensis, ed. Georg Pertz (MGH SS 16), Hannover 1859, 651–680: 665.

31 Chronica Albrici monachi Trium Fontium, ed. Scheffer-Boichorst (s. Anm. 7), 893.

32 Annales Scheftlarienses maiores, ed. Ph. Jaffé (MGH SS 17), Hannover 1861, 335–343: 338.

33 So etwa Gäbler, Der »Kinderkreuzzug« (s. Anm. 9), 10.

34 Dass die Teilnehmer der *peregrinatio puerorum* eine militärische Agenda verfolgten, wird von zahlreichen Chronisten vorausgesetzt: *Papa auditis hiis rumoribus, ingemiscens ait: Hii pueri nobis inproperant, quod ad recuperationem terrae sanctae eis currentibus nos dormimus.* Annales Stadenses, ed. J.M. Lappenberg (MGH SS 16), Hannover 1859, 271–379: 355; [...] *Expeditio infantium satis miraculose undique convenientium facta est hoc anno. Primo venerunt a partibus castri Vindocini Parisius. Qui cum essent circiter 30000, Massiliam quasi mare contra Sarracenos transituri pervenerunt.* Chronica Albrici monachi Trium Fontium, ed. Scheffer-Boichorst (s. Anm. 7), 893; [...] *Pueri*

zugscharakters aufschlussreich: Laut Matthew Paris (†1259) soll der Anführer der französischen *pueri* in der Landessprache gesungen haben: *Domine Jesu Christe, crucem sanctam nobis restitue.*[35]

All dies wurde von der Forschung zwar keineswegs übersehen, jedoch wurden aus diesem Befund nicht immer die richtigen Schlüsse gezogen.[36] Norman Zacour hat die Sichtweise der Zeitgenossen etwa schlicht für bedeutungslos erklärt: »The movement which boiled up for a brief moment in 1212 was never, despite the convictions of those who took part in it, a crusade in any legal sense, blessed by the church and encouraged by indulgences. On the contrary, it was deplored by all responsible authority.«[37] Wenn man die Sichtweise der Zeitgenossen hingegen ernst nimmt, wie dies in jüngster Zeit von immer mehr Kreuzzugsforschern eingefordert wird, dann muss man offenbar auch die *peregrinatio puerorum* einer Neubewertung unterziehen.[38]

---

namque congregati ex omnibus oppidis et villis Theutonie, quasi divinitus inspirati, convenerunt in singulis quibusque locis, et coadunati in turmas, iter arripuerunt versus Iherosolimam, quasi Terram Sanctam recepturi. Gesta Treverorum continuata, ed. Waitz (s. Anm. 29), 398 f.; [...] *Eodem anno quidam minus X annorum infans cum infinita multitudine pauperum venit de Teutonia asserens sine nave transiturum mare et Ierusalem recuperaturum.* Sicardi episcopi Cremonensis Cronica, ed. Holder-Egger (s. Anm. 22), 181; [...] *Eodem anno quidam puer nomine Nicolaus surrexit, qui multitudinem puerorum et mulierum sibi aggregavit, cum quibus Ierusalem, crucem dominicam liberaturus,* [...]. Annales Scheftlarienses maiores, ed. Jaffé (s. Anm. 32), 338; [...] *Erat autem eorum intentio mare se velle transire, et quod potentes et reges non fecerant, sepulcrum Christi recuperare* [...]. Reineri Annales S. Jacobi Leodiensis, ed. Pertz (s. Anm. 30), 665; *Ipso etiam anno ex omni Francia et Theutonica pueri diversae etatis et conditionis cruce signati ad subventionem Sanctae Terrae Iherosolimam proficisci divinitus sibi imperatum affirmabant.* Chronica regia Coloniensis continuatio III (Annales S. Panthaleonis Coloniensis maximi), ed. Waitz (s. Anm. 26), 234.

35 Matthaei Parisiensis, monachi Sancti Albani, Chronica majora, ed. Henry Richards Luard, 7 Bde., London 1872–1884, hier Bd. 2, 558. Fast derselbe Slogan findet sich noch in anderen Chroniken: *Domine Deus, exalta christianitatem! Domine Deus, redde nobis veram crucem!* Sigeberti Auctarium Mortui Maris, ed. G. Pertz (MGH SS 6), Hannover 1844, 463–469: 467; *Domine Deus, exalta christianitatem et redde nobis veram crucem!* Ex Annalium Rotomagensium Continuationibus, ed. O. Holder-Egger (MGH SS 26), Hannover 1882, 500–506: 501.

36 Vgl. Raedts, The Children's Crusade (s. Anm. 9), 302; Dickson, The Genesis of the Children's Crusade (s. Anm. 8), 7; ders., The Children's Crusade (s. Anm. 9), 127.

37 Zacour, The Children's Crusade (s. Anm. 9), 330.

38 Dass die Sichtweise der Zeitgenossen zentral für die Kreuzzugsgeschichte im Allgemeinen und die Definitionsfrage im Speziellen sei, wurde von mehreren Forschern konstatiert. Ernst-Dieter Hehl hat als einer der ersten in Anschlag gebracht, dass der Kreuzzug keine ausschließlich »päpstliche Maßnahme« gewesen sei. Weder sei der Papst Befehlshaber dieser Kriege gewesen, noch habe er dieses Phänomen allein definiert. Ebenso ausschlaggebend sei die Perspektive der Teilnehmer und – so wird man hinzufügen dürfen – der Zeitgenossen, die das Phänomen durch ihre Erwartungen, Erfahrungen und retrospektiven Berichte mitbestimmten. Diesen »Interpretationsrahmen«

3 Der Kinderkreuzzug – *revised*

Eine solche *reconsideration* wird auch (aber nicht nur) durch einen neuen Quellenfund nahegelegt, der jüngst in den Blickpunkt der Forschung gerückt ist – und dessen Bedeutung für die hier aufgeworfenen Forschungsfragen bisher noch nicht ausgewertet wurde. Der fragliche Text wurde von dem Latinisten Thomas Haye in einer Handschrift aus dem Zisterzienserkloster Mariental entdeckt, der heute in der Herzog August Bibliothek Wolfenbüttel unter der Signatur Cod. Guelf. 87,2 Aug. 2° aufbewahrt wird.[39] Dieser Text, der die ersten beiden Folios des genannten Codex umfasst (fol. 1r–2v), berichtet in der Form eines Visionsberichtes unter anderem auch vom Schicksal der *pueri*, welches der Chronist über das Adverb *nuper* als Begebenheit der jüngsten Vergangenheit bzw. als zeithistorisches Ereignis ausweist.[40] Deren Unterfangen sei zwar missglückt, wie der Text unbeschönigt zu erkennen gibt: Einige Knaben seien auf ihrem Weg getötet worden und andere unverrichteter Dinge zurückgekehrt, wie es heißt.[41] Jedoch stellt die Mutter Gottes in der Vision die *restitutio* jener Knaben in Aussicht.[42] Ja, der Text präsentiert sogar eine Erklärung für diese Misere. Sie, also Maria, habe die Jungen nur deswegen aus dem Leben gerissen, damit sie nicht den schlechten Christen ähnlich würden, wie es in dem Text heißt.[43] Ebenso wie die anderen Verheißungen des Textes wird dies aber nur für den Fall in Aussicht gestellt, dass die Christenheit bestimmte Bedingungen erfüllt, die der Text seiner Leserschaft gleich zu Beginn Punkt für Punkt vor Augen stellt: Konkret werden das Vermeiden von sündhaftem Verhalten erwähnt, die Verrichtung von guten Werken, wie Almosen geben ebenso wie tägliche Gebete

---

gelte es von Seiten des Historikers auszuleuchten. Hehl, Was ist eigentlich ein Kreuzzug? (s. Anm. 25), 300. Dass die Sichtweise der Zeitgenossen auf das Phänomen ›Kreuzzug‹ von der Forschung bisher zu wenig berücksichtigt wurde, ist auch die Bilanz eines jüngeren Forschungsüberblicks zur Kreuzzugsthematik: »The issue of what contemporaries understood by crusading, and above all the sense they made of their crusading past, has as yet received little attention.« N. Housley, Contesting the Crusades (Contesting the Past), Malden 2006, 166. Vgl. dazu auch T. Weitzel, Kreuzzug als charismatische Bewegung. Päpste, Priester und Propheten (Mittelalter-Forschungen 62), Ostfildern 2019, 19.

39 Der Text wurde von Thomas Haye, Der »Kinderkreuzzug« und die Wiedergewinnung Jerusalems durch Kaiser Friedrich II. Eine 1225 verfasste prophetische Vision aus dem Zisterzienserkloster Mariental, DA 76 (2020), 585–612: 606–612 ediert.

40 Haye, Der »Kinderkreuzzug« (s. Anm. 39), 608.

41 [...] *alii mortui, alii inanes regressi sunt.* Ebd., 609.

42 *Domina vero nostra promittit restitutionem puerorum illorum, qui nuper ultra mare iter arripuerant* [...]. Haye, Der »Kinderkreuzzug« (s. Anm. 39), 608 f.

43 *Hos* [sc. *pueros*] *dicit se de hac vita subtraxisse, ne similes nobis efficerentur, corripiens peccatores ecclesie in in hunc modum:* [...]. Haye, Der »Kinderkreuzzug« (s. Anm. 39), 609.

und Kniebeugen, deren Zahl genau kalkuliert wird.[44] Da sich dieser Text mit einem hohen Grad an Evidenz in das Jahr 1225 datieren lässt,[45] handelt es sich um eines der frühesten Zeugnisse über den Kinderkreuzzug, das auf uns gekommen ist. Zwar bleibt der Forscher bei seiner Beschäftigung mit dem fraglichen Ereignis aus dem Jahre 1212 noch immer auf Hypothesenbildungen und Plausibilitätserwägungen angewiesen,[46] jedoch lässt der Text etwas mehr Licht durch das Dickicht der *Mythistory* dringen, um einen treffenden Begriff von Gary Dickson aufzugreifen.[47]

Zunächst belegt der Text, was wir bereits aus zahlreichen zeitgenössischen Texten wissen, dass nämlich das Ziel der *pueri* offenbar das Heilige Land war.[48] Freilich ist damit noch nichts hinsichtlich der Statusfrage (Kreuzzug oder Pilgerfahrt?) gewonnen, da das Heilige Land bekanntlich auch ein bedeutendes Pilgerziel der Christenheit war.[49] Wichtiger als die Angabe der Destination ist daher eine Bemerkung unseres Textes zum Reisemodus der *pueri*. Diese sollen nämlich den

---

44 Vgl. Haye, Der »Kinderkreuzzug« (s. Anm. 39), 607.

45 Dieser *terminus ad quem* lässt sich recht eindeutig aus einem Kolophon entnehmen, der am Ende des dritten Textes des Codex steht, der wie die beiden vorangehenden Texte alle von derselben Hand geschrieben wurden. Dort steht: *Liber vallis sancte Marie virginis, quem Heinricus monachus scripsit. Retribuat ei dominus in vita eterna. Anno gratie M°.CC°.XXV° scriptus est liber iste.* Cod. Guelf. 87,2 Aug. 2°, fol. 87r. Digitalisat einsehbar unter: http://diglib.hab.de/wdb.php?pointer =180&dir=mss%2F87-2-aug-2f (abgerufen am 20.09.2022). Noch eine ganze Reihe von weiteren Indizen stützen diese Datierung des Codex und damit des hier relavanten Textes in das Jahr 1225. Vgl. Haye, Der »Kinderkreuzzug« (s. Anm. 39), 587.591–601.

46 Dieses methodologische Problem wurde in aller Deutlichkeit von Gary Dickson herausgestellt, wenn er schreibt: »The snippets of information supplied by the medieval chroniclers are just enough to whet the read's appetite without being able to satisfy it. So any attempt, like this one, to base the history of their *peregrinatio* (pilgrimage, crusade) on evidence rather than on flights of fancy must, paradoxically, employ hypotheses, suppositions, conjectures, and yes, informed speculations, labeled as such.« Dickson, The Children's Crusade (s. Anm. 9), 33.

47 Der Begriff der Mythistory will besagen, dass sich die Historizität vieler Informationen, die wir über das Ereignis von späteren, aber auch zeitgenössischen Chronisten überliefert haben, wenn überhaupt, nur sehr schwer validieren lässt. Vgl. Dickson, The Children's Crusade (s. Anm. 9), 33.

48 Vgl. Haye, Der »Kinderkreuzzug« (s. Anm. 39), 608f. Das Heilige Land wird auch durch andere Chronisten als Ziel der *pueri* belegt. Vgl. Annales Stadenses, ed. Lappenberg (s. Anm. 34), 355; Chronica Albrici monachi Trium Fontium, ed. Scheffer-Boichorst (s. Anm. 7), 893; Gesta Treverorum continuata, ed. Waitz (s. Anm. 29), 398f.; Sicardi episcopi Cremonensis Cronica, ed. Holder-Egger (s. Anm. 22), 181; Annales Scheftlarienses maiores, ed. Jaffé (s. Anm. 32), 338; Reineri Annales S. Jacobi Leodiensis, ed. Pertz (s. Anm. 30), 665; Chronica regia Coloniensis continuatio III (Annales S. Pantheleonis Coloniensis maximi), ed. Waitz (s. Anm. 26), 234.

49 Zur Bedeutung Jerusalems als Pilgerziel vgl. D.R. Bauer/K. Herbers/N. Jaspert (Hg.), Jerusalem im Hoch- und Spätmittelalter. Konflikte und Konfliktbewältigung – Vorstellungen und Vergegenwärtigungen (Campus Historische Studien 29), Frankfurt a.M. 2001.

Versuch unternommen haben, ihr Ziel über den Seeweg zu erreichen, *ultra mare iter arripuerant*.[50]

Offenbar ist dieses Detail der Erzählung im Kern also authentisch. Freilich ist damit noch nicht gesagt, dass die Jungen wirklich dachten, dass sich das Meer vor ihnen, wie im Pentateuch beschrieben, teilen würde, es könnte genauso gut bedeuten, dass sie die Hoffnung hegten, auf ihrem Weg irgendwo Schiffe besteigen zu können und ins Heilige Land überzusetzen. Das Ziel der *pueri* war aber zweifellos das Heilige Land,[51] welches sie offensichtlich über den Seeweg erreichen wollten, was angesichts der Mittellosigkeit und der Spontanität des Ereignisses selbst dann noch bemerkenswert ist, sollten sie ihre Hoffnung nicht auf ein (Meer)Wunder, sondern auf ein Schiff gesetzt haben. Mit anderen Worten bezeugt der Text die Historizität des enormen Gottvertrauens der *pueri*, welches bei so vielen modernen Beobachtern Kopfschütteln auslöste.

Allerdings weckte der Glaube der *pueri* nicht erst bei modernen Beobachtern Unverständnis und Zweifel hinsichtlich deren Zurechnungsfähigkeit.[52] Der Fortsetzer der Kölner Königschronik unterrichtet uns davon, dass das Vorhaben der *pueri* bereits unter den zeitgenössischen Beobachtern Fragen aufwarf. Diese Zweifler sollen die Teilnehmer für, so wörtlich, dumm und unvernünftig (*stulte et absque discretione*) befunden haben, weil sie deren Vorhaben mit einem früheren Kreuzzug in Verbindung gebracht hätten, der vor wenigen Jahren von viel stärkeren und mächtigeren Teilnehmern betrieben worden sei. Konkret nennt der Text zahlreiche Könige und sehr viele Herzöge sowie eine große Menschenmasse, die jedoch trotz ihrer Stärke unverrichteter Dinge zurückgekehrt seien.[53]

---

50 Haye, Der »Kinderkreuzzug« (s. Anm. 39), 608 f.

51 Dieses Ziel wird auch durch andere Berichte belegt. Vgl. Annales Stadenses, ed. Lappenberg (s. Anm. 34), 355; Chronica Albrici monachi Trium Fontium, ed. Scheffer-Boichorst (s. Anm. 7), 893; Gesta Treverorum continuata, ed. Waitz (s. Anm. 29), 398 f.; Sicardi episcopi Cremonensis Cronica, ed. Holder-Egger (s. Anm. 22), 181; Annales Scheftlarienses maiores, ed. Jaffé (s. Anm. 32), 338; Reineri Annales S. Jacobi Leodiensis, ed. Pertz (s. Anm. 30), 665; Chronica regia Coloniensis continuatio III (Annales S. Panthaleonis Coloniensis maximi), ed. Waitz (s. Anm. 26), 234.

52 Einem späteren Beobachter gilt das Phänomen gar als *error*, womit Matthew Paris ein Wort auf den Kinderkreuzzug anwendet, das neben ›Fehler‹ und ›Irrtum‹ auch eine ›Irrlehre‹ bezeichnen kann. Vgl. Mattaei Parisiensis Chronica majora, ed. Luard (s. Anm. 35), 558.

53 *Cumque a multis inquirerentur, cuius consilio, cuius hortatu huic vie se exposuissent, presertim cum ante nonnullos annos reges multi, duces plurimi, populi innumerabiles in manu valida illuc pervenientes infecto negotio reversi fuissent, ipsos vero adhuc etate puerili nec robur nec vires ad aliquid agendum habere et ideo stulte et absque discretione hoc factum attemptatum ab omnibus iudicaretur, breviter responderunt: in hoc se nutui parere divino et ideo, quicquid Deus de eis fieri vellet, ipsi libenti ac prono animo sustineret.* Chronicae regiae coloniensis continuatio prima, ed. Waitz (s. Anm. 22), 17 f.

Der Chronist kontrastiert hier also die Jugendlichkeit und Ohnmacht der *pueri* (*ipsos vero adhuc etate puerili nec robur nec vires*)[54] mit deren militärischer Agenda[55] und deckt damit eine Grundparadoxie dieses Vorhabens auf, die sicherlich zum modernen Bild des Kinderkreuzzugs als Himmelfahrtskommando und Inbegriff von Unvernunft beigetragen hat.[56] Jedoch löste dieses Paradoxon nicht erst in der Moderne, sondern bereits unter den Zeitgenossen Irritationen aus, wie der Text ebenfalls evident macht. Interessant ist diesbezüglich die Antwort, die der anonyme Fortsetzer der Kölner Königschronik den Jungen in den Mund legt. Diese sollen nämlich auf die Provokation geantwortet haben, dass sie sich mit ihrem Tun dem göttlichen Ratschluss unterwerfen würden und alles, was Gott auch immer mit ihnen vorhabe, gerne und mit breitwilligem Herzen annehmen würden: [...] *in hoc se nutui parere divino et ideo, quicquid Deus de eis fieri vellet, ipsi libenti ac prono animo sustineret.*[57]

Und dieser für den modernen Beobachter oftmals naiv, ja infantil anmutende Glaube der *pueri* erweist sich bei genauerer Betrachtung als Ausdruck desjenigen Deutungsmusters, in das bereits der Erste Kreuzzug gestellt wurde, nämlich der Vorstellung, dass der Kreuzzug kein Menschenwerk, sondern vielmehr Gotteskrieg sei. Insofern spricht die Waffenlosigkeit der *pueri* auch keineswegs gegen den Kreuzzugscharakter dieses Unterfangens, sondern treibt dessen Ideal vielmehr auf die Spitze. Ebenso lässt sich der Gedanke bzw. die Hoffnung der *pueri*, trockenen Fußes über das Meer ins Heilige Land zu gelangen,[58] als sehr konsequente Auslegung der Kreuzzugsidee interpretieren, nämlich der Idee, dass keineswegs weltliche Kriterien wie Truppenstärke, Versorgungswege und taktisches Geschick über

---

54 Chronicae regiae coloniensis continuatio prima, ed. Waitz (s. Anm. 22), 18.

55 Dass die *pueri* eine militärische Agenda verfolgten und keinesfalls friedliche Pilger waren, bezeugt auch der Fortsetzer der Kölner Königschronik: [...] *sicque per vigenos et quinquagenos vel centenos erectis vexillis versus Ierosolimam ire ceperunt*. Chronicae regiae coloniensis continuatio prima, ed. Waitz (s. Anm. 22), 17. Zur militärischen Agenda des Kinderkreuzzugs siehe auch die Ausführungen weiter oben auf S. 84 f.

56 Auch von anderen Chronisten wird diese Paradoxie aufgedeckt bzw. bloßgestellt. So heißt es bei Sicard von Cremona, dass die Jungen behauptet hätten, ohne Schiff das Meer überqueren und Jerusalem zurückerobern zu wollen (*asserens sine nave transiturum mare et Ierusalem recuperaturum*). Sicardi episcopi Cremonensis Cronica, ed. Holder-Egger (s. Anm. 22), 181.

57 Chronicae regiae coloniensis continuatio prima, ed. Waitz (s. Anm. 22), 18.

58 Die Liste an Quellen, die den Glauben der *pueri* bezeugen, trockenen Fußes durch das Meer gelangen zu können und das Heilige Land aus den Händen der Muslime zu befreien, ist lang. Vgl. Sicardi episcopi cremonensi cronia, ed. Holder-Egger (s. Anm. 22), 180 f.; Reineri Annales S. Jacobi Leodiensis, ed. Pertz (s. Anm. 30), 665; Chronica regia Coloniensis continuatio III (Annales S. Panthaleonis Coloniensis maximi), ed. Waitz (s. Anm. 26), 234; Gesta Treverorum continuata, ed. Waitz (s. Anm. 29), 398; Chronicon Ebersheimense, ed. Weiland (s. Anm. 26), 450.

den militärischen Erfolg bzw. Misserfolg entscheiden, sondern sich das Schicksal des Kreuzzugs lediglich am Gottvertrauen und am Gnadenstand seiner Teilnehmer entscheidet. Ein in Kreuzzugstexten immer wieder kolportiertes Bibelzitat, das einer Tausend und zwei Zehntausend in die Flucht schlagen könnten, ist der prägnanteste Ausdruck dieser Überzeugung (vgl. 5. Mose, 32,30). Vor dem Hintergrund dieses Deutungsmusters argumentiert, war das Handeln der *pueri* also keineswegs infantil bzw. naiv, sondern konsequent, ja folgerichtig, so ließe sich abschließend zusammenfassen. Und dass jene Hoffnung der *pueri* im Kern glaubwürdig ist, daran lässt der neue Textfund ebenso wenig Zweifel zu wie die Dichte der zeitgenössischen und späteren Berichte über das Ereignis.

Dass die *pueri* ihr Unterfangen, ganz wie die Teilnehmer der anderen Kreuzzüge als Neuauflage, ja typologische Erfüllung des alttestamentlichen Narrativs sahen, wird noch durch ein weiteres Detail erhärtet, das ein italienischer Chronist erwähnt. Die *pueri* sollen nämlich Posaunen mit sich geführt haben, wie Ogerius Panis aus Genua berichtet.[59] Diese Information muss nicht zwingend bedeuten, dass die pueri »auf eine Erneuerung der wunderbaren Einnahme der Stadt Jericho« hofften, wie dies Ulrich Gäbler konstatiert hat,[60] sondern die Hoffnung kann sich ebenso gut bzw. wahrscheinlich auf Jerusalem konzentriert haben, dessen Eroberung schon von den Chronisten des Ersten Kreuzzuges in Analogie zur Eroberung Jerichos konzipiert wurde.[61] Zweifellos spiegelt sich in dem Mitführen der Posaunen aber das enorme Gottvertrauen der *pueri* sowie der alttestamentliche Handlungs- und Deutungsrahmen ihres Unternehmens. Den Boden der Spekulation betritt der Historiker erst, wenn er sich auf die Frage einlässt, wie die *pueri* wohl reagiert haben mögen, als sich das Meer vor ihnen, anders als erwünscht, nicht teilte.[62]

Ursächlich mit diesem Gottvertrauen der *pueri* ist noch ein weiteres Element verknüpft, welches der jüngst edierte Text ebenfalls im Kern als historisch erscheinen lässt. Offenbar beanspruchten die *pueri* bei ihrem Weg über das Meer nämlich eine göttliche Sendung, legitimierten sich also, herrschaftssoziologisch gesprochen, charismatisch.[63] In dem Text wird diese Erwähltheit durch die Muttergottes selbst kundgetan: Sie will die Jungen zwar aus dem Leben gerissen haben, jedoch nur,

---

59 Vgl. Ogerii Panis Annales, ed. G. H. Pertz (MGH SS 18), Hannover 1863, 115–142: 131.
60 Gäbler, Der »Kinderkreuzzug« (s. Anm. 9), 9
61 Vgl. dazu Weitzel, Kreuzzug als charismatische Bewegung (s. Anm. 38), 68 f.
62 Gary Dickson hat diese spekulative Frage durchgespielt und hat sich damit auf heikles, da nicht durch Quellen abgestütztes Terrain begeben. Vgl. Dickson, The Children's Crusade (s. Anm. 9), 110.
63 Zum Konzept der charismatischen Autorität im Allgemeinen siehe T. Weitzel, Charisma *oder* die Macht einer Unterscheidung, ZfR 30 (2022), 255–278. Zur Anwendung jener Kategorie auf die Kreuzzugsbewegung vgl. ders., Kreuzzug als charismatische Bewegung (s. Anm. 38), passim.

um sie vor dem Sündenfall zu schützen[64] und an späterer Stelle lässt Maria durchblicken, dass sie die *pueri* zu sich gerufen habe und zusammen mit diesen in einer endzeitlichen Schlacht zugunsten der Christen eingreifen wolle, falls die Christen sich an ihre Auflagen halten sollten.[65]

Trotz ihres inoffiziellen Status war die *peregrinatio puerorum* in den Augen ihrer Teilnehmer also keineswegs illegitim – noch war sie führungslos.[66] Zwar hebt unser Text keinen der *pueri* namentlich hervor oder schreibt einem der Jungen gar eine Führungsrolle in dem Unterfangen zu, aber aus anderen Texten wissen wir, dass an der Spitze dieser *peregrinatio* zwei Akteure standen, die für sich eine göttliche Berufung in Anspruch nahmen: Stephan von Cloyes und Nikolaus von Köln. Von Stephan von Cloyes, dem Anführer der französischen *pueri*, wird berichtet, ihm sei Jesus in Gestalt eines armen Pilgers erschienen, der ihm einen Brief für den französischen König übergeben habe.[67] Dem, so wörtlich, heiligen Jungen Stephan hätten alle anderen *pueri* wie einem *magister et princeps* gehorcht, so heißt es in der um 1219[68] entstandenen Weltchronik von Laon.[69] Auch Nikolaus von Köln, der die rheinländischen *pueri* wie ein zweiter Mose trockenen Fußes durch das Mittelmeer ins Heilige Land führen wollte, soll im Auftrag höherer Mächte, nämlich *iussu angelico,* agiert haben, wie es die Annalen von Schäftlarn berichten.[70] Beide Akteure beanspruchten also im Auftrag der Transzendenz zu handeln, bedienten sich also einer geradezu klassischen Legitimationsgrundlage charismatischer Akteure.[71] Für Nikolaus' Charisma scheint neben der Sendung durch einen Engel ein Tau-Symbol konstitutiv gewesen zu sein, dass der Schäfer als Zeichen seiner Heiligkeit und Wundertätigkeit (*signum sanctitatis* [...] *et miraculositatis*) mit sich führte, wie es in den *Gesta Treverorum* heißt.[72] Und beiden Akteuren gelang es aufgrund jenes charismatischen Anspruchs offenbar eine Führungsrolle bzw. Macht-

---

64 *Hos* [sc. *pueros*] *dicit se de hac vita subtraxisse, ne similes nobis efficerentur, corripiens peccatores ecclesie in hunc modum:* [...]. Haye, »Der »Kinderkreuzzug« (s. Anm. 39), 609.

65 Später im Text stellt Maria die Option in Aussicht, den Christen beizustehen, und zwar *cum pueris,* wie es heißt. Haye, Der »Kinderkreuzzug« (s. Anm. 39), 608f.

66 Dass der Kinderkreuzzug kopflos gewesen sei, findet sich lediglich in den Annales Stadenses: *Circa idem tempus pueri sine rectore, sine duce* [...] *cucurrerunt.* Annales Stadenses, ed. Lappenberg (s. Anm. 34), 355.

67 Chronicon universale anonymi Laudunensis. Von 1154 bis zum Schluß für akademische Übungen, ed. A. Cartellieri/W. Stechele, Leipzig 1909, 70f.

68 N. Backmund, Die mittelalterlichen Geschichtsschreiber des Prämonstratenserordens (Bibliotheca analectorum Praemonstratensium 10), Averbode 1972, 267–272.

69 Chronicon universale anonymi Laudunensis, ed. Cartellieri/Stechele (s. Anm. 67), 70f.

70 Annales Scheftlarienses maiores, ed. Jaffé (s. Anm. 32), 338.

71 Vgl. dazu Weitzel, Kreuzzug als charismatische Bewegung (s. Anm. 38), 19–21. 24f. 28.

72 Gesta Treverorum continuata, ed. Waitz (s. Anm. 29), 398f.

position in der *peregrinatio puerorum* zu erlangen. Von Stephan wird berichtet, dass ihm alle französischen *pueri* als *magister et princeps* folgten und Nikolaus von Köln wird als *dux* und *caput* der rheinländischen *pueri* charakterisiert.[73]

An der Spitze des Ereignisses stehen mithin Akteure, die ihre Autorität aus einer direkten göttlichen Berufung ableiten, sich also charismatisch legitimierten. Auch wenn nicht alle Chronisten diese Führer erwähnen bzw. kennen, so deuten doch die meisten die charismatische Legitimation der *pueri* an, ganz so wie der jüngst entdeckte Text.[74] Dieses Moment erscheint mir entscheidender als das Armutsideal zu sein, um das Phänomen zu erklären.[75] Damit soll nicht gesagt sein, dass das Armutsideal keine Rolle in dem Unternehmen spielte. Doch die Armut ist nicht das eigentliche Movens der Bewegung, sondern vielmehr die göttliche Veranlassung und Führung mittels gottgelenkter Propheten. Insofern fügt sich der Kinderkreuzzug auch in die weitere Kreuzzugsbewegung.[76] Denn die charismatischen Akteure des Kinderkreuzzugs stehen keineswegs allein.

---

73 Chronicon universale anonymi Laudunensis, ed. Cartellieri/Stechele (s. Anm. 67), 70 f.; Gesta Treverorum continuata, ed. Waitz (s. Anm. 29), 398 f.

74 [...] *quasi a Deo missus* [...]. Mattaei Parisiensis Chronica majora, ed. Luard (s. Anm. 35), 558; [...] *quasi divinitus inspirati* [...]. Gesta Treverorum continuata, ed. Waitz (s. Anm. 29), 398; [...] *divinitus sibi imperatum affirmabant* [...]. Chronica regia Coloniensis continuatio III (Annales S. Panthaleonis Coloniensis maximi), ed. Waitz (s. Anm. 26), 234; [...] *per divinam inspirationem fieri et ex quadam pietate* [...]. Annales Marbacenses, ed. Bloch (s. Anm. 26), 82.

75 Dass das Armutsideal das Schlüsselmoment sei, um das Phänomen zu erklären, wurde von mehreren Forschern konstatiert. Vgl. Menzel, Die Kinderkreuzzüge in geistes- und sozialgeschichtlicher Sicht (s. Anm. 9), 132 f.; Sylvia Schein, Die Kreuzzüge als volkstümlich-messianische Bewegungen, DA 47 (1991), 119–138: 133. Kritisch zum Armutsideal als Ursache des Kinderkreuzzugs hat sich hingegen Gary Dickson ausgesprochen. Laut Dickson war die Armut eine Bedingung, aber nicht der Grund für den Kinderkreuzzug. Vor allem soll laut Dickson der Gedanke der Erwählung nicht auf dem Armutsideal basiert haben. Vgl. Dickson, The Children's Crusade (s. Anm. 9), 127.

76 Der Konnex zwischen dem Kinderkreuzzug und der allgemeinen Kreuzzugsbewegung erscheinen in der früheren Forschung zuweilen (zu) sehr konstruiert. Besonders komplex ist Dicksons Hypothese. Dickson geht davon aus, dass der Stimulus, der den Kinderkreuzzug ausgelöst habe, die Bittprozessionen gewesen seien, die zeitgleich in Rom aber eben auch im Chartrain für den Spanienkreuzzug im Jahr 1212 abgehalten worden seien. Diese Bittprozessionen sollen anfänglich noch unter kirchlicher Kontrolle gestanden haben, sich dann aber von der kirchlichen Autorität emanzipiert beziehungsweise gelöst haben. Als Konsequenz dieser diskursiven Veränderung soll sich die Zielsetzung des Unternehmens verändert haben. Was ursprünglich als Unterstützung für die bevorstehende Schlacht in Spanien (Las Navas de Tolosa) gedacht war, soll sich schließlich zu einer *peregrinatio* zur Befreiung des Heiligen Landes entwickelt haben. Die Führung über diese führungslose, jedoch elektrisierte Massenbewegung soll schließlich Stephan von Cloyes übernommen haben. Vgl. Dickson, The Children's Crusade (s. Anm. 9), 127 f.

Ein genauerer Blick auf die frühere Kreuzzugsgeschichte zeigt nämlich, dass die charismatischen Akteure der *peregrinatio puerorum* keineswegs beispiellos sind. Sie stehen vielmehr in einer längeren Reihe von charismatischen Akteuren in der Kreuzzugsbewegung. Neben Papst Urban II. und seinen Nachfolgern lassen sich von Beginn der Kreuzzugsbewegung an charismatische Akteure ausmachen, die eine zentrale Autorität über den Kreuzzug beanspruchten und denen es – mehr oder weniger erfolgreich – gelang, ihrem Anspruch Geltung zu verschaffen. Die Rede ist von Peter dem Eremiten, Petrus Bartholomäus, Petrus Desiderius, Stephan von Valence und nicht zuletzt Bernhard von Clairvaux – um nur die bekanntesten und namentlich identifizierbaren zu nennen. All diese Akteure lassen sich demselben Typus zuordnen wie die beiden Anführer des Kinderkreuzzugs, Stephan von Cloyes und Nikolaus von Köln. Sie lassen sich als *charismatisch* klassifizieren. So unerhört der Kinderkreuzzug vielen zeitgenössischen Chronisten und zuweilen auch den modernen Beobachtern erscheinen mag,[77] so fügt sich das Phänomen doch in die Kreuzzugsgeschichte, nämlich wenn man letztere als charismatische Bewegung erkennt.[78]

Wenngleich sich also eine Kontinuität des charismatischen Moments in der Kreuzzugsgeschichte abzeichnet, so lassen sich doch auch klare Unterschiede zwischen der *peregrinatio puerorum* und den früheren Kreuzzügen aufzeigen. Dies kann hier jedoch nur ausblickartig geschehen. Einerseits unterscheidet sich der Kinderkreuzzug in soziostruktureller Hinsicht erheblich von den früheren und zeitgleichen Orientkreuzzügen. Tatsächlich beteiligten sich an dem Unternehmen der *pueri* kaum Mitglieder des Kriegeradels und des Klerus.[79] Außerdem zeichnet sich der Kinderkreuzzug durch eine deutlich stärkere antiklerikale Stimmung aus, als sich dies bei den Orientkreuzzügen erkennen ließe.[80] Hinsichtlich der Kinder-

---

[77] *Res vero ista a seculis inaudita multis fuit admirationi, quod ut credimus presagium futurorum fuit.* Sigeberti Auctarium Mortui Maris, ed. Pertz (s. Anm. 35), 467; *Fama tam mirabilis facta resonat in civitatis et villis.* Chronicon Ebersheimense, ed. Weiland (s. Anm. 26), 450. Von den modernen Forschern äußert vor allem Zacour seine Verwunderung über das Phänomen. Vgl. Zacour, The Children's Crusade (s. Anm. 9), 332.

[78] Vgl. dazu Weitzel, Kreuzzug als charismatische Bewegung (s. Anm. 38), passim.

[79] Es wurde daher bereits argumentiert, dass der Kinderkreuzzug aus dem Jahr 1212 der erste *popular Crusade* gewesen sei: »Quite unlike the so-called People's Crusade of Peter the Hermit, however, the Children's Crusade marched with no hermits, priests, armed knights, or feudal barons in command; nor, so far as we know, within its ranks. Which means that the first true popular crusade was the peregrinatio puerorum.« Dickson, The Children's Crusade (s. Anm. 9), 84.

[80] Noch deutlicher als bei der *peregrinatio puerorum* tritt diese antiklerikale Stimmung aber beim Schäferkreuzzug aus dem Jahr 1251 zu Tage. An der Spitze dieses Unternehmens, das vor allem wegen der von seinen Teilnehmern verübten Gewalt gegen Juden und Klerus in Erinnerung blieb, stand ebenfalls eine charismatische Autorität. Der sogenannte Meister von Ungarn war, ganz

kreuzzüge, ist der Bericht der Marbacher Annalen von Interesse. Dort findet sich der Hinweis, dass der Kinderkreuzzug (*iter illud*) insbesondere auf Seiten des Klerus Irritationen auslöste, die sich in harter Kritik geäußert habe. Konkret soll der Klerus das Unternehmen als sinnlos und nutzlos (*vanum et inutile*) hingestellt haben, was jedoch erheblichen Widerstand auf Seiten der Laien evoziert habe. Diese sollen die Kleriker nämlich ihrerseits als *increduli* geschmäht und diesen vorgeworfen haben, das Unternehmen lediglich aus Neid und Habgier (*propter invidiam et avariciam*) zu hintertreiben.[81] Im Lichte der Charisma-Theorie, die einen Antagonismus zwischen Priestern und Propheten konstatiert, sind die genannten Spannungen jedoch nicht verwunderlich, sondern geradezu erwartbar. Erklärungsbedürftig ist vielmehr die Frage, warum die beiden ersten großen Kreuzzugsunternehmen trotz ihrer charismatischen Prägung diese antiklerikale Tendenz nicht in demselben Maße aufweisen. Könnte der Grund hierfür sein, dass hier Priester *und* Propheten noch in einem, wenn auch spannungsvollen, so doch gemeinsamen Handlungsspielraum agierten?

Anscheinend gelang es der Amtskirche im Laufe der Kreuzzugsbewegung, das genuine (inoffizielle) Charisma an den sozialen Rand zu drängen. Diese Erkenntnis ist jedoch eine Halbwahrheit. Zwar finden sich in den Reihen der *pueri* wohl tatsächlich wenige bis keine *milites* und wohl noch weniger Hochadelige – allein die Annalen von Genua berichten von adeligen Sprösslingen in den Reihen – aber wenn man von den historischen Akteuren und der Ereignisebene zur historiographischen Reflexion übergeht, dann erkennt man, dass sich hier Zuspruch findet.

---

wie Peter der Eremit im Ersten Kreuzzug, ein ehemaliger Mönch und beanspruchte für sich eine Privatoffenbarung. Dem Charismatiker will Maria im Gefolge der himmlischen Heerscharen erschienen sein, die ihm einen Brief ausgehändigt haben. In diesem sollen wiederum alle Schäfer dazu aufgefordert worden sein, den französischen König Ludwig IX. bei dessen Bemühen die Heilige Stadt zurückzuerobern, zu unterstützen. Matthew Paris konstruiert gar einen Kausalnexus zwischen dem Schäfer- und dem Kinderkreuzzug. Laut dem Historiographen soll der Meister von Ungarn ein in die Jahre gekommener Anführer des Kinderkreuzzuges gewesen sein. Vgl. Matthaei Parisiensis Chronica majora, ed. Luard (s. Anm. 35), 246 ff. Zum Antiklerikalismus der Bewegung vgl. N. Cohn, The Pursuit of the Millennium. Revolutionary Millenarians and Mystical Anarchists of the Middle Ages, London ³1970, 94 ff. 98; Zacour, The Children's Crusade (s. Anm. 9), 332. 342; Raedts, The Children's Crusade (s. Anm. 9), 305 f.; Menzel, Die Kinderkreuzzüge in geistes- und sozialgeschichtlicher Sicht (s. Anm. 9), 123 f.; M. Barber, The Crusade of the Shepherds in 1251, in: J. F. Sweets (Hg.), Proceedings of the Tenth Annual Meeting of the Western Society for French History, Lawrence 1984, 1–23: 3.

81 *Clericis autem et aliis quibusdam quibus erat mens sanior contradicentibus et iter illud vanum et inutile iudicantibus vehementer laici resistebant, dicentes clericos esse incredulos ipsosque propter invidiam et avariciam huic facto se opponere magis quam propter veritatem et iusticiam.* Annales Marbacenses, ed. Bloch (s. Anm. 26), 82.

Mit anderen Worten: Die *peregrinatio puerorum* wurde als Idee keineswegs vom Klerus per se abgelehnt. Ein gutes Beispiel für diese positive Sicht auf den Kinderkreuzzug seitens der Kirche ist der stilisierte Bericht des Alberich von Trois-Fontaines. Dieser stilisiert die *pueri* zu Kindermärtyrern, denen Papst Gregor IX. gar eine Kirche errichtet haben soll.[82] In den Bereich der Stilisierung fallen wohl auch die Worte, die der Autor der *Annales Stadenses*, Albert von Stade, Papst Innocenz III. angesichts des Kinderkreuzzuges in den Mund legt: »Diese Kinder beschämen uns, während wir schlafen, schreiten sie zur Befreiung des Heiligen Landes«.[83] Es greift also selbst für den Kinderkreuzzug zu kurz, wenn man hier eine einfache Dichotomie von genuinem Charisma und Amtscharisma aufmacht bzw. von Zentrum und Peripherie.

Das genannte Zitat zeigt aber noch etwas anderes. Das Diktum, welches Albert von Stade hier dem wohl bekanntesten Papst des Mittelalters in den Mund legt, macht zugleich augenfällig, dass Kinder auch im Mittelalter durchaus im Blickfeld von Theologen lagen. Ungeachtet der Frage, ob uns Albert hier die tatsächliche Reaktion des Papstes übermittelt hat – was wohl eher unwahrscheinlich ist –, so dürfte doch unstrittig sein, dass die *peregrinatio puerorum* nicht wenige Chronisten beschäftigt, irritiert, ja zuweilen gar empört hat. Es wurde, mit anderen Worten, viel *über* die *pueri* geschrieben, von ihnen selbst hat sich allerdings nicht ein einziges Ego-Dokument erhalten, ist kein einziges Selbstzeugnis auf uns gekommen. So erklärt sich auch, warum sich viele der hier aufgegriffenen Fragen nicht abschließend klären lassen – wir wissen schlicht nicht, was die *pueri* selbst dachten, von welchen Motiven sie tatsächlich beseelt waren – oder auch nur, *wer* sie eigentlich waren. All diese Dinge lassen sich von uns immer nur mittelbar erschließen. Erstaunlicherweise findet dieser Befund eine Entsprechung in unserer Gegenwart, was hier lediglich ausblickhaft erwähnt sei: Bis heute schreiben Theologen viel über Kinder, sie selbst werden in diesem Diskurs jedoch nur selten befragt und noch seltener gehört. Zugleich besitzt das Wahrnehmen und Tun von Kindern, ihre Hoffnungen und Ängste bis heute ein bemerkenswertes Irritationspotential nicht nur, aber auch für Theologen.[84] Ob beide Phänomene ursächlich zusammenhängen, kann hier nur hinterfragt, nicht aber beantwortet werden.

---

82 Chronica Albrici monachi Trium Fontium, ed. Scheffer-Boichorst (s. Anm. 7), 893.
83 *Papa auditis hiis rumoribus, ingemiscens ait: Hii pueri nobis inproperant, quod ad recuperationem terrae sanctae eis currentibus nos dormimus.* Annales Stadenses, ed. Lappenberg (s. Anm. 34), 355.
84 Zu den beiden letzteren Punkten siehe die Ausführungen in der Einleitung dieses Bandes.

Mohammad Gharaibeh

Kinder und Kindheit in der muslimischen Überlieferungspraxis der Prophetischen Tradition

Zusammenfassung: Der vorliegende Beitrag greift das Thema Kinder und Kindheit im Kontext der Überlieferungspraxis der Prophetischen Tradition (*ḥadīṯ*) sowie deren Bedeutung in der Bildung auf. Um kurze Überlieferungsketten (*isnād*) mit wenigen Überlieferern und Überlieferinnen zu kreieren, die eine möglichst kurze (spirituelle) Verbindung zum Propheten herstellen sollten, wurden Kinder früh ins Überlieferungssystem eingeführt. Gleichzeitig galt eine frühe Initiation auch als bestmögliche Vorbereitung für eine erfolgreiche Gelehrtenkarriere. Der Beitrag blickt auf die Entwicklung dieser Praxis und gibt Beispiele, welche religiösen und sozialen Auswirkungen dies auf Einzelschicksale und die Gesellschaft hatte.

Abstract: The present article focuses on the role of children in the context of the transmission of the Prophetic tradition (*ḥadīṯ*) in particular and their role in education in general. Short chains of transmission (*isnād*) were perceived as a means for a spiritual connection and proximity to the Prophet. For this, parents brought their children in young age to audition sessions in which the Prophetic traditions were transmitted so that they could become valuable future transmitters. Moreover, scholars who achieved early audition notices during their infancy often experienced a more successful career in their adulthood. The article demonstrates the history of this trend and gives examples that demonstrate the religious and social implications of it.

1 Einleitung

Kinder im Kontext von Theologie, Religion und religiösen Praktiken haben in muslimischen Gesellschaften vielschichtige Implikationen. Abhängig davon, unter welchen Aspekten man Kinder, Kindheit und Jugend in den Blick nimmt, ergeben sich unterschiedliche Bilder. Im Kontext des religiösen Gesetzes und gottesdienstlicher Bestimmungen beispielsweise werden Kinder unter dem Aspekt der religiösen Pflicht und Verantwortung behandelt. Das Interesse kreist um die Frage, ab

Kontakt: **Mohammad Gharaibeh**, Berliner Institut für Islamische Theologie, Humboldt-Universität zu Berlin; E-Mail: mohammad.gharaibeh@hu-berlin.de

https://doi.org/10.1515/bthz-2023-0007

wann der Mensch für sein Verhalten im religiösen Sinne Verantwortung übernehmen und die religiösen Pflichten erfüllen muss. In überwiegender Übereinstimmung betrachten muslimische Gelehrte hier das Erreichen der Pubertät (genauer: die Geschlechtsreife) als Marker für das Erwachsenenalter, ab dem der Mensch für seinen Glauben, sein Verhalten und die Pflichterfüllung Verantwortung trägt. Davor tragen der Mensch und damit auch Kinder keine Verantwortung im religiösen Sinne. Kinder verrichten daher weder das tägliche rituelle Gebet noch sind sie zum Fasten im Ramadan verpflichtet. Ebenso tragen sie für ihr (Fehl-)Verhalten noch keine Verantwortung, so dass sie auch keine Sünde begehen können.

Derselben Logik folgend werden Kinder im Rahmen der Glaubenslehre betrachtet. Sie tragen noch keine Verantwortung in Glaubensfragen. In den überwiegend religionspluralen, von muslimischen Herrschern regierten Gesellschaften wurden Kinder aus rechtlichen Gründen der Religion ihrer Eltern zugeschrieben. Im Falle eines Kindestodes wurde dies relevant für Erbfragen und für die Beisetzung. Unabhängig davon jedoch wird Kindern das Seelenheil zugesprochen.

Kinder werden folglich mit einer Grundunschuld charakterisiert, die sich als Leitmotiv auch im Koran und der Prophetischen Tradition widerspiegelt. Hier gibt es lediglich eine Ausnahme in einer koranischen Erzählung, in der ein Kind von einem Gott Nahestehendem auf Grund von Taten ›verurteilt‹ wird, die er im Erwachsenenalter unternommen haben wird. In der Geschichte geht es darum, dass Moses (Mūsā) auf Khiḍr trifft, einen Diener Gottes, dem göttliches Wissen zuteilwurde. Moses begleitet Khiḍr, weil er von dessen Rechtleitung gehört hatte. Khiḍr ermahnt Moses jedoch, dass dieser sich mit seinem Verhalten nicht geduldig zeigen werde. Und tatsächlich verliert Moses die Geduld und bricht mit Khiḍr, als dieser ein Kind mit der Begründung tötet, dass Gott wisse, dass dieses Kind als Erwachsener großes Unheil bringen werde.[1]

Neben dem allgemeinen Motiv der kindlichen Unschuld werden Kinder im Koran darüber hinaus auch als Freuden des diesseitigen Lebens bezeichnet.[2] Auch treten Kinder – hier vielleicht eher im Sinne von Nachkommen – im Koran und der Prophetischen Tradition als eine Form von sozialer Sicherheit und gesellschaftlichem Ansehen auf. Meist zusätzlich in Verbindung mit materiellem Wohlstand glauben sich Menschen sicher und unerreichbar, wenn sie viele Kinder haben. Der Mensch wird im Koran und auch in der Prophetischen Tradition darauf hingewiesen, dass das Individuum vor Gott stehen und sich für das eigene Verhalten und

---

1 Siehe Sure 18:65–82.
2 Z.B. in Sure 18:46.

den Glauben rechtfertigen werde und dass weder Kinder (Nachkommen) noch Vermögen Schutz bieten werden.[3]

Ein ebenfalls nennenswertes Motiv, das vor allem im Laufe der Geschichte in der Frömmigkeitspraxis aufgegriffen wurde, ist das der ästhetischen Schönheit, Perfektion und Unschuld die Kinder – vor allem junge, bartlose Knaben – ausstrahlen. Im Koran ist zum Beispiel bei der Beschreibung des Paradieses von jungen Knaben (*wildān, ghilmān*) die Rede, die Getränke ausschenken und Speisen reichen.[4] Im Irak und Iran des 8. Jahrhunderts kursierten darüber hinaus Vorstellungen, sich Gott als bartlosen Knaben gekleidet in Seide und grünem Brokat vorzustellen,[5] und Dichter verfassten zahlreiche Gedichte und Abhandlungen über Knaben und Knabenliebe.[6]

Der vorliegende Beitrag möchte sich dem Thema Kinder und Kindheit im Kontext der Überlieferungspraxis und der Bildung nähern. Dies jedoch nicht aus einer religionspädagogischen Perspektive, sondern unter dem Aspekt des sozialen und kulturellen Kapitals, das Gelehrten im Kindesalter durch Initiierung in das Überlieferungssystem vermittelt wird. Dafür ist es zunächst notwendig darzustellen, warum und wie sich das Überlieferungssystem nach den ersten vier Jahrhunderten nach dem Tod des Propheten veränderte. Danach geht der Beitrag auf die Initiierungspraktiken von Kindern ein und erläutert, welche Bedeutung dadurch der Kindheit für die Karriere von Gelehrten zukam. An ausgewählten Beispielen soll dies im Anschluss konkret dargestellt werden.

2 Kinder und Kindheit im Überlieferungssystem

2.1 Die Überlieferungskette als Mittel zur Prüfung und Autorisierung prophetischer Aussprüche

Nach sunnitischer Vorstellung endete mit dem Tod des Propheten die Offenbarung. Der jungen Gemeinde blieben zum besseren Verständnis des Korans als direktes

---

3 Siehe hier bspw. Sure 26:88–89.

4 Siehe hierfür die Studie von N. Rustomji, Beauty in the Garden: Aesthetics and the *Wildān, Ghilmān*, and *Ḥūr*, in: S. Günther/T. Lawson (Hg.), Roads to Paradise. Eschatology and Concepts of the Hereafter in Islam, Bd. 1, Leiden 2017, 295–307.

5 Siehe hierfür Joseph van Ess, The Youthful God: Anthropomorphism in Early Islam, Department of Religious Studies 3 (1988), 1–18.

6 Hier am Beispiel der Dichtung des persischen Dichters Saʿdī š-Šīrāzī (gest. 1292) in M.S. Southgate, Men, Women, and Boys: Love and Sex in the Works of Saʿdi, Iranian Studies 17 (1984), 413–452.

Wort Gottes die prophetischen Aussprüche. Man verstand den Propheten nicht nur als Überbringer der Offenbarung, sondern auch als ersten Ausleger, so dass seine Anmerkungen und Erklärungen als Teil der Offenbarung angesehen und gesammelt wurden. Anders als der Koran, der von Beginn an mündlich und schriftlich weitergegeben wurde, geschah die Überlieferung der prophetischen Worte und Handlungen in der Frühzeit bis etwa ins 10.–11. Jahrhundert überwiegend über ein oral/aurales Überlieferungssystem. Der Praxis schloss sich die ohnehin orale Erinnerungskultur der Araber vor und nach dem Islam an. Über den persönlichen Kontakt und das Weitergeben der Inhalte der Offenbarung wurden die Authentizität der Inhalte sichergestellt, die Empfänger und Empfängerinnen autorisiert und die Autorität der Überlieferer bestätigt.[7] Die politischen Unruhen und theologischen Streitigkeiten über die korrekte Auslegung des Korans sensibilisierten die Gelehrtenschaft für die Notwendigkeit, die im Umlauf befindlichen Aussprüche des Propheten durch die Wiedergabe ihrer Gewährsmänner und -frauen in Form der Überlieferungskette (*isnād*) zu überprüfen.[8] Diese Praxis scheint in den Anfängen jedoch nicht konsequent und unter Berücksichtigung überregionaler Standards gepflegt worden zu sein.[9] Noch im 8. Jahrhundert wurden *ḥadīṯe* mit teils unvollständigen Ketten überliefert. Erst Anfang des 9. Jahrhunderts und durch den Einfluss von Muḥammad b. Idrīs aš-Šāfiʿī (gestorben 820), welcher in seiner *Risāla* einen über einen *isnād* bezeugten *ḥadīṯ* Meinungen von früheren Autoritäten vorzog,[10] begannen die *ḥadīṯ*-Gelehrten bei der Wiedergabe von Überlieferungen eine ununterbrochene Kette zu zitieren und zu erwarten.[11]

Fortan sollte der *isnād*, welcher zu einem Mittel der Überprüfung und Autorisierung genutzt wurde, darüber entscheiden, wie sicher der Ursprung eines *ḥadīṯ* sei. Dazu rückten die Überlieferer und deren Vertrauenswürdigkeit in das Interesse der *ḥadīṯ*-Gelehrten. Um letztere zu evaluieren, wurden personenbezogene Infor-

---

7 Siehe für eine allgemeine Einführung in die Prophetische Tradition und die Überlieferungspraxis J.A.C. Brown, Hadith. Muhammad's Legacy in the Medieval and Modern World, Oxford 2009, 1–66.
8 Vgl. ausführlich zu den islamischen und westlichen Erklärungsansätzen, wie die Praxis des *isnāds* entstand, J. Robson, The *Isnād* in Muslim Tradition, in: H. Motzki (Hg.), Ḥadīth. Origins and Developments, Aldershot 2004, 163–174.
9 Dazu C. Melchert, Traditionist-Jurisprudents and the Framing of Islamic Law, Islamic Law and Society 8 (2001), 383–406: 391–392. Dort zeigt Melchert beispielhaft, dass Abū Yūsuf (731–798) und Mālik b. Anas (711–795), aber auch Aḥmad b. Ḥanbal (780–855) teilweise keine oder unvollständige *isnāde* anführen.
10 Melchert, Traditionist-Jurisprudents (s. Anm. 9), 391.
11 G. Davidson, Carrying on the Tradition. A Social and Intellectual History of Hadith Transmission Across a Thousand Years, Leiden 2020, 8.

mationen gesammelt, die Aufschluss über die Glaubwürdigkeit, die Auffassungsgabe, den Lebenswandel und den ›korrekten‹ Glauben der Überlieferer geben sollten.[12]

Auch das Alter von Überlieferern spielte in diesem Zusammenhang eine wichtige Rolle. Es war fraglich, ob zu junge Überlieferer über die nötige Weitsicht verfügten, Inhalte vertrauenswürdig zu überliefern. In diesem Zeitraum (7.–11. Jahrhundert) scheint keine feste Regelung bestanden zu haben, in welchem Alter Personen ›reif genug‹ waren, ḥadīṯe zu empfangen und zu übermitteln. In der Generation der Prophetengefährten (7. Jahrhundert), der Ṣaḥāba, gab es einige Personen, welche zum Zeitpunkt des Todes des Propheten noch Kinder waren, aber dennoch als Mittler von prophetischen Aussprüchen geschätzt wurden. ʿAbd Allāh b. Jaʿfar, Sahl b. Abī Ḥathma, Ṯābit b. al-Ḍaḥḥāk und Abū Ṭufayl beispielsweise waren zwischen acht und zehn Jahre alt, als der Prophet verstarb. Sie alle fingen bereits früh an, Überlieferungen zu tradieren.[13] Zwar nahmen spätere Gelehrte diese Personen als Beispiel, um früh Kinder in den Wissenstransfer einzubinden, grundsätzlich behandelte man allerdings die Prophetengefährten als Ausnahmegeneration, welche von Gott besonders ausgezeichnet war. Für die folgenden Generationen blieb ein früher Einstieg in den Wissenstransfer nach allem, was man heute sagen kann, eher die Ausnahme.

Gelehrte äußerten sich über das Mindestalter einer Person im Überlieferungssystems oder im Wissenserwerb zwar unterschiedlich, jedoch deuten sie überwiegend darauf hin, dass Kindern zunächst keine Bedeutung zugeschrieben wurde. ʿAbd ar-Raḥmān ar-Rāmhurmuzī (gestorben 971) berichtet beispielsweise, dass frühe Gelehrte in Kufa das Mindestalter auf zwanzig Jahre festlegten, während syrische Gelehrte Personen erst ab dem dreißigsten Lebensjahr wirklich ernst nahmen. Sein Lehrer, Abū ʿAbd Allāh al-Zubayrī (gestorben 929), war zum Beispiel der Auffassung, dass eine Person erst im Alter von zwanzig Jahren beginnen sollte, Wissen zu erlernen. Vorher seien Auffassungsgabe und Verstand nicht weit genug entwickelt, um den Stoff wirklich zu begreifen. Stattdessen solle man sich vor diesem Alter auf das Memorieren des Korans sowie das Erlernen der religiösen Pflichten konzentrieren.[14]

Kinder wurden folglich in der Regel nicht in den Wissenstransfer eingebunden. Es scheint allerdings eine frühe Tendenz gegeben zu haben, Kindern zumindest das Wissen zu vermitteln, das sie für die Erfüllung der religiösen Pflichten

---

12 J.A.C. Brown, The Canonization of al-Bukhārī and Muslim. The Formation and Function of the Sunnī Ḥadīth Canon, Leiden 2007, 51–52.
13 Vgl. Davidson, Carrying on (s. Anm. 11), 67.
14 Vgl. Davidson, Carrying on (s. Anm. 11), 67.

im Erwachsenenalter benötigen. Darüber hinaus bestand ein Bewusstsein dafür, dass Kinder früh mit dem Memorieren von Wissen, hier vermutlich vordergründig das Memorieren des Korans, beginnen sollten. Grundsätzlich lässt sich sagen, dass spätere Gelehrte im Kindesalter mit dem Memorieren von Wissen begannen, sie allerdings erst als Erwachsene als Gelehrte anerkannt wurden. Jedoch werden ab dem 11. Jahrhundert Kinder und die Kindheit für das Überlieferungssystem und die Gelehrtenkarriere immer wichtiger. Es werden gezielt und systematisch Kinder in besonders jungem Alter initiiert, um zum einen mit kurzen Überlieferungsketten möglichst lange Zeiträume überbrücken zu können, und um zum anderen Personen eine möglichst gute Ausgansposition für eine spätere Gelehrtenkarriere zu verschaffen. Um die Einbindung und Ritualisierung von Kindheit im Überlieferungssystem besser verstehen zu können, ist es nötig, den Paradigmenwechsel im Überlieferungssystem zu beschreiben, der sich im 11. Jahrhundert vollzog.

2.2 Paradigmenwechsel und das Streben nach kurzen Ketten

Ab der Mitte des 9. Jahrhunderts entstanden zunehmend Sammlungen von *ḥadīṯ*en, deren Überlieferer mehrfach evaluiert und als vertrauenswürdig befunden wurden. Doch erst im 11. Jahrhundert fanden viele dieser Sammlungen überregionale Anerkennung und wurden von Angehörigen anderer Rechtsschulen bestätigt, so dass sie einen gemeinsamen Referenzrahmen bildeten, auf den sich alle Gelehrte gleichermaßen beziehen konnten. Selbst die besonders konservativen *Ahl al-ḥadīṯ*,[15] welche stets darauf bestanden, für jeden *ḥadīṯ* einen persönlichen *isnād* vorweisen zu können, und die der *ḥadīṯ*-Wissenschaft eher skeptisch gegenüberstehenden *Ḥanafiten* schlossen sich dem Urteil der Mehrheit an und akzeptierten die weit verbreiteten Sammlungen als mögliche Quelle.[16] Einer der ersten, der sich nicht nur für die Akzeptanz des ›Kanons‹ aussprach, sondern es darüber hinaus auch für ausreichend hielt, sich auf diesen zu beziehen, ohne dabei einen eigenen *isnād* vorweisen zu müssen, war der šāfiʿitische Gelehrte Abū l-Maʿālī al-Ǧuwaynī (gestorben 1085) in seinem *al-Burhān*.[17] Im Folgenden wurde es zur gängigen Praxis, sich auf anerkannte Sammlungen zu beziehen und *ḥadīṯe* ohne *isnāde* zu zitieren, wenn diese im Kanon enthalten waren.

---

15 Brown bezeichnet sie auch als Über-Sunnis, vgl. Brown, Canonization (s. Anm. 12), 77–78.
16 Vgl. Brown, Canonization (s. Anm. 12), 194–200. Brown hat den komplexen Prozess der Anerkennung unterschiedlicher Sammlungen am Beispiel der sogenannten *Ṣiḥāḥ*-Werke nachgezeichnet.
17 Davidson, Carrying on (s. Anm. 11), 9.

Mit der Etablierung eines *ḥadīṯ*-Kanons wurde der *isnād* mit seiner ursprüng-lichen Funktion als Mittel zur Evaluierung der Authentizität des *ḥadīṯ*s beziehungs-weise der Glaubwürdigkeit der Überlieferungskette obsolet. Dennoch wurde die Praxis der personellen Wissensweitergabe weiter fortgeführt und der lebende *isnād* verlor nicht an Bedeutung. Stattdessen fand ein Paradigmenwechsel statt, bei dem der *isnād* mit neuem Sinn versehen wurde. Die Vorstellung, dass Autorität durch den Bezug auf Gott und den Propheten untermauert wird, wurde auf den *isnād* übertragen und so blieb der *isnād* für Gelehrte eine Art Garant für Autori-tät und ein Mittel der Autorisierung, der sie letztlich von den Laien unterscheiden sollte.[18] Darüber hinaus fühlten sich Gelehrte und später auch die nicht-gelehrte Bevölkerung durch den *isnād* in besonderem Maße mit dem Propheten verbun-den. Er stellte eine spirituelle Verbindung zum Propheten her und ermöglichte es, trotz zeitlicher Entfernung, dem Propheten und dessen gesegneter Zeit nahe zu sein. Durch die Pflege des *isnād*s versprach man sich folglich Anteil am Segen des Propheten, eine Vorstellung, welche später auch auf die Initiierungsriten innerhalb der Sufiorden übertragen werden sollte.[19] Dieser Gedanke machte die *ḥadīṯ*-Wissenschaft nun nicht nur für die Gelehrten attraktiv. Insbesondere im 12. und 13. Jahrhundert lässt sich ein enormer Anstieg an Laien verzeichnen, welche an dem stetig wachsenden Überlieferungssystem partizipieren wollten. Dies ging einher mit einer gestiegenen Prophetenverehrung, welche ihren Ausdruck in der Gründung der sogenannten Häuser des *ḥadīṯ* (*dār al-ḥadīṯ*) fand, in denen die Pro-phetische Tradition sowie Schriften rund um den Propheten gelesen und studiert wurden. In der Dār al-Ḥadīṯ al-Ašrafiyya (gegründet 1235) in Damaskus bewahrte man beispielsweise auch die Sandale des Propheten auf und in Aleppo wurde ein Fußabdruck des Propheten ausgestellt und verehrt.[20]

Neben diesen beiden Hauptfunktionen wurde noch ein dritter Aspekt des *isnād*s betont. Der *isnād* wurde als ein Unterscheidungsmerkmal gesehen, mit dem Gott die muslimische Umma auszeichnete und von den Christen und Juden unterschied. Die Verfälschung ihrer Religion sei darauf zurückzuführen, dass sie ohne einen *isnād* Meinungen äußerten. So solle nicht ohne *isnād* in den Dingen der Religion gesprochen werden, da sonst drohe, den Segen Gottes zu verlieren. Vor allem mit Ibn aṣ-Ṣalāḥs (gestorben 1245) einflussreichem Werk ʿUlūm *al-ḥadīṯ* wurde dieser Auffassung eine gewisse Popularität verliehen, auch wenn sie bereits weitaus früher nachzuweisen ist. Zum Beispiel habe bereits der ṣūfī-Gelehrte Abū

---

18 J.A.C. Brown, Hadith (s. Anm. 7), 45.

19 Davidson, Carrying on (s. Anm. 11), 16. 23.

20 E. Dickinson, Ibn al-Ṣalāḥ al-Shahrazūrī and the Isnād, Journal of the American Oriental Society 122 (2002), 481–505: 484–489,

Ṭālib al-Makkī (gestorben 386/996) diese Meinung vertreten und auch bei dem andalusischen Gelehrten Ibn Ḥazm (gestorben 456/1064) ist sie genauso nachzuweisen wie bei Abū ʿAbd Allāh al-Ḥākim an-Naysābūrī (gestorben 405/1014) und dem mālikitischen Gelehrten al-Qāḍī Abū Bakr b. ʿArabī (gestorben 543/1148).[21]

Der veränderte Blick auf den *isnād* ist in erster Linie nicht nur in den theoretischen Abhandlungen zur *ḥadīṯ*-Wissenschaft nachweisbar, sondern schlägt sich in deutlicher Form in der praktischen Beschäftigung mit dem *ḥadīṯ* nieder. Zahlreiche *ḥadīṯ*-Genres entstanden, deren Hauptmerkmal Besonderheiten des *isnādes* oder die Kombination aus besonderen *isnāden* und den *matn* waren. Hier können die »Vierziger *ḥadīṯ*-Sammlungen« exemplarisch genannt werden, welche ein beliebtes Mittel für Gelehrte wurden, ihr Können unter Beweis zu stellen, und welche weitaus mehr sind als Sammlungen von vierzig *ḥadīṯen*. Das Genre, das sich bis ins 9. Jahrhundert zurückverfolgen lässt, entwickelte eine Reihe von Differenzierungen, welche sich nicht nur in ihrer thematischen Breite ausdrücken. Es entstanden Werke, deren *ḥadīṯe* beispielsweise nur durch Ṣūfis überliefert wurden,[22] die Überlieferer jeweils aus verschiedenen Städten stammten[23] oder deren *isnāde* eine besondere Kürze aufwiesen.

2.3 Wachsende Bedeutung der Kinder im Überlieferungssystem

Insbesondere das Streben nach kurzen Ketten entwickelte sich zum eindrücklichsten Merkmal des *isnāds* in der sogenannten post-kanonischen *ḥadīṯ*-Überlieferung. Im 11.–15. Jahrhundert etablierten sich insbesondere in Syrien und Ägypten bestimmte Praktiken unter den Gelehrten, um kurze Ketten zu produzieren oder zumindest zu begünstigen. Dazu wurden Kinder mit in Lesesitzungen gebracht und als offizielle Überlieferer initiiert. Dies betraf nun nicht nur Kinder in jungen

---

21 Davidson, Carrying on (s. Anm. 11), 14–16.
22 Zu den »Vierziger *ḥadīṯ*-Sammlungen« allgemein M. Schöller, An-Nawawī. Das Buch der Vierzig Hadithe. Kitāb al-Arbaʿīn. Mit Kommentar von Ibn Daqīq al-ʿĪd, Frankfurt a.M. 2007. Zu dem Variationsreichtum der Sammlungen besonders S. 314–316.
23 Vgl. zu den regionalen *ḥadīṯ*-Sammlungen, den *buldāniyyāt*, M. Gharaibeh, The *Buldāniyyāt* of as-Saḫāwī (d. 902/1496). A Case Study on *Knowledge Specialization* and *Knowledge Brokerage* in the Field of *Ḥadīṯ* Collections, in: S. Conermann (Hg.), History and Society during the Mamluk Period (1250–1517). Studies of the Annemarie Schimmel Institute for Advanced Study II, Göttingen 2016, 81–105; und M. Gharaibeh, Innovation im Kontext. Die *buldāniyyāt* von as-Silafī (gest. 576/1180) und Ibn ʿAsākir (gest. 571/1175) im Vergleich, in: Ö. Öszoy/D. Birnstiel/S. Kurnaz, Genese, Exegese und Hermeneutik der islamischen Quellen, Berlin 2023. (im Erscheinen)

Jahren. Teilweise wurden Neugeborene und Säuglinge mit in die Sitzungen gebracht. Den Beteiligten war natürlich klar, dass Kinder im Alter von wenigen Monaten sowie in den ersten Lebensjahren nichts wirklich verstanden. Es ging jedoch vor allem darum, dass ihre Namen auf die Anwesenheitsliste (*ṭibāq*) der Sitzung notiert wurden, damit sie Teil einer bestimmten Überlieferungsgeneration (*ṭabaqa*) wurden. So zählten sie zumindest theoretisch als gültige Übermittler der jeweiligen *ḥadīṭ*e aus den Sitzungen. In der Praxis wurden solche Listen dann überprüft, wenn ein Überlieferer starb. Über die *ṭabaqāt*-Listen konnten dann die noch lebenden Überlieferer identifiziert werden, die von der verstorbenen Person *ḥadīṭ* übermitteln können. Die gezielte Suche nach Kindern auf der Liste sollte im besten Fall ermöglichen, eine lange Zeitspanne zu überbrücken. Kinder wurden verstärkt zu solchen Sitzungen gebracht, die von Personen in besonders hohem Alter geleitet wurden.[24]

Eine andere Möglichkeit, ein Kind als Überlieferer zu initiieren, war die Erteilung einer Überlieferungserlaubnis. Hier haben sich vor allem zwei erwähnenswerte Formen der Erlaubnis (*iǧāza*) etabliert; die Erlaubnis für Kinder (*iǧāzat aṭ-ṭifl aṣ-ṣaġīr*) sowie die Erlaubnis für Ungeborene (*iǧāza li-l-maʿdūm*). Ein respektierter Überlieferer spricht hierfür mit dem Vater oder der Mutter des Kindes und erlaubt dem Kind, über ihn zu überliefern. In dem anderen Fall spricht der Überlieferer zu einer Person und erlaubt dessen noch ungeborenen Kindern, über ihn zu überliefern. Die Erlaubnis kann dann entweder allgemein das gesamte zu überliefernde Material einschließen oder sich auf ein spezifisches Werk beziehen.[25] Erreichten die Kinder wiederum ein hohes Alter, konnten sie die Hörzertifikate weitergeben, so dass nicht selten ein Zeitraum von 150 Jahren mit nur zwei Überlieferern überbrückt werden konnte.[26]

An dieser Praxis wird noch einmal sehr deutlich, wie stark sich der Blick auf die Überlieferungskette veränderte. Sie wurde nun als spirituelle Genealogie gesehen. Je kürzer die Überlieferungskette war, das heißt je weniger Personen zwischen dem Überlieferer und dem Propheten standen, desto wertvoller wurde die Kette empfunden. Mit fortschreitendem zeitlichem Abstand zum Propheten veränderte sich auch die Mindestzahl der Personen in der kürzesten Kette. Im 11. Jahrhundert konnten Gelehrte noch *ḥadīṭ*e mit Ketten sammeln, die lediglich fünf Personen zwischen ihnen selbst und dem Propheten aufwiesen. Die Zahl vergrößerte sich natürlicherweise mit fortschreitendem zeitlichem Abstand. Im 12. Jahrhundert waren

24 Vgl. dazu Davidson, Carrying on (s. Anm. 11), 152–162.
25 Siehe hierfür ʿU. Ibn aṣ-Ṣalāḥ aš-Šahrazūrī, ʿUlūm al-ḥadīṭ, ed. Nūr ad-Dīn ʿItr, Damaskus 1998, 158–162.
26 Vgl. dazu Davidson, Carrying on (s. Anm. 11), 51–53.59–60.

die kürzesten Ketten sechsgliedrig und im 15. Jahrhundert bestand die kürzeste Kette zum Beispiel aus zehn Gliedern.[27]

Die spirituelle Verbindung zum Propheten war aber nicht der einzige Motivator, Kinder in frühem Alter zu initiieren. Erreichte eine Person, die als Kind initiiert wurde, ein Alter, in dem sie für die Weitergabe des *ḥadīṯ* attraktiv war und war sie vielleicht sogar noch die einzig Überlebende einer bestimmten Überlieferergeneration (*ṭabaqa*), nahmen Gelehrte lange Reisen und große Strapazen auf sich, um von ihr zu hören. Der soziale Status, der damit einherging, darf nicht unterschätzt werden. Einen kurzen *isnād* zu besitzen, das heißt als Kind bereits früh initiiert worden zu sein, war daher ein kulturelles Kapital, das nicht unterschätzt werden darf. Teilweise wurden Personen dafür entlohnt, dass sie ihren kurzen *isnād* weitergaben und so mancher Überlieferer ist vor allem mit fortschreitendem Alter zu großem Reichtum gelangt. Aus Stiftungsurkunden einiger Lehreinrichtungen aus Kairo und Damaskus geht sogar hervor, dass Personen mit kurzem *isnād* mit Extralöhnen und zusätzlichen Zahlungen regelrecht ›geködert‹ wurden. Personen mit kurzem *isnād* auf der Durchreise wurden zum Beispiel Tagesgelder von 2 Dirham angeboten, sollten sie sich während ihres Aufenthaltes dafür entscheiden, in der Dār al-Ḥadīṯ al-Ašrafiyya *ḥadīṯe* weiter zu tradieren sowie zusätzliche 30 Dinar (jeweils einen Wert von 7 Dirham), wenn sie die Überlieferung einer Sammlung dort beendeten.[28] Auch wenn die Mehrheit der *ḥadīṯ*-Gelehrten eine Überlieferung von *ḥadīṯ*en gegen Geld für moralisch verwerflich hielten, zeigt dies dennoch, welchen gesellschaftlichen Status ein kurzer *isnād* hatte.

Die Praxis, Kinder früh zu initiieren, etablierte sich insbesondere ab dem 11. Jahrhundert. Es gibt jedoch auch einige Beispiele dafür, dass schon vor dem 11. Jahrhundert Kinder initiiert wurden. Die kanonischen Sammlungen[29] beispielsweise wurden von Personen überliefert, welche die Sammlungen im Kindesalter ›gehört‹ hatten. Dies gilt für drei der sechs Sammlungen. Das *Sunan*-Werk von at-Tirmiḏī wurde in der zweiten Überlieferergeneration von Abū ʿUmar al-Hāšimī (gestorben 1023) überliefert, der das Werk zum ersten Mal von Abū ʿAlī al-Luʾluʾī (gestorben zwischen 940–944) im Alter von zwei Jahren ›hörte‹. Das Ṣaḥīḥ-Werk von Muslim wurde unter anderem von Abū Bakr Muḥammad al-Kisāʾī (gestorben 968) überliefert, der von seinem Vater zur Lesesitzung im Kindesalter gebracht wurde. Al-

---

27 Davidson, Carrying on (s. Anm. 11), 232–235.
28 Davidson, Carrying on (s. Anm. 11), 156–158.
29 Diese sind die Ṣaḥīḥ-Sammlung von Muḥammad al-Buḫārī (gest. 870), die Ṣaḥīḥ-Sammlung von Abū l-Ḥaǧǧāǧ Muslim (gest. 875), das *Kitāb as-Sunan* von Abū Dawūd as-Siǧistānī (gest. 888), das *Kitāb as-Sunan al-Kubrā* von Aḥmad an-Nasāʾī (gest. 915), das *al-Ǧāmiʿ aṣ-Ṣaḥīḥ* von Muḥammad at-Tirmiḏī (gest. 892) sowie das *Kitāb as-Sunan* von Muḥammad Ibn Māǧah (gest. 889).

Kisāʾī äußerte später, dass er keinerlei Erinnerung an dieses Ereignis mehr hatte. Trotz oder gerade wegen seines jungen Alters wurde al-Kisāʾī zum Hauptüberlieferer dieses Werks. Gleiches lässt sich auch über das Ṣaḥīḥ-Werk von al-Buḫārī sagen. Karīma al-Marwaziyya (gestorben 1070) wurde ebenfalls von ihrem Vater zur Sitzung gebracht, um ihr bereits als Kind einen Platz im Überlieferungssystem zu sichern. Auch sie wurde zu einer der Hauptüberlieferer dieses Werks.[30]

2.4 Genres der post-kanonischen *ḥadīṯ*-Überlieferung

Um nachvollziehen zu können, wer wann von wem was hörte, und um so gezielt auf die Suche nach kurzen Überlieferungsketten gehen zu können, entstanden Textsorten, die diese Informationen dokumentieren sollten. Auch etablierten sich Textsorten und Genres, welche die gewonnenen, wertvollen, kurzen Ketten bestmöglich demonstrieren und ausstellen sollten. Diese sollen im Folgenden dargestellt werden. Es wurden bereits die *ṭibāq* (Anwesenheitslisten) erwähnt, denen man die Namen der Personen entnehmen konnte, die an einer Sitzung teilnahmen. Darüber hinaus verfassten Gelehrte *ṭabaqāt*-Werke, in denen Überlieferer aufgeführt sind. Diese sind biographische Lexika, die allerdings nach Überlieferergenerationen (*ṭabaqa*) sortiert sind. Neben der Angabe von biographischen Daten findet man in den Einträgen vor allem auch von wem und an wen die Überlieferer *ḥadīṯe* tradieren. In den *mašyaḫāt*-Werken hielten Gelehrte ihre Hörzertifikate fest. Sie fungierten als Nachweis für die wissenschaftliche Aktivität und Produktivität eines Gelehrten, in der er detailliert seine Lehrer auflistet, dabei angibt, welchen *ḥadīṯ* er von einem Lehrer hörte oder für welche er autorisiert wurde. Teilweise finden sich ebenfalls Vermerke über das genaue Datum und den Ort des Wissenstransfers, so dass sie von enormem Quellenwert weiterer Studien sind. Meist stellten die Gelehrten aus ihren *mašyaḫāt* weitere kleinere Sammlungen zusammen, die gebündelt einige Aspekte ihres Könnens und Schaffens darstellten.[31]

Neben der *mašyaḫāt* sowie der »Vierziger *ḥadīṯ*-Sammlungen« bildete sich eine Literaturgattung um den kurzen *isnād*, welche als ʿawālī-Werke bekannt wurde. Es sind Kollektionen, in denen Gelehrte ihre kürzesten *isnāde* sammelten und damit ihr höchstes kulturelles Gut zur Schau stellten. Anders als die »Vierziger *ḥadīṯ*-Sammlungen« waren sie nicht an eine bestimmte Zahl gebunden, was sich angesichts der Schwierigkeit, kurze *isnāde* zu sammeln, vor allem in späterer Zeit

---

30 Siehe Davidson, Carrying on (s. Anm. 11), 68–69.
31 Vgl. zu den *mašyaḫāt*, welche teilweise auch *muʿǧam aš-šuyūḫ* genannt werden, ausführlich Davidson, Carrying on (s. Anm. 11), 192–233.

häufig auch nicht umsetzen ließ. Die erste Sammlung dieser Art geht auf den aus Samarkand stammenden Gelehrten 'Uṯmān b. Muḥammad as-Samarqandī (gestorben 956) zurück, dessen Kollektion 91 seiner kürzesten *isnāde* enthielt. Seinem Beispiel folgen zahlreiche Gelehrte, so dass diese Gattung schon bald zu einem etablierten Mittel wurde, Ansehen in Gelehrtenkreisen zu erlangen.[32]

Zu einer Kombination der *'awālī*-Werke und der »Vierziger *ḥadīṯ*-Sammlungen« kam es im 6./13. Jahrhundert, als Gelehrte begannen, genau vierzig besonders kurze *isnāde* in einer Sammlung zusammenzustellen. Sie sind vor allem dadurch gekennzeichnet, dass sie *isnāde* mit einer bestimmten Länge aufführten. In Gliedern angegeben entstanden Sammlungen mit zum Beispiel siebengliedrigen Ketten (*subā'iyya*) wie die des Aḥmad b. Muḥammad al-Mālikī (gestorben 547/1152), Abū Sa'd Muḥammad b. Yaḥyā an-Naysābūrī aš-Šāfi'ī (gestorben 548/1153) oder des 'Abd Allāh b. Muḥammad b. Faḍl al-Furāwī (gestorben 549/1154). Diese Form der Sammlung blieb ein beliebtes Mittel zur Demonstration der eigenen Stellung innerhalb des Überlieferungssystems und so entstanden im Folgenden Kollektionen mit achtgliedrigen (*ṯumāniyya*), neungliedrigen (*tusā'iyya*) sowie zehngliedrigen (*'ušāriyya*) Ketten. Dabei entschied die fortschreitende Zeit darüber, ob beispielsweise eine siebengliedrige Kette überhaupt noch gesammelt werden konnte, wenn alle potenziellen Überlieferer dafür bereits gestorben waren. Auch wenn sich vereinzelt Sammlungen von elf- und sogar zwölfgliedrigen Ketten finden lassen, scheint diese Art der Kollektionen ihr natürliches Ende im ausgehenden 10./16. Jahrhundert genommen zu haben.[33]

3 Soziale und gesellschaftliche Implikationen von Kinderüberlieferungen

3.1 Kontingente Karrieren

Gesellschaftliches Ansehen, sozialer Status und nicht zuletzt auch die Aussicht auf finanzielle Absicherung machte die *ḥadīṯ*-Überlieferung zu einem attraktiven Unterfangen. Vor allem der sich herausbildende Trend, dass ein potenzieller Überlieferer nicht unbedingt eine anspruchsvolle Ausbildung benötigte, bewegte immer

---

32 Dazu Davidson, Carrying on (s. Anm. 11), 255–256. Dort nennt Davidson noch die relativ früh zu datierenden 'awālī-Werke von Abū š-Šayḫ al-Iṣbahānī (gest. 979) und von 'Abī b. 'Umar al-Ḥarbī (gest. 996).
33 Dazu Davidson, Carrying on (s. Anm. 11), 244–245.

mehr Eltern aus anderen Berufszweigen wie Handel, Militär oder Handwerk ihre Kinder zu Lesesitzungen zu bringen beziehungsweise Gelehrte damit zu beauftragen, dies für sie zu tun. Für viele Kinder sollte dies tatsächlich auch einer der wenigen Berührungspunkte mit dem *ḥadīṯ* im Besonderen und der Gelehrsamkeit im Allgemeinen in ihrer Kindheit bleiben. Gelehrte, die eine mühsame Ausbildung auf sich nahmen und teils nicht das Glück einer frühen Initiierung hatten, empörten sich über diesen Zustand. Šams ad-Dīn Aḥmad aḏ-Ḏahabī (gestorben 1348) beispielsweise, ein Gelehrter aus dem 14. Jahrhundert aus Damaskus, schreibt, dass viele zu hohem Ansehen gekommen seien, ausschließlich, weil sie früh initiiert worden seien und ein hohes Alter erreicht hätten. Andere große Gelehrte blieben unbekannt, weil sie früh verstarben.[34]

Ein gutes Beispiel für diese Entwicklung ist Abū l-ʿAbbās al-Ḥaǧǧār (1227–1329). Er zählt zu den wohl bekanntesten Überlieferern der kanonischen Sammlung von al-Buḫārī aus dem 14. Jahrhundert. Als Kind wurde er zu einer Lesesitzung der *Ṣaḥīḥ*-Sammlung mitgenommen, als der bekannte und damals sehr alte Gelehrte al-Ḥusayn b. az-Zabīdī (gestorben 1233) aus Bagdad Damaskus besuchte. Sein Name wurde im Leseverzeichnis aufgenommen und für die Sitzungen dokumentiert. Für al-Ḥaǧǧār war dies sein einziger Kontakt mit der Sammlung im Besonderen und mit Bildung im Allgemeinen. Er lernte nicht einmal lesen und schreiben. Stattdessen arbeitete er als Schneider und später auch als Steinmetz, ein Beruf, den er bis zu seinem Ruhestand ausübte und durch dessen Gilde er monatlich 30 Dirham erhielt.[35]

Als al-Ḥaǧǧār 1306 das 75. Lebensjahr erreichte, wurden *ḥadīṯ*-Gelehrte aus Damaskus auf ihn aufmerksam. Sie wussten, dass er sein Leben in Damaskus im Viertel der Ṣāliḥiyya verbracht hatte, so dass die Wahrscheinlichkeit bestand, dass auch er wie viele andere Kinder aus dem Viertel irgendwann einmal eine Lesesitzung besucht hatte. Als sie ihn danach befragten, antwortete dieser, dass er sich an die Inhalte der Sitzungen nicht mehr wirklich erinnern könne, aber noch genau wisse, dass er nach den Lesesitzungen mit anderen Jungs im Fluss schwimmen gegangen sei. Die Gelehrten, die dies als Bestätigung für ihre Vermutung sahen, suchten seinen Namen in den Hörvermerken und fanden die Lesesitzung, welche von az-Zabīdī abgehalten wurde. Die Besonderheit an dieser Sitzung war nun, dass az-Zabīdī selbst bereits als Kind initiiert wurde und von dem damals sehr alten Überlieferer Abū l-Waqt as-Siǧzī (gestorben 1158) gehört hatte. Auch letzterer war

---

34 M. aḏ-Ḏahabī, Siyar aʿlām an-nubalāʾ, hg. v. Š. al-Arnaʾūṭ und Ḥ. al-Asad, Bd. 17, Beirut ³1985, 647.

35 Siehe A. Ibn Ḥaǧar al-ʿAsqalānī, ad-Durar al-kāmina fī aʿyān al-miʾat aṯ-ṯāmina, Bd. 1, Beirut o. D., 142–143.

bereits als Kind initiiert worden, so dass die Gelehrten aus Damaskus über al-Ḥaǧ-ǧār eine Überlieferungskette mit nur fünf Überlieferern zu al-Buḫārī, dem Autor der Ṣaḥīḥ-Sammlung, erreichen konnten. Von al-Buḫārī zum Propheten waren es dann ebenfalls nur drei Überlieferer, so dass Gelehrte, die von al-Ḥaǧǧār hören würden, eine neun-gliedrige Kette bis zum Propheten erhielten. Da nicht mehr viele Personen lebten, die von az-Zabīdī gehört hatten, suchten ihn nun viele Gelehrte aus Damaskus auf, um von ihm zu hören.[36]

In der Folgezeit wurde al-Ḥaǧǧār von hunderten Gelehrten aus anderen Städten besucht, die von ihm die Ṣaḥīḥ-Sammlung von al-Buḫārī hören wollten. Da al-Ḥaǧǧār selbst nicht lesen konnte, lasen anderen für ihn. Für jede vollständige Lesung wurde er mit 50 bis 100 Dirham entlohnt. Ibn Ḥaǧar schreibt in seinem biographischen Lexikon, dass al-Ḥaǧǧār die Sammlung etwa 70-mal vorlesen ließ und seinen *isnād* weitergab.[37] Nach 1317 stieg sein Ansehen noch weiter. In dem Jahr starben nämlich die letzten beiden anderen Überlieferinnen, die von az-Za-bīdī überliefern konnten, Sitt al-Wuzarāʾ (gestorben 1317) und Fāṭima bt. ʿAbd ar-Rahmān b. ʿAmr al-Farrāʾ (gestorben 1317). Al-Ḥaǧǧār wurde eingeladen, um in Kairo, Hama, Baalbek, Homs, Kafar Batna und al-Mansura zu lesen. Bei seinem Tod 1329 sollen 100.000 Personen von ihm gehört haben.[38]

3.2 Mädchen und Frauen im Überlieferungssystem

Das Streben nach kurzen Ketten hatte zudem den Effekt, dass Frauen, nachdem sie scheinbar im informellen Ausbildungssystem der vergangenen Jahrhunderte nur wenig vertreten waren, wieder verstärkt Zugang zu Bildung und zum Über-lieferungssystem fanden. Da die Ausbildung von Gelehrten überwiegend durch ein enges Lehrer-Schüler Verhältnis stattfand, machten die herrschenden Geschlechter-vorstellungen und Verhaltensregeln es besonders für Frauen schwer, eine langjäh-rige Ausbildung zu genießen. Die meisten ausbildenden Autoritäten waren männ-lich, so dass diese meist nur Schüler annahmen, und daher ab dem 8. Jahrhundert Frauen in den Quellen nur selten als Gelehrtinnen auftauchen.[39] Der veränderte Blick auf das Überlieferungssystem sowie die Rolle des *isnād* als spirituelle Verbin-

---

36 Davidson, Carrying on (s. Anm. 11), 163–164.
37 Ibn Ḥaǧar, ad-Durar (s. Anm. 35), 142–143.
38 Davidson, Carrying on (s. Anm. 11), 164.
39 Siehe hierfür die grundlegende Studie von A. Sayeed, Women and the Transmission of Religious Knowledge in Islam, New York 2013. Siehe auch J. Berkey, Transmission of Knowledge in Medieval Cairo. A Social History of Islamic Education, Princeton 1992, 161–181.

dung zum Propheten, gab den Anstoß für Veränderung. Frauen hatten eine höhere Lebenserwartung und lebten länger als männliche Kollegen ihrer Kohorte. Ab dem 11. Jahrhundert kann daher ein deutlicher Anstieg an Frauen im Überlieferungssystem nachgewiesen werden. Die Initiierung von Mädchen war zum einen kein Problem mit Blick auf die Geschlechtervorstellungen und zum anderen erhoffte man sich aufgrund ihrer längeren Lebenserwartung, mehr kurze Ketten erzeugen zu können. Während im 8. Jahrhundert kaum Frauen in Überlieferungsketten und in Angaben von Lehrer-Schüler Verhältnissen nachgewiesen werden können, stieg die Anzahl der Frauen in Ketten derart an, dass Historiker und Biographen Werke verfassten, die sich ganz den Frauen im Überlieferungssystem widmeten.[40]

Neben den bereits weiter oben erwähnten Überlieferinnen können noch weitere Beispiele genannt werden. Zaynab bt. ʿAbd Allāh b. Aḥmad (gestorben 1452) wurde im Alter von zwei Jahren initiiert. Ähnlich verhielt es sich mit Zaynab bt. ʿAbd ar-Raḥmān b. Ḥasan al-ʿIqāqī al-Qāhirī (gestorben 1461), welche im Alter von fünf Jahren zu Lesesitzungen mitgenommen wurde. Und der ägyptische ḥadīṯ-Gelehrte Ibn Ḥaǧar al-ʿAsqalānī nahm seine Tochter Zayn Khātūn zu Lesesitzungen mit, als sie drei Jahre alt war. Der Damaszener Gelehrte Taqī l-Dīn as-Subkī (gestorben 1355), der sehr gut vernetzt war, vermittelte für seine Tochter Sāra von Gelehrten aus Ägypten und Syrien Erlaubnisse zu überliefern, bevor sie vier Jahre alt wurde.[41]

Ein weiteres eindrückliches Beispiel ist Maryam bt. Aḥmad b. Muḥammad al-Aḏriʿī (gestorben 1402). Sie wurde von ihrem Vater, Aḥmad (gestorben 1341), der ebenfalls ein anerkannter Gelehrter war, im Alter von etwa drei Jahren mit zu Lesesitzungen genommen. Unter anderem hörte sie auch von dem oben genannten al-Ḥaǧǧār, der starb, als Maryam elf Jahre alt war. Maryams Hörkontakte waren so zahlreich, dass Biographen 53 Werke ausmachen konnten, die Maryam überlieferte. Die Zahl der Gelehrten, von denen sie überlieferte, ist ebenfalls beeindruckend. Sie konnte von 319 Lehrer*innen aus Städten wie Damaskus, Bagdad, Kairo und Jerusalem überliefern, was teils einen persönlichen Kontakt einschließt, sich aber auch teils auf die Erteilung der Erlaubnis zu überliefern begrenzen konnte. Unter den Lehrern waren auch 28 Frauen. Teilweise lagen zwischen dem Tod ihrer Lehrer und ihrem eigenen 70–80 Jahre, so dass die Überlieferung über sie besonders erstrebenswert war.[42]

---

40 Davidson, Carrying on (s. Anm. 11), 167–168.
41 Berkey, Transmission (s. Anm. 39), 170.
42 Siehe M. Haredy, Women Scholars of Ḥadīth. A Case Study of the Eighth/Fourteenth-Century Muʿjam al-Shaykha Maryam, in: Sebastian Günther (Hg.), Knowledge and Education in Classical Islam. Religious Learning between Continuity and Change, Bd. 2, Leiden 2020, 906–940: 917–934.

3.3 Verpasste Hörzertifikate in der Kindheit

Die bisherigen Beispiele bezogen sich auf Kinder, die in ihrer Kindheit bei Lesesitzungen anwesend waren und dem daraus resultierenden Erfolg im Erwachsenenalter. Dabei wurde deutlich, dass Kinder vor allem darauf angewiesen waren, dass Erwachsene, in den meisten Fällen waren dies Verwandte, wenn nicht direkt die Eltern, sie zu den Sitzungen mitnahmen und Kontakte vermittelten. Im nächsten Beispiel soll gezeigt werden, dass es sich im 14. und 15. Jahrhundert auch nachteilig auf die Karriere von Gelehrten auswirken konnte, wenn entsprechende Kinderinitiierungen nicht stattfanden.

Als Beispiel dient hier die Karriere des bereits häufiger erwähnten Šihāb ad-Dīn Aḥmad b. ʿAī Ibn Ḥağar al-ʿAsqalānī (1371–1449). Seine Werke in der Historiographie, der ḥadīṯ-Wissenschaft und im Islamischen Recht werden als wertvolle Quellen über die Mamlukenzeit (1250–1517) geschätzt, werden aber auch in theologischen Debatten häufig zitiert. Trotz seines Erfolgs betont sein Biograph und Schüler, Muḥammad as-Saḫāwī, dass Ibn Ḥağar zeit seines Lebens bereute, in seiner Kindheit keine wertvollen Hörzertifikate erworben zu haben.

Ibn Ḥağars Vater war selbst ein Gelehrter und verfügte über die nötigen Kontakte, um für seinen Sohn eine günstige Ausgangssituation für eine Gelehrtenkarriere zu schaffen. Sein frühzeitiger Tod 1375 ließ Ibn Ḥağar jedoch als Waisen zurück, noch bevor dieser das 4. Lebensjahr erreichte. Der Vater hatte vor seinem Tod zwei Personen als Vormund ernannt. Diese waren Zakī d-Dīn al-Ḫurrūbī (gestorben 1385) und Šams ad-Dīn Muḥammad Ibn al-Qaṭṭān (gestorben 1411), von denen az-Zakī l-Ḫurrūbī zuerst die Obhut übernahm.[43] Er sorgte bereits früh dafür, dass Ibn Ḥağar eine Grundausbildung bekam. Ibn Ḥağar war damals fünf Jahre alt. Jedoch etablierte al-Ḫurrūbī keine Beziehungen zu ḥadīṯ-Gelehrten, die ihm eine Überlieferungserlaubnis erteilten. Das erste Mal, dass Ibn Ḥağar an einer Lesung teilnehmen konnte, war 1382, als al-Ḫurrūbī mit ihm nach Mekka reiste und ihn dort mit ʿAbd Allāh an-Naysābūrī (gestorben 1388) in Kontakt brachte. Ibn Ḥağar war zu dieser Zeit bereits knapp 12 Jahre alt und, wie er selbst von sich aussagte, nicht sehr motiviert zu lernen.[44]

Nachdem al-Ḫurrūbī 1385 verstorben war, übernahm der zweite Vormund die Betreuung von Ibn Ḥağar. Mit Ibn Qaṭṭān sollte Ibn Ḥağar allerdings noch weniger

---

43 M. Gharaibeh, Brokerage and Interpersonal Relationships in Scholarly Networks. Ibn Ḥağar al-ʿAsqalānī and His Early Academic Career, in: S. Conermann (Hg.), Everything is on the Move: The »Mamluk Empire« as a Node in (Trans-)Regional Network, Göttingen 2014, 223–266: 242–243.
44 M. as-Saḫāwī, al-Ǧawāhir wa-d-durar fī tarğamat šayḫ al-islām Ibn Ḥağar, hg. v. I. ʿAbd al-Mağīd, Bd. 1, Beirut 1999, 121–122.

Glück haben. Ibn Qṭṭān selbst war ein angesehener Gelehrter mit zahlreichen Kontakten zu Überlieferern im hohen Alter. Er vernachlässigte Ibn Ḥaǧars Ausbildung zwar nicht, konnte oder wollte ihm aber auch nicht zu frühen Hörzertifikaten verhelfen. Es scheint, als ginge dies auf eine nicht so gute Beziehung zwischen den beiden Personen zurück. Denn Ibn Qaṭṭān sorgte für seine eigenen Kinder, die ungefähr in Ibn Ḥaǧars Alter waren, sehr wohl dafür, dass sie im Kindesalter mit wichtigen Überlieferern in Kontakt kamen. Die Notwendigkeit früher Hörzertifikate war ihm daher durchaus bewusst. Nur wollte er Ibn Ḥaǧar diese nicht vermitteln und ihm neben der Grundausbildung auch keine weiteren Hilfestellungen gegeben, sich als Gelehrter früh zu etablieren. Ibn Ḥaǧar selbst verfasste zu späterer Zeit ein Schmähgedicht gegen Ibn Qaṭṭān, in dem er ihm vorwirft, sich nicht ausreichend um ihn gekümmert und sein Erbe veruntreut zu haben.[45]

Die Verkettung dieser unglücklichen Ereignisse, das heißt der frühe Tod seines Vaters und die nicht ausreichende Betreuung seiner Vormunde, führten zu einem Defizit mit Blick auf die Stellung Ibn Ḥaǧars im Überlieferungssystems, das sich auch nicht mehr ausgleichen ließ. Der Schüler und Biograph von Ibn Ḥaǧar, Saḫāwī, schrieb diesbezüglich:

> Hätte Ibn Ḥaǧar nur jemanden gehabt, der sich adäquat um seine Ausbildung kümmerte, so hätte er wertvolle Hörzertifikate erhalten von Überlieferern, die später verstarben. Ibn Ḥaǧar konnte nur noch zu deren Schüler Kontakt aufbauen. Es wäre ihm möglich gewesen, von den Schülern von al-Faḫr Ibn al-Buḫārī, al-Wāsiṭī, Ibn Muʾmin, Ibn Tāǧ al-Umanāʾ, al-Abraqūhī und ad-Dimyāṭī zu hören oder von ihnen eine Überlieferungserlaubnis zu beantragen. Leider war ihm dies nicht vergönnt, weil er keine Verwandten oder Freunde hatte, die sich für seine Bildung verantwortlich gefühlt haben.[46]

Die in dem Zitat genannten Überlieferer waren alle Personen mit besonders kurzen *isnād*en. Ibn Ḥaǧar konnte mit ihnen nur über die Schüler der Schüler in Kontakt treten. Dies bedeutete für ihn, dass er eine ungünstige Stellung im Überlieferungssystem einnahm. Insbesondere im Vergleich mit seinen gleichaltrigen Kollegen wird dies deutlich, zum Beispiel sein Zeitgenosse al-Walī Aḥmad al-ʿIrāqī (gestorben 1360), der elf Jahre älter war als Ibn Ḥaǧar, oder Ǧalāl ad-Dīn ʿAbd ar-Raḥmān al-Bulqīnī (gestorben 1421).[47]

---

45 Gharaibeh, Brokerage (s. Anm. 43), 244.
46 As-Saḫāwī, al-Ǧawāhir (s. Anm. 44), 125–126.
47 Siehe für eine Darstellung der erfolgreich vermittelten Kinder-*iǧāzāt* und die damit einhergehende günstige Ausgangslage für eine privilegierte Stellung im Überlieferungssystems von al-Walī l-ʿIrāqī und al-Ǧalāl al-Bulqīnī die Ausführungen in Gharaibeh, Brokerage (s. Anm. 43), 236–238. 238–242.

4 Zusammenfassung

Kinder und Kindheit spielen in der Islamischen Theologie und in muslimischen Gesellschaften in unterschiedlichen Kontexten eine Rolle. Am Beispiel des Überlieferungssystems konnte gezeigt werden, dass Kindern im Laufe der Zeit eine größere Bedeutung zukam. Dies lag vor allem an der Kanonisierung der Hadithsammlungen sowie der damit verbundenen veränderten Bedeutung der Überlieferungskette. In den ersten drei Jahrhunderten nach dem Tod Muḥammads galt der *isnād* als Garant für die Authentizität des überlieferten Prophetenwortes und für die Autorisierung der Überlieferer. Wer einen *ḥadīṯ* im Rahmen einer theologischen Debatte anführen wollte, musste einen persönliche *isnād* anführen. Damit wies man nach, dass man durch eine Autorität autorisiert wurde, diesen *ḥadīṯ* weiterzutradieren und in Diskussionen zu verwenden. Da diese Praxis auch stark darauf abzielte, das überlieferte Material zu verstehen und auslegen zu können, wurden Kinder zunächst von dem Überlieferungssystem ausgenommen. Man sah die volle Ausbildung des Verstandes als Voraussetzung für den Eintritt in das Überlieferungssystem an.

Mit der Etablierung und der geographieübergreifenden Anerkennung der *ṣaḥīḥ*- und *sunan*-Werke sowie anderer *ḥadīṯ*-Sammlungen als Quellen für prophetische Überlieferungen änderte sich die Sicht auf die Überlieferungskette. Ab dem 11. Jahrhundert war es möglich, prophetische Aussprüche aus Sammlungen zu zitieren. Das Anführen einer persönlichen Überlieferungskette samt Autorisierung entfiel. Die Überlieferungskette wurde dadurch jedoch nicht obsolet und die Überlieferungspraxis wurde weiterfortgeführt. Jedoch änderte sich die Funktion des *isnād*. Statt als epistemisches Mittel betrachtete man die Überlieferungskette nun als Möglichkeit, (spirituell) mit dem Propheten in Kontakt zu treten. Eine lückenlose Überlieferungskette stellte man sich als Genealogie zum Propheten vor. Je kürzer diese Kette war, desto näher die Verbindung zum Propheten. Dies führte zu einem immer begeisterteren Streben nach kurzen Ketten. Im Versuch, möglichst lange Zeiträume mit einer Person überbrücken zu können, wurden nun Kinder verstärkt in jungen Jahren initiiert, in der Hoffnung, dass sie im hohen Alter das autorisierte Material an junge Überlieferer weitergaben. Dazu wurden Kinder teils im Säuglingsalter mit zu Hörsitzungen gebracht, wo ihre Namen auf Anwesenheitslisten vermerkt wurden. Es wurde ebenfalls üblich, noch ungeborene Kinder zu autorisieren, wenn zum zukünftigen Vater oder der Mutter ein besonderes Verhältnis bestand.

Um diese Praxis herum entstanden eine Reihe von Textsorten und Genres. Zum Beispiel wurden in den sog. *Ṭabaqāt* die Namen der Überlieferer festgehalten, um nach ca. 70 Jahren noch nachvollziehen zu können, wer von einem jüngst verstorbenen Gelehrten in jungen Jahren gehört hatte. In *ʿawālī*-Sammlungen stellten

Gelehrte ihre besonders kurzen Überlieferungsketten zusammen und nutzten sie, um besonderes Ansehen und Status innerhalb der Gelehrtenschicht, aber auch unter der breiten Bevölkerung zu generieren. Und in *mašyaḫāt-* und *ṭabat*-Werken hielten Gelehrte all ihre Hörzertifikate fest, um der Nachwelt zu dokumentieren, welches wertvolle Material sie im Laufe ihres Lebens und vor allem in ihrer Kindheit erlangt hatten.

Die Kindheit wurde daher für Personen besonders wichtig, für die ihre Eltern entweder eine Gelehrtenkarriere beabsichtigten oder die Hoffnung hatten, mit einer frühen Initiation den sozialen Status und die gesellschaftliche Anerkennung zu sichern sowie einen finanziellen Mehrwert zu erzielen. Es gibt zahlreiche Beispiele von Personen, die dank einer frühen Initiation im Kindesalter zu Ansehen und Reichtum gekommen sind, obwohl sie zeit ihres Lebens mit Bildung im weiteren Sinne wenig zu tun hatten. Auch erhöhte diese Praxis den Anteil an Frauen im Überlieferungssystem, nachdem diese für knapp drei Jahrhunderte aus diesem gedrängt worden waren. Umgekehrt konnten in der Kindheit verpasste Hörzertifikate sich negativ auf die spätere Gelehrtenkarriere auswirken. Dies konnte den Grund haben, dass Eltern nicht über die nötigen Kontakte verfügten, Hörzertifikate und Überlieferungserlaubnisse zu vermitteln, dass das Interesse an einer solchen Vermittlung nicht vorhanden war oder dass die betreuenden Personen der Kinder, diese bewusst aus dem System ausschließen wollten.

Teil II: **Gegenwärtige Herausforderung einer Repräsentation von Kindern in der Theologie**

Henrik Simojoki

Der unvollendete Perspektivenwechsel

Überlegungen zur Repräsentation von Kindern in der Theologie

Zusammenfassung: Kinder sind im theologischen Wissenschaftsdiskurs nicht unmittelbar vertreten. Ihre Perspektive kundig, kritisch und sensibel zu repräsentieren, ist folglich Grundaufgabe einer Theologie, die es mit ihrem Subjektbezug ernst meint. Der Beitrag bearbeitet diese Herausforderung in drei Schritten: Zunächst illustriert er am Beispiel der öffentlichen, theologischen und kirchlichen Corona-Debatte, wie leicht Kinder in von Erwachsenen geführten Diskursen übergangen, instrumentalisiert oder vereinnahmt werden. Danach werden im Gespräch mit philosophischen, kulturwissenschaftlichen und postkolonialen Repräsentationstheorien kritisch-konstruktive Perspektiven für eine subjektgerechte theologische Repräsentationspraxis im Verhältnis zum Kind entwickelt. Vor diesem Hintergrund werden gegenwärtige Bemühungen um eine kindorientierte Theologie im globalen Horizont erschlossen – mit der Pointe, dass in den typisierend skizzierten Diskursprojekten aus dem deutschsprachigen, nordamerikanischen und (süd-) afrikanischen Raum je ein unentbehrlicher Repräsentationsmoment zur Geltung kommt.

Abstract: Children are not directly represented in the theological academic discourse. Representing the perspective of children in a knowledgeable, critical, and sensitive way is therefore a fundamental task of any theology that is serious about its subject orientation. The article deals with this challenge in three steps: First, the German Covid-19-debate in the public, in theology and in the (Protestant) Church serves an illustration of how easily children can be ignored, instrumentalised or appropriated in adult-led discourses. Then, drawing back to central theories of representation in current philosophy as well as in cultural and postcolonial studies, critical-constructive perspectives are developed for a sensitive practice of representation in relation to the child. Against this backdrop, the article turns to current efforts to develop a child-affirming theology – with the point that in each of the programmatic discourses in Germany, North America and South-Africa, an indispensable moment of representation comes to the fore.

Kontakt: Henrik Simojoki, Theologische Fakultät, Humboldt-Universität zu Berlin;
E-Mail: henrik.simojoki@hu-berlin.de

https://doi.org/10.1515/bthz-2023-0008

1 Problemanzeige[1]

In der Diskurskonstellation, die diesem Band zugrunde liegt, spiegelt sich eine Grundgegebenheit theologischer Wissenschaftskommunikation wider, die bislang erstaunlich wenig kritisch reflektiert und auf ihre Implikationen hin bedacht worden ist: Theologie wird von Erwachsenen getrieben. Natürlich sind bereits Kinder ab einem gewissen Alter in der Lage, theologische Grundfragen eigenständig zu reflektieren. Aber wenn es um Theologie als Wissenschaft geht, sind Kinder aus dem Spiel. Kinder halten keine Vorträge, schreiben keine Aufsätze, melden sich nicht auf Konferenzen zu Wort. Kurzum: Kinder sind im theologischen Wissenschaftsdiskurs nicht unmittelbar vertreten – und fänden dies wohl auch nicht unbedingt erstrebenswert.

Wie gravierend diese strukturell bedingte Abwesenheit von Kindern und die mit ihr verbundenen Asymmetrien sind, zeigt sich deutlicher, wenn man den Blick auf weitere theologische Marginalisierungsdiskurse ausweitet. Bei allen Differenzen im Einzelnen ist, um nur einige Beispiele zu nennen, den Diskursen um Befreiungstheologie oder um Feministische Theologie, um Postkoloniale Theologie oder um Queer-Theologie eines gemeinsam: Stets geht es darum, einer im theologischen Mehrheitsdiskurs marginalisierten Perspektive und Personengruppe über Dekonstruktion, Positionalität und Partizipation zu mehr Stimme, Gewicht und Geltung zu verhelfen. Alle diese Ansätze zielen auf unmittelbare Beteiligung am theologischen Diskurs, der über die jeweiligen Perspektiveneinschreibungen transformiert werden soll.

Im Blick auf Kinder greift eine solche Strategie nicht, weil diesen grundsätzlich die Möglichkeit verwehrt ist, sich unmittelbar und mit eigener Stimme in den Prozess theologischer Problemidentifikation, Erkenntnisgenerierung und Positionsfindung einzubringen. Kinder können sich nicht selbst einbringen. Kinder müssen repräsentiert werden.

---

1 Geringfügig überarbeitete Fassung meiner Antrittsvorlesung als Professor für Praktische Theologie und Religionspädagogik an der Theologischen Fakultät der Humboldt-Universität zu Berlin am 15. Juni 2022.

2 Repräsentation von Kindern während der Corona-Krise. Eine Rückschau

2.1 Öffentliche Debatte

Kinder müssen repräsentiert werden. Die Erfahrungen seit dem Ausbruch der globalen Pandemie haben in teilweise erschreckender Deutlichkeit vor Augen geführt, dass dieser Satz nicht lediglich eine Unausweichlichkeit, sondern vor allem eine Notwendigkeit ausdrückt. Mit den Infektionswellen ist auch die Zahl von Orientierungsdokumenten gestiegen, die »Lehren aus der Pandemie« ziehen.[2] In diesen Publikationen kann von Kindervergessenheit keine Rede sein. Vielmehr ist, wie aus der im April 2022 veröffentlichten Stellungnahme des Deutschen Ethikrates[3] eindrücklich hervorgeht, die (Selbst-)Kritik in dieser Hinsicht besonders ausgeprägt. Im vorliegenden Fragezusammenhang erscheinen zwei Aspekte besonders belangvoll:

Erstens tritt bei der rückschauenden Bewertung insbesondere der frühen Maßnahmen zur Pandemieeindämmung zutage, wie wichtig es ist, *dass* Kinder in der öffentlichen Debatte repräsentiert werden. Empirische Studien zur ersten Lockdown-Phase lassen erkennen, dass es einmal mehr die Kleinen waren, die durch das in dieser Zeit ja eigentlich beeindruckend weit gespannte Netz sozialer Fürsorge und Aufmerksamkeit gerutscht sind.[4] Erst als die Lage sich zwischenzeitlich entspannte, wurde deutlich, was insbesondere Familien mit niedrigem Einkommen und engen Wohnverhältnissen in dieser Zeit zugemutet wurde.[5] Die in der Stellungnahme des Deutschen Ethikrates differenziert erfassten Befunde – ein signifikanter Anstieg von psychischen Belastungen und Erkrankungen bei Kindern

---

2 Vgl. als besonders frühes Beispiel: Friedrich-Ebert-Stiftung (Hg.), Lehren aus der Pandemie: Gleiche Chancen für alle Kinder und Jugendlichen sichern. Stellungnahme der Expert_innenkommission der Friedrich-Ebert-Stiftung, Berlin 2021, https://www.fes.de/themenportal-bildung-arbeit-digitalisierung/bildung/lehren-aus-der-pandemie (abgerufen am 29.09.2022).
3 Deutscher Ethikrat, Vulnerabilität und Resilienz in der Krise – Ethische Kriterien für Entscheidungen in einer Pandemie, Berlin 2022, https://www.ethikrat.org/fileadmin/Publikationen/Stellungnahmen/deutsch/stellungnahme-vulnerabilitaet-und-resilienz-in-der-krise.pdf (abgerufen am 28.09.2022).
4 Um nur ein Beispiel zu nennen: Nach Einschätzung der Schulleitungen wurde fast ein Drittel der Schüler:innen während der Schulschließungen im Frühjahr und Sommer 2020 nicht regelmäßig persönlich erreicht. Vgl. C. Cramer / J. Ophoff / M. Pietsch / P. Tulowitzki, Corona-Pandemie aus Sicht von Schulleitungen – Kurzbericht zur Studie, https://osf.io/gwvt8 (abgerufen am 28.09.2022).
5 Deutscher Ethikrat, Vulnerabilität und Resilienz (s. Anm. 3), 20.

und Jugendlichen,[6] verbunden mit Versorgungsengpässen in der Gesundheits- und Sozialfürsorge,[7] häusliche Gewalt während der Schulschließungen,[8] Exklusionsdynamiken bei digitalem Unterricht,[9] in ihrer Tragweite noch nicht absehbare Langzeitfolgen für die Persönlichkeitsentwicklung[10] – führen vor Augen, wie hart sich mangelnde Repräsentation für die Betroffenen auswirken kann. An dieser Stelle sei ein Schuss Pathos erlaubt: Dass in der bundesrepublikanischen Wohlstandsgesellschaft Kinder in diesem Ausmaß vernachlässigt, vergessen und verloren werden konnten, hätte man eigentlich nicht für möglich gehalten – zumal es die ohnehin schon sozioökonomisch benachteiligten Kinder waren, welche die Härten der Schutzmaßnahmen besonders zu spüren bekamen.[11]

Zweitens wurde in den ersten Jahren der Pandemie in verschiedener Hinsicht deutlich, dass verstärkt darauf zu achten ist, *wie* Kinder in der öffentlichen Debatte repräsentiert werden. Offenbar ist, wenn es um Kinder geht, die Gefahr der Funktionalisierung und Instrumentalisierung besonders groß. Oder wie ist es sonst zu erklären, dass Kinder in der öffentlichen Debatte in erster Linie in ihrer Funktion als Schüler:innen in den Blick kamen und auch bei der bildungspolitischen Pandemienachlese zunächst vor allem das »Aufholen nach Corona« im Vordergrund stand?[12] Hätte man Kinder selbst gefragt, wonach ihnen nach den Entbehrungen der Corona-Zeit vor allem ist, wären Nachhilfeangebote und Lernwerkstätten in den Sommerferien wahrscheinlich eher nicht an der Spitze der Wunschzettel zu finden gewesen. Entsprechend eindringlich warnt auch der Deutsche Ethikrat in gleichlautenden Formulierungen vor dem Irrweg, »die verpassten Inhalte in kürzester Zeit nachzuholen«.[13] Stattdessen seien auch Hemmnisse in der sozialen Entwicklung zu berücksichtigen und benachteiligungsorientiert zu kompensieren.

In anderer Weise wurde im Kontext der zum Teil erbittert geführten Debatte um die Corona-Schutzmaßnahmen spürbar, dass es durchaus heikel sein kann, wenn Erwachsene im Namen der Kinder Position beziehen. Jedenfalls fiel auf, dass sowohl die Gegner:innen als auch die Befürworter:innen dieser Maßnahmen mit

---

6 Deutscher Ethikrat, Vulnerabilität und Resilienz (s. Anm. 3), 18, 129 f., 167 f.
7 Deutscher Ethikrat, Vulnerabilität und Resilienz (s. Anm. 3), 20, 43, 138 f.
8 Deutscher Ethikrat, Vulnerabilität und Resilienz (s. Anm. 3), 57, 132, 249.
9 Deutscher Ethikrat, Vulnerabilität und Resilienz (s. Anm. 3), 20, 58, 142, 249 f.
10 Deutscher Ethikrat, Vulnerabilität und Resilienz (s. Anm. 3), 21, 39, 130, 241.
11 Deutscher Ethikrat, Vulnerabilität und Resilienz (s. Anm. 3), 20, 130, 141–144.
12 So etwa im gleichnamigen Aktionsprogramm des Bundes und der Länder. Nachdem die anfängliche Engführung auf schulische Lernrückstände auf breite Kritik stieß, liegt der Fokus mittlerweile auch auf sozialen Aspekten des Aufholens. Vgl. https://www.bmfsfj.de/bmfsfj/themen/corona-pandemie/aufholen-nach-corona (abgerufen am 29.09.2022).
13 Deutscher Ethikrat, Vulnerabilität und Resilienz (s. Anm. 3), 61, 253.

dem Anspruch auftraten, für die Kinder zu sprechen und die Interessen der nachwachsenden Generation zu vertreten. Tatsächlich eingeholt oder auch ausgewiesen wurde die Perspektive der Kinder in aller Regel nicht.

2.2 Theologischer Diskurs

Natürlich ist die Corona-Krise auch ein theologischer Stresstest gewesen. Auch wenn die Theologie erwartungsgemäß kein »Big Player« der öffentlichen Meinungsbildung war, hat sie sich doch aufs Ganze gesehen vielstimmig und auch ereignisnah der Herausforderung gestellt, dieses Weltwiderfahrnis zu deuten und über diese Deutungen Orientierung zu ermöglichen.

Im vorliegenden Fragenzusammenhang stellt sich natürlich die Frage, wie Kinder in diesen Beiträgen präsent waren. Dabei rückt zunächst die Religionspädagogik in den Fokus, weil ihr innerhalb der (Praktischen) Theologie eine spezifische Zuständigkeit für die Perspektive von Kindern zukommt. Von einer »Verleugnung des Kindes«, wie sie der Erziehungswissenschaftler Werner Loch 1964 der »evangelischen Pädagogik« zur Last gelegt hatte,[14] kann im Blick auf die religionspädagogische Corona-Debatte der letzten zwei Jahre sicherlich nicht mehr die Rede sein. Wie sich an dem Corona-Sonderheft der Zeitschrift für Pädagogik und Theologie[15] beispielhaft zeigt, richten sich die Beiträge in mittlerweile fast schon selbstverständlicher Konsequenz an den Kindern und Jugendlichen als Subjekten religiöser Bildung aus.

Allerdings enthält diese Feststellung auch eine Einschränkung, die man leicht übersieht, weil sie der eingespielten Logik disziplinärer Arbeitsteilung in der deutschsprachigen Theologie entspricht: Die Perspektive von Kindern wird in diesen Beiträgen unter dem Leitaspekt religiöser Bildung thematisiert, zumeist mit Fokus auf den schulischen Religionsunterricht. Dies entspricht der generellen Tendenz zur fachdidaktischen Spezialisierung, die sowohl den religionspädagogischen Wissenschaftsdiskurs[16] als auch die Professionalisierung des Religions-

14 W. Loch, Die Verleugnung des Kindes in der evangelischen Pädagogik. Zur Aufgabe einer empirischen Anthropologie des kindlichen und jugendlichen Glaubens, Essen 1964.
15 Zeitschrift für Pädagogik und Theologie 72 (2021), H. 4: Religiöse Bildung in Zeiten der Corona-Krise, mit Beiträgen von H. Simojoki, F. Schweitzer, M. Kumlehn, T. Schlag, R. Koerrenz, D. Käbisch, V. Pirker und B.-M. Haese.
16 Vgl. F. Schweitzer/H. Simojoki, Moderne Religionspädagogik. Ihre Entwicklung und Identität (RPG 5), Gütersloh/Freiburg i. Br. 2005; Dies./S. Moschner/M. Müller, Religionspädagogik als Wissenschaft. Transformationen der Disziplin im Spiegel ihrer Zeitschriften (RPG 15), Freiburg i. Br. 2010.

lehrerberufs[17] seit dem frühen 20. Jahrhundert kennzeichnet. Die Vorzüge einer solchen Fokussierung liegen auf der Hand: Sie ermöglicht, wissenschaftlich wie professionsbezogen, einen Kompetenz- und Expertisezuwachs analog zu anderen Fachdidaktiken. Aber sie besitzt auch eine Kehrseite: Wenn die Perspektive von Kindern vornehmlich unter dem Gesichtspunkt religiöser Bildung bearbeitet wird, kann die weiterreichende Frage nach der theologischen Repräsentation von Kindern leicht aus dem Blick geraten.

Daher ist es an dieser Stelle geboten, die Perspektive über die Religionspädagogik hinaus auszuweiten und den weiteren theologischen Corona-Diskurs zu sichten. Wie wurden Kinder hier repräsentiert? Natürlich lässt sich die vielverzweigte, in Fachpublikationen, Feuilletons und populärtheologischen Formaten geführte Debatte nicht auf einen Nenner bringen. Mein eigener Lektüreeindruck lässt sich in folgende Beobachtung verdichten: Je theologischer die Beiträge argumentieren, desto weniger ist von Kindern die Rede,[18] je ethischer die Gedankenführung, desto eher werden auch die Kinder zum Thema.[19] Auffällig ist, dass viele systematisch-theologische Beiträge auf einer anthropologisch allgemeineren Reflexionsebene argumentieren: Zentrale Bezugsgröße ihrer Überlegungen ist der Mensch, sind die Menschen in Zeiten von Corona, wobei bei genauerem Hinsehen deutlich wird, dass es klar die Erwachsenenperspektive ist, die ihre Deutungen von Menschsein unter pandemischen Bedingungen bestimmt.

Gerade in der Zusammenschau der Diskurse ergibt sich eine unter dem Gesichtspunkt der Repräsentation heikle Konstellation: Wenn der Blick auf Kinder in der Religionspädagogik zu spezifisch und in der weiteren Theologie zu allgemein ist, steigt das Risiko von für Kinder folgenreichen Ausblendungen.

---

17 H. Simojoki/F. Schweitzer/J. Henningsen/J.-R. Mautz, Professionalisierung des Religionslehrerberufs. Analysen im Schnittfeld von Lehrerbildung, Professionswissen und Professionspolitik (RPG 28), Paderborn 2021.

18 Vgl. bspw. die beeindruckend ereignisnah zunächst in den »Zeitzeichen« publizierte Einordnung durch G. Thomas, Theologie im Schatten der Coronakrise, in: M. Heidingsfelder (Hg.), Corona. Weltgesellschaft im Ausnahmezustand, Weilerswist 2020, 296–322.

19 Als besonders öffentlichkeitswirksames Beispiel vgl. den SPIEGEL-Gastbeitrag von M. Braun/ P. Dabrock, Kinder sind nicht nur unsere Zukunft – sie haben ein Recht auf Gegenwart, 18.04.2020, https://www.spiegel.de/politik/deutschland/corona-krise-und-familien-kinder-haben-ein-recht-auf-gegenwart-a-6864de34-e0fc-47d6-843d-beb3174654f9 (abgerufen am 29.09.2022).

2.3 Kirchliche Stellungnahmen

Wie leicht Kinder auch in der Kirche ins Abseits geraten können, zeigte sich im Zuge des partizipativ angelegten Prozesses um das sogenannte Zukunftspapier der EKD, das Richtungsimpulse für eine zukunftsfähige Weiterentwicklung der evangelischen Kirche freisetzen sollte.[20] Denn in der ersten Fassung des Papiers fehlte, angesichts der programmatischen Zukunftsorientierung eigentlich erstaunlich, jeglicher Bezug zu Kindern, sieht man einmal vom Plädoyer für eine »Bereitstellung christlicher Sozialisationsräume für junge Menschen«[21] ab. Natürlich schwebte den Autor:innen des Papiers keine Zukunft ohne Kinder vor, weshalb diese Ausschließung in der auf zwölf Thesen erweiterten Endfassung zumindest geringfügig korrigiert wurde.[22] Zu vermuten ist eher, dass man die Kinder einfach aus dem Blick verloren hatte – und das obwohl die EKD bereits 1994 auf der Synode von Halle in einer markanten Stellungnahme samt Beschluss für einen »Perspektivenwechsel« im Verhältnis zum Kind eingetreten war und mit dieser bis heute vielzitierten Formel nicht nur die Gesellschaft, sondern auch sich selbst in die Pflicht nahm.[23]

Die Rede vom »unvollendeten Perspektivenwechsel« im Titel dieses Beitrags spielt auf dieses Spannungsverhältnis an. Das Eigentümliche an der Exklusion von Kindern ist, dass sie zumeist nicht böser Absicht entspringt und nicht selten wider bessere Einsicht erfolgt. Kinder werden in der Regel nicht aktiv an den Rand gedrängt, bewusst marginalisiert oder verbal herabgewürdigt. Sie werden vergessen, übersehen, geraten irgendwie aus dem Blickfeld.

---

20 Dazu ausführlicher H. Simojoki, Religiöse Bildung in der Weltrisikogesellschaft – ein Update in Zeiten von Corona, in: Zeitschrift für Pädagogik und Theologie 72 (4), 400–412, 410–412.
21 EKD-Geschäftsstelle der Synode (Hg.), Bericht aus dem Z-Team: Kirche auf gutem Grund – Elf Leitsätze für eine aufgeschlossene Kirche, 03.06.2020, https://www.ekd.de/ekd_de/ds_doc/11_Leitsaetze_f%c3%bcr_eine_aufgeschlossene_Kirche.pdf (abgerufen am 29.09.2022).
22 EKD (Hg.), Hinaus ins Weite – Kirche auf gutem Grund. Zwölf Leitsätze zur Zukunft einer aufgeschlossenen Kirche, Hannover 2021, https://www.ekd.de/ekd_de/ds_doc/zwoelf_leitsaetze_zukunft_kirche_ES_2021.pdf (abgerufen am 29.09.2022). Zwar geht auch diese Fassung nicht spezifisch auf Kinder ein. Zumindest aber wird dem in der ersten Fassung ebenfalls unterbestimmten Aspekt der Bildung mehr Gewicht eingeräumt.
23 Synode der EKD (Hg.), Aufwachsen in schwieriger Zeit – Kinder in Gemeinde und Gesellschaft, Gütersloh 1994. Vgl. dazu H. Simojoki, Die didaktische Solidierung der Kindertheologie. Ein vorwärtsorientierter Rückblick auf eine Erfolgsgeschichte und ihre Nebenfolgen, in: M. Zimmermann u.a. (Hg.), »Hauptsache, du hast eine Meinung und einen eigenen Glauben«. Positionalität (nicht nur) in der Kinder- und Jugendtheologie (JaBuKiJu 5), Stuttgart 2022, 97–108, 97f., 101f.

3 Wie »funktioniert« Repräsentation? Interdisziplinäre Anleihen

Daher zielt dieser Beitrag auch nicht darauf, die Theologie einmal mehr emphatisch zu mehr Kind-Orientierung aufzurufen. Vielmehr geht es auf einer grundlegenderen Ebene zunächst einmal darum, das theologische Repräsentationsproblem im Verhältnis zum Kind analytisch zu erhellen. Ich schöpfe dabei aus dem interdisziplinären Diskurs um Repräsentation, der sich in seinen philosophischen, kulturwissenschaftlichen und postkolonialen Strängen für meine Ausgangsfrage fruchtbar machen lässt, wenn auch, wie sich zeigen wird, stets in spezifischer Brechung.[24]

3.1 Konstruktive Vergegenwärtigung – Impulse aus dem philosophischen Repräsentationsdiskurs

»Repräsentation«, so lautet ein anschlussfähiger, weil basaler Definitionsvorschlag des Philosophen Hans Jörg Sandkühler, »*macht* etwas präsent, das abwesend ist bzw. *so* nicht existiert«.[25] Die Definition beinhaltet eine klare Absage an das klassische, abbildungstheoretische Verständnis von Repräsentation. Repräsentationen sind also keine Wiedergaben, Kopien oder Reproduktionen des Repräsentierten, sondern werden im Prozess der Vergegenwärtigung allererst erzeugt. Weil das so ist, sind Repräsentationen heikel und verlangen, so Sandkühler, ein hohes »Maß an epistemischer Verantwortung«.[26] In seiner voluminösen »Kritik der Repräsentation«[27] akzentuiert er unter anderem zwei Momente, die ich im Folgenden auf die Leitfrage nach der Repräsentation von Kindern in der Theologie beziehen will.

---

24 Ich verdanke dabei wichtige Einsichten Julia Henningsen, die in ihrer Dissertation der Repräsentation des globalen Südens im Schulbuch »Kursbuch Religion« nachgegangen ist. Vgl. J. Henningsen, Repräsentationen des Globalen Südens im evangelischen Religionsbuch. Eine Thematische Diskursanalyse vor dem Horizont postkolonialer Theorien (RPG 29), Paderborn 2022, bes. 45–86.

25 H.J. Sandkühler, Repräsentation – Die Fragwürdigkeit unserer Bilder von der Welt der Dinge, in: S. Freudenberger/H.J. Sandkühler (Hg.), Repräsentation, Krise der Repräsentation, Paradigmenwechsel. Ein Forschungsprogramm in Philosophie und Wissenschaften, Frankfurt a.M. 2003, 48–69, 53.

26 Sandkühler, Repräsentation (s. Anm. 25), 67.

27 H.J. Sandkühler, Kritik der Repräsentation: Einführung in die Theorie der Überzeugungen, der Wissenskulturen und des Wissens, Frankfurt a.M. 2009.

Zunächst nötigt die von Sandkühler geltend gemachte Einsicht in die *Konstruktivität*[28] von Repräsentationen dazu, Bezugnahmen auf das Kind in der eigenen Theorietradition kritisch auf ihre Voraussetzungslastigkeit hin zu befragen. Beispielhaft zeigt sich diese Notwendigkeit an der programmatisch »modernen« bzw. »liberalen« Religionspädagogik des 20. Jahrhunderts, der in religionspädagogischen Lehrbüchern gemeinhin eine konsequente Orientierung am Kind zugeschrieben wird.[29] Bei näherem Hinsehen ergibt sich ein wesentlich vielschichtigeres und auch ambivalenteres Bild: Während reformpädagogische Impulse zur Aufwertung, teilweise auch Überhöhung des Kindes in der Volksschullehrerschaft breiten Anklang fanden, ist die Hinwendung zum Kind unter der Gymnasiallehrerschaft eher entwicklungs- und religionspsychologisch motiviert.[30] Und in beiden Fällen wird die Kind-Orientierung spätestens mit dem Ausbruch des Ersten Weltkrieges durch den wilhelminischen Nationalismus überformt.[31] Etwas zugespitzt könnte man sagen: Wer Kinder vergegenwärtigt, hat immer auch anderes im Sinn.

Allerdings ist der Hinweis auf die bloße Konstruktivität noch zu schwach, weil sie nicht hinreichend zum Ausdruck bringt, dass es immer Menschen sind, welche die Repräsentationen gestaltend hervorbringen. Daher unterstreicht Sandkühler im Anschluss an Nelson Goodman die unhintergehbare »*Perspektivität der Repräsentation*: Repräsentation ist immer Repräsentation *als*«.[32] Dazu gehört »die Dimension der *Intentionalität*. (Re)Präsentationen sind das Ergebnis intentionaler Akte, das heißt einer gerichteten Wahrnehmung, Beobachtung, Erfahrung und Erkenntnis.«[33] Beides zusammengenommen bedeutet: Wer Kinder vergegenwärtigt, hat immer auch Eigenes im Sinn. Im Blick auf teils gegensätzliche Konzeptualisierung von Kindern in den klassischen Entwürfen von Martin Luther und Johan Amos Comenius über August Hermann Francke und Friedrich Schleiermacher bis hin zu kindbezogenen Positionen aus der Religionspädagogik des 19. und 20. Jahrhunderts ist diese Einsicht leicht zu erhärten: In der Sicht auf das Kind spiegeln sich unverkennbar Grundentscheidungen und Überzeugungsabsichten des jeweiligen Autors, der Autorin wider.[34]

28 Sandkühler, Kritik der Repräsentation (s. Anm. 27), 36–46.
29 Vgl. bspw. R. Lachmann, Geschichte der Religionspädagogik, in: M. Rothgangel/G. Adam/R. Lachmann (Hg.), Religionspädagogisches Kompendium, Göttingen ⁷2012, 68f.
30 Schweitzer/Simojoki, Moderne Religionspädagogik (s. Anm. 16), 194–202.
31 Schweitzer/Simojoki, Moderne Religionspädagogik (s. Anm. 16), 79–89.
32 Sandkühler, Repräsentation (s. Anm. 25), 63.
33 Sandkühler, Kritik der Repräsentation (s. Anm. 27), 60.
34 Vgl. F. Schweitzer, Die Religion des Kindes. Zur Problemgeschichte einer religionspädagogischen Grundfrage, Gütersloh 1992.

3.2 Diskursive Bedeutungsproduktion – Impulse aus dem kulturwissenschaftlichen Repräsentationsdiskurs

Auch wenn Sandkühler die kulturelle und soziale Einbettung von Repräsentation keineswegs leugnet, schenkt er diesem Aspekt in seinem Theorieentwurf doch eher wenig Beachtung. Wie wichtig er ist, deutet das Coverbild der englischen Ausgabe des herzzerreißenden Romans »Shuggie Bain« an, der dem schottischen Schriftsteller Douglas Stuart 2020 den Booker Preis eingebracht hat.[35] Schauplatz des Romans ist ein Glasgower Elendsviertel der frühen 1980er Jahre, dessen zumeist arbeitslosen Einwohner von den Thatcherschen Arbeitsmarktreformen in die Knie gezwungen worden sind. Tristesse, Gewalt, Alkoholismus allenthalben. Was Stuart in diesem Roman den anfangs fünfjährigen Titelhelden erleben lässt, ist so entsetzlich, dass man beim Lesen immer mal wieder geneigt ist, das Buch beiseitezulegen. Dass man aber doch dranbleibt, hat damit zu tun, dass sein Hauptthema nicht das Elend, sondern etwas noch viel Mächtigeres ist: die unerschütterliche, allen Alltagsschlägen trotzende, letztlich vergebliche Liebe eines Kindes zu seiner alkoholkranken Mutter. Das Coverfoto, bereits 1987 von Jez Coulson unter dem Titel »Crucified in Easterhouse, Glasgow« geschossen,[36] setzt diesen Zwiespalt symbolisch in Szene: Einerseits sind die Anleihen an eine Kruzifixdarstellung unübersehbar, andererseits ist der abgebildete Junge eben kein Gekreuzigter im klassischen Sinne; er sitzt obenauf, und in seinem Gesicht meint man etwas von der Resilienz Shuggie Bains zu sehen, den er ja auf dem Coverbild repräsentiert.

Vor diesem Hintergrund lassen sich einige für das vorliegende Erkenntnisanliegen wichtige Pointen der Repräsentationstheorie von Stuart Hall herausarbeiten, der diesen Begriff besonders nachhaltig kulturwissenschaftlich konturiert hat.[37] Wie Sandkühler betont auch Hall den konstruktiven Charakter von Repräsentationen; stärker als jener arbeitet er jedoch heraus, dass dieser Prozess der Bedeutungsproduktion kulturell und diskursiv konstituiert ist. Repräsentationen werden mit Geltungsansprüchen konstruiert; sie stehen in Konkurrenz zu anderen Repräsentationen – weshalb auf der kulturellen Arena fortwährend um Darstellungsmacht und Bedeutungshoheit gerungen wird.

---

35 D. Stuart, Shuggie Bain, London 2020.

36 https://www.panmacmillan.com/authors/douglas-stuart/shuggie-bain/9781529019292 (abgerufen am 29.09.2022).

37 Vgl. S. Hall, The work of representation, in: Ders. (Hg.), Representation. Cultural representations and signifying practices, London 1987, 13–74.

Wenn etwa Kinder in der Werbung stets als glücklich, kompetent oder cool präsentiert werden,[38] steht dieser gesamtgesellschaftlich enorm einflussreiche Strang der Bedeutungsproduktion nicht beziehungslos zum weit düstereren Wirklichkeitsausschnitt, den Douglas Stuart in Shuggie Bain zur Darstellung bringt. Das Dramatische an Repräsentationen ist, dass sie an die Stelle dessen treten, was sie bezeichnen. Repräsentationen erzeugen nicht nur, sie verdecken auch Wirklichkeit, bringen Wirklichkeit zum Verschwinden.

Daraus erwächst eine ernstzunehmende Anfrage etwa an die von Bernhard Grümme bemängelte implizite Mittelstandsorientierung der Kindertheologie, in der die Lebensbedingungen, -ressourcen und -perspektiven von Kindern aus bildungsfernen Milieus nicht hinreichend im Blick sind.[39] Halls Pointe liegt nun darin, dass die Privilegierung und Exklusion von Wirklichkeitsausschnitten über Praktiken repräsentativer Bedeutungsproduktion auf individueller Ebene gar nicht greifbar werden. Ausschlaggebend sind vielmehr die Diskursformationen, in denen sie stehen.[40] Bevor dieser Punkt vertieft wird, lohnt es sich, noch eine weitere einflussreiche Repräsentationstheorie zurate zu ziehen.

3.3 Ambivalente Stellvertretung – Impulse aus dem postkolonialen Repräsentationsdiskurs

Bei der Frage nach der Repräsentation des Kindes in der Theologie in den Dialog mit Gayatri Chakravorty Spivak zu treten, ist naheliegend und abwegig zugleich. Naheliegend weil Spivak zwei Aspekte in den Vordergrund rückt, die in den bisher rezipierten Theorien weniger klar zutage treten: zum einen den Aspekt der Stellvertretung und zum anderen den Aspekt der Artikulation. Es geht ihr um die Anmutung, für eine im hegemonialen Diskurs marginalisierte Gruppe sprechen zu wollen. Abwegig ist dieser Anschluss insofern, als Spivak mit ihrer vielbeanspruchten Ausgangsfrage »Can the subaltern speak?«[41] bekanntlich nicht auf Kinder zielt,

---

38 Vgl. dazu, mit immer noch aufschlussreichen Analysen, S. Köser, Die Darstellung der kindlichen Lebenswelt in der Werbung: Bunt, pfiffig, cool!?, in: H.D. Erlinger (Hg.), Kinder und der Medienmarkt der 90er Jahre. Aktuelle Trends, Strategien und Perspektiven, Opladen 1997, 163–176.
39 B. Grümme, Unter Ideologieverdacht. Bildungsferne und arme Kinder in der Kindertheologie, in: G. Büttner/F. Kraft (Hg.), »He! Ich habe viel Stress! Ich hasse alles«. Theologisieren mit Kindern aus bildungs- und religionsfernen Milieus (JaBuKi 13), Stuttgart 2014, 11–24.
40 Hall, Work of representation (s. Anm. 37), 41–51.
41 G.C. Spivak, Can the subaltern speak? Postkolonialität und subalterne Artikulation. Aus dem Englischen von A. Joskowicz und S. Nowotny. Mit einer Einleitung von H. Steyerl, Wien/Berlin 2008. Vgl. auch die für die theologisch-religionspädagogische Repräsentationsproblematik weiter-

sondern auf die Repräsentation von kolonialisierten Frauen in ihrer indischen Heimat. Auch wenn man sich daher davor hüten sollte, Kinder vorschnell als »subaltern« im Sinne von Spivak zu klassifizieren, kann deren Repräsentationstheorie für die Fallstricke sensibilisieren, die in dem zumeist ja wohlmeinenden Anspruch liegen, im Namen von Kindern zu sprechen und für sie einzutreten.

Etwas vereinfachend kann Spivaks komplexe Argumentation in folgende These verdichtet werden: Für jemanden zu sprechen heißt unweigerlich immer auch, diesen Jemand darzustellen. Daher muss in Prozessen der Repräsentation sehr genau darauf geachtet werden, wie sich Stellvertretung (das Sprechen für) und Darstellung (das Sprechen von) zueinander verhalten. Am Beispiel des Verbots der sogenannten Witwenverbrennungen in Indien veranschaulicht Spivak, was passieren kann, wenn der Anspruch auf Stellvertretung die Akteur:innenperspektive der Betroffenen ausblendet: In den Auseinandersetzungen zwischen der englischen Kolonialverwaltung und den lokalen Eliten erscheinen die Frauen, um die es eigentlich geht, eigentümlich passiv. Da ihnen Möglichkeiten von Artikulation und Gehör verwehrt sind, kommen sie nicht als Handelnde, sondern als Behandelte in Betracht, die wahlweise aus den Fängen barbarischer Bräuche einer rückständigen Kultur gerettet oder vor der Fremdbestimmung durch die Kolonialherren bewahrt werden sollen.

Vor diesem Hintergrund rückt die wohl wirkungsmächtigste und positivste Rahmung von Kindern in der theologischen Tradition des Christentums in ein ambivalentes Licht. Sie hat ihre Wurzel in der Erzählung von der Kindersegnung Jesu und dem im Markus- und Lukasevangelium überlieferten Satz: »Wer das Reich Gottes nicht empfängt wie ein Kind, der wird nicht hineinkommen.« (Mk 10,15; vgl. Lk 18,17). In der theologischen Tradition hat sich daraus ein eigener Topos ausgebildet: das in seiner vertrauensvollen Passivität vorbildliche Kind. Dieser Topos begegnet etwa bei Martin Luther, der Grundeinsichten seiner Rechtfertigungstheologie in Kindern gewissermaßen inkarniert sah[42] und sie daher in seinen Tischreden als die in ihrer »höchsten Unschuld [...] uns von Christus vorgesetzten Lehrer«[43] aufs Podest rücken konnte.

Auch Wilfried Härle hebt in seiner Auslegung von Mk 10,15 auf diesen Punkt ab: Es sei »nicht etwa kindliche Unschuld oder ein vorbildliches ethischen Verhal-

---

führende Textinterpretation durch J. Freuding, Fremdheitserfahrung und Othering. Ordnungen des »Eigenen« und »Fremden« in interreligiöser Bildung, Bielefeld 2022, 48–50, 353–365.

42 Vgl. I. Asheim, Glaube und Erziehung bei Luther. Ein Beitrag zur Geschichte des Verhältnisses von Theologie und Pädagogik (PF 17), Heidelberg 1961, bes. 235: »Nicht das Erwachsen werden des Kindes, sondern das Kindwerden des Erwachsenen im Sinne der neutestamentlichen Umkehr bestimmt Luthers Auffassung des Kindes.«

43 WA.TR 1,311, 21f. (Nr. 660), Übersetzung nach Schweitzer, Religion des Kindes (s. Anm. 34), 48.

ten [...], das die Kinder zum Modell und Maßstab für das Hineinkommen in die Gottesherrschaft macht, sondern ihre reine Empfänglichkeit, ihr bedingungsloses, fragloses Annehmen«.[44] Diese Deutung schöpft erkennbar aus der Mitte evangelischer Theologie. Und doch enthält der postkoloniale Außenblick einen wichtigen Warnhinweis: Wenn die Essenz des Kindseins so dominant vom ›Nichts-Tun‹ bestimmt wird, vom arglosen ›Sich-Geschehen-Lassen‹,[45] steht die in der aktuellen Kindheitswissenschaft akzentuierte Agency des Kindes in Gefahr, von einem theologisch aufgeladenen Normbild vorbildlicher Passivität überdeckt zu werden.

Jedoch hat auch das Insistieren auf Agency seine Tücken, die sich ebenfalls mithilfe von Spivaks Repräsentationstheorie präziser fassen lassen: Folgt man Tanja Betz und Florian Eßer, hat das Agency-Konzept teilweise einem Selbstverständnis Vorschub geleistet, demzufolge »Kindheitsforschung ein nahezu ungefiltertes Sprachrohr der marginalisierten, zumeist ungehörten Kindergruppe sei«.[46] Wie problematisch das sein kann, veranschaulichen sie am Beispiel des LBS-Kinderbarometers.[47] Während die Träger der Studie mit dem Anspruch auftreten, die Antworten der Kinder authentisch zu repräsentieren, sagen die Ergebnisse, so Betz und Eßer, »mehr über die erwachsenenbezogenen Vorstellungen eines gelungenen Aufwachsens heute und über Kindheit aus als über das ›reale‹ Kinderleben und seine Veränderungen«.[48] Ähnliches ließe sich wohl auch über manche Versuche sagen, der Theologie von Kindern genuinen Ausdruck zu verleihen.

Angesichts solcher Authentizitätsansprüche fällt auf, wie kategorisch Spivak darauf besteht, dass die Erfahrungswelt der Subalternen auch wohlmeinenden Rekonstruktionsversuchen unzugänglich ist. Sie prägt dafür die Metapher einer »unzugängliche[n] Leere«, die sie im postkolonialen Diskurs nicht nur vorausgesetzt und gewahrt, sondern als »*den* Ort der Produktion von Theorie entwickelt sehen« möchte.[49] Auf die vorliegende Fragestellung hin gewendet, bedeutet das: Wer Kinder theologisch repräsentieren will, muss immer auch versuchen, das einzudenken und mitzukommunizieren, was sich einem entzieht. Der konstruktiven Intention, der Stimme von Kindern Ausdruck zu geben, entspricht die kritische

---

44 W. Härle, Was haben Kinder in der Theologie verloren? Systematisch-theologische Überlegungen zum Projekt einer Kindertheologie, in: A. A. Bucher u. a. (Hg.), »Zeit ist immer da.« Kinder erleben Hoch-Zeiten und Festtage (JaBuKi 3), Stuttgart 2004, 11–27, 22.
45 Härle, Was haben Kinder in der Theologie verloren? (s. Anm. 44), 22.
46 T. Betz/F. Eßer, Kinder als Akteure – Forschungsbezogene Implikationen des erfolgreichen Agency-Konzepts, in: Diskurs Kindheits und Jugendforschung 3/2016, 301–314, 305f.
47 Siehe https://www.lbs.de/unternehmen/u/kinderbarometer/index.jsp (abgerufen am 29.09.2022).
48 Betz/Eßer, Kinder als Akteure (s. Anm. 46), 306.
49 Spivak, Can the subaltern speak? (s. Anm. 41), 71.

»Aufgabe [...], das *Schweigen zu bemessen*«.[50] Spätestens hier wird deutlich, dass die Rede vom unvollendeten Perspektivenwechsel in der Titelformulierung dieses Beitrags nicht nur im Sinne einer Defizitanzeige gemeint ist. Dem theologischen Perspektivenwechsel hin zum Kind ist eine Grenze zu eigen, die verletzt würde, wollte man ihn vollenden.

4 Repräsentation des Kindes in der Theologie. Diskurslogiken im globalen Feld

Bislang zeigte sich: Kinder zu repräsentieren, ist ein Balanceakt, bei dem Eigenes und Anderes mitspielen, bei dem auf Kontexte und Diskurse zu achten ist, bei dem man leicht zu viel oder zu wenig sagen kann. In den vergangenen Jahrzehnten hat es in der Theologie bemerkenswerte Bemühungen gegeben, dieser komplexen Aufgabe diskursiven Auftrieb und konzeptionelle Gestalt zu verleihen. Wenn ich im letzten Teil dieses Beitrages auf drei solche programmatische Initiativen eingehe, liegt die Pointe darin, dass die Perspektive auf das theologische Feld global ausgeweitet wird. Es soll deutlich werden, dass die bislang nur wenig miteinander vernetzten Diskursprojekte in Deutschland, in Nordamerika und in Südafrika je spezifische Schwerpunkte setzen, die sich mit Hilfe des bislang erarbeiteten Theoriehorizonts nuanciert erfassen lassen und sich bemerkenswert komplementär zueinander verhalten. Dabei ist klar, dass diese verschränkende Übersicht keiner der Initiativen in Richtung einer kindorientierten Theologie wirklich gerecht werden kann. Sie zielt vielmehr auf eine typisierende Erschließung einer Diskurskonstellation, die sich erst im globalen Horizont wirklich eröffnet.

4.1 Ein Blick in den deutschsprachigen Raum: Theologie *von* Kindern

Ich beginne naheliegenderweise vor der Haustür. Der Ansatz einer Kindertheologie, der sich in den vergangenen Jahrzehnten im deutschsprachigen Bahn gebrochen hat, knüpft an die Potenziale kindlichen Gottesdenkens an und macht diese

---

50 Spivak, Can the subaltern speak? (s. Anm. 41), 54, mit Bezug auf P. Macherey, Pour une théorie de la production littéraire, Paris 1966, 107.

für religiöse Bildung fruchtbar.[51] Die leitende Prämisse des Ansatzes wird in der oben zitierten EKD-Synodenpublikation von Halle programmatisch verdichtet: »Jedes Kind«, heißt es dort, »entwickelt gleichsam seine eigene Theologie«.[52] Man kann die Repräsentationslogik der Kindertheologie ziemlich präzise einfangen, wenn man diesen Satz von hinten nach vorne liest.

Die zwei letzten Worte bringen sowohl den Gegenstand als auch die Zielperspektive des Ansatzes klar zum Ausdruck: Es geht um die Theologie *von* Kindern, denen zugetraut wird, eigene Antworten auf die großen Fragen des Glaubens zu finden und diese Antworten selbständig und dialogisch zu reflektieren.[53] Folglich zielt die Kindertheologie auf unmittelbare Artikulation von Kindern: Diese sollen für sich selbst sprechen und ihren Fragen, Vorstellungen und Argumenten Ausdruck geben.

Allerdings ist auch das Wort »gleichsam« zu beachten, das eine Distanzierung beinhaltet. Die Kindertheologie unterscheidet konsequent zwischen der Theologie als akademischer Wissenschaftsdisziplin und der Kindertheologie als glaubensbezogener Reflexionspraxis von Kindern, ähnlich wie es das Konzept der Kinderphilosophie im Blick auf die wissenschaftliche Philosophie tut.

Das eigentliche Schwergewicht des kindertheologischen Ansatzes liegt in dem, was in diesem Satz mit dem Begriff »entwickeln« ausgedrückt ist. Er bringt zum Ausdruck, dass die kindlichen Ressourcen zum Theologisieren nicht naturgegeben sind. Sie entwickeln sich, sind auf Kompetenzen angewiesen, die in Bildungsprozessen erworben werden.[54] Entsprechend dieser pädagogischen Repräsentationslogik standen in den letzten Jahrzehnten Fragen der didaktischen Konzeptualisierung

---

51 Zu den Hintergründen und den Konstitutionsdiskursen der Kindertheologie vgl. M. Zimmermann, Kindertheologie als theologische Kompetenz von Kindern. Grundlagen, Methodik und Ziel kindertheologischer Forschung am Beispiel der Deutung des Todes Jesu, Neukirchen-Vluyn 2010, 3–130.
52 Synode der EKD, Aufwachsen in schwieriger Zeit (s. Anm. 23), 70.
53 Die Unterscheidung zwischen einer Theologie von Kindern, einer Theologie mit Kindern und einer Theologie für Kinder geht auf Friedrich Schweitzer zurück: F. Schweitzer, Was ist und wozu Kindertheologie?, in: A. A. Bucher u. a. (Hg.), »Im Himmelreich ist keiner sauer«. Kinder als Exegeten (JaBuKi 2), Stuttgart 2003, 9–18. Der vorliegende Beitrag nimmt die Unterscheidung auf, einschließlich der von Schweitzer betonten Zusammengehörigkeit der drei Dimensionen, akzentuiert aber stärker die diskursbestimmenden Gewichtungen: So bildet in der deutschsprachigen Kindertheologie die Theologie von Kindern eindeutig den Ausgangs- und Zielpunkt der Theologie mit Kindern wie auch der Theologie für Kinder.
54 Vgl. F. Kraft, Theologisieren mit Kindern und Kompetenzerwerb, in: G. Büttner/P. Freudenberger-Lötz/C. Kalloch/M. Schreiner (Hg.), Theologisieren mit Kindern. Einführung – Schlüsselthemen – Methoden, Stuttgart/München 2014, 26–31.

und Operationalisierung der Kindertheologie im Vordergrund,[55] ebenso deren Ausweitung auf das Jugendalter.[56]

Dem befähigenden Ansatzpunkt der Kindertheologie entspricht eine konsequent empirische Grundausrichtung. Während diese zunächst in erster Linie die subjektdienliche Funktion hatte, die theologische Produktivität von Kindern unter Beweis zu stellen,[57] liegt der Schwerpunkt mittlerweile auf komplexeren Designs gesprächsorientierter Unterrichtsforschung.[58] Durch diese empirisch fundierte Kärrnerarbeit hat sich die Kindertheologie als religionsdidaktischer Ansatz etabliert, der in keinem Lehrbuch mehr fehlt und seinen Weg in die Klassenzimmer deutscher Schulen gefunden hat.[59]

Allerdings hat die didaktische Durchschlagskraft des Ansatzes auch ungewollte Nebenfolgen. Zum einen hat sich der originäre Zusammenhang zwischen der Kindertheologie und dem im Synodenwort von Halle ausgerufenen Ziel einer »kinderfreundliche[n] Gemeinde und Gesellschaft«[60] im Zuge der fachdidaktischen Inanspruchnahme und schulischen Operationalisierung des Konzepts aufgelockert. Je stärker die unterrichtlichen Potenziale des Konzepts fokussiert und eingelöst wurden, desto mehr trat der transformative Anspruch in den Hintergrund, den Perspektiven und Anliegen von Kindern auch gesellschaftlich und kirchlich Gehör und Geltung zu verschaffen. Zum anderen hat die religionspädagogische Erfolgsgeschichte der Kindertheologie keine Entsprechung in anderen theologischen Disziplinen: Sie wird auch hier vornehmlich als ein religionsdidaktisches Konzept angesehen und nicht als ein Anstoß zum Perspektivenwechsel, der die Theologie in ihrer Gesamtheit betrifft, herausfordert und, womöglich, transformiert.

---

55 Simojoki, Didaktische Solidierung der Kindertheologie (s. Anm. 23), 97–101.
56 T. Schlag/F. Schweitzer (Hg.), Jugendtheologie. Grundlagen – Beispiele – kritische Diskussion, Neukirchen-Vluyn 2012.
57 Vgl. M. Zimmermann, Methoden der Kindertheologie. Zur Präzisierung von Forschungsdesigns im kindertheologischen Diskurs, in: Theo-Web. Zeitschrift für Religionspädagogik 5 (2006), H. 1, 99–125.
58 H. Roose, Kindertheologie und schulische Alltagspraxis. Eine Studie zum Verhältnis von kindertheologischen Normen und eingeschliffenen Routinen im Religionsunterricht, Stuttgart 2019.
59 Vgl. pars pro toto T. Schlag, Kinder- und Jugendtheologie, in: U. Kropač/U. Riegel (Hg.), Handbuch Religionsdidaktik, Stuttgart 2021, 232–238.
60 Synode der EKD, Aufwachsen in schwieriger Zeit (s. Anm. 23), 112.

4.2 Ein Blick nach Nordamerika: Theologie *für* Kinder

Vor diesem Hintergrund richtet sich der Blick auf die US-amerikanischen Publikationen in Richtung einer kindorientierten Theologie, die, was die Repräsentationslogik angeht, bemerkenswert anders strukturiert sind. Dabei kann man zwischen
zwei sich überlappenden Diskurssträngen unterscheiden: einer »Practical Theology of Children«, die fast zeitgleich mit der deutschsprachigen Kindertheologie
aufkam, und dem Projekt einer »Child Theology«, das den aktuellen theologischen
Kindheitsdiskurs bestimmt.

Beiden Strängen ist gemeinsam, dass für sie der in der deutschsprachigen
Debatte schwächer ausgeprägte Aspekt der Stellvertretung ausschlaggebend ist.
Es geht im emphatischen Sinne um eine Theologie *für* Kinder, welche die vorherrschenden Marginalisierungsdynamiken in Kirche und Gesellschaft aufdecken
und zu ihrer Überwindung beitragen soll. Das zeigt sich bereits in Pamela Cou-
tures frühem Theorieentwurf, in dem diese Perspektive auf die Situationen von
Kindern bezogen wird, die – wie die Romanfigur Shuggie Bain – in Armut aufwachsen.[61] Couture argumentiert, dass Pastoral Care dieser Herausforderung doppel-
ter Vulnerabilität nur dann adäquat begegnen kann, wenn sie das gesamte soziale
Beziehungs- und Bedingungsgefüge bearbeitet, in das kindliches Armutserleben
eingeflochten ist.[62] Dabei denkt sie auch über konkrete Strategien politischer und
ökonomischer Einflussnahme für das Kinderwohl nach.

Ähnlich umfassend angelegt sind Bonnie Miller-McLemores und Joyce Ann
Mercers feministisch-theologisch inspirierten Entwürfe einer »practical theology
of children«. Auch hier sind kultur- und gesellschaftskritische Wahrnehmungen
leitend: Mercer etwa arbeitet heraus, in welchem Maße bereits Kinder in der US-
Gesellschaft als Konsument:innen in Anspruch genommen werden und dass sich
diese konsumkulturellen Repräsentationen auch in gemeindlichen Angeboten
für Kinder bemerkbar machen.[63] Dagegen mobilisiert sie die subjektförderlichen
Potenziale der christlichen Botschaft, die allerdings nur dann zum Tragen kämen,
wenn Gemeinden ihre tragenden Leitbilder, Strukturen und Angebote konsequent
daraufhin überprüfen, ob sie den Entfaltungsmöglichkeiten von Kindern dienlich
oder hinderlich sind. Auch wenn Mercer durchaus auf Bildung eingeht,[64] denkt

---

61 P. Couture, Seeing children, seeing God. A practical theology of children and poverty, Nashville
1999.
62 Couture, Seeing children, seeing God (s. Anm. 61), 91–125.
63 J. Mercer, Welcoming Children. A Practical Theology of Childhood, St. Louis 2005, 71–161.
64 Mercer, Welcoming children (s. Anm. 63), 162–209.

sie dabei – in der Konsequenz von Jeffersons Mauer – an die Gemeindearbeit und nicht an das staatliche Schulwesen.

In diesem Sinne adressiert auch Miller-McLemore in ihrer 2019 neu ausgegebenen Programmschrift »Let the children come«[65] eine religionspädagogische Zielgruppe, um die es in der deutschsprachigen Religionspädagogik eher still geworden ist: nämlich die Eltern und, allen voran, die Mütter. Wie aus dem enzyklopädisch argumentierenden Vorwort hervorgeht, steht für Miller-McLemore mit dem Verhältnis zum Kind die Lebensdienlichkeit der Theologie überhaupt auf dem Spiel. Die Bewegung hin zum Kind wird zum Testfall für eine Theologie, die sich – im Gefolge der Theologie der Befreiung und der Feministischen Theologie – zwei Hauptanliegen verpflichtet weiß: »reflection on daily life as central to theology, and respect to the voices of the marginalized as a guiding norm«.[66]

Noch programmatischer hat sich die aus den USA und Großbritannien ausgehende, ihrem Selbstverständnis nach aber dezidiert internationale Child Theology Movement eine am Kind orientierte Transformation von Theologie und Kirche auf die Fahnen geschrieben.[67] Besondere Aufmerksamkeit verdient der 2021 aus dieser Bewegung hervorgegangene, von Marcia Bunge herausgegebene Band »Child theology: Divers Methods and Global Perspectives«, in dem ein illustrer Kreis von Autor:innen aus verschiedenen Länderkontexten, Disziplinen und Denkrichtungen der akademischen Theologie sich gemeinsam der Aufgabe stellt, »to strengthen theological reflection across the church by rethinking, reintepreting, and reevaluating fundamental Christian beliefs and practices with attention to children«.[68]

Beim Durchgang durch die Beiträge, in denen die klassischen Loci der Theologie von der Schöpfungslehre bis zur Eschatologie kindorientiert erschlossen werden, vermittelt sich allerdings ein zwiespältiger Eindruck. In vielen Fällen bleibt die reflexionsleitend gedachte Perspektive der Kinder eigentümlich blass. Tonangebend sind die zumeist ohne Bezug auf Kinder entwickelten systematisch-theologischen Grundpositionen der Verfasser:innen, die dann – wie etwa in

65 B.J. Miller-McLemore, Let the Children Come. Reimaging Childhood from a Christian Perspective, Minneapolis ²2019.
66 Miller-McLemore, Let the Children Come (s. Anm. 65), xviii.
67 Das Selbstverständnis und die Zielsetzungen der Bewegung werden auf der einschlägigen Homepage entfaltet: https://childtheologymovement.org/ (abgerufen am 29.09.2022). Dort finden sich auch die Erträge der seit 2002 regelmäßig stattfindenden Konsultationen, die durch die globale Vielfalt an diskursiv eingespielten Reflexionsperspektiven und -kontexten beeindrucken.
68 M.J. Bunge/M. Eide, Introduction: strengthening theology by honoring children, in: M.J. Bunge (Ed.), Child Theology. Diverse methods and global perspectives, New York 2021, xiv–xxv, xvi.

Michael Welkers Beitrag zu »theologies of children and creation«[69] – eher knapp auf ihre Implikationen für eine »child theology« befragt werden. An dieser Stelle tritt eine Konstruktionsschwierigkeit zutage, die auch für die Beiträge zur Practical Theology of Children kennzeichnend ist: Hier wie dort verzichten die Autor:innen darauf, den programmatischen Bezug auf die Erfahrungen und Sichtweisen von Kindern durch eigene empirische Zugänge zu kindlichem Denken, Glauben und Wollen zu erhärten.

4.3 Ein Blick nach Südafrika: Theologie *mit* Kindern

Angesichts dieser kritischen Rückfrage nehme ich eine letzte Blickwinkelverlagerung vor, die nun den afrikanischen Diskurs in den Fokus rückt. In ihrem Eröffnungsbeitrag zu einem HTS-Sonderheft zum Thema »Doing theology with children in African contexts«[70] machen Shantelle Weber und Stephen de Beer auf genau jenes Repräsentationsgefälle innerhalb der »Child Theology«-Bewegung aufmerksam, das im zuletzt vorgestellten Sammelband besonders deutlich aufscheint: »Our theological discourses about children are extremely poor in that they mostly fail to invite children's own voices or convictions into theological dialogue. We mostly speak about children without speaking with them. Our child theologies are echoing our own voices and not necessarily the voices of children in our lives, churches or communities.«[71]

Auch angesichts der für das Aufwachsen in Südafrika charakteristischen sozialen Disparitäten[72] sprechen sie sich dafür aus, unter Rückgriff auf sozialwissenschaftliche Ansätze partizipatorischer Kindheitsforschung, Kinder als »collaborators« in das »doing theology« aktiv einzubinden.[73] Hier ergeben sich zunächst einmal deutliche Überschneidungen mit der deutschsprachigen Kindertheologie, die ja ebenfalls auf ein gemeinsames Theologisieren mit Kindern zielt. Allerdings sind auch die Unterschiede unverkennbar: Während das Theologisieren mit Kindern darauf zielt, Kinder zu einer mündigen, argumentativ unterlegten und auch in dialogisch-expressiver Hinsicht kompetenten Glaubensreflexion zu befä-

---

69 M. Welker, The power of engaging theologies of children and creation, in: M.J. Bunge (Ed.), Child Theology. Diverse methods and global perspectives, New York 2021, 21–32.
70 S. Weber/S. de Beer, Doing theology with children in a South African context: Children as collaborators in intergenerational ministry, in: HTS Theological Studies 72 (2016), H.1, http://dx.doi.org/10.4102/hts.v72i1.3572 (abgerufen am 29.09.2022).
71 Weber/de Beer, Doing theology with children (s. Anm. 70), 2.
72 Vgl. S. de Beer, The Gospel, children and the city, Pretoria 2012.
73 Weber/de Beer, Doing theology with children (s. Anm. 70), 9–11.

higen, geht es Weber und de Beer darum, Kinder in theologisch fundierte Prozesse von Kirchen- und Gemeindeentwicklung einzubeziehen. An die für die afrikanische Child Theology wegweisenden Arbeiten Jan Grobbelaars[74] anschließend, schwebt ihnen ein »intergenerational ministry«[75] vor, in dem Menschen aller Altersgruppen und sozialen Milieus repräsentiert sind. Dabei haben sie in besonderer Weise die Zwei-Drittel-Mehrheit südafrikanischer Kinder im Blick, die in Armut aufwachsen.[76]

Auch wenn das Programm des »doing theology with children« insbesondere hinsichtlich seiner empirischen Umsetzung noch erkennbar »work in progress« ist, hat der Diskurs mittlerweile auch forschungsmethodisch so an Breite gewonnen, dass man aus ihm viel darüber lernen kann, wie »doing theology« mit Kindern interaktiv, partizipatorisch und, so die jüngste Zuspitzung, emanzipatorisch gestaltet werden kann.[77]

5 Repräsentation von Kindern als Gütemerkmal subjektorientierter Theologie: Zusammenfassung und Ausblick

Am Ende der Gedankenführung sei ihr roter Faden noch einmal kurz vergegenwärtigt. Den Anlass und Ausgangspunkt bildete eine bislang nicht hinreichend adressierte Problemanzeige: Kinder sind im theologischen Wissenschaftsdiskurs nicht unmittelbar vertreten, können dies nicht sein – und müssen deshalb repräsentiert werden. Am Beispiel der gesellschaftlichen, theologischen und kirchlichen Corona-Debatten trat einerseits zutage, wie notwendig und zugleich wenig selbstverständlich es ist, dass in von Erwachsenen geführten Diskursen Perspektiven und Anliegen von Kindern zur Sprache und Geltung kommen. Andererseits wurde deutlich, dass es durchaus heikel sein kann, wenn Erwachsene mit dem Anspruch

---

74 J. Grobbelaar, Child theology and the African context, London 2012; Ders./G. Breed (Eds.), Theologies of Childhood and Children of Africa, Cape Town 2016.
75 Weber/de Beer, Doing theology with children (s. Anm. 70), 5–7.
76 Weber/de Beer, Doing theology with children (s. Anm. 70), 7f.
77 S. de Beer/H. Yates, Doing theology with children: Exploring emancipatory methodologies, in: HTS Theological Studies 75 (2019), H. 1, https://doi.org/10.4102/hts.v75i1.5840 (abgerufen am 29.09. 2022). Vgl. auch S. Swartz/A. Nyamnjoh, Research as freedom: Using a continuum of interactive, participatory and emancipatory methods for addressing youth marginality, HTS Theological Studies 74 (2018), H. 3, https://doi.org/10.4102/hts.v74i3.5063 (abgerufen am 29.09.2022).

auftreten, Kindern eine Stimme zu geben. Die Ambivalenz und Komplexität von Repräsentationspraktiken wurde anschließend im Dialog mit einschlägigen philosophischen, kulturwissenschaftlichen und postkolonialen Positionen mehrperspektivisch erschlossen. Kinder zu repräsentieren, so zeigte sich im Zuge der Auseinandersetzung, fordert von der Theologie ein hohes Maß an Bewusstheit, Sensibilität und Selbstkritik. Wenn Theologinnen und Theologen sich zu Kindern äußern, für diese eintreten und auf sie hin theoriebildend arbeiten, müssen sie sich der unhintergehbaren Konstruktivität, Perspektivität und Intentionalität ihres Tuns bewusst und zugleich achtsam für die Machtdimension von Repräsentationspraktiken sein. Auch gilt es, die Balance zwischen stellvertretendem Engagement und vereinnahmungssensibler Selbstbegrenzung zu halten. Die zuletzt vorgenommene trikontinentale Zusammenschau zeigte zum einen, dass die Theologie auf ihrem Weg hin zum Kind in den letzten Jahrzehnten bemerkenswerte Fortschritte erzielt hat. Zum anderen sollte sie vor Augen führen, dass in den drei typisierend skizzierten Diskursprojekten je ein unentbehrlicher Repräsentationsmoment einer kindorientierten Theologie zur Geltung kommt: Die Anbahnungen einer Theologie von Kindern, einer Theologie für Kinder und einer Theologie mit Kindern haben je eigene Stärken und Limitationen. Erst in der wechselseitig kritischen diskursiven Verschränkung kommt ihr Mehrwert für die Repräsentation von Kindern vollends zum Tragen. Folglich lässt sich der Weg in Richtung einer angemessenen Repräsentation von Kindern in der Theologie durchaus auch als globaler Lernprozess begreifen.[78]

Wenn auch dieser Beitrag mit dem gattungstypischen Ausblick auf bevorstehende Arbeit endet, soll dabei nicht das Unerledigte im Vordergrund stehen, sondern das Integrative. Bereits Miller-McLemore weist darauf hin, dass die Frage nach dem Kind den eingespielten Arbeitsteilungen der theologischen Wissenschaftsorganisation entgegenläuft.[79] Sie fordert die Theologie insgesamt heraus, forciert den Dialog über Fachgrenzen hinweg, ebenso wie das Gespräch zwischen den Teilfächern dieser Disziplin. Ist dem so, dann korrespondiert die wissenschaftstheoretische Hauptpointe dieses Betrages mit dem Gesamtaufbau des vorliegenden Bandes, in dem historische, systematische und empirische Perspektiven ineinandergreifen: Die Perspektive von Kindern kundig, kritisch und kompetent zu

---

78 Vgl. H. Simojoki, Globalisierte Religion. Ausgangspunkte, Maßstäbe und Perspektiven religiöser Bildung in der Weltgesellschaft (PThGG 12), Tübingen 2012.
79 Miller-McLemore, Let the Children Come (s. Anm. 65), xviii: »To think about children theologically requires movement across the conventionally separated disciplines. This movement includes moments of serious historical, biblical, and constructive exploration as part of a larger practical theological effort.«

repräsentieren, ist kein religionspädagogisches Sondervergnügen, sondern im weit grundsätzlicheren Sinne Gütekriterium einer Theologie, die es mit ihrem Subjektbezug ernst meint.

Bernhard Grümme

Theologie von Kindern – Theologie mit Kindern – Theologie für Kinder

Machttheoretische Überlegungen zu einer religionspädagogischen Basisunterscheidung

Zusammenfassung: Die Kindertheologie könnte, verstanden vor dem Hintergrund des Repräsentationsbegriffs, als Beitrag zur theologischen Würdigung und Anerkennung von Kindern gesehen werden. Sensibilisiert durch den poststrukturalistischen Diskurs, vor allem aber durch postkoloniales Denken wird dieses emphatische Selbstverständnis problematisiert. Auch praxeologisch sind hegemoniale Implikationen nicht zu übersehen. Die Aspekte von Macht, von Identität und Gerechtigkeit scheinen in ihrer Interdependenz nicht hinreichend berücksichtigt zu sein. Der Beitrag analysiert diese komplexe Problematik der Kindertheologie, diskutiert die kritischen Gegenpositionen vor allem hinsichtlich ihrer geltungstheoretischen und normativen Kraft und versucht, mit der Denkform eines alteritätstheoretisch gebrochenen, selbstreflexiven normativen Universalismus eine weiterführende Perspektive anzubahnen.

Abstract: Children's theology, understood against the background of the concept of representation, could be seen as a contribution to the theological appreciation and recognition of children. Sensitized by poststructuralist discourse, but especially by postcolonial thought, this emphatic self-understanding is problematized. Praxeologically, hegemonic implications cannot be overlooked either. The aspects of power, of identity and justice do not seem to be sufficiently considered in their interdependence. This contribution analyses this complex problematic of children's theology, discusses the critical counter-positions above all with regard to their validity-theoretical and normative power, and attempts to suggest a further perspective with the thought-form of an alterity-theoretically broken, self-reflexive normative universalism.

»Das Kind ist der Mensch, den Gott bei *seinem* Namen rief, der je neu ist, niemals nur Fall, Anwendung einer allgemeinen Idee, *immer* gültig und darum wert, immer neu zu sein, nicht ein Moment eines nach rückwärts und vorwärts unabsehbaren

Kontakt: Bernhard Grümme, Katholisch-Theologische Fakultät, Ruhr-Universität Bochum;
E-Mail: bernhard.gruemme@rub.de

https://doi.org/10.1515/bthz-2023-0009

Laufens und Verrinnens, sondern die einmalige Explosion, in der eine Endgültig-
keit gebildet wird«.[1] Es ist aus Sicht der Religionspädagogik bemerkenswert, wie
Karl Rahner sich 1962 bei einer Tagung der SOS-Kinderdörfer von der seinerzeit
dominanten Materialkerygmatik und ihres Bildes der Kindheit unterscheidet. Weil
Gott zu jeder geschöpflichen Wirklichkeit unmittelbar ist, weil folglich die Existenz
des Menschen in »all ihren Phasen gleich unmittelbar zu Gott und zu ihrer Vollendung« steht, ist jede Altersphase des Menschen und damit auch die der Kindheit
schließlich unüberholbar.[2] Im Gegensatz zu anderen systematischen Theologen
schließt Rahner dabei nicht Kindheit mit Gotteskindschaft kurz, um darüber den
Eigenwert des Kindes zu verlieren.[3]

Doch erheben sich zugleich kritische Anfragen. Ihm gilt das Kind nicht als
Mit-Konstrukteur seiner Gottesvorstellung, als Subjekt seiner eigenen Glaubens-
biografie. Es dominiert ein Vermittlungskonzept, wonach das Kind als passiver
Rezipient der Inhalte der Botschaft gedacht wird, die »in den Seelengrund des
Kindes und sein noch traumhaftes Leben eingesenkt werden«.[4] Das einzelne Kind
wird, bei allen Sensibilitäten für die Einsichten der Humanwissenschaften, letztlich im Rahmen einer Theologie der Kindheit systematisiert und damit in seiner
je spezifischen Alterität relativiert. Theologisch steht bei Rahner zwar nicht eine
substanzontologisch gefasste Repräsentationsordnung im Hintergrund. Es ist die
heilsgeschichtlich konturierte Voraussetzung eines »durchgehenden Seins-Wir-
kungs- und Sinnzusammenhangs zwischen Gott und dem endlichen Seienden und
zwischen diesem untereinander«.[5] Aber auch eine solche ist unter nachmetaphy-
sischen Bedingungen in ihrer ekklesiologischen Begründungsfunktion für ein hie-
rarchisches Kirchenverständnis ebenso zutiefst problematisch geworden wie als
epistemologisches und ontologisches Prinzip.

Allerdings wäre zu fragen, ob nicht doch »im Zerfall des Repräsentativen« eine
weiterführende Relevanz von Repräsentation geltend gemacht werden könnte,

---

1 K. Rahner, Gedanken zu einer Theologie der Kindheit; in: ders., Schriften zur Theologie, Bd. VII,
Einsiedeln Zürich Köln 1966, 313–329: 317.
2 Rahner, Gedanken (s. Anm. 1), 326.
3 Ähnlich wie das Handbuch der Dogmatik, 2 Bde., hrsg. von Theodor Schneider, Düsseldorf 1992
(Bd. 2, 596) verweist auch W. Pannenberg, Systematische Theologie, Bd. 2, Göttingen 1991, 483 beim
Thema Kindheit sofort auf das Thema Gotteskindschaft. Vgl. B. Grümme, Eine Theologie der Kindheit bei Karl Rahner: Ein Gespräch zwischen Theologie und Religionspädagogik, in: Orientierung
21 (2004), 231–234.
4 K. Rahner, Die Rücksicht auf die verschiedenen Altersstufen in der immer erneuten Glaubens-
mystagogie, in: F.X. Arnold u.a. (Hg.), Handbuch der Pastoraltheologie. Praktische Theologie der
Kirche in ihrer Gegenwart, Bd. III, Freiburg im Breisgau 1968, 528–534: 530.
5 K. Rahner, Art. Repräsentation; in: LThK² 8 (1963), 1244.

jedenfalls dann, wenn diese durch das biblische Bilderverbot gebrochen, als praktisch-bezeugende Suche nach der »Ähnlichkeit des Abgebildeten zum Abbildenden« je neu zu entdecken und in Praktiken geschichtlich-gesellschaftlicher Freiheit für Gerechtigkeit zu bezeugen wäre.[6] Um dies grundlagentheoretisch voranzutreiben, wäre möglicherweise auf der Ebene der Denkformen eine (hier freilich nur anzudeutende) alteritätstheoretische Perspektive produktiv einzuspielen, die durch eine kritisch-konstruktive Konstellation von Rosenzweigs Dialogik, Levinas' Alteritätstheorie sowie von Rahners Transzendentaltheologie her spezifiziert wird.[7] Diese beansprucht, die Wahrheitsfähigkeit und politisch relevante Kommunikabilität des Anderen durch Rekurs auf die Rationalität des Subjekts zu sichern, und verankert sich doch prinzipiell in einer Vernunft, die sich von zuvorkommender Alterität irritieren, befreien und eröffnen lassen kann. Diese Alteritätstheorie will Theorie sein, indem sie unter transformierendem Rückgriff auf die Traditionen transzendentalen Denkens die Konstitutionsbedingungen subjektiven Bewusstseins reflektiert. Die sprachtheoretische und handlungstheoretische Grundierung in intersubjektiver, sprachlich strukturierter Freiheit erlaubt es, die Alteritätstheorie in Kategorien von Geschichte und Gesellschaft zu denken und an einem Konzept universaler Vernunft festzuhalten. Es braucht dabei ein Subjekt, das für die Erfahrung von Alterität überhaupt »empfänglich« ist,[8] das diese wahrnehmen, kommunizieren und sich von ihr so bestimmen lassen kann, dass es sich zu verändern und damit auch seine sozialen und politischen Strukturen zu transformieren vermag.

Andererseits kann angesichts der kritisch-herausfordernden, korrektivischen Wucht der uneinholbaren Fremdheit des Anderen Alterität nicht in Dialogik aufgehen. Erfahrung wird von Andersheit je vorgängig gestiftet, so sehr sie auch vom Ich erfahren und zugeeignet werden muss. Die Vorordnung des Anderen im Dialog durchbricht die strenge Wechselseitigkeit der reziproken Dialogik. Sie wird aufgesprengt in eine Unabschließbarkeit hinein. Damit bekommt die Dialogik eine Drift, ein Gefälle. Jede Gegenwart wird so noch einmal in Frage gestellt. Die Dialogik bekommt eine nicht umzukehrende Richtung, die die Autorität und – ungeachtet aller Präsenz – doch uneinholbare Ferne des Anderen im Dialog verbürgt und sich als asymmetrische Dialogizität qualifizieren lässt.[9]

---

6 J. Werbick, Repräsentation – eine theologische Schlüsselkategorie?, in: JB Politische Theologie 2 (1997) 295–302: 295.301; vgl. J. Gruber, Theologie nach dem Cultural Turn. Interkulturalität als theologische Ressource, Stuttgart 2013, 174–182.

7 Vgl. zu Begründungen B. Grümme, Öffentliche Politische Theologie. Ein Plädoyer, Freiburg i.Br. 2023, 157–185.

8 C. Menke, Theorie der Befreiung, Berlin 2022, 543, vgl. 538–580.

9 Vgl. Grümme, Öffentliche Politische Theologie (s. Anm. 7), 176–180.

Könnte dann nicht vor diesem Hintergrund mit einem anderen Verständnis von Repräsentation auch eine veränderte Wahrnehmung des Kindes möglich werden, eine, die dem Kind als solchen gerecht würde? Solches ist der Ansatzpunkt der Kindertheologie. Sie versteht die Kinder als locus theologicus, weil sie selber Theologie produzieren könnten und als solche theologisch zu respektieren seien.[10] Andererseits gibt es Warnungen vor einer vorgreifenden Vereinnahmung und einem romantisierenden Kinderbild. Bislang sei es nämlich »unterblieben, Kinder selber zu fragen, ob sie sich als ›TheologInnen‹ verstehen, was man ihnen ohnehin operational und verständlich umschreiben müsste«.[11] Wäre es den Kindern also selbst noch im Rahmen der Kindertheologie verwehrt, mit ihrer eigenen Stimme zu sprechen? Demnach würde die Kindertheologie auf einem ungerechtfertigten Repräsentationszusammenhang basieren, der gar eine hegemoniale Asymmetrie kaschierte. Kindertheologie wäre dann so etwas wie eine paradoxe Intervention, insofern sie das Gegenteil von dem performativ realisiert, was sie sichern und begründen möchte. Sie wäre eine Ideologie, jedenfalls insoweit, als Ideologien sozialphilosophisch verstanden werden können als ein »Mittel, mit dem die herrschenden Verhältnisse ›die Köpfe der Massen ergreifen und dadurch zur »materiellen Gewalt« werden‹«.[12]

Nimmt man machtkritische Theorien als Hermeneutiken zur Hilfe, lässt sich dies noch weiter anschärfen. Im Lichte der postcolonial studies werden Kindheitsvorstellungen, Bildungspraktiken und Machtstrukturen in eine Konstellation gebracht: Westliche moderne Kindheitsmuster sind in dieser Perspektive »eine koloniale Konstruktion im dreifachen Sinne [...]: a) Es ist der kolonialen Beziehung nachempfunden; b) Es dient der Rechtfertigung kolonialer Eroberung; c) In der postkolonialen Ära dient es dazu, andere Kindheiten, die von der westlichen Norm abweichen, unsichtbar zu machen oder sie als ›abweichend‹ und ›rückständig‹ erscheinen zu lassen«.[13] Insofern könnte der Beitrag der postcolonial studies darin

---

10 Vgl. B. Grümme, Kinder im sensus fidei. Ein Versuch, ihren ekklesiologischen Ort zu bestimmen, in: M. Knapp/T. Söding (Hg.), Glaube in Gemeinschaft. Autorität und Rezeption in der Kirche, Freiburg im Breisgau. 2014, 228–240.
11 A. A. Bucher, An wirklichen Kindern vorbei, und doch unersetzbar: Kinderbilder; in: JRP 20 (2004) 62–73: 71.
12 R. Jaeggi, Was ist Ideologiekritik?, in: Rahel Jaeggi, Tilo Wesche (Hg.), Was ist Kritik, Frankfurt a. M. 2013, 266–298: 269.
13 M. Liebel, Kinder ohne Kindheit? Plädoyer für die Dekolonisierung der Kindheitsforschung und Kinderrechtspraxis; in: P. D. T. Knobloch/J. Drerup (Hg.), Bildung in postkolonialen Konstellationen. Erziehungswissenschaftliche Analysen und pädagogische Perspektiven, Bielefeld 2022, 139–176: 142.

liegen, die Kindertheologie auf ihre kontraintentionalen hegemonialen Züge und repräsentationslogischen Ausschlüsse hin zu untersuchen.

Daraus ergibt sich der vierschrittige Gang der folgenden Überlegungen. Sie wollen (1) Ansatz und Ziel der Kindertheologie und (2) relevante Machttheorien rekonstruieren, (3) die Kindertheologie in dieses Diskursfeld eintragen, dort kritisch diskutieren und daraus schließlich (4) weiterführende Perspektiven für die Kindertheologie und der hier relevanten Repräsentationslogik entwickeln.

1 Verschärfung der Subjektorientierung. Konturen der Kindertheologie

Die Kindertheologie beruht auf einem prinzipiellen Perspektivenwechsel.[14] Sie lässt sich als Verschärfung der Subjektorientierung innerhalb der Religionspädagogik verstehen,[15] insofern sie strikt aus der Perspektive der Kinder denkt und sich als von Kindern selber hervorgebrachte Theologie versteht. Anthropomorphe Gottesvorstellungen sind demgemäß als Eigenkonstruktionen in ihrer »Imaginationskraft und theologischen Kompetenz« gerade deshalb anzuerkennen, weil Kinder sich im Lichte ihrer Denkkategorien und Vorstellungsschemata theologisch artikulieren und auch Bibeltexte eigenständig interpretieren.[16] Andererseits zeigt schon die Lerntheorie, dass Kinder auf Vermittlung von religiösen Inhalten angewiesen sind. Nur so kann Lernen, kann Bildung, kann religiöse Mündigkeit, kann religiöse Entwicklung und gegebenenfalls ein Wachsen im Glauben erfolgen.[17] Beides, aneignende Konstruktion und Vermittlung, sind korrelativ zusammenzuführen, gerade wenn Kindertheologie sich bildungstheoretisch verortet und als Beitrag zur Mündigkeit und Autonomie der Kinder versteht. Infolgedessen ist es nicht damit getan, die Kinder in ihrer Ersten Naivität lediglich anzuerkennen, sondern sie auch den

---

14 Vgl. T. Schlag, Kinder- und Jugendtheologie; in: U. Kropac / U. Riegel (Hg.), Handbuch Religionsdidaktik, Stuttgart 2021, 232–238; M. Zimmermann, Art. Kindertheologie, in: Wissenschaftlich Religionspädagogisches Lexikon im Internet (www.wirelex.de) (2015); E. Stögbauer-Elsner, Theologisieren mit Kindern und Jugendlichen; in: dies./K. Lindner/B. Porzelt (Hg.), Studienbuch Religionsdidaktik, Bad Heilbrunn 2021, 276–283.
15 Vgl. B. Grümme, Subjekt und Subjektorientierung in der Religionspädagogik – Unterscheidungen und Perspektiven, JRP 38 (2022), 35–51.
16 A.A. Bucher, Kindertheologie: Provokation? Romantizismus? Neues Paradigma, JBKTh 1 (2002) 9–27: 9.
17 Vgl. zur Vertiefung B. Grümme, Kindertheologie: Modethema oder Bereicherung für die Religionspädagogik, RpB 57 (2006), 103–118.

Schritt in eine reflektierte Religiosität der Zweiten Naivität gehen zu lassen.[18] Darin freilich ist die entscheidende methodisch-hermeneutische Struktur der Kindertheologie mit ihrer Unterscheidung der Dimensionen einer Kindertheologie ›der‹ Kinder, ›mit‹ Kindern sowie ›für‹ Kinder grundgelegt.[19]

In der Theologie *der* Kinder werden diese in ihren religiösen Äußerungen behutsam wahr- und unbedingt ernstgenommen. Im Zentrum stehen die Großen Fragen der Kinder, in denen die Kinder über die eigene Identität, über Probleme des Zusammen-lebens, über ein Leben nach dem Tod nachzudenken beginnen und darin die Gottesfrage thematisieren.[20]

Eine Theologie *mit* Kindern hingegen legt den Akzent auf eine gemeinsame theologische Denkbewegung von Erwachsenen und Kindern. Hier werden die Kinder nicht einfach in ihrem Denken korrigiert und belehrt. Sie werden zu eigenen Denkleistungen, weiterführenden Fragen und Einsichten auf ihrer jeweiligen Entwicklungsstufe ermutigt, aber auch in ihrer Entwicklung kindgerecht gefördert.

Eine Theologie *für* Kinder, also eine Theologie, die Tradition ins Spiel bringt, soll allerdings einer unkritischen Affirmation einer Theologie der Kinder entgegentreten. Diese Theologie für Kinder darf nicht dazu verleiten, die beiden anderen Momente einer Theologie der Kinder und der Theologie mit Kindern zu dementieren. Vielmehr gilt es, auch im Sinne einer Perturbation Elemente der Tradition in einer korrelativen Didaktik einzuspielen. Inhalte werden in Kommunikationsprozesse eingebracht, in denen und aus denen heraus sich die Kinder ihre Theologie konstruieren. Und dabei bleibt stets bewusst, dass ohne diese Irritationen und Stimulationen durch Traditionen »der Prozess der Aneignung nicht in Gang gesetzt worden« wäre.[21]

Diese drei Dimensionen sind wohl analytisch voneinander abzuheben. Sie greifen aber im Lernprozess ineinander, sie ergänzen sich und begründen in dieser Interdependenz den pädagogischen Zug und deren bildungstheoretische Aspiration. Die Kindertheologie lokalisiert sich zwischen der Idealisierung der Kinder einerseits und der Kritik an religiöser Erziehung als Indoktrination andererseits. Sie bietet den Kindern eine Sprache für ihre Fragen und Erfahrungen an, hält aber

---

18 A.A. Bucher, »Wenn wir immer tiefer graben... kommt vielleicht die Hölle«. Plädoyer für die Erste Naivität, KBl 114 (1989), 654–662.

19 F. Schweitzer, Was ist und wozu Kindertheologie?, JBKTh 2 (2003), 9–18.

20 Vgl. R. Oberthür, Kinder und die großen Fragen. Ein Praxisbuch für den Religionsunterricht, München 1995; R. Oberthür, Kinder fragen nach Leid und Gott, München 1998.

21 Oberthür, Kinder (s. Anm. 20), 173; Vgl. S. Pemsel-Maier, Theologie für Kinder: Instruktion, Perturbation, verbindliches Angebot? Klärungshilfen von Seiten der Systematischen Theologie, in: A.A. Bucher/E. Schwarz (Hg.), »Darüber denkt man ja nicht von allein nach...«: Kindertheologie als Theologie für Kinder (Jahrbuch für Kindertheologie 12), Stuttgart 2013, 57–67.

auch Impulse zur Weiterentwicklung ihrer religiösen Entwicklung bereit, indem sie an der je persönlichen Theologie der Kinder, ihren Denkmustern und ihren biographischen Erfahrungen anknüpft, jedoch die religiösen Lernprozesse konstitutiv offenhält. Als solche will sie das Eigenrecht des Kindes auf seine Religion und seine Theologie wahren und zugleich die Mündigkeit der Kinder anzielen. Kinder haben demnach ein »Anrecht auf religiöse Bildung«,[22] die freilich auf Erwachsene angewiesen ist, die den »vom Kind selbst vorangetriebenen Prozess der Ausdifferenzierung von Ich und Außenwelt zu unterstützen« in der Lage sind.[23]

Theologisch ist die Kindertheologie nun nicht im Sinne einer »Glaubenswissenschaft« (Max Seckler) zu verstehen.[24] Dennoch muss sie mehr sein als das Artikulieren kindlicher Erfahrungen, religiöser Vorstellungen, Interpretations- oder Ausdrucksformen, und der Umgang mit Kindertheologie mehr als deren respektierendes und interessiertes Wahrnehmen und behutsames kommunikatives Fördern. Dutzende von Studien belegen, »dass Kinder theologische Deutungsmuster und Vorstellungen eigen-ständig gestalten, zwar weniger begrifflich-abstrakt als vielmehr ikonisch und narrativ-mythisch«.[25] Wenn Kindertheologie wirklich die Verschärfung des religionspädagogischen Perspektivenwechsels zum Kind sein will, dann birgt erst ein zugespitzter, enger Begriff der Kindertheologie die entscheidenden Impulse und Herausforderungen für die religionspädagogische Praxis. Dieser agiert mit einem Begriff der Weisheits- und Alltagstheologie, der einen graduellen, aber nicht essenziellen Unterschied zur Theologie der Professionellen denkt.[26] Wenn nach Rahner der Glaube als solcher schon »ein Reflexionsmoment in sich hat, das in der Theologie expliziert wird«,[27] dann gelte dies doch auch für Kinder. Über religiöse Vorstellungen und Denkleistungen hinausgehend müsse den Kindern eine ihren kognitiv-entwicklungspsychologischen Voraussetzungen gemäße »gleichsam selbstreflexive Form des Denkens über religiöses Denken zugetraut« werden.[28] Kindertheologie ist also dort gegeben, wo Kinder über ihre eigenen Äußerungen zu großen, nicht-entscheidbaren Fragen nochmals kritisch nachdenken, wo sie sich

---

22 Bucher, Kindertheologie (s. Anm. 16), 25.

23 L. Kuld, Kinder denken anders. Anmerkungen zur Kontroverse um die »Erste Naivität«, KBl 115 (1990), 180–185: 184.

24 J. Knop, Gott: ein Menschheitsthema? Zeitgenössische Prämissen und unzeitgemäße Einreden, in: dies. (Hg.), Die Gottesfrage zwischen Umbruch und Abbruch. Theologie und Pastoral unter säkularen Bedingungen, Freiburg im Breisgau 2019, 161–177: 177.

25 Bucher, Kindertheologie (s. Anm. 16), 27.

26 Bucher, Kindertheologie (s. Anm. 16), 11.

27 K. Rahner, Art.: Theologie, HTTL 7 (1972), 239–241: 240.

28 Schweitzer, Kindertheologie (s. Anm. 19), 10; V.-J. Diederich/G. Büttner, Entwicklungspsychologie in der Religionspädagogik, Göttingen 2013, 25–37.

entsprechend des integrativen Verhältnisses der drei Dimensionen der Kindertheologie in ein Gespräch verwickeln lassen, wo sie ihre Religion und ihre Gedanken
zur Religion eigens zum Thema machen.

Dies alles zusammengenommen zeigt, inwiefern Kinder nicht nur Rezipien-
ten vorgefertigter Theologie sind. Die Kinder avancieren zu Produzierenden der
Theologie, zu einem Ort der Theologie, ihrer Wahrheit, ihrer Bezeugung und Entdeckung. Wegen der Elementarität und Leiblichkeit ihres Denkens, der Radikalität
des Fragens und vor allem in der »Verfremdung des Vertrauten« könnten sie den
Erwachsenen, ja der Theologie und Kirche zu lernen und zu denken geben.[29]

2 Postcolonial studies. Machttheoretische Einsprüche

Stellt man dieses Selbstverständnis allerdings in den Raum der eingangs erwähnten Machttheorien und ihrer Ideologiekritik, verändert sich der Blick. So zeichnen sich postkoloniale Theorien gerade »dadurch aus, dass sie bestehende Gesell-
schaftsordnungen sowie Macht- und Identitätspraktiken kritisch gegenlesen und
verdeckte bzw. nicht-gesagte Momente des scheinbar unhinterfragbar Normativen
aufdecken. Der postkoloniale Außenblick kann helfen, dieses Moment der kritischen Überprüfung als selbstreflexiven Denk- und Entwicklungsprozess vertieft zu
verstehen und auf blinde Flecken zu verweisen«.[30]

Die postcolonial studies, situiert im größeren Rahmen des cultural turn und
beeinflusst durch den Poststrukturalismus und die Diskursanalyse, sind ein Ober-
begriff über vielfältige Strömungen, die nicht definitorisch auf den Begriff zu
bringen sind, sondern deren konkrete Bedeutung erst kontextuell zu gewinnen
ist.[31] Sie wollen einerseits historisch und synchron jenen Widerstand erforschen,
der sich gegen imperiale, koloniale oder im Zuge weltweiter Globalisierungspro-
zesse beschleunigte neokoloniale Strömungen wendet. Andererseits arbeiten sie
die Strukturen gegenwärtiger hegemonialer Prozesse heraus. Diese werden in ihrer

---

29 W. Härle, Was haben Kinder in der Theologie verloren. Systematisch-theologische Überlegungen zu Projekt einer Kindertheologie, JBKTh 3 (2004) 11–28: 26.
30 S. Rettenbacher, Zur Neuformatierung von Ekklesiologie im Rahmen von Synodalität. Postkoloniale Reflexionen und Handlungsperspektiven; in: J. Gruber/G.M. Hoff/J. Knop/B. Kranemann
(Hg.), Laboratorium Weltkirche. Die Amazonien-Synode und ihre Potenziale, Freiburg im Breisgau
2022, 297–318: 301.
31 Vgl. M. do M. Castro Varela/N. Dhawan, Postkoloniale Theorie. Eine kritische Einführung, Bielefeld 2020; S. Silber, Postkoloniale Theologien, Tübingen 2021.

Rückgründung in der Tradition der Aufklärung insofern als hoch problematisch gesehen, als durch Praktiken der epistemischen und praktischen Benachteiligung, des Othering, der Essentialisierung, Reifizierung und der Exklusion unausgewiesene hegemoniale Ordnungen konstruiert werden. Es geht demnach im postkolonialen Denken darum, wie diese Interdependenz von Wissenspraktiken und Macht als Ursache des Kolonialismus einerseits und als Hintergrundmuster gegenwärtiger Wissenspraktiken andererseits wirksam sind.[32] Anvisiert wird eine »Dekolonisierung«,[33] die herrschende Diskurspraktiken und Rationalitäten dekonstruiert. Dabei ist es ein wesentliches Kennzeichen, dass im Unterschied zum Fortschrittsnarrativ der Aufklärung sowohl ein begrifflicher Universalismus als auch ein teleologischer Geschichts- und Kritikbegriff vermieden wird. Statt um die Konstruktion einer konkreten emanzipatorischen Utopie als etwa in dialektischen historischen Prozessen anzuzielendes Ziel emanzipatorischer Freiheits- und Befreiungskämpfe, ist das »Einwirken auf die Gegenwart [...] von der Analyse des Jetzt und der Vergangenheit bestimmt, während das Ziel offenbleibt«.[34] Entgegen einem teleologischen Verständnis wird Aufklärung als das weiterhin relevante kritisch-inspirierende Erbe gesehen,[35] aus dem heraus vornehmlich »widerständige Methoden, Darstellungsformen und Kommunikationsstile« hervorzubringen sind.[36]

In unserem Zusammenhang wird postkolonial vor allem die Frage nach der Repräsentation der Subjekte brisant, die sich besonders eindrücklich im Übersetzungsdiskurs des interkulturellen Dialogs herausarbeiten lässt. Wer hat eigentlich die Kraft und die Macht, wer hat die agency, die Bibel zu übersetzen: der Missionar, die afrikanische Kultur, die Afrikanerin, der Afrikaner? Es entsteht die intrikate Frage, »ob das koloniale Subjekt eine eigenständige Handlungsfähigkeit besitzt oder ob es aufgrund der Totalität des kolonialen Systems in seiner agency eingeschränkt ist«.[37] Wer hat die Fähigkeit, wer hat das Recht zu sprechen? Wer kann sich in Diskursen überhaupt zu Gehör bringen? Welche subjektkonstituierende Relevanz hat

---

32 Vgl. S. Hall, Das verhängnisvolle Dreieck. Rasse, Ethnie, Nation, Berlin 2018, 121; Silber, Theologie (s. Anm. 31); Vgl. J. Henningsen/J.-H. Herbst, Religionspädagogik, religiöse Bildung und ihre Medien in postkolonialen Konstellationen. Überblick, beispielhafte Impulse und Forschungsdesiderate; in: P.D.Th. Knobloch/J. Drerup (Hg.), Bildung in postkolonialen Konstellationen. Erziehungswissenschaftliche Analysen und pädagogische Perspektiven, Bielefeld 2022, 195–234.
33 Castro Varela/Dhawan, Postkoloniale Theorie (s. Anm. 31), 9.
34 Castro Varela/Dhawan, Postkoloniale Theorie (s. Anm. 31), 10.
35 Vgl. N. Dhawan, Die Aufklärung vor den Europäer*innen retten; in: R. Forst/K. Günther (Hg.), Normative Ordnungen, Berlin 2021, 191–208.
36 Castro Varela/Dhawan, Postkoloniale Theorie (s. Anm. 31), 353–354.
37 C. Jahnel, Interkulturelle Theologie und Kulturwissenschaft. Untersucht am Beispiel afrikanischer Theologie, Stuttgart 2016, 298.

dieses Sprechen gerade in hegemonialen Strukturen, in denen Macht durch internalisierte iterative Praktiken reproduziert wird? Wer spricht für wen, wann, warum, wer wird zum Schweigen gebracht, selbst dann, wenn er durch andere repräsentiert wird? Die emblematische Frage »Can the Subaltern speak?« der indischen Literaturwissenschaftlerin Gayatri Spivak, die sie wegen der hegemonialen, stets vorauslaufenden Bedingungen von Subjektsein und Sprache verneint,[38] spitzt das bedrängende Repräsentanzproblem gerade im Übersetzungsdiskurs eindrücklich zu. Im Hintergrund steht das »Wissen darum, dass die Vorherrschaft der Kolonisatoren auch über dominante Narrative und rassistische Erzählmuster abgesichert« wird.[39] Sind es nicht die Übersetzten selber, die Marginalisierten, die ihre eigene Sprache finden müssen, nicht deren Repräsentanten, die inzwischen als eine »postkoloniale Elite« als »kultureller Übersetzer« fungieren, die so als »Vermittler_innen des Widerstands« agieren? »Wer jedoch im Namen des ›Zum-Schweigen-Gebrachten-Anderen‹ spricht, muss sich mit den Folgen eines parasitären Machtzugewinns beschäftigen, denn im ›Sprechen für‹ kommt es zu einem ›Sprechen als ob‹. Die politische Repräsentation der Marginalisierten gerät also nolens volens zu einer Selbstrepräsentation und damit zu einer Selbstsubalternisierung«.[40] Demnach läuft postkoloniale Theoriebildung in einem wesentlichen Sinne auf die Frage zu, wie die Subjekte sprachfähig werden und inwiefern sie sprachfähig sind. Wie lässt sich eine hegemoniale Asymmetrie im Übersetzungsprozess minimieren, vermeiden, vielleicht sogar umkehren? Gibt es nicht auch eine Übersetzungshoheit, eine agency, die inmitten diskursiver Zuschreibungen und wirtschaftlicher wie politischer, kultureller Asymmetrien bei den »Kolonisierten« liegt? Claudia Jahnel führt dies auf die These einer afrikanischen »Kulturhoheit über afrikanisches Christentum und Theologie« zu.[41] Wo könnte ein Raum sein, wie müsste er beschaffen sein, damit solche subjektkonstituierenden, wie symmetrischen Übersetzungspraktiken möglich sind? Statt von festen Entitäten wie Nation, Kultur, Ethnie zu reden, die durch ihre Essentialisierung Ausschlüsse produzieren, sollen eine Verflüssigung der Begriffe, eine De-Essentialisierung und eine Hybridisierung eine symmetrische Übersetzung sowie die Überwindung von Gewalt und asymmetrischer Kommunikation in dem fluiden Raum des Third space ermöglichen, in einem Zwischen-

---

38 Vgl. G. C. Spivak, Can the Subaltern Speak?, in: C. Nelson/L. Grossberg (Hg), Marxism and the Interpretation of Culture, Urbana 1988, 271–313; Castro Varela/Dhawan, Postkoloniale Theorie (s. Anm. 31), 196–212; G. C. Spivak, Can the Subaltern Speak? Postkolonialität und subalterne Artikulation, Wien – Berlin 2020.
39 M. Rieger-Ladich, Bildungstheorien zur Einführung, Hamburg 2019, 148.
40 Zitiert nach C. Jahnel, Interkulturelle Theologie und Kulturwissenschaft, Stuttgart 2016, 231.
41 Jahnel, Interkulturelle Theologie (s. Anm. 40), 303.

Raum der »Hybridität, Unreinheit, Vermischung und Veränderung«.[42] Menschen, die in solchen hybriden Verhältnissen leben, »sind unwiderruflich Übersetzer«.[43] Übersetzungsleistungen bestehen darin, im Zwischenraum vermitteln zu können, sich bewegen, sich orientieren zu können.

3 Kindertheologie, machttheoretisch gelesen

Vor diesem Hintergrund lässt sich nun der Ideologieverdacht gegenüber der Kindertheologie präzisieren. Dies ist umso markanter, weil sich in einer ganz überraschenden Weise eine Parallelität von Intentionen erkennen lässt. Denn beide, postcolonial studies wie Kindertheologie, reflektieren auf eine Praxis, in der und durch die Subjekte sprachfähig und auch als solche gewürdigt werden sollen. Beide wollen, um das Zitat von Jahnel abzuwandeln, die Hoheit der Subjekte über ihre eigene Sprache anerkennen, würdigen und kritisch einklagen und einen Raum kritisch wie produktiv reklamieren, in dem dies möglich sein könnte. Jedoch lässt die postkoloniale Theorie sensibel werden für die möglichen Dialektiken der Kindertheologie. Dabei ist es besonders die Emphase, mit der das Dialogische der Kindertheologie und des Theologisierens betont wird, die postkolonial verdächtig erscheint. Unterrichtsgespräche im Rahmen des Theologisierens haben demnach die Form »eines gleichberechtigten Dialogs« zwischen den Beteiligten Kindern und Lehrpersonen,[44] werden in der Kinder (und Jugend)theologie Prozesse »dialogischer Erkenntnisbildung angestrebt«[45] und haben gerade in der symmetrischen Ausrichtung einen »gewissen ›radikal partizipatorischen Signalcharakter‹«, weil sich die Kinder gleichberechtigt mit ihren produktiven Erschließungen und Deu-

---

42 S. Hall, Rassismus und kulturelle Identität, Hamburg 1994, 219. Vgl. H. Simojoki, Interkulturelle Gottesdienste als Orte informeller Bildung. Zur Vielschichtigkeit religiösen ›Übersetzens‹ in der Weltgesellschaft, in: W. Haußmann/A. Roth/S. Schwarz/C. Tribula (Hg.), EinFach Übersetzen. Theologie und Regionspädagogik in der Öffentlichkeit und für die Öffentlichkeit, Stuttgart 2019, 269–276: 273.
43 O. Marchart, Der koloniale Signifikant. Kulturelle ›Hybridität‹ und das Politische, oder: Homi Bhabha wiedergelesen, in: M. Kröncke/K. Mey/Y. Spielmann (Hg.), Kultureller Umbau. Räume, Identitäten, Re/Präsentationen, Bielefeld 2007, 77–98: 85.
44 C.M. Altmann/J. Drube/P. Freudenberger-Lötz, Unterrichtsgespräche im Kontext des Theologisierens mit Kindern und Jugendlichen; in: D. Bertram/D. Fröhle/A. Reese-Schnittker (Hg.), Gespräche im Religionsunterricht. Einblicke – Einsichten – Potenziale, Stuttgart 2022, 85–98: 95.
45 Schlag, Kinder- und Jugendtheologie (s. Anm. 14), 232–238; vgl. R. Burrichter, Konstruktivistische Didaktik und Kindertheologie: Subjektivismus oder subjektorientierte Erschließung?, JRP 38 (2022) (im Erscheinen).

tungen sinnbezogener Kernfragen und Kerninhalte einbringen können.[46] Eine Hermeneutik des Verdachts wird die Orientierung am Subjekt würdigen, und doch auf hoch problematische Felder aufmerksam machen. Drei rücken besonders in den Fokus:

3.1 Tendenz zur semantischen Heteronomie

Die Verve, mit der Kindertheologie von Theologie spricht, erstaunt im Hinblick auf die religiöse Pluralität sowie die weitreichenden Säkularisierungsprozesse, die nach allen religionssoziologischen Studien auch Kinder umfasst.[47] Bei allen Ausweitungen, die Theologie als weisheitliche Theologie oder als Alltagstheologie fassen wollen, bleibt im Verständnis der Kindertheologie implizit eine Affinität zum Glauben vorausgesetzt. Das mag zwar semantisch umcodiert sein in das Feld des kindlichen Vertrauens,[48] bleibt aber dennoch der Unterstellung eines »vorhandenen Einverständnisses« (K.-E. Nipkow) der Kinder mit der biblischen Glaubensbotschaft verhaftet.[49] Für den Religionsunterricht wäre diese ein Rückschritt hinter die Selbstmodernisierung religionspädagogischer Arbeit, die religiöse Bildung in der Schule und in der Katechese getrennt hat, um die Freiheit der Kinder zu würdigen. Angesichts dessen gibt es kindertheologisch semantische Veränderungen in der Referenz des Theologiebegriffs. Vornehmlich auf Religion oder Religiosität, aber eben nicht auf vorauslaufenden Glauben referierend, bezieht sich diese Kindertheologie auf die Sinnkonstruktionen und lebensweltbezogenen Orientierungen der Kinder, die mit überkommenen Sinnorientierungen der religiösen Tradition ins korrelativ strukturierte Gespräch zu bringen seien.[50] Das loziert die Kindertheologie wohl jenseits eines religionskundlichen, bloß beobachtenden Blicks auf Religion, bleibt aber unter der Schwelle einer erstpersönlichen Verwicklung in suchende Auseinandersetzungen mit der Glaubenstradition. So entsteht das

---

46 Schlag, Kinder- und Jugendtheologie (s. Anm. 14), 235.
47 Vgl. W. Weirer, Schülerinnen und Schüler in ihrer religiös-weltanschaulichen Entwicklung; in: U. Kropac/U. Riegel, Handbuch Religionsdidaktik, Stuttgart 2021, 109–119.
48 W. Härle, Was haben Kinder in der Theologie verloren. Systematisch-theologische Überlegungen zu Projekt einer Kindertheologie, JaBuKi 3 (2004), 11–28: 20.
49 Vgl. K.-E. Nipkow, Bildung in einer pluralen Welt, Bd. 2, Gütersloh 1998, 223–240; M. Zimmermann, Kindertheologie als theologische Kompetenz von Kindern. Grundlagen, Methodik und Ziel kindertheologischer Forschung am Beispiel der Deutung des Todes Jesu, Neukirchen-Vluyn 2010, 90–105; C. Butt, Kindertheologische Untersuchungen zu Auferstehungsvorstellungen von Grundschülerinnen und Grundschülern, Göttingen 2009, 35–48.
50 Schlag, Kinder- und Jugendtheologie (s. Anm. 14), 234–237.

Dilemma zwischen einer Schwächung des theologisch ambitionierten Wahrheits-
anspruchs und der Tendenz zu einer begrifflichen theologischen Vereinnahmung,
zumal die Initiative, Kinder als Theologen zu bezeichnen, eben nicht von ihnen
ausgeht.

3.2 Materielle Milieufixierung

Gerade aus der gegenwärtigen Debatte um Konstruktionen von Kindheit, die aus
der Pädagogik in die Religionspädagogik Einzug gehalten hat, wäre erheblicher
Überprüfungsbedarf hinsichtlich der verwendeten Vorstellung von Kindheit anzu-
melden. Es sind die Erwachsenen, die Kindheit definieren und ihnen theologische
Kompetenz zutrauen. Der Einfluss eines »romantischen Kindheitsmythos« auf die
Kindertheologie ist unübersehbar und damit die erheblichen Projektionsanteile
in der Vorstellung von Kindheit selber.[51] Kindertheologie beruht stark auf theologischen Annahmen wie der Gottesbildtheologie, dem Kind als Geschenk Gottes,
der Theologie der Gotteskindschaft.[52] In soziologischer Perspektive wird dieses
Problem noch forciert durch die unterschwellige Mittelschichtsorientierung. Mit
den Annahmen eines bestimmten Sprachvermögens, Reflexionsvermögens und
Motivationshintergrund unterstellt die Kindertheologie unreflektiert eine bürgerliche Normalbiographie: bürgerlicher Mittelstand, in einer traditionellen Familie
situiert, bildungsbürgerlicher Habitus im Modus eines elaborierten Codes.[53]
Gerade weil sie sich (trotz des Insistierens mancher Kindertheologen auf einem
ganzheitlichen Zugang, der produktorientierte und handlungsorientierte Methoden einschließt) vorwiegend im Gespräch und im Modus kognitiv-diskursiven
Lernens vollzieht, kann die Kindertheologie ungewollt eine höchst verhängnisvolle
Eigendynamik entwickeln. Was ist mit Kindern, die sich lediglich im restringierten Code äußern? Inwiefern können sie überhaupt das normative Potential von
Kindertheologie erreichen, sprachlich artikulierte Reflexion über den Glauben und
über Religion zu sein? Inwiefern wiederholt damit nicht die Kindertheologie jenen
gesellschaftlichen Marginalisierungsprozess von Bildungsfernen, die durch ihren
restringierten Code in ihrer gesellschaftlichen und kulturellen Teilhabe abgehängt

---

51 Bucher, Kinderbilder (s. Anm. 11), 71.
52 Vgl. K. M. Yust, »Als Christ/Christin aufwachsen«: Kindertheologie im US-amerikanischen Kontext, JaBuKi 10 (2011), 11–24.
53 Vgl. B. Grümme, Mit bildungsfernen Schülern theologisieren. Skizze einer kritisch-marginali-
tätssensiblen Kindertheologie, RpB 70 (2013), 31–42; E. T. Johnsen/F. Schweitzer, Was ist kritische
Kindertheologie? Vergleichende Perspektiven aus Norwegen und Deutschland, JaBuKi 10 (2011),
25–36: 34.

werden, während sie die anderen dagegen privilegiert?[54] Inzwischen haben die childhood studies und die Kindheitsforschung sich mit diesen sozialen Konstruktionen von Codes und Habitus beschäftigt.[55] Durch diese Hintergrundannahmen eines bestimmten kulturellen Kapitals werden Differenzen gesetzt,[56] die entgegen der axiomatisch intendierten Subjektorientierung der Kindertheologie und ihrer so emphatisch reklamierten Dialogizität benachteiligen und ausgrenzen. Kinder, die nicht in diese Mittelschichtshermeneutik passen, drohen unsichtbar gemacht oder gar exkludiert zu werden. Nicht alle Kinder können im gleichen Maße am Dialog teilhaben. Dem gibt sich die Kindertheologie nicht hinreichend Rechenschaft.

3.3 Praxeologisch-hermeneutische Blindheit

Doch die Divergenz zwischen beanspruchter partizipativer Dialogizität und faktischer Ungleichheit reicht tiefer. Da erscheint es nicht besonders überraschend, wenn auf Asymmetrien in der empirischen Realität kindertheologischer Praxis aufmerksam gemacht wird. Im intergenerationellen Verhältnis zwischen Erwachsenen und Kindern, aber auch im fachbezogenen Verhältnis zwischen Lehrkräften und Kindern obwaltet eine gravierende Erfahrungs-, Wissens- und Kompetenzdifferenz, die zusätzlich noch durch die schulischen Rahmenbedingungen einer auf Selektion und Allokation ausgerichtete Bildungsinstitution verschärft wird.[57] Gravierender, weil dem Blick zunächst verborgen, sind hingegen Asymmetrien auf hermeneutisch-praxeologischer Ebene. Sie sind deshalb so problematisch, weil sie durch ihre verdeckte Wirkung unausgewiesene und nicht legitimierte hegemoniale Strukturen schaffen, die hintergründig wirksam sind.

Im Anschluss an Hanna Roose lässt sich vor dem Hintergrund der Praxeologie und Ethnomethodologie zeigen, inwieweit kindertheologische Normen und eingespielte Routinen miteinander in Konflikt geraten und sogar die Impulse der Kindertheologie in Bezug auf Subjektorientierung und Individualisierung durch die normierenden Effekte religionsunterrichtlicher Praxis torpediert werden.[58] Im

---

54 Vgl. Johnsen/Schweitzer, Kindertheologie (s. Anm. 53), 33.

55 Vgl. M.-S. Honig: Das Kind in der Kindheitsforschung. Gegenstandskonstitution in den childhood studies; in: ders. (Hg.): Ordnungen der Kindheit. Problemstellungen und Perspektiven der Kindheitsforschung, Weinheim München 2009, 25–52, 47 f.

56 Vgl. B. Bernstein, Beiträge zu einer Theorie des pädagogischen Prozesses, Frankfurt a. M. 1982; Vgl. P. Bourdieu, Wie die Kultur zum Bauern kommt: Über Bildung, Schule und Politik, Hamburg 2001, 35–39.

57 Vgl. Stögbauer-Elsner, Theologisieren (s. Anm. 14), 279–280.

58 Vgl. H. Roose, Kindertheologie und schulische Alltagspraxis. Eine Studie zum Verhältnis von

didaktischen Prozess werden durch Mechanismen der Adressierung, der Subjektivierung und Anerkennung die Gegenstände des Religionsunterrichts konstituiert – und damit Normen, denen kindertheologische Prozesse unterliegen, sobald sie religionsunterrichtlich realisiert werden. Daraus resultieren Normenkonflikte zwischen Zielorientierung und Selbsttätigkeit, Leistungsorientierung und Lerngemeinschaft, Nähe und Distanz.[59] In der Praxis werden damit die selbstgesetzten Normen unterlaufen oder gar konterkariert.

Dies kann durch machttheoretische Hermeneutiken noch schärfer gestellt werden. Diese greifen den Machtbegriff Foucaults auf, um Bildungsprozesse auf ihre versteckten hegemonialen Subjektivierungseffekte zu dechiffrieren. Deren subtile Machtmechanismen bestehen darin, dass machtförmige Strukturen der Gesellschaft sich gerade so durchsetzen, dass die Subjekte frei zu sein glauben. Eine solche Führung beruht »nicht auf Zwang, sondern auf der Bereitschaft, sich führen zu lassen«.[60] In der Suche der Subjekte nach Autonomie reproduziere sich eine Asymmetrie, die Foucault »Pastoralmacht« nennt.[61] Wie der Beichtvater gemeinsam mit dem Büßenden, wie der ›Hirte‹ gemeinsam mit dem ›Schaf‹ die Ordnung des Beichtens und der spirituellen Führung bejaht, so setzt sich darin die Macht des Diskurses durch. Demgemäß kann »Bildung selbst als eine gesellschaftliche Transformation durch individuelle Formation und so als spezifische Form der ›Führung der Führungen‹ (Foucault) gelesen werden«.[62] Der innere Zusammenhang von Macht und Bildung besteht darin, dass Bildung letztlich Selbst-Kontrolle kultiviert und damit in Machtzusammenhänge einweist, die sich darin hinter dem Rücken der Subjekte reproduzieren.[63]

Gerade für die kindertheologische Ausdifferenzierung einer Theologie ›der‹, ›mit‹ und ›für‹ Kinder(n) wird dies brisant. Denn das Gewicht, mit der Kindertheologie subjekttheoretisch aufgeladen und bildungstheoretisch normiert wird, wirkt vor diesem Hintergrund aporetisch. Nicht nur die klandestine Asymmetrie und die wenigstens in Teilen noch zu findende implizite Homogenitätsunterstellung sind problematisch, die gegebene soziale Ungleichheit übersehen, durch Milieufixierung festschreiben und damit insbesondere die Theologie ›der‹ und ›mit‹ Kinder(n)

---

kindertheologischen Normen und eingeschliffenen Routinen im Religionsunterricht, Stuttgart 2019, 129–169.

59 Vgl. Roose, Kindertheologie (s. Anm. 58), 129–164.

60 U. Bröckling, Gute Hirten führen sanft. Über Menschenregierungskünste, Berlin 2017, 22.

61 Vgl. M. Foucault, Das Subjekt und die Macht, in: H. Dreyfus/P. Rabinow (Hg.), Michael Foucault. Jenseits von Strukturalismus und Hermeneutik, Frankfurt a.M. 1987, 243–261.

62 N. Ricken, Die Ordnung der Bildung. Beiträge zu einer Genealogie der Bildung, Wiesbaden 2006, 25.

63 Ricken, Bildung (s. Anm. 62), 212.

belasten. Vor allem die bildungstheoretische Ausrichtung untergräbt die Selbstbestimmung der Kinder und lässt die Emphase, mit der eben eine von den Kindern
selbst konstruierte Theologie reklamiert wird, fraglich werden. Denn wer bestimmt
nach welchen Maßstäben, was für die Kinder gut ist und welcher Betrag in das
kindertheologische Gespräch eingebracht wird? Wer verhindert eine vorauslaufende Asymmetrie, die Kinder in ihrer Verletzlichkeit doch Kompetenzen zuschreiben will, die fördern und anerkennen will, und die jedoch performativ genau das
Gegenteil bewirkt? Zeigt sich hier nicht noch in der Würdigung der Kinder als
›vulnerabel‹ und ›gefährdet‹ ein kontraintentionaler »Paternalismus«, wie Judith
Butler fein herausarbeitet, der insofern paradox wird, als er Machthierarchien,
die beseitigt werden sollen, in Gang setzt?[64] Diese Analytik der Macht ist nicht nur
deshalb kindertheologisch so relevant, weil sie auf Dialektiken der Deutungsmacht
aufmerksam macht, die insbesondere in einer Theologie ›für‹ Kinder klandestin
wirksam werden. Sie führt darüber hinaus die Diskurse sozialer Ungleichheit und
hermeneutisch-praxeologischer Asymmetrien zusammen. Materiale und epistemologische Aspekte werden korreliert, Aspekte von Ungleichheit und »epistemischer
Gewalt«.[65]

Mit diesen Gesichtspunkten haben wir jetzt genau jene oben bereits angespiel-
ten Kategorien erreicht, die in postkolonialer Perspektive an der Kindertheologie
problematisch sein können. Es ist die Verbindung von materialen, epistemologi-
schen wie machttheoretischen Kategorien, die helfen, in ihr die hochproblemati-
schen »Spuren und Formen aufzudecken und ihnen entgegenzuwirken«. Letztlich
wird dadurch auch in der Kindertheologie »die postkoloniale Machtkonstellation
[...] theoretisch und praktisch infrage gestellt«,[66] und dies vor allem deshalb, weil
dadurch der Begriff der Repräsentation nun in verschärfter Weise erneut in den
Blick gerät. Allgemein meint Repräsentation »Konstruktion, Stellvertretung, Vorstellung, Imagination und Selbstpräsentation«.[67] Diese freilich ist hoch umstritten,
es gibt »Gegenstimmen und Gegenrepräsentationen« in einem Netz divergenter
Repräsentationen,[68] die jeweils auf eigenen machtbasierten Diskursstrategien
basieren. Hegemonial ist dieses Netz insofern strukturiert, weil es Dominanzen
und Unterrepräsentationen gibt. Genau hier verortet sich die intrikate Frage der
Repräsentanz der Subalternen, genau hier verdichtet sich die bildungstheoretisch

---

64 J. Butler, Die Macht der Gewaltlosigkeit. Über das Ethische im Politischen, Berlin 2020, 92–94.
65 C. Brunner, Epistemische Gewalt. Wissen und Herrschaft in der kolonialen Moderne, Bielefeld 2020, 12.
66 Liebel, Kinder (s. Anm. 13), 144.
67 Henningsen/Herbst, Religiöse Bildung (s. Anm. 32), 205.
68 Henningsen/Herbst, Religiöse Bildung (s. Anm. 32), 206.

fokussierte Beurteilung der Kindertheologie. Weil bislang die Frage nach Repräsentation kein sichtbares Thema religionspädagogischer Forschung ist, ist religiöse
Bildung und – so lässt sich nun ergänzen – damit auch die Kindertheologie herausgefordert, »Wege der Thematisierung zu finden. (Religiöse) Bildung beruht oftmals
auf Repräsentationen, weshalb eine Reflexion ebendieser wichtig ist«.[69] Haben
die bisherigen Überlegungen den analytisch-kritischen Nachweis führen wollen,
dass in der Kindertheologie die intendierte Repräsentation der Kinder nicht hinreichend realisiert ist, so stellt sich vor diesem Hintergrund die konstruktive
Frage weiterführender Perspektiven. Wie kann eine Repräsentation der Kinder
in der Kindertheologie gedacht werden, die sie selber zur Sprache kommen lässt,
ohne gleichzeitig die bildungstheoretische Orientierung zu verlieren, die freilich
angesichts der markierten postkolonialen wie poststrukturalistischen Einsprü-
che kritisch-produktiv reformuliert werden muss? Wir sind damit auf die Ebene
der Repräsentationslogik verwiesen – und damit auf die grundlagentheoretische
Ebene der Denkform.[70]

4 Perspektiven für eine erneuerte Repräsentationslogik der Kindertheologie

Ein wesentliches Moment der Pädagogik ist die freiheitstheoretische Frage Kants,
wie »Freiheit bei dem Zwange« kultiviert werden kann. Es geht in ihr mithin
darum, wie unter den Bedingungen von Macht, Asymmetrie von Wissen und
Erfahrung sowie Zwang die Zöglinge befähigt werden können, sich ihrer Freiheit
autonom zu bedienen und in ein symmetrisches Verhältnis mit den Erziehenden
zu kommen.[71] Während eine transzendentallogische Bewältigung dieses Pädagogischen Paradoxons durch seine tendenzielle Abblendung gesellschaftlicher
Bedingungsgefüge problematisch erscheint, greift Helmut Peukert Kants regulative
Ideen auf, formuliert sie in der Auseinandersetzung mit Habermas kommunikationstheoretisch, aber bricht sie alteritätstheoretisch durch die Erfahrung des leidenden Anderen. Peukert entwickelt so eine von der »Wahrnehmung des Anderen«

69 Henningsen/Herbst, Religiöse Bildung (s. Anm. 32), 209. Vgl. aber B. Grümme, Praxeologie. Eine religionspädagogische Selbstaufklärung, Freiburg im Breisgau 2022, 167–213.
70 Vgl. B. Grümme, Religionspädagogische Denkformen. Eine kritische Revision im Kontext von Heterogenität, Freiburg im Breisgau 2019.
71 Vgl. I. Kant, Über Pädagogik. 1803, in: Kant, Werke in 10 Bänden. Band 10, hrsg. v. Wilhelm Wei-schedel, Darmstadt 1983, 691–764.

her normative strukturierte Theorie der Bildung,[72] die insofern universal sein will, als sie auch die Exkludierten und Leidenden umfassen will. Als »Sprachschule der Freiheit« (Lange) in der Übereinstimmung ihrer formalen wie materialen Bezüge hingeordnet auf eine »Ethik intersubjektiver Kreativität« als normativem Kern von Bildung,[73] liegt genau darin ihr kritisches wie innovatives Potential und zugleich der Weg der konstruktiven Bearbeitung des Pädagogischen Paradoxons. »Denn einerseits geht es darum, das Kind in seiner Eigenständigkeit herauszufordern und zu fördern, andererseits da, wo das Kind überfordert wäre, stellvertretend für es und vorgreifend auf seine künftige Entwicklung zu handeln; und dabei besteht die Gefahr, es nach eigenen unerfüllten Wünschen und Projektionen oder nach gesellschaftlichen Erfahrungen zu manipulieren.«[74] Muss deshalb pädagogische Praxis Freiheit als Möglichkeit wie normative Referenz je vorauslaufend beim Kind unterstellen, muss sie »gerade unter Bedingungen der Asymmetrie eine freie Gegenseitigkeit voraussetzen, die nicht davon entlastet, sondern dazu verpflichtet, dem Heranwachsenden erst die Möglichkeitsräume für die Konstruktion einer eigenen Welt und eines eigenen Selbst innovativ zu erschließen«. Diese normative Struktur verleiht dieser Bildungstheorie ein kritisches Potential gegenüber »einer allgemeinen Ethik formaler Reziprozität und erst recht gegenüber gesellschaftlichen Strukturen, die sowohl Gegenseitigkeit wie transformatorische Bildungsprozesse behindern oder verhindern«. Deren Ziel besteht genau darin, durch die Transformation von Geschichte und Gesellschaft erst die Bedingungen für Autonomie und Bildung zu schaffen[75] Auf diese Weise gewinnt freilich pädagogische Praxis einen advokatorischen Zug, insoweit es gilt, »stellvertretend für das Kind in Anknüpfung an seine Wünsche und Bedürfnisse dessen Eigenständigkeit und Unabhängigkeit zu behaupten und somit vorgreifend zu realisieren«,[76] und so »unter erfahrenen und erlittenen Widersprüchen und damit unter Entfremdung auf eine nicht entfremdete Lebensform hin verändernd zu handeln, eine Lebensform, in der Identitäten gemeinsam gefunden werden, sodass mit den Verhältnissen sich Subjekte verändern können und umgekehrt«.[77]

---

72 H. Peukert, Bildung als Wahrnehmung des Anderen. Der Dialog im Bildungsdenken der Moderne, in: I. Lohmann/W. Weiße (Hg.), Dialog zwischen den Kulturen, Münster/New York 1994, 1–14: 1.
73 H. Peukert, Bildung in gesellschaftlicher Transformation, Paderborn 2015, 59.
74 Peukert, Transformation (s. Anm. 73), 58.
75 Peukert, Transformation (s. Anm. 73), 59. Die weiteren Zitate unten beziehen sich ebenfalls auf diese Seite.
76 U. Peukert, Psychische und soziale Bedingungen kindlicher Identität, PRB 4 (1979), 4–22: 20f.; Vgl. N. Mette, Religionspädagogik, Düsseldorf 1994, 115f.
77 H. Peukert, Was ist eine praktische Wissenschaft? Handlungstheorie als Basistheorie der Humanwissenschaften: Anfragen an die praktische Theologie, in: Christen für den Sozialismus. Grup-

Könnte diese transformatorische Bildungstheorie nun genau jene Denkform sein, um die aufgewiesenen Aporien und Probleme der Kindertheologie konstruktiv zu bearbeiten? Vieles deutet darauf hin: Der advokatorische Grundzug könnte gerade durch seinen gesellschaftskritischen Zug unter Bedingungen von Ungleichheit und Exklusion einen wesentlichen Beitrag vor allem dort leisten, wo er interdisziplinär mit der soziologischen Kindheitsforschung und Bildungssoziologie verbunden wird.[78] Eine Milieufixierung könnte gerade durch seinen normativen Universalismus in dem Maße überwunden werden, wie sie mit dem Ziel einer »Identität in universaler Solidarität« auf eine Gerechtigkeit für alle ausgerichtet ist.[79] Identitätsfragen wie Gerechtigkeitsfragen sind damit in dieser Denkform konstitutiv verbunden.

Jedoch würde sich eine kindertheologische Denkform genau wegen dieses Universalismus, der mit einer advokatorischen Dynamik praktisch werden will, dem prinzipiellen Einspruch postkolonialer wie poststruktureller Theoriebildung konfrontiert sehen. Zeigen sich nicht im Advokatorischen genau jene Effekte der Pastoralmacht und des Prozesses verkennender Anerkennung?[80] An diesem Punkt wäre ein Disput ins Spiel zu bringen, der derzeit innerhalb der Kritischen Theorie über die Rezeption postkolonialer und poststruktureller Theorien stattfindet.[81] So hat Rainer Forst aus seinem kantianisch geprägten, kommunikationstheoretisch artikulierten Ansatz nicht zuletzt dem Postkolonialismus eine affirmative, hegemonial-exkludierende Tendenz vorgeworfen. Dieser spricht »die Sprache der Mächtigen, denn er relativiert den Widerspruch gegen Unterdrückung, bringt Kritiker*innen zum Schweigen und sagt ihnen, dass sie nicht zu ihrer eigenen Gesellschaft gehören, da sie eine fremde Sprache sprächen. Der Kontextualismus ist die Ideologie der Herrschenden, die für sich das Interpretationsprivileg darüber beanspruchen, was eine Kultur oder Gesellschaft ausmacht«.[82] Für Forst können allein universal begründete Geltungsansprüche jene Kriterien begründen, aus denen Freiheit und Gleichheit für alle und damit Gerechtigkeit auch für die Subalternen denkbar wird. Zwar braucht universale Moral die Verwurzelung in Sittlichkeit. Sie bekommt erst durch spezifische kontextuelle lebensweltliche Praktiken eine moti-

---

pe Münster (Hg.), Zur Rettung des Feuers. Solidaritätsschrift für Kuno Füssel, Münster 1981, 280–295: 289.

78 Vgl. B. Grümme, Öffentliche Religionspädagogik. Bildung in pluralen religiösen Lebenswelten, Stuttgart 2016, 239–276.

79 Mette, Religionspädagogik (s. Anm. 76), 139.

80 Vgl. T. Bedorf, Verkennende Anerkennung. Über Identität und Politik, Berlin 2010.

81 Vgl. A. Allen, Das Ende des Fortschritts. Zur Dekolonisierung der normativen Grundlagen der kritischen Theorie, Frankfurt a. M./New York 2019.

82 R. Forst, Die noumenale Republik. Kritischer Konstruktivismus nach Kant, Berlin 2021, 87f.

vationale wie erfahrungsgesättigte Grundlage. Aber rein immanent, ohne externe, also über die konkreten Kontexte und die Visionen guten Lebens hinausgehende Horizonte bleiben für Forst Kritik und moralische Begründung blass.[83] Wer »will die Kritikerin des indischen Kastenwesens, die dieses komplett zurückweist, darauf hinweisen, doch bitte ›immanent‹ vorzugehen? Oder die Kritik des Patriarchats in einer Gesellschaft, in der dieses kaum je herausgefordert wurde, daran erinnern, keine ›fremde Sprache‹ zu sprechen«?[84] Forst weiß um den Gegensatz seines Universalismusbegriffs zur postkolonialen Theoriebildung. Er stellt sich deren berechtigten Einsprüchen hinsichtlich kontraintentionaler hegemonialer Implikationen seines eigenen Ansatzes, weshalb Forst einen »aufgeklärten, selbstkritischen Universalismus« anvisiert.[85] Auch sind an Forst insbesondere hinsichtlich einer Überschätzung der Begründungsleistungen einer kommunikativen Rechtfertigungsvernunft oder der Würdigung von Alterität erhebliche Rückfragen zu stellen. Müssten nicht die Detranszendentalisierungen der Vernunft noch weiter radikalisiert werden, ohne dabei freilich die Kraft subjekthafter Freiheit zu delegitimieren? Es kann hier nicht näher gezeigt werden, wie im kritischen Dialog damit sowie mit diversen Machttheorien die oben skizzierte Denkform asymmetrischer Dialogizität einen alteritätstheoretisch gebrochenen Universalismus entwickeln kann. Diese würde Identitätsfragen und Gerechtigkeitsfragen korrelieren, könnte aber zudem durch ihre praxeologische Stoßrichtung die eigenen theoretischen und praktischen Operationen und Hermeneutiken kritisch reflektieren.[86]

Was aber zumindest thetisch deutlich zu werden vermag, ist deren Ertrag für die Kindertheologie. Durch ihren normativen Zug wäre jenseits dekonstruktiver Deflationierungen eine pädagogische Struktur der Kindertheologie in der Drei-Einheit ihrer Dimensionen begründbar. Ohne eine vorauslaufende normative Unterstellung von Mündigkeit wäre eine pädagogische Praxis in den Bahnen der Aufklärung schlicht nicht denkbar. Eine solche Denkform könnte eine Kindertheologie fundieren, die sich in der Dimension einer Theologie ›für‹ Kinder in der Spur des Pädagogischen Paradoxons an der Autonomie der Kinder auszurichten hätte. Sie könnte die realen Ungleichheiten wie die prekären Identitätsfragen in der Theologie ›der‹ Kinder und ›mit‹ Kindern grundlegend berücksichtigen und sich durch ihre kritische Selbstreflexivität ihrer hegemonialen Implikationen Bearbeitung

---

83 Vgl. Forst, Noumenale Republik (s. Anm. 82), 87.

84 R. Forst, Normativität und Macht. Zur Analyse sozialer Rechtfertigungsordnungen, Berlin 2015, 15.

85 Forst, Noumenale Republik (s. Anm. 82), 86.

86 Vgl. Grümme, Praxeologie (s. Anm. 69), 369–383; Grümme, Öffentliche Politische Theologie (s. Anm. 7), 137–185.

vergewissern. Vielleicht ist das angespielt, wenn kindertheologisch die Lehrenden eine »Atmosphäre offener und gleichberechtigter Dialogkultur ›auf Augenhöhe‹ durch ein möglichst hierarchiearmes Setting und die Bereitschaft zum Zuhören und Lernen erst schaffen sollen.[87] Während die Begründungsleistungen poststrukturalistischer oder postkolonialer Theorien (trotz solcher Hermeneutiken wie derjenigen eines strategischen Essentialismus) zu schwach bleiben,[88] könnte diese Denkform einen alteritätstheoretisch gebrochenen, selbstreflexiven normativen Universalismus geltend machen, der an der Subjektwerdung aller Menschen ausgerichtet und darin auch in der Wahrheitsfrage ambitioniert bleibt, und genau deshalb sich in seiner eigenen Logik konstitutiv vom Anderen her unterbrechen lässt.[89] Sie könnte darin bislang kaum beachtete kindertheologische Impulse der Inklusionspädagogik für die Kindertheologie aufnehmen,[90] aber auch ein kritisch-prophetischer Stachel für all jene theologischen Hermeneutiken sein, die vorschnell die Kinder in einer Theologie der Kindheit essentialistisch fassen oder hegemonial zu vereinnahmen drohen. Durch seine kritische Selbstreflexivität kann sie aus dem kritischen Gespräch mit Machttheorien die Kindertheologie zur analytisch-kritischen Wahrnehmung jedweder Versuchung zu einer Pastoralmacht ertüchtigen und zur Überprüfung solcher othering-Prozesse, Benachteiligungen oder Exklusionen befähigen, von denen sie selber gewiss nicht frei bleibt, in Bezug auf die sie aber aus sich heraus dennoch die Kraft generiert, diese kritisch zu bearbeiten. Eine solche Denkform könnte damit ein vielversprechender Weg zur Konstruktion einer Repräsentationslogik sein, in der sich die Kinder mit ihrer jeweiligen Stimme artikulieren und verstehbar machen können.

---

87 Schlag, Kinder- und Jugendtheologie (s. Anm. 14), 236.
88 Vgl. Forst, Die noumenale Republik 2021, 85–90; B. Grümme, Praxeologie (s. Anm. 69), 370–379.
89 Vgl. B. Grümme, Religionspädagogische Denkformen. Eine kritische Revision im Kontext von Heterogenität (QD 299), Freiburg im Breisgau 2019, 126–166.
90 Vgl. K. Kammeyer/E. Zonne/A. Pithan (Hg.), Inklusion und Kindertheologie. Inklusion – Religion – Bildung, Münster 2014.

Clemens Sedmak
Soziale Theologie des Kindes
Die Behutsamkeit durchbrochener Vorstellungskraft

Zusammenfassung: Der Artikel skizziert die Idee der Vorstellungskraft wie auch der theologischen Vorstellungskraft, die für eine Theologie des Kindes eine entscheidende Rolle spielt. In kirchlichen Texten, etwa der Katholischen Soziallehre, ist die Vorstellungskraft mitunter eng geführt, was zu einem dürren Verständnis von Kindern und Kindsein führt. Die theologische Vorstellungskraft kann von Erfahrungshorizonten wie auch von biblischen Texten vertieft und ausgeweitet werden. Dabei spielt die ›Diät an Beispielen‹ eine wichtige Rolle, was anhand Ian Browns Beschreibung seines schwer behinderten Sohnes und anhand der biblischen Geschichte der Tochter des Jiftach illustriert wird. Abschließend wird die Vorstellungskraft bemüht, um den Gedanken der fundamentalen Gleichheit zwischen Erwachsenen und Kindern auszudrücken und die Diskurse und Praktiken in Bezug auf Kinder zu dekolonialisieren.

Abstract: The text develops the idea of the theological imagination and its relevance for a social theology of the child. Official ecclesial texts suffer not infrequently from a deprivation of the imagination which has encouraged a rather thin and abstract understanding of children and childhood. The theological imagination can be deepened and widened through the explicit consideration of experiential horizons and of biblical texts that have a lot to offer. The appropriate »diet of examples« plays a major role in these endeavors to develop and grow the imagination. The text illustrates these points with Ian Brown's account of his son Walker and the biblical text of Jephthah's daughter (Judges 12). Finally, the text argues for a decolonization of discourses and practices with regard to children and their life worlds.

Unser Sohn starb in der Nacht – während wir schliefen. Er war 15 Jahre und sieben Monate alt und ging still aus dieser Welt in das ›Dereinst‹. Unser sanfter Bub hat seine schlafenden Eltern weder gestört noch stören wollen. Leise ging er von uns hinüber. Die Pandemie hat ihm die Lebenskraft genommen; mit jedem Lockdown-Tag ist Lebenswillen aus ihm herausgesickert, die geschlossene Schule war Sinnbild für die geschlossene Welt.

Kontakt: Clemens Sedmak, Keough School of Global Affairs, University of Notre Dame, Ind. (USA);
E-Mail: csedmak1@nd.edu

https://doi.org/10.1515/bthz-2023-0010

Der Tod meines Sohnes war unvorstellbar – und ist es noch immer. Eine Erfahrung kann unleugbar sein und doch unvorstellbar. Ich habe davon gehört, dass
Eltern ein Kind auf diese Weise verlieren. Ich habe davon gelesen. Aber diese stell-
vertretenden Erfahrungen, die ein Wissen aufgrund von Beschreibung liefern,
können nicht auf die tatsächliche Erfahrung vorbereiten. Die Einsicht, dass es tatsächlich geschehen ist, kommt mit jäher Gewalt immer wieder in den Alltag, der
sich stellenweise so anfühlt, als ob nichts Gravierendes geschehen wäre und der
doch in allem von Grund auf anders ist.

Die Vorstellungskraft kann durch den Umgang mit anderen Welten und Erfahrungshorizonten ausgeweitet werden. Es vertieft und erweitert die Vorstellungskraft, wenn wir Hörende des Wortes sind, das Mensch und Welt an uns richten; es
weitet den Vorstellungshorizont und das, was Robert Musil den »Möglichkeitssinn«
genannt hat,[1] wenn wir lesend und denkend und träumend einen Sinn für Alternativen zum Status Quo entwickeln. Eine verarmte Vorstellungskraft ist ein Mangel
an Fantasie, ein Mangel an Beispielen für Möglichkeiten, eine Beraubung der Fähigkeit, alternative und mögliche Welten zu entwerfen und sich in diesen Welten zu
bewegen. Die Vorstellungskraft wird reicher durch horizonterweiternde Erfahrungen, prägende Begegnungen, eindrückliche Beispiele.

Die Vorstellungskraft kann paradoxerweise durch die Gewalt der Disruption
erweitert werden, ein zerschlagenes Fenster oder eine nach einer Explosion abge-
tragene Mauer ermöglichen neues Licht, neue Weite, neue Stürme. Der Verlust
unseres Sohnes hat die Grenzen zwischen ›möglich‹ und ›unmöglich‹ neu aus-
handeln lassen. Wir haben gelernt, dass wir Bürger zweier Welten sind, daheim
im Reich der Elternschaft, gleichzeitig im Exil des Verlusts. Wie so oft rückt das,
was verloren ist, so viel näher. Wie so oft zeigt sich durch die Distanz des Exils das
Wesentliche in neuer Kraft. So drückt es ein bekanntes Wort von Roger Bussy-Rabu-
tin aus: »L'absence est à l'amour, ce qu'est au feu le vent; il éteint le petit, il allume
le grand«; die Abwesenheit ist für die Liebe wie der Wind für das Feuer. Das Kleine
löscht er aus, das Große erhellt er.

Theologische Versuche, über Kinder und Kindheit nachzudenken, leiden mitunter an einer verarmten Vorstellungskraft – oder auch: an einer ungebrochenen,
nicht durchbrochenen Vorstellungskraft, an einem Zuviel an Selbstsicherheit, an
einem Zuviel des Gewichts des Wortes von Erwachsenen.

Ich möchte im Folgenden eine soziale Theologie des Kindes reflektieren. Dabei
gehe ich vom Begriff der Vorstellungskraft aus und schlage vor, dass in theologischen und kirchlichen Texten (ich führe das Beispiel der römisch-katholischen
Soziallehre an) die Vorstellungskraft nicht selten verkümmert scheint, gerade wenn

---

1 R. Musil, Der Mann ohne Eigenschaften, hg. von Adolf Frisé, Reinbek bei Hamburg, 1981, 16.

es um Kinder und Kindheit geht. Ich frage mich, ob die theologische Vorstellungskraft durch das theologische Bedenken der eigenen Kindheit, durch das Lernen von
Erfahrungshorizonten, wie sie Zeugnisse von Eltern vermitteln können, und durch
die Arbeit an biblischen Texten vertieft und erweitert werden kann. Abschließend
bringe ich den vorstellungsprägenden Gedanken der Gleichheit ins Spiel und führe
die Engführung der Vorstellungskraft mit der Kolonialisierung der Welt der Kinder
zusammen. Der grundlegende Vorschlag lautet, dass die Vorstellungskraft der
Schlüssel zu einer Theologie der Kindheit ist.

1 Vorstellungskraft

Die Vorstellungskraft ermöglicht es, unterschiedliche Perspektiven zu entwickeln
und alternative Welten zu entwerfen. Angenommen, eine Welt W hat eine Menge
von Eigenschaften E1 bis En. Eine solche Welt kann etwa ein Zimmer sein, mit
einem bestimmten Arrangement von Objekten (ein Bett, ein Tisch, Wanddeko-
rationen, ein Schrank). Die Vorstellungskraft erlaubt es mir nun, mich für eine
Perspektive zu entscheiden – ich kann mir etwa vorstellen, wie das Zimmer (man
denke an die Szenarien, die in *Gullivers Reisen* beschrieben werden) aus Sicht eines
Riesen aussieht – oder eben auch aus Sicht eines Kindes. Ich kann versuchen, mir
vorzustellen, wie der hohe Tisch und der kippfreudige Stuhl aus Sicht eines vier-
jährigen Kindes aussehen, welche Objekte in diesem Zimmer das Interesse und die
Neugierde eines Kindes wecken könnten (etwa der alte Schallplattenspieler in der
Ecke) und wie ein Kind sich in diesem Zimmer bewegen würde. Nennen wir das die
perspektivische Vorstellungskraft.

Für eine Theologie der Kindheit tut es gut, sich der perspektivischen Vorstellungskraft zu bedienen und sich um die Perspektive von Kindern zu bemühen –
diese kann im Prinzip zwei Formen annehmen: der Blick aus der eigenen Kindheit
heraus und der angeeignete Blick aus Sicht eines Kindes. Wir finden reiche Literatur zum Thema ›Bücher mit Kindern in der Erzählperspektive‹ und viele Beispiele.[2]
Ich nenne nur stellvertretend für viele Irmgard Keuns Exilwerk *Kind aller Länder*,
erschienen im Jahr 1938, und den Roman *Wie der Soldat das Grammofon repariert*
von Saša Stanišić (2008). Der Versuch, eine Situation aus Kinderperspektive darzustellen, könnte so manchen theologischen Text, aber auch so manche politische Entscheidung nachhaltig beeinflussen. Als unser Sohn starb, war von den psychischen

---

2 Vgl. S. von Sehlen, Poetiken kindlichen Erzählens. Inszenierte Kinder-Erzähler im Gegenwarts-
roman aus komparatistischer Perspektive, Würzburg 2015.

Folgen von Schulschließungen und den traumatisierenden Effekten von Lockdowns auf Kinder und Jugendliche kaum die Rede. Die Mainstream-Perspektive war medizinisch, häufig westlich, häufig weiß, mit einem Blick auf verwundbare Gruppen, deren Vulnerabilität sich aus Vorerkrankungen oder hohem Alter ableiten ließ. Die perspektivische Vorstellungskraft kann eingemahnt werden, kann aber auch – durch die entsprechende Partizipation von Kindern und Jugendlichen, die im Pandemie-Diskurs auffällig abwesend waren – erzwungen sein.

Neben der Kraft zur alternativen Perspektive hat die Vorstellungskraft aber auch das Vermögen, alternative Welten zu entwickeln. Ich kann mir mithilfe der Vorstellungskraft ein Bild davon machen, wie bestimmte Eigenschaften des Zimmers verändert werden. Wenn ich in diesem Zimmer (in dieser Welt W) in meiner Vorstellung eine einzige Eigenschaft verändere – aus E1 wird E1' –, entsteht etwas Neues, entsteht eine Welt W'. Der Weg von W zu W' wird mithilfe der Vorstellungskraft zurückgelegt. Wir könnten in unserer Vorstellung den Schallplattenspieler aus dem Zimmer entfernen und durch einen Gummibaum ersetzen; wir könnten auch weitere Eigenschaften der Welt verändern, das Zimmer vergrößern oder verkleinern, ein zusätzliches Fenster einbauen, einen roten Kakadu platzieren und so weiter. Nennen wir das die ontologische Vorstellungskraft, die nicht die Sicht, sondern die Sachverhaltslage verändert. Die ontologische Vorstellungskraft transformiert ›Welt‹ von Bestehendem aus. Sie schafft nicht ›etwas aus Nichts‹. Sie zehrt von dem, was ist, transformiert bestehende Räume. Dabei findet auch eine Distanzierung statt. Aufgrund der Distanzierung vom Wahrgenommenen in eine bestimmte Richtung enthält der Prozess der Einbildung auch ein Urteilsmoment.[3] Die Vorstellungskraft kann Abwesendes so behandeln, als ob es präsent wäre, und ist in diesem Sinne eine ›Vergegenwärtigungskraft‹, die das, was nicht ist, so darstellen kann, als würde es bestehen, als wäre es gegenwärtig. Die Vorstellungskraft schöpft nicht ›aus dem Nichts‹, sondern nimmt von Wahrgenommenem, von Bestehendem, das dann verzerrt und entfremdet, ergänzt und bereichert, gekürzt und reduziert, zusammengesetzt und transformiert wird.[4] So kann man sich in jeder Erwachsenensituation Veränderungen vorstellen, die die Präsenz von Kindern mit sich bringen würde. Die Ernsthaftigkeit mancher Verhandlungen könnte hier ebenso ins Wanken geraten wie allgemein akzeptierte Spielregeln, die ein Moment, wie wir es in dem Märchen *Des Kaisers neue Kleider* finden, in Frage stellen kann.

Perspektivische wie ontologische Vorstellungskraft sind als die Fähigkeit zu verstehen, Alternativen zum Status Quo zu entwickeln. Die Vorstellungskraft bewirkt, dass alternative Perspektiven und alternative Welt-Zustände plausibel

---

3 Aristoteles, De anima III, 427 b f.; ders., De anima III, 428 b 18.
4 Vgl. N. Goodman, Weisen der Welterzeugung, Frankfurt a. M. 1990.

werden. Einbildungskraft ist »das Vermögen der Darstellung«.[5] Die Vorstellungskraft operiert nach Kants *Kritik der Urteilskraft* mit Einbildungskraft und Verstand;
Einbildungskraft schenkt Anschauung, Verstand stiftet Einheit im Mannigfaltigen.[6]
Die Vorstellungskraft muss strukturieren und Einheit schaffen, sonst ließe sich kein
Inhalt mitteilen – in Kants Sprache: »Erkenntnisse und Urteile müssen sich, samt
der Überzeugung, die sie begleitet, allgemein mitteilen lassen; denn sonst käme
ihnen keine Übereinstimmung mit dem Objekt zu: sie wären insgesamt ein bloß
subjektives Spiel der Vorstellungskräfte.«[7] Die Vorstellungskraft oszilliert hier zwischen dem Subjektiven und dem Objektiven, der an der Wahrnehmung von Wirklichkeit orientierten Wahrheit und der Phantasie, zwischen Regelmäßigkeit und
Regellosigkeit.

Vorstellungskraft entzieht dem Status Quo das Mandat, das abschließende
Wort zu sprechen. Der Tod meines Sohnes hat den Plänen, die wir hegen, den
Zukunftsvorstellungen, aber auch den Routinen und den Strukturen des Selbstver-
ständlichen (das Gesamt dessen, was nicht in Frage gestellt wird) den Boden und
die Autorität entzogen. Hier entsteht eine Offenheit, die auch mit Gewalt erkämpft
sein kann, wie das angesprochene Herausschlagen eines Fensters.

Vorstellungskraft setzt Wahrnehmung und Erfahrung voraus, Vorstellungskraft bezieht sich auf einen Horizont von verschiedenen und verschiedenartigen
Wahrnehmungen, der es erlaubt, der Art nach Verschiedenes so zusammenzustellen, dass durch diese Darstellung Anderes und Neues und Fremdes entsteht. Dieses
Fremde kann ›befremden‹, dieses Neue kann ›erneuern‹, dieses Andere kann (mit
Horkheimer formuliert) ›die Sehnsucht nach dem ganz Anderen‹ nähren und
stillen.

Wenn Erwachsene über Kinder und Kindheit sprechen, bedienen sie sich in
dem Sinne der Vorstellungskraft, dass sie nicht bloß eigene Erfahrungen von Kindheit wiedergeben, sondern sich ›in die Welt der Kinder‹ versetzen, aus einer ›Kinderperspektive‹ sprechen, sich als Doppelstaatsbürger ausgeben, die einen Pass
für die Welt der Erwachsenen und einen Pass für die Welt der Kinder haben. Die
derzeit aus gutem Grund viel getätigten Überlegungen zu Kindesschutz bedienen
sich der Vorstellungskraft, weil sie Sicherheit ›für das Kind‹ denken müssen. Dabei
ist die Rede von ›Kind‹ nicht selten dürr und verkümmert. Theologische Texte
reduzieren Kinder mitunter zu ›epistemischen Objekten‹, die den langen Weg vom
lebendigen und einzigartigen Kind zur generischen Nennung in einem Text zurückgelegt haben.

---

5 I. Kant, Kritik der Urteilskraft. Werkausgabe X, hg. von W. Weischedel, Frankfurt a. M. 1974, 150.
6 Kant, Kritik der Urteilskraft (s. Anm. 5), 217.
7 Kant, Kritik der Urteilskraft (s. Anm. 5), 157.

Ich darf das Beispiel der römisch-katholischen Soziallehre anführen. Bei allem Respekt vor diesem Corpus normativer Texte kann doch angemerkt werden, dass Kinder und Kindheiten in eher verkümmerter Form zur Sprache gebracht werden. Die Soziallehre der Katholischen Kirche gründet sich in erster Linie auf päpstliche Sozialenzykliken, die seit 1891 (Erscheinungsjahr der ersten Sozialenzyklika *Rerum Novarum* von Papst Leo XIII.) veröffentlicht wurden. Die Dokumente sprechen von Kindern in einer einigermaßen abstrakten Weise, sofern Kinder überhaupt erwähnt werden. Ethna Regan hat aus gutem Grund die Abwesenheit des Kindes in der Soziallehre bemängelt.[8]

Kinder kommen in den Haupttexten der römisch-katholischen Soziallehre vor allem im Modus der normativ relevanten Verwundbarkeit, der moralischen Vertiefung und moralischen Orientierung sowie der kirchlichen Autoritätsvergewisserung vor. Kinder werden als besonders verwundbare Wesen beschrieben. Kinder werden im Zusammenhang mit den ›Schwachen und Schutzlosen‹ (*Evangelium Vitae* 20) genannt, zu den ›Schwächeren‹ gezählt (*Mater et Magistra* 20) oder als ›unschuldig‹ beschrieben (*Populorum Progressio* 80), die Würde von ungeborenen Kindern wird eingemahnt (*Evangelium Vitae* 44). Kinder werden zweitens angeführt, um moralischen Forderungen größeren Nachdruck zu verleihen oder auf Missstände aufmerksam zu machen; ein Beispiel für dieses Sprachspiel findet sich im Kompendium der Soziallehre der römisch-katholischen Kirche: Hier wird die Verachtung von Grundrechten moniert, besonders von Kindern (*Kompendium der Soziallehre* 5 – es handelt sich um ein Zitat aus *Novo Millenio Ineunte* 50–51). Kinder werden bemüht, um moralische Orientierung zu gewinnen und zu vermitteln – eine Schlüsselfrage in der Enzyklika *Laudato Si* von Papst Franziskus lautet: »Welche Art von Welt wollen wir denen überlassen, die nach uns kommen, den Kindern, die gerade aufwachsen?« (ähnlich in *Laudato Si* 179). Derselbe Text erzeugt moralisches Gewicht durch die Feststellung: »Jedes Jahr verschwinden Tausende Pflanzen- und Tierarten, die wir nicht mehr kennen können, die unsere Kinder nicht mehr sehen können, verloren für immer« (*Laudato Si* 33). Horrende Phänomene wie sexuelle Ausbeutung von Kindern (*Laudato Si* 123), Kinderarbeit (*Quadragesimo Anno* 71), der Handel mit Kindern (*Gaudium et Spes* 27), Kindersoldaten (*Kompendium der Soziallehre der Kirche* 158) oder die Instrumentalisierung von Kindern für Bettelzwecke (*Evangelii Gaudium* 211) werden angeführt, um auf gravierende moralische Defizite in unseren Sozialsystemen und Lebensformen aufmerksam zu machen.

---

8 E. Regan, Barely Visible: The Child in Catholic Social Teaching, Heythrop Journal 55,6 (2014), 1021–1032.

Drittens wird das Motiv ›Kind‹ im Zusammenhang mit der Autorität der Kirche bemüht; die (römisch-katholische) Kirche wird als Mutter von uns allen beschrieben (*Rerum Novarum* 57), als »Mutter und Lehrerin« (*Mater et Magistra* 1, 262); entsprechend sind die Gläubigen die Kinder der Kirche (*Rerum Novarum* 28, *Evangelii Nuntiandi* 30). Wir finden Textstellen, in denen päpstliche Autorität mit der Mütterlichkeit der Kirche verbunden wird, etwa in *Quadragesimo Anno* aus dem Jahr 1931, wo in einer denkwürdigen Passage von den zum Sozialismus übergetretenen Katholiken die Rede ist: »Aber weit entfernt, im Bewußtsein des Uns angetanen Unrechts in gekränktem Vaterschmerz diese Unsere Söhne, die so elend in die Irre gingen und jetzt so fern der Wahrheit und dem Heile sind, von Uns zu weisen und zu verstoßen, rufen Wir sie mit aller Inständigkeit zum mütterlichen Schoß der Kirche zurück« (*Quadragesimo Anno* 126). Die bemühte Bilderwelt ist vielsagend – und auch in der Gegenwart zu finden; Papst Franziskus erinnert die Gläubigen daran, »dass die Kirche Mutter ist und zum Volk so predigt wie eine Mutter, die zu ihrem Kind spricht im Bewusstsein, dass das Kind darauf vertraut, dass alles was sie es lehrt, zu seinem Besten ist, denn es weiß sich geliebt« (*Evangelii Gaudium* 139). Die autoritätsvergewissernde Rede von Kindern findet sich auch im Zusammenhang mit der Autorität Gottes, dessen Kinder wir alle sind (*Rerum Novarum* 25, *Quadragesimo Anno* 137, *Evangelium Vitae* 38). Die unaufhebbare Differenz zwischen Kirche und Mensch und Gott und Mensch vertieft den Eindruck, dass das Kind für ein abhängiges, auf Führung angewiesenes, im Grunde orientierungsloses Wesen steht.

Das Kind erscheint in den Texten der römisch-katholischen Soziallehre als verwundbar, besonders schützenswert und autoritätsunterworfen. Durch die bemühte Bildkraft wird eine bestimmte Vorstellung von Kindern transportiert – die Texte sind damit Ausdruck der theologischen Vorstellungskraft, formen aber auch die theologische Vorstellungskraft aufgrund ihres Gewichts und normativen Status. Eine bestimmte Beispielarmut und Dürre kann den Texten, sofern sie von Kindern handeln, kaum abgesprochen werden. Hier ist die theologische Vorstellungskraft gefordert.

2 Die Formung der theologischen Vorstellungskraft

Die theologische Vorstellungskraft wird geformt durch die Erfahrung und die Erhellung, um es einmal so auszudrücken. Erstere meint das mit bestimmten Kategorien aufgearbeitete Erleben und die Reflexion über Erfahrungen anderer, letzteres meint das Studium von relevanten und auch normativen Quellen. Ersteres kann durch Reflexion auf die eigene Kindheit geschehen, letzteres etwa durch die Arbeit an und mit biblischen Quellen.

Sollte ich eine Autobiographie in theologischer Absicht schreiben wollen (eine ›Autotheobiographie‹), so würde ich auf bestimmte Begebenheiten und Meilensteine meines Lebens Bezug nehmen. Ich will dies hier nicht unternehmen, lediglich zwei Beispiele nennen: Als meine Großmutter väterlicherseits starb, war ich elf Jahre alt. Sie starb 85-jährig und ich hatte Angst vor ihr. Sie war in ihren letzten Lebensjahren dement und entsprechend unberechenbar geworden, bei einem ihrer seltenen Besuche fühlte ich mich ihr sehr fremd. Aufgrund des großen Altersunterschieds (ich entstamme der zweiten Ehe meines Vaters) hatte ich nie ein Näheverhältnis zu meiner Großmutter aufgebaut, die aus wohlhabenden Verhältnissen stammte, eine ›feine Dame‹ war und großen Wert auf Höflichkeit legte – was dazu führte, dass sie Kinder wie kleine Erwachsene behandelte und entsprechende Verhaltenserwartungen an meinen Bruder und mich herantrug. Wir hatten kaum Berührungsflächen mit ihr, mit Ausnahme des jährlichen Besuchs in Wien, wo sie lebte, und der drei Sommerferienwochen, die wir im geräumigen Zweitwohnsitz meiner Großmutter in Osttirol verbrachten, wo sie ein strenges Regiment schwang (als Familienmatriarchin). Ich erinnere mich noch gut an die Situation, als ich von ihrem Tod erfuhr. Ich kam mit dem Fahrrad von einem Fußballspiel nach Hause. Mein Vater ging pfeiferauchend durch den Garten und sagte zu mir »Omama ist gestorben«. Er wirkte traurig und seine Worte versuchten, einen Sinn für das Gewichtige der Situation zu vermitteln. Ich erinnere mich, wie ich mir dachte, wie übertrieben das doch sei. Ich empfand Erleichterung und ein Gefühl von Unverständnis für die Trauer meines Vaters, dessen Verhältnis zu seiner Mutter nie innig war. Wenn ich heute den Satz »Ihr Tod bedeutete damals Erleichterung, die Erleichterung nicht mehr mit ihr interagieren zu müssen« niederschreibe, komme ich mir schäbig vor. Noch schäbiger fühle ich mich, wenn es darum geht, mir einzugestehen, dass ich dieses Erlebnis als Beispiel für die theologische Kategorie der ›Erlösung‹ hätte anführen können. Der Tod meiner Großmutter hatte etwas Erlösendes, wusste ich doch, dass die Sommer in Osttirol unbeschwerter, freier sein würden (und so war es dann auch). Das ist theologisch durchaus interessant – einerseits mit Blick auf die Frage »Wer war meine Großmutter?« und das Eingeständnis, das ich sie nie kennen lernen konnte. Ich kann mir bis heute nicht vorstellen, wie sie als Kind oder junge Frau im Leben stand. Andererseits ist es theologisch interessant, wie weit der Raum des ehrlichen Umgangs mit eigenem Erleben durch Normierungen eingeschränkt wird. In der Welt der Erwachsenen gelten ›Trauerregeln‹. Ich erinnere mich, dass ich mich nur meinem um ein Jahr älterem Bruder anvertraute (»Ich verstehe nicht, warum Papa traurig ist, soll er doch froh sein, dass sie gestorben ist«). In der Welt der Erwachsenen war diese Reaktion, was mir schnell klar war, unangemessen, nicht den Maßstäben für akzeptables Verhalten (und Denken und Empfinden!) entsprechend. Die Welt des Kindes ist eine andere als die Welt des Erwachsenen. Das ist ein abgewandeltes Wort von Wittgensteins berühmten Satz 6.43 aus seinem *Tractatus Logico-Philosophicus:* »Die Welt des Glücklichen ist eine andere als die des Unglücklichen«. Wenn zwei in verschiedenen Welten leben, so deuten sie nicht nur ihre Erfahrungen in unterschiedlicher Weise, sie machen auch unterschiedliche Erfahrungen. Es ist also nicht nur der Fall, dass sie ›dasselbe‹ unterschiedlich interpretieren, sie sehen Unterschiedliches. Das bedeutet, um bei meinem Beispiel zu bleiben, nicht, dass ich als Kind in einer unbeschwerten und regelfreien Welt gelebt hätte, auch in der Mit-Welt mit Gleichaltrigen galt es, Territorien zu verteidigen, Statusansprüche abzusichern, Erwartungen zu erfüllen; aber nach Regeln und Maßen, die sich von Erwachsenen unterscheiden. Es ist theologisch nicht unfruchtbar, sich ›meine Welt als Kind‹ als eine Welt mit eigenen Gepflogenheiten, mit eigener Sprache, mit eigenen Machtdynamiken vorzustellen. Die theologische Vorstellungskraft wird von der eigenen Kindheit, von den eigenen Erfahrungen geformt – und auch von den Erfahrungen, die wir ›in Erfahrung bringen‹. Dazu ein Beispiel über das Lernen aus Erfahrungshorizonten.

2.1 Lernen aus Erfahrungshorizonten

Eines der bekannten Worte des eben erwähnten österreichischen Philosophen Ludwig Wittgenstein bezieht sich auf die Rolle von Beispielen im menschlichen Denken, indem er eine »Hauptursache philosophischer Krankheiten« benennt: »einseitige Diät. Man nährt sein Denken nur mit einer Art von Beispielen«.[9] Die Frage nach den Erfahrungen und Beispielen, über die diejenigen verfügen, die zu einer Theologie des Kindes arbeiten, ist bedeutungsvoll. Das heißt nicht, dass zölibatäre Priester wie Karl Rahner, der vor 60 Jahren einen bemerkenswerten Aufsatz *Gedanken zu einer Theologie der Kindheit* geschrieben hat, nicht Tiefes und Fruchtbares zu diesen theologischen Fragen beitragen könnten. Aber die Frage nach dem ›Modell-Kind‹, das Schreibende vor Augen haben, wenn sie Gedanken über Kinder und Kindheit zu Papier bringen, bleibt relevant.[10] Es ist ja auch plausibel, dass wir für die meisten Kategorien, die wir verwenden, ›beste Beispiele‹ haben; das sind jene Beispiele, die uns als erstes in den Sinn kommen, oder jene Beispiele, die wir verwenden, um eine bestimmte Kategorie einzuführen.

---

9 L. Wittgenstein, Philosophische Untersuchungen, Oxford 1967, 593.
10 Jede Autorin, so hier die Idee, hat einen Modell-Leser, eine Modell-Leserin vor Augen, wenn sie einen Text verfertigt, eine ›implizite Leserin‹: W. Iser, Der Akt des Lesens, Stuttgart 1994.

Hier mag die Versuchung liegen, das niedliche und unschuldige Kind, das friedlich auf der Wiese spielt, als bestes Beispiel heranzuziehen. Es ist uns aus der Welt der humanitären Hilfsindustrie bekannt, dass vorpubertäre Kinder präsent sind und präsentiert werden können, dass aber im Umgang mit adoleszenten Kindern und Jugendlichen und deren Sexualität eine gewisse Hilflosigkeit herrscht.[11] Eine ausgewogene Diät an Beispielen ist für die Formung der Vorstellungskraft und des Sinns für Möglichkeiten, was Kindheit ist und sein kann, wohl entscheidend.

Um ein Beispiel zu nennen: Ian Brown beschreibt in seinem berührenden Buch *Der Junge im Mond* die ersten zehn Lebensjahre seines Sohnes Walker.[12] Walker leidet an einem genetischen Defekt, kann nicht sprechen, braucht auch mit 12 Jahren Windeln und ist dem Risiko ausgesetzt, sich selbst zu verletzen – so muss er einen Helm und spezielle Armschützer tragen. Er kann nicht allein gelassen werden, seine Eltern können nur abwechselnd in der Nacht schlafen.

Walkers Leben ist ein Beispiel dafür, wie technische Errungenschaften und wissenschaftlicher Fortschritt die Grenzen zwischen ›möglich‹ und ›unmöglich‹ neu ausloten lassen: »Bis vor Kurzem wollte niemand [...] in den entsprechenden staatlichen Institutionen [...] zugeben, dass ein Kind geliebt werden und doch zu schwierig sein konnte, als dass seine oder ihre Eltern es versorgen könnten« (BJ 114) – die neue High-Tech-Medizin hat da Möglichkeiten geschaffen, die es früher nicht gab, ein Kind mit dieser Conditio wäre in der Vergangenheit mit Sicherheit gestorben.

Walker hat das Leben seiner Eltern von Grund auf verändert. Ian findet sich in einer alternativen Welt wieder, denn Walker lebt in einer eigenen Welt und bringt Ian in eine andere Welt; Ian lernt mehr und mehr Familien mit behinderten Kindern kennen: »Es war eine andere Welt, und plötzlich war ich ein Teil davon« (BJ 61). Hier ist eine Welt mit eigenen Gesetzmäßigkeiten. Wenn Vorstellungskraft das Vermögen ist, sich in alternativen Welten zu bewegen, so ist Ians Erfahrung nichts weniger als eine Disruption seiner Vorstellungskraft. Gleichzeitig zwingt die Einzigartigkeit Walkers auch Grenzen der Vorstellungskraft auf. Walkers Welt ist eigen, aber auch verschlossen. Walkers Leben ist etwas Besonderes, hier ist Gewicht, gerade aufgrund der Grenzen der Nachvollziehbarkeit: »Er hat sein eigenes Leben, seine eigene geheime Welt, immer schon. Das verleiht ihm etwas Ernstes, Erwachsenes, selbst schon als Junge. Er hat etwas zu erledigen, er muss Dinge zusammen quetschen und an ihnen herumkneten« (BJ 25). Walker lebt in

---

11 P. Fine/K. M. Lord, International Development's Awkward Stage, Foreign Policy, 13.03.2015, https://foreignpolicy.com/2015/03/13/international-developments-awkward-stage-youth/.
12 Ian Brown, Der Junge im Mond. Wie mein Sohn mir half, die Welt zu verstehen, München 2012. Ich verwende die Abkürzung ›BJ‹, um mich auf dieses Buch zu beziehen.

seiner eigenen Welt, die sich nicht erschließen lässt;[13] immer wieder gab es Versuche, diese Welt zu öffnen. »Es gibt ein ganzes Zimmer im zweiten Stock, das voller Spielzeug ist, mit dem er nie gespielt hat, und Kleidung, die er nie getragen hat – die Archäologie unseres vergeblichen Glaubens, dass dieses oder jenes Spielzeug ihn aus seiner geschlossenen Welt heraus- und in unsere Sphäre hereinholen würde« (BJ 28). Hier zeigt sich das Spiel zwischen Erweiterung, Eingrenzung und Disruption der Vorstellungskraft.

Vorstellungskraft ist die Kraft, Anderes und das Andere zu denken, das Andere näher zu holen, Distanz zu überwinden. Wie denkt man über alternative Welten nach? »›Ich würde mein Kind nicht anders haben wollen‹, sagte Johanna eines Nachts, als wir im Bett lagen und miteinander redeten [...]. Aber ich würde es. Ich würde Walker eintauschen, wenn ich auf einen Knopf drücken könnte, für das allernormalste Kind, das bloß Dreien in der Schule kriegt. Ich würde ihn sofort eintauschen. Ich würde ihn nicht um meinetwillen, um unseretwillen eintauschen. Aber ich würde ihn um seiner selbst willen eintauschen. Ich glaube, Walker hat ein sehr, sehr hartes Leben« (BJ 97). Damit verbunden ist auch eine Diskussion um Abtreibung: »›Wenn es, als ich schwanger war, einen Test gegeben hätte, der klar gemacht hätte, wie Walkers Leben aussehen würde, hätte ich eine Abtreibung vorgenommen‹ [...]. ›Aber dann würdest du Walker nicht haben‹, sagte ich [...]. Schließlich erwiderte sie: ›Du kannst doch nicht sagen, nachdem ich nun Walker kenne, hätte ich etwas getan, um ihn loszuwerden? Es ist eine Sache, einen anonymen Fötus abzutreiben. Es ist etwas anderes, Walker umzubringen. Ein Fötus wäre doch nicht Walker.‹« (BJ 210 f.). Hier zeigen sich Konturen einer ›Ethik der Vorstellungskraft‹, die sich vorschnellen und automatisierten Antworten verschließt.

Für eine Theologie des Kindes ist Walkers Leben auch aufgrund der fundamentalen Fragen, die es erzwingt, relevant. Walkers Leben wirft Fragen nach Wert und Sinn des Lebens auf: »Worin besteht der Wert eines solchen Lebens – eines Lebens im Zwielicht und oftmals in Schmerzen? Was für Lasten bürdet sein Leben denjenigen um ihn herum auf?« (BJ 11). Diese Fragen betreffen auch das eigene Leben, das teils zur Hölle geworden ist. »Es ist schwerer, als irgendjemand sich das vorstellen kann, aber auch befriedigender und lohnender« (BJ 93). »Walker hat meinem Leben eine Form gegeben, vielleicht einen Sinn. Aber Walker hat unser Leben auch zur Hölle gemacht« (BJ 160). Eine Theologie des Kindes wird sich mit den einfachen Antworten »Jedes Leben ist ein Geschenk Gottes und darin liegt der Sinn des Lebens« nicht zufriedengeben. Die Erfahrung spricht hier eine eigene

---

13 Hat er selbst Zugang zu dieser Welt? »Was mich beschäftigte, war, ob er ein Gefühl für sich selbst besaß, ein Innenleben. Manchmal schien das die drängendste Frage von allen zu sein« (BJ 63).

Sprache – die theologische Sprache stößt an Grenzen: »Es ist schwer, sich Walker als ein Geschenk Gottes vorzustellen, es sei denn, Gott ist ein Sadist« (BJ 161).

Johanna, Ians Ehefrau und Walkers Mutter, sagt: »Ich weiß nicht, worin Walkers Wert für die Welt besteht. Ich bin nicht sicher, ob ich zustimmen würde, dass sein dauerhafter Wert darin besteht, Menschen berührt zu haben. Dass sein ganzes Leben so ein Scheiß Gandhi-Zeug sein muss, dass sich die Leute dann mit sich selber besser fühlen. Ich glaube, dass sein Leben nicht dadurch einen Wert haben sollte, dass er andere Leute dazu bringt, zufriedener mit ihrem eigenen Leben zu sein. Ich finde, sein Leben sollte seinen eigenen Wert in sich selbst haben« (BJ 212). Tatsächlich verändert Walker das Leben seiner Eltern und das Leben der Menschen, die mit ihm in Kontakt kommen: Walker hat »mein Leben vertieft und erweitert, mich toleranter und beständiger gemacht, moralisch zuverlässiger. Er hatte mir zu Weitsicht verholfen« (BJ 195). »Walker zwingt mich, im Hier und Jetzt zu leben, er lässt mir keine andere Wahl« (BJ 301).

Walker hat Momente der Freude ins Leben seiner Familie gebracht: »Trotz all dieser nächtlichen Alpträume – den Jahren verzweifelter Sorgen, Krankheiten und chronischen Schlafmangels, dem Chaos, das er in unserem Leben angerichtet hat, indem er unsere Ehe, unsere finanziellen Verhältnisse und unsere Gesundheit aufs Spiel gesetzt hat – sehne ich mich doch nach diesem Moment, in dem er, seinen verrückten, formlosen Körper an mich geschmiegt, einschläft. Für einen kurzen Augenblick fühle ich mich wie der Vater eines ganz normalen kleinen Jungen. Manchmal denke ich, das ist sein Geschenk an mich – in kleinen Portionen, um mir zu zeigen, wie wertvoll und kostbar er ist. Walker, mein Lehrer, mein lieber, lieber, verlorener und verwundeter Junge« (BJ 16). Walker empfindet und schenkt auch Freude, »Augenblicke unbezwingbarer Freude«. »Jedes Mal, wenn er glücklich ist, ist er so glücklich, wie er nur sein kann« (BJ 82), etwa im Zusammensein mit seiner jüngeren Schwester Haley: »Hayley, eine zarte und geschickte Ballettänzerin, dreht sich mit Walker zur Musik vor der Hifi-Anlage, und Walker ist außer sich vor Freude. Minuten aus seinem Leben. Für ein normales Kind alltägliche Ereignisse. Aber ich kenne ihren wahren Wert« (BJ 82 f.). Hier entsteht nicht nur Kostbares, sondern auch ein Sinn für das Kostbare.

Die Fragen nach Wert bleiben: »Wer sich also fragt, welchen potenziellen Wert ein schwerbehindertes Kind und welche mögliche Bedeutung ein Leben im Halbschatten haben mögen, das sich hauptsächlich unter Schmerzen vollzieht, dann ist das eine Möglichkeit. Was wäre, wenn Walkers Leben eine Art Kunstwerk im Werden ist – möglicherweise sogar ein kollektives Kunstwerk?« (BJ 279).

Auch andere spirituelle Kategorien scheinen relevant: Wenn man auf Walkers Leben in Begriffen des Spirituellen blickt – was verändert sich? Ian spricht mit einem Spezialisten über das Sommerhäuschen auf einer Insel nördlich von Toronto: »Eine Insel, niemand da außer uns. Walker scheint das sehr zu mögen. Es verändert ihn, beruhigt ihn. Dieser Ort bedeutet mir sehr viel. Werde ich je in der Lage sein, ihm das alles zu erklären?« Antwort: »Nicht rational, wahrscheinlich nicht. Aber ... es klingt, als hätte er es schon verstanden ... Die Buddhisten sagen, der Weg zur Erleuchtung, zum reinen Dasein, liegt darin, die Gedanken wegschieben zu können. Ich will nicht abgedroschen klingen, aber Walker weiß bereits, wie er das tun muss. Er ist reines Dasein. Er ist vielleicht entwicklungsverzögert oder mittelgradig geistig behindert, aber in gewisser Weise ist er uns schon meilenweit voraus« (BJ 84). Eine Schamanin bemerkte: »Walkers Suche, der Zweck seines Lebens, war zu prüfen, ob er sein Spiegelbild im Wasser am Fuße des Brunnens sehen konnte« (BJ 132) – Johanna empfand diesen Zugang als große Erleichterung, weil hier nicht versucht wurde, Walker zu heilen.

So finden sich in Ian Browns Buch nicht nur implizite Bausteine einer Theologie des Kindes, sondern explizit theologische oder wenigstens theologierelevante Reflexion: »Als ziemlich konventioneller Atheist fühlte ich mich nicht wohl mit der Idee der Ewigkeit und Wörtern wie *Wunder*. Aber sie schienen eine wichtige Rolle in dem Leben vieler Menschen zu spielen, die sich um Kinder mit Behinderungen kümmerten. Die Möglichkeit, dass ihr Leben von Gottes Gnade berührt worden war, schien zumindest eine Form, einen Sinn in der sonst sinnlosen Last zu sehen, die sie trugen« (BJ 166). Begriffe wie ›Gnade‹ und ›Gabe‹ können hier Halt geben, vor allem auch der Begriff der Seele. Dr. Blumenberg, ein Arzt, der Walker begleitete, bemühte den Begriff der Seele: »Wir sind so arrogant zu glauben, dass Empfindungsvermögen alles ist, was zählt. Es ist nicht alles, was zählt. Ein Mammutbaum ist kein empfindungsfähiges Wesen. Aber er zählt. Es gibt nichts Großartigeres. Er verlangt nicht danach, dass ich eigens darüber nachdenken muss, um ihn zu bewundern. Ich möchte die Schwierigkeiten, ein behindertes Kind aufzuziehen, nicht kleinreden [...] Es ist einfach ein Fehler, an diese Menschen in Kategorien von *geringer* zu denken. Es gibt kein *geringer als*. Es gibt bloß *anders als*. Es sind nicht bloß die großen Geister, die zählen. Es sind auch die großen Seelen« (BJ 324 f.).

Das ist theologisches Gedankengut. Man kann sich tatsächlich fragen, welchen Unterschied es macht, Kinder als beseelte Wesen zu sehen, das gibt der Innerlichkeit des Kindes eine Unausschöpfbarkeit und Tiefe. Am Beispiel Walkers zeigen sich Grenzen und Potential von theologischen Begriffen wie Gnade, Gabe, Seele, Heil.

Kein Zweifel – Walker hat die Vorstellungskraft seiner Eltern durchbrochen, aufgebrochen und damit geöffnet und geweitet. So entsteht ein Gefühl für die vielen Welten, in denen Kinder leben, für den Pluralismus des Kindseins.

Wir haben es mit einem Pluralismus auf vielen Ebenen zu tun: Wir sprechen von Kindheiten im Plural, müssen uns eingestehen, dass die Kindheit, die die heute Erwachsenen hatten, nicht von den derzeitigen Kindern fortgesetzt wird; wir müssen zur Kenntnis nehmen, dass Alter und Geschlecht(er), Kultur, sozio-ökonomischer Status und politischer Kontext eine Rolle spielen; wir haben es mit vielen verschiedenen Persönlichkeitstypen zu tun, selbst wenn kulturell bestimmte Personalitätsprofile bevorzugt zu werden scheinen.[14] Anerkennung von Kindheiten im Plural ist ein erster Schritt auf dem Weg zur Anerkennung der Einzigartigkeit jedes Kindes. Die Wiederentdeckung der Kategorie der Einzigartigkeit ist eine Form, die Würde von Kindern zu respektieren, wenngleich eine massive erkenntnistheoretische Herausforderung.[15]

Unsere Vorstellungskraft muss so weit sein, dass wir uns vorstellen können, dass Kinder nicht isolierte Geschöpfe sind, sondern in relationaler und systematischer Weise bedacht werden wollen, als Mitglieder von sozialen Systemen, von denen sie geprägt werden, die sie aber auch gestalten. Kinder haben etwa eine nicht zu unterschätzende ökonomische Macht, weil Kinderwünsche finanzielle Haushaltsentscheidungen beeinflussen, ja kontrollieren können, wie die Arbeiten von Viviana Zelizer gezeigt haben.[16] Kinder sind Handelnde; sie verändern Welt durch ihr Dasein, ihre Natalität, wie das Hannah Arendt genannt hat.[17] Die theologische Vorstellungskraft wird von der Diät von Beispielen geformt, von der wir unser Denken nähren. Die Frage, »wie ist es, (für NN) ein Kind zu sein?« ist eine fruchtbare Frage, die die Anstrengung des weiten Erfahrungslernhorizonts motiviert. Auf diese Weise kann die theologische Vorstellungskraft vertieft werden.

2.2 Biblische Formung der Vorstellungskraft

Die theologische Vorstellungskraft wird gewiss auch von biblischen Texten geformt; biblische Texte offerieren Bilder und Motive, auch eine Sprache und eröffnen damit geistliche und theologische Erfahrungs- und Handlungsfelder. Wir finden hier auch Anhaltspunkte für durchbrochene Vorstellungskraft. Die namenlose Tochter des Jiftach[18] ist ein solches Beispiel aus dem elften Kapitel des Buches Richter. Jiftach macht ein törichtes Gelübde, nachdem der Geist des Herrn über ihn gekommen war. Der Geist des Herrn beschützt nicht in magischer Weise vor dem Tragischen. Der Geist des Herrn kann kraftvoll in einer Geschichte wirken, die tragisch endet.

---

14 S. Cain, Still. Die Bedeutung von Introvertierten in einer lauten Welt, München 2013.

15 B.M. Schumpe/H.P. Erb, Humans and Uniqueness, Science Progress 98,1 (2015), 1–11.

16 Z.B.: V. Zelizer, Pricing the Priceless Child. The Changing Social Value of Children, Princeton, NJ 1985; dies., Kids and Commerce, Childhood 9,4 (2002), 375–396.

17 Hannah Arendt, Vita Activa oder vom tätigen Leben, München 2002, 217.

18 Zur Namenlosigkeit vgl. M. Bauks, Traditionsgeschichtliche Erwägungen zur Namenlosigkeit von Jiftachs Tochter (Ri 11,29–40), Lectio difficilior 1 (2007), https://lectio.unibe.ch/de/archiv/micaela-bauks-traditionsgeschichtliche-erwaegungen-zur-namenlosigkeit-von-jiftachs-tochter-ri-11-29-40.html (abgerufen am 15.2.2023).

Jiftach ist der Erwachsene, der Entscheidungen trifft, die das Leben seines Kindes tangieren – in einer Weise, die das Leben des Kindes nicht bloß formen, sondern auch beenden kann. Das Kind ist in der Verfügungsgewalt des Erwachsenen, ähnlich wie die Töchter von Schilo.[19]

Niemand wird Jiftach Boshaftigkeit vorwerfen, der Vorwurf wird lauten: Gedankenlosigkeit. Doch es ist nicht irgendeine Gedankenlosigkeit, es ist fromme Gedankenlosigkeit. Jiftachs Gelübde ist eine Form des Sich-an-Gott-Bindens, ein Überantworten von Eigenem an Gott (Ri 11,30 f.: »Wenn du die Ammoniter wirklich in meine Gewalt gibst und wenn ich wohlbehalten von den Ammoniten zurück-kehre, dann soll, was immer mir als Erstes aus der Tür meines Hauses entgegen-kommt, dem Herrn gehören und ich will es ihm als Brandopfer darbringen« – Ein-heitsübersetzung). Und doch ist diese fromme Gedankenlosigkeit, die hinter dem Gelübde steckt, tödlich. Die Gedankenlosigkeit eines Erwachsenen führt zum Tod eines Kindes.

Jiftach befindet sich in der Welt der Erwachsenen, hier herrschen Krieg und Gewalt, hier wird erobert und zerstört, getötet und vernichtet. Von Kindern ist hier nicht die Rede. Jiftach erringt einen Sieg in der Welt der Erwachsenen, nach den Kriterien der Erwachsenen. Diese Kriterien (Eroberung von Städten, Demütigung von Feinden) mögen seiner Tochter nichts bedeuten. Die Maßstäbe in der Welt des Kindes sind andere als die Maßstäbe in der Welt der Erwachsenen, eine Einsicht, die auch in der strukturell ähnlichen Darstellung der Iphigenie von Euripides zur Sprache gebracht wird.[20]

Jiftach kehrt nach Hause zurück – er weiß um das, was er errungen hat, er weiß um das, was er versprochen hat. Seine namenlose Tochter weiß weder von seinem Sieg noch von seinem Gelübde. Sie wird als unbeschwert und unschuldig gezeichnet, fröhlich und spielerisch zur Pauke tanzend (Ri 11,34). Das Bild der tan-zenden Tochter könnte für Jiftach nach den Erfahrungen einer blutigen Schlacht mit all ihren Horrorbildern, die sich in das Innere einfressen, heilend sein, ein Gegenbild zur Schlacht. Das Kind kann heilende Funktion übernehmen, durch sein Dasein therapeutisch und korrigierend in die Welt der Erwachsenen hineinwirken. Doch in dieser Erzählung tritt die fröhlich tanzende Jugendliche als Unheilsbotin auf. Sie ist sich des Unheils nicht bewusst. Sie wird ins Unglück gestürzt, weil sie zu den Bedingungen ihres Vaters lebt.

---

19 Vgl. R. Egger-Wenzel, Jiftachs Tochter (Ri 11,29–40) – Die Töchter von Schilo (Ri 21,19–25), in: Biblische Notizen 129 (2006), 5–16.
20 A. Kunz-Lübcke, Interkulturell lesen! Die Geschichte von Jiftach und seiner Tochter in Jdc 11,30–40 in textsemantischer Perspektive, in: L. Morenz/S. Schorch (Hg.), Was ist ein Text? Alttes-tamentliche, ägyptologische und altorientalistische Perspektiven, Berlin 2007, 258–283: 263–269.

Und wieder geschieht ein Unrecht: Der Vater ist erschüttert und zerreißt sein Gewand, er spricht zu seiner namenlosen Tochter, die er auch nicht mit Namen anspricht: »Du machst mich niedergeschlagen und stürzt mich ins Unglück« (Ri 11,35, Einheitsübersetzung). Der Erwachsene macht die Geschichte zu einer Geschichte über sich selbst, spricht von seinem Niedergeschlagensein und seinem Unglück. Mehr noch: Der Erwachsene schiebt die Schuld auf das Kind; die Jugendliche wird zur Ursache des väterlichen Unglücks gemacht. Die Dynamik ist im Grunde ungeheuerlich und doch wohl so ungewöhnlich nicht. Erwachsene zwingen Kindern Bedingungen auf und eröffnen damit dem Kind die Chance, die Erwachsenen zu enttäuschen. Das Kind wird in eine ihm fremde Welt hineingelotst und muss sich den Bedingungen beugen.

Jiftachs Tochter antwortet in Kategorien der Erwachsenenwelt; sie erkennt sein Gelübde an und bringt den Sieg über die Ammoniter zur Sprache (»Der Herr hat dir Rache an deinen Feinden verschaffen«). Die Rede steht in Kontrast zum unbeschwerten kindlichen Tanz kurz zuvor. Sie transportiert Einsicht in Gewicht und Gültigkeit des Gelübdes und in den Umstand, dass Gott seinen Teil des Handels eingehalten hat. Die Jugendliche ist gezwungen, sich der väterlichen Kategorien (›Gelübde‹, ›Rache‹) zu bedienen, um sich dem Vater verständlich zu machen. Nicht er geht auf ihre Welt zu, sondern sie tritt in seine epistemische Welt und in seine Erfahrungswelt ein.

Die Abhängigkeit des Kindes wird weiter deutlich durch die Bitte der Tochter, mit ihren Freundinnen zwei Monate lang ihre Jugend beweinen zu dürfen; dieses Ansinnen wird als Gesuch vorgetragen, es ist zu gewähren – und der Vater gewährt es aus einer Machtposition, auch anders handeln zu können (»Er ließ sie für zwei Monate fort.«). Die Pläne und Zukunftshoffnungen der jugendlichen Tochter werden durchbrochen. Ihre Existenz wird unter die Kategorien ›Gehorsam‹ und ›Unschuld‹ gestellt (Ri 11,39 hält fest, dass sie keine Beziehung zu einem Mann gehabt hatte). Beide Kategorien sind wohl weniger ›verdienstvoll‹ als ›alternativenlos‹. Auch wenn der Text ihr Handlungsmacht zuspricht (Tanz, Empfang des Vaters, Akzeptanz und Rede in Erwachsenenkategorien, Bitte um Aufschub und Abschluss, Rückkehr aus den Bergen), reicht die Handlungsmacht doch wohl nicht aus, sich dem Vater zu widersetzen. Und doch wird die namenlose Tochter in diesem ›text of terror‹ Teil einer Dynamik, die sie »als die eigentliche Heldin« in den Vordergrund rückt.[21]

---

[21] M. Bauks, »Sakrale Sprache« und »heilige Worte«: die Erzählung von Jephptas Tochter (Ri 11,29–40). Ein »text of terror«?, Annali di Studi Religiosi 6 (2005), 417–428: 424; vgl. Ph. Trible, Texts of Terror, Philadelphia 1984, 93–118.

Das Kind erfährt Tragisches, die Welt der jugendlichen Tochter wird vom Vater kolonialisiert, für seine Zwecke ausgebeutet. Aus dem Tragischen erwächst Frucht – ein Brauch wird etabliert, der die Erinnerung an das Tragische und damit auch die Erinnerung an die Möglichkeit und Kraft des Tragischen aufrechterhält. Die Erzählung von Jiftachs Tochter kann mit der Kategorie des Tragischen gedeutet werden.[22]

Eine soziale Theologie des Kindes wird sich bemühen können um das Tragische, das mit Kindsein und Kindheiten verbunden ist. Die Verbindung zwischen Kindsein und dem Tragischen zeigt sich auf vielfache Weise. Obwohl das Tragische nach der aristotelischen Darstellung (Poetik 49b24–28) mit Größe und Gewicht zu tun hat, zeigt sich das Tragische mit Blick auf Kindsein und Kindheit nicht selten durch ein Kleinmachen und ein Vernachlässigen. Das Tragische setzt uns Kräften aus, die wir weder ganz verstehen noch unter Kontrolle bringen können, hier geschieht Irreparables, hier wütet ein Übermaß an Leid.[23] Die Menschheitsgeschichte ist voll von Tragik, die Erwachsene ins Leben von Kindern tragen. Hier wird strukturelle und persönliche Gewalt ausgeübt, hier findet epistemische Ungerechtigkeit statt, hier wird instrumentalisiert und missbraucht. Das Kind ist Spielball vieler Kräfte und Dynamiken, eingebettet in soziale Systeme und vielfach verwaltet von Institutionen. Eine soziale Theologie der Kindheit wird sensibel für strukturelle Gewalt und epistemische Ungerechtigkeit sein, wird die Eintrittsstellen für Missachtung und Demütigung von Kindern sorgsam prüfen. Wo wird das Kind in seinem Wissen und Wollen nicht ernst genommen? Wo darf das Kind nicht Kind sein?

Es ist Teil des Tragischen im Kindsein, dass das Kind als Kind erniedrigt und gleichzeitig gezwungen werden kann, kein Kind zu sein – wie die Geschichte von Jiftachs Tochter nahebringt. Tragik hat mit Trennung und mit Verlust zu tun.[24] Es ist tragisch (im Sinne von Trennung und Getrenntsein), dass Kinder und Erwachsene in verschiedenen Welten leben und einander im Letzten nicht verstehen können. Es ist jenes Nichtverstehen, jene hermeneutische Grenze, die der Gesunde

---

22 R. Lux, Jiftach und seine Tochter. Eine biblische Tragödie, Leipzig 2021, v. a. 20–30.

23 G. Steiner, The Death of Tragedy, London 1961, 8.

24 Vielleicht deutet sich auch eine tiefere Tragik des Kindseins an: Es ist wohl auch tragisch (im Sinne von Verlust), dass das dem Kindsein inhärente Wachstum mit stetem und dauerhaftem Verlust verbunden ist; das Baby bleibt nicht Baby, das Kleinkind bleibt nicht Kleinkind, das Kind bleibt nicht Kind – das hat seine Richtigkeit und auch Schönheit, aber eben auch: ein Moment des Verlusts, der Erfahrung von unwiederbringlich Verlorenem im linearen Weg der Zeit und des Älterwerdens. Wir müssen eine fundamentale Tragik des Kindseins eingestehen: Es ist tragisch, wenn das Kind zum Eigentum und zur Sache wird; es ist aber auch tragisch, dass das Kind als Kind etwas Flüchtiges hat, das Leben mit einem Kind ist geprägt von Anfängen – und Abschieden.

im Umgang mit dem Kranken eingestehen muss. Der Erwachsene kann das Kind nur begrenzt verstehen.

Der Tod meines Sohnes ist tragisch. Als mein Vater im Alter von 88 Jahren starb, so war das traurig, aber nicht tragisch. Der Tod meines Sohnes ist tragisch – nicht, weil wir ein Gelübde abgelegt haben wie Jiftach, sondern weil die Welt, in der mein Sohn lebte, Versprechen gebrochen hat. Das gilt auch für uns. Der Tod meines Sohnes flicht in den Lebensteppich Fäden des Tragischen ein, die alles prägen und durchziehen. So hat es der Dichter W.S. Mervin ausgedrückt:

> Your absence has gone through me
> Like thread through a needle
> Everything I do is stitched with its color.[25]

Das Kind hat die Kraft, Tragisches zu bewirken; mein Sohn hatte die Kraft, Tragik zu erschaffen. Eine Theologie des Kindes wird das Kindsein in seinem Pluralismus, in seiner Gewichtigkeit und Tiefe sehen und auch offen sein für das Dunkle und Tragische, das sich nicht mit romantisierenden Begriffen unschuldigen und wonnigen Kindseins vermessen lässt.

3 Dekolonialisierung und die Idee der Gleichheit

Das Eingeständnis, dass die Welt des Kindes eine andere ist als die Welt des Erwachsenen, lässt eine weitere Kategorie in den Vordergrund rücken, die für die Sozialtheologie des Kindes und die darin wirkende theologische Vorstellungskraft relevant ist: die Kategorie der Dekolonialisierung.

Die Theologie des Kindes wird genährt von reicher und durchbrochener Vorstellungskraft; Kinder haben disruptive Kraft, die Kraft, die Welt der Erwachsenen zu durchbrechen. Das wird mit den Mitteln, die den Erwachsenen zur Verfügung stehen, bekämpft. Hier wird die Welt der Kinder kolonialisiert. Die Idee und Erfahrung der Moderne mit den klaren und institutionalisierten Rollenzuteilungen und bürokratisierten Hierarchien steht im Hintergrund des kolonialen Denkens. Kinder sind in der Hierarchie unten, Erwachsene sind oben.

Habermas hat seinerzeit von der Kolonialisierung der Lebenswelt gesprochen.[26] Systeme mit ihren administrativ auferlegten Erwartungen und Verhaltensnormen dringen in die Alltagswelt der Menschen ein und zwingen lebensweltliche

---

25 W.S. Mervin, Migration. New & Selected Poems, Port Townsend 2005, 84.
26 J. Habermas, Theorie kommunikativen Handelns. Band 2, Frankfurt a.M. 1981, 522.

Dynamiken zu einer Anpassung an Systeme. Der Gedanke, dass die Lebenswelt von Kindern von Erwachsenen kolonialisiert wird, ist nicht allzuweit hergeholt. Denken wir an die COVID-19 Pandemie und die Entscheidungen, Kindergärten und Schulen zu schließen, Lockdowns zu verhängen, Kinder einzusperren. Inwieweit wurden im Diskurs Kinder einbezogen oder berücksichtigt? Wie viel hatten Jugendliche mitzubestimmen, als es um Fragen der Bildungsgestaltung unter Pandemie-Bedingungen ging? Wie so oft galt: Erwachsene entscheiden, Kinder passen sich an. Kinder passen sich an und Kinder passen sich ein.

Der Begriff des Adultismus will auf diesen Missstand aufmerksam machen.[27] Die Erwachsenenperspektive wird privilegiert, die Lebenswelt der Kinder (die ›Peripherie‹) von dieser Perspektive aus (dem ›Zentrum‹) kolonialisiert.[28] Fragen der Stadtentwicklung, Fragen der Kirchenentwicklung, Fragen der Politikgestaltung werden weitestgehend von Erwachsenen behandelt.

Die in der *Allgemeinen Erklärung der Menschenrechte* im ersten Artikel verankerte Gleichheit bezieht sich auch auf die Relation zwischen Erwachsenen und Kindern. Beispielhaft angekämpft gegen die strukturell und lebensweltlich etablierte Ungleichheit hat Janusz Korczak, der polnische Kinderarzt und Waisenhausleiter, der die Vorstellungskraft seiner Zeit dadurch herausgefordert hat, dass er schon in den 1920er Jahren von Kinderrechten sprach. Kinder sind nicht kleine Erwachsene, aber Erwachsenen in Würde und Rechten gleichgestellt. »Das Kind wird nicht erst ein Mensch, es ist schon einer.«[29] Die Welt der Kinder ist »keine Liliputwelt, sondern eine richtige Welt mit ihren Werten, Tugenden, Lastern, Bestrebungen und Wünschen, die durchaus nicht klein und gering, sondern wichtig sind, und nicht unschuldig, sondern eben menschlich.«[30] Ebenso wie der Lebens-

---

27 Vgl. S. Richter, Adultismus: die erste erlebte Diskriminierungsform? Theoretische Grundlagen und Praxisrelevanz, https://www.kita-fachtexte.de/fileadmin/Redaktion/Publikationen/KiTaFT_richter_2013.pdf (abgerufen am 14.02.2023).
28 Ich beeile mich hinzuzufügen, dass der Begriff des ›Adultismus‹ seine Grenzen hat und sich etwa vom Begriff des Rassismus unterscheidet. Wenn sich Menschen aufgrund der Hautfarbe unterscheiden, wirkt sich diese Differenz nicht auf das Fähigkeitsportfolio aus. Wenn sich allerdings Menschen aufgrund des Alters unterscheiden, ist dies durchaus fähigkeitsrelevant. Einem siebenjährigen Kind sind bestimmte Dinge nicht zuzumuten, von einem siebenjährigen Kind können bestimmte Dinge nicht erwartet werden. Es ist keine Form moralisch relevanter Diskriminierung, wenn Kinder von bestimmten Produkten (Alkohol zum Beispiel) oder Erfahrungen ausgeschlossen werden – ebensowenig wie es eine Form moralisch relevanter Diskriminierung ist, wenn Menschen, die das 80. Lebensjahr vollendet haben, gesetzlich verpflichtet werden, ihre Fahrerlaubnis alle 12 Monate überprüfen zu lassen. Hier sind die Anliegen von Adultismus und Gleichheit auf der einen Seite mit einer realistischen Anthropologie auf der anderen Seite gut abzuwägen.
29 J. Korczak, Das Recht des Kindes auf Achtung, hg. von E. Heimpel, H. Roos, Göttingen ⁶2015, 11.
30 J. Korczak, Wie man ein Kind lieben soll (KL), Göttingen 2008, 162.

abschnitt des Erwachsenseins eine eigene Dynamik und eine existentielle Bedeutung hat, hat auch die Kindheit einen absoluten Wert, der nicht allein oder primär von seinem Potential mit Blick auf das Erwachsenenalter abhängt. Das Kind ist der Würde nach dem Erwachsenen gleich. Das Ringen um die Anerkennung der Gleichheit ist gerade bei Kindern eine kontrakulturelle Angelegenheit. »Von früher Kindheit an wachsen wir in dem Gefühl auf, daß das Große mehr Bedeutung hat als das Kleine.«[31]

Das Kinderleben wird als nicht gleichwertig mit dem Erwachsenenleben angesehen, es gilt bloß als Vorbereitung und Hinführung; diese herablassende Sichtweise wird von Janusz Korczak massiv in Frage gestellt. Wir sehen das Kind als »schwach, klein, arm, abhängig – ein Staatsbürger wird es erst. Wir behandeln es mit Mitleid, Schroffheit, Grobheit und wenig Achtung.«[32] Deswegen betont Korczak das Recht des Kindes auf den heutigen Tag und das Recht des Kindes so zu sein, wie es ist. Hier kann man sich fragen, welche Räume wir bauen, die auch kindgerecht sind (Museen, Theater, öffentliche Plätze) und nicht von Kindern verlangen, wie kleine Erwachsene zu operieren. Wo sind nicht von Erwachsenen kolonisierte Räume für Kinder?

Die Würdegleichheit von Kindern und Erwachsenen hebt die Ungleichzeitigkeit nicht auf, also die Erfahrung, dass wir es hier mit verschiedenen Welten zu tun haben. In seiner Geschichte *Wenn ich wieder klein bin* (geschrieben im Jahr 1925) erzählt Korczak davon, wie ein erwachsener Mensch wieder zum Kind wird, in voller Kenntnis seines Status, sodass er ›beide Perspektiven‹ kennt, die Welt des Erwachsenen und die Welt des Kindes. Die Erzählung vermittelt die Idee der Gleichheit – Kinder und Erwachsene haben ähnliche Sehnsüchte und Hoffnungen und Bedürfnisse und Wünsche – und endet mit der Botschaft, dass das Leben der Kinder kein Spiel ist, sondern ernsthaft und schwer, gerade auch, weil die Welt der Kinder durch die Geringschätzung und Verachtung von Seiten der Erwachsenen schwer und mühsam wird. Am Ende des Textes äußert der Protagonist den Wunsch, wieder groß zu sein.

Kinder und Erwachsene sind in fundamentalen Hinsichten gleich. Was bedeutet es, Kinder in ihrer Welt ernst zu nehmen? Korczak hat sich darum bemüht, kindgerechte Institutionen zu bauen (Waisenhaus, Schule).[33] Die kinderzentrierte

---

31 Korczak, Das Recht des Kindes auf Achtung (s. Anm. 29), 7. »Der ›Marktwert‹ des Jungen ist gering. Nur vor dem Gesetz und vor Gott gilt die Apfelblüte soviel wie der reife Apfel, die grüne Saat soviel wie das reife Feld« (ebd., 10). »Wir sprechen von dem zukünftigen Menschen, dem zukünftigen Arbeiter und dem zukünftigen Staatsbürger. Das liegt noch in weiter Ferne […]« (ebd., 23).
32 Korczak, Das Recht des Kindes auf Achtung (s. Anm. 29), 13.
33 Korczak hatte 1911 das Waisenhaus Dom Sierot übernommen und dieses zu einem Dauerexperiment in kinderzentrierter Pädagogik gemacht. Dom Sierot kann in vielerlei Hinsicht als Lernfall

Institution zeigt sich im ernsthaften Versuch, Macht als kooperatives Gut zu sehen, also als ein Gut, das durch Teilen vermehrt und nicht vermindert wird. Die Kinder haben Rechte, aber auch Pflichten. Die Verteilung der Aufgaben wird gemeinsam entschieden. Das erwähnte Parlament hat eine besondere Bedeutung: Kinder wählen Repräsentantinnen und Repräsentanten. Kinder beraten über institutionelle Rahmenbedingungen wie Essenszeiten oder Schlafenszeiten. Dadurch entsteht auch ›Miteigentümerschaft‹ an Entscheidungen, die Resultat eines demokratischen Prozesses sind. Dadurch wird dem Wert der Teilhabe Rechnung getragen.

Natürlich kann man auch Korczak nicht von jeglichem Verdacht freisprechen, nicht in die Falle der Kolonialisierung der kindlichen Lebenswelt getappt zu sein, indem er Kinder in ›Erwachseneninstitutionen‹ brachte (Parlament, Gericht). Aber hier zeigt sich jedenfalls die disruptive Kraft, die kinderzentrierte Vorstellungskraft haben kann.

Und das ist mein Schlussappell: Dem Kind muss hier eine disruptive Kraft zuerkannt werden. Eine soziale Theologie des Kindes muss die disruptive Kraft von Kindern schützen und wahren. Die Erwachsenenwelt muss von der Kinderwelt durchbrochen werden, muss von Kindern durchbrochen werden. Hier ist vor einer Medikalisierung, Psychologisierung und Pädagogisierung von Kindheit ebenso zu warnen wie vor dem Versuch, Kinder als ›Experten‹ zu sehen, die dann erst in Erwachsenenrollen gedrängt werden.

Dazu bedarf es einer Vorstellungskraft, die es schafft, das ›Kind als Kind‹ zu sehen; einer Vorstellungskraft, die nicht darin stehen bleibt, sich vorzustellen, ›wie es für mich wäre‹, in einer bestimmten Rolle zu sein.

Mein Sohn starb, als es dunkel war – in der Nacht, aber auch in der Dunkelheit der Pandemie, des Lockdowns, der Vereinsamung. Wir hatten es nicht kommen sehen, waren ahnungslos, waren gefangen in einer Vorstellungskraft, die nur so weit reichte, zu bedenken, wie es ›für uns‹ wäre, im Lockdown zu sein. Unser sanfter Sohn hat diese Vorstellungskraft nicht durchbrochen – sein Tod erst hat die Vorstellungskraft gesprengt.

---

einer anständigen Institution gelten, die in besonderer Weise der Anerkennung der Gleichheit verpflichtet war. Das Grundanliegen Korczaks bestand schlicht darin, eine Kinderrepublik zu errichten, die über ein Parlament mit zwanzig Abgeordneten und ein Gericht mit einer öffentlichen Anzeigetafel (»ein Betätigungsfeld für den Erzieher und die Kinder«) verfügte – J. Korczak, Wie liebt man ein Kind. Erziehungsmomente. Gesammelte Werke 4, hg. von F. Beiner und S. Ungermann, Gütersloh 1999, 257. Das Gericht sollte die Rechtsprechung demokratisieren, die Erzieherinnen und Erzieher entlasten, eine Kommunikation zwischen Opfer und Täter ermöglichen – R. Godel-Gassner et al., Die Erziehungspraxis Korczaks. Wege zur Selbsterziehung, in: ders./S. Krehl (Hg.), Kinder sind auch (nur) Menschen, Jena 2014, 79–93.

Friedrich Schweitzer

Das Kind in der Theologie und die Vielfalt der Kinder

Was bedeutet Interreligiosität für die theologische Anthropologie des Kindes?

Zusammenfassung: Dieser Betrag zielt auf die Notwendigkeit, die theologische Anthropologie des Kindes in einem interreligiösen Horizont zu erweitern. Dazu werden vier Perspektiven vorgestellt: die theologische Anthropologie des Kindes im christlich-islamischen Vergleich; der Übergang von der pädagogischen Anthropologie zur empirischen Sozialisations- und Kindheitsforschung; die eigene Stimme der Kinder; das Recht auf interreligiöse Bildung.

Abstract: This article refers to the need to broaden the theological anthropology of the child in an interreligious horizon. Four perspectives are discussed: theological anthropology of the child in Christian-Muslim comparison; the transition from educational anthropology to empirical research on socialization and the new childhood studies; children's own voice; the right to interreligious education.

»Das Kind« gibt es nicht – es gibt nur Kinder, die sich in ihrer Vielfalt stark voneinander unterscheiden. Aufgrund dieser lapidaren Feststellung ist mitunter schon nach der Berechtigung einer gemeinsamen Bezeichnung gefragt worden.[1] Ist »das Kind« eine Universalie? Ist die Frage nach dem »Wesen des Kindes«, wie sie oft mit der Anthropologie des Kindes assoziiert wird, sinnvoll und legitim? Damit wiederholt sich für die Anthropologie des Kindes der Sinnlosigkeitsverdacht, der sich inzwischen gegen alle universalisierenden Betrachtungsweisen von Menschen erhebt und ihnen entgegenhält, dass sie am Ende bloß zu Essentialisierungen führen könnten.

Eine solche anthropologiekritische Sichtweise kann allerdings ihrerseits der Überspitzung bezichtigt werden, weil sie das Kind mit dem Bade ausschütte. Denn trotz aller Vielfalt, wie sie von Geschlecht, sozialer Lage, kulturellen, religiösen

---

1 Vgl. R. Smith, The universal child, Basingstoke/New York 2010.

Kontakt: Friedrich Schweitzer, Evangelisch-Theologische Fakultät, Eberhard Karls Universität Tübingen; E-Mail: friedrich.schweitzer@uni-tuebingen.de

https://doi.org/10.1515/bthz-2023-0011

und ethnischen Zugehörigkeiten usw. bedingt wird, lassen sich doch noch immer bedeutsame Gemeinsamkeiten zwischen allen Kindern benennen. Wo immer auf der Welt Kinder geboren werden, gilt beispielsweise, dass sie für sich allein nach der Geburt nicht überlebensfähig wären, dass sie aufgrund ihrer Körpergröße und geringen Körperkraft besonders wehrlos und verletzlich sind und dass sie einen viele Jahre lang andauernden Prozess körperlicher, geistiger und seelischer Veränderungen durchlaufen, der sie von Erwachsenen unterscheidet.

Auch die Theologie hat sich seit der Zeit, als sich nach der Mitte des 20. Jahrhunderts die theologische Anthropologie des Kindes als explizites Thema herauskristallisiert hat, mehrfach gewandelt. Beispielsweise war die religiös-weltanschauliche Vielfalt, die heute als eine wesentliche Signatur der Gegenwart angesprochen werden kann, damals – zumindest im deutschsprachigen Bereich – noch kaum präsent. Der Schwerpunkt der theologischen und ähnlich auch der pädagogischen Anthropologie des Kindes lag bei Fragen des Menschseins und bei der Forderung, das Kindsein als einen vollwertigen Modus des Menschseins anzuerkennen.[2] Auch in neueren Beiträgen zur theologischen Anthropologie des Kindes wirkt diese Fokussierung nach, was umgekehrt erklärt, warum sich diese Diskussion noch wenig der Pluralitätsthematik gestellt hat.[3] Zwar sind die historisch und konfessionell mitunter sehr differenten Deutungen zu Kind und Kindheit bewusster geworden und werden in der Literatur auch dargestellt,[4] aber was die zunehmende religiös-weltanschauliche Vielfalt für das Aufwachsen von Kindern und auch für ihr Kindsein oder für eine theologische Anthropologie des Kindes – und nicht zuletzt in der Wahrnehmung der Kinder selbst – bedeutet, wird insbesondere in der deutschsprachigen Diskussion zur theologischen Anthropologie des Kindes noch kaum thematisiert.

---

2 Vgl. A. Flitner u.a. (Hg.), Wege zur pädagogischen Anthropologie. Versuch einer Zusammenarbeit der Wissenschaften vom Menschen, Heidelberg 1963, mit anderen Akzenten O.F. Bollnow, Die anthropologische Betrachtungsweise in der Pädagogik, Essen 1965, sowie die im Folgenden genannte Literatur (bes. Anm. 8 und 9).
3 Vgl. etwa F.F. Spengler, Kindsein als Menschsein. Beitrag zu einer integrativen theologischen Anthropologie, Marburg 2005; F. Surall, Ethik des Kindes. Kinderrechte und ihre theologisch-ethische Rezeption, Stuttgart 2009; M. Ebner et al. (Hg.), Gottes Kinder (Jahrbuch für biblische Theologie 17), Neukirchen-Vluyn 2002. Erste interreligiöse Öffnungen enthält der Band T. Schlag/H. Simojoki (Hg.), Mensch – Religion – Bildung. Religionspädagogik in anthropologischen Spannungsfeldern, Gütersloh 2014, mit den Beiträgen von M. Brumlik, Menschenwürde im Kontext einer Kultur der Erinnerung. Perspektiven aus dem Judentum (S. 329–339) sowie von E. Aslan, Menschsein, Religion und schulische Bildung. Perspektiven der islamischen Religionspädagogik (S. 433–444).
4 Vgl. etwa M.J. Bunge (Hg.), The child in Christian thought, Grand Rapids/Cambridge 2001; auch F. Schweitzer, Die Religion des Kindes. Zur Problemgeschichte einer religionspädagogischen Grundfrage, Gütersloh 1992.

An diesem Punkt setzt der vorliegende Beitrag an. Er bezieht sich auf Interreligiosität (hier auch zu verstehen als Multireligiosität) als Beispiel für die Vielfalt der Kinder und Kindheiten und fragt, was Interreligiosität für die theologische Anthropologie des Kindes bedeuten kann. Dies soll in vier Schritten geschehen, wobei das Verhältnis zwischen theologischer Anthropologie des Kindes und Interreligiosität in jeweils unterschiedlicher Weise beleuchtet wird: durch das Plädoyer für eine theologische Anthropologie des Kindes im christlich-islamischen Vergleich; in der Diskussion zwischen Anthropologie und empirischen Sozialisationstheorien oder der Kindheitsforschung; mit der eigenen Perspektive von Kindern auf andere Religionen; schließlich mit der Frage, ob das Recht des Kindes auf Religion zu einem Recht des Kindes auf interreligiöse Bildung fortgeschrieben werden muss. Einige zusammenfassende Überlegungen beschließen den Beitrag.

Eine weitere Intention soll dabei sein, die im deutschsprachigen Bereich geläufige theologische Anthropologie des Kindes gezielt zu überschreiten und den Blick international zu weiten, obwohl dies gerade bei der Anthropologie des Kindes eher schwerfällt. Das liegt an erster Stelle daran, dass der deutsche Begriff »Anthropologie« auf eine disziplinär andere Wissenschaftstradition verweist als der englische Begriff »anthropology«, an dem sich die internationale Diskussion weithin orientiert. Statt auf Wesensmerkmale des Mensch- oder Kindseins zu fokussieren, wird im englischsprachigen Bereich eher eine soziokulturelle Betrachtungsweise in den Mittelpunkt gerückt. Die Unterschiede im Verständnis von Anthropologie/anthropology haben dann auch Folgen im Blick auf die Theologie. Darstellungen, die im deutschen Sprachraum der theologischen Anthropologie des Kindes zugerechnet würden, werden international eher als Theology of the Child oder Child Theology bezeichnet.[5] Solche Ansätze finden wiederum international derzeit zunehmende Beachtung, was schon daran abzulesen ist, dass sogar von einem eigenen Child Theology Movement gesprochen wird.[6] Die Anthropologie des Kindes im deutschen Sprachraum hingegen kann in der Gegenwart nur sehr bedingt als theologisch oder (religions-)pädagogisch zentral bezeichnet werden. Hinzuweisen ist allerdings auf die Kommission Pädagogische Anthropologie der Deutschen Gesellschaft für Erziehungswissenschaft, die entsprechende Diskurse kontinuierlich weiterführt und sich mitunter auch mit religionsbezogenen Fragestellungen befasst hat.[7]

---

5 Vgl. bspw. M. J. Bunge (Hg.), Child theology: Diverse methods and global perspectives, New York 2021; s. auch D. H. Jensen, Graced vulnerability. A theology of childhood, Cleveland 2005; J. W. Berryman, Children and the theologians. Clearing the way for grace, New York 2009.
6 Vgl. www.childtheology.org (abgerufen am 22.08.2022).
7 Https://www.dgfe.de/sektionen-kommissionen-ag/sektion-2-allgemeine-erziehungswissenschaft/kommission-paedagogische-anthropologie (abgerufen am 22.08.2022). Als aktuelle Veröffentlichung vgl. G. Blaschke-Nacak/U. Stenger/J. Zirfas (Hg.), Pädagogische Anthropologie der Kinder.

1 Theologische Anthropologien des Kindes im interreligiösen Vergleich: zum Beispiel Christentum und Islam

Die theologische Anthropologie des Kindes ist im deutschsprachigen Bereich unlöslich mit den grundlegenden Arbeiten von Martinus J. Langeveld sowie von Karl Rahner und deren entsprechenden Veröffentlichungen aus den 1950er und 1960er Jahren verbunden.[8] Ebenso wichtig aber waren auch die pädagogisch-anthropologischen Ansätze von Andreas Flitner, Otto Friedrich Bollnow und Werner Loch, die sich zum Teil kritisch auf die Theologie sowie die als fehlend wahrgenommene theologische Anthropologie des Kindes bezogen – bis hin zu dem bis heute immer wieder zitierten Vorwurf einer »Verleugnung des Kindes in der Evangelischen Pädagogik«.[9] Entscheidend war hier das Anliegen, das eigene Recht der Kindheit sowie die eigene Würde von Kindern bewusst zu machen.[10] Im Zentrum standen darüber hinaus vielfach die den Kindern eigenen Weltzugänge in ihrer besonderen Sinnhaftigkeit. Für die damalige Anthropologie des Kindes war es ein tragisches Missverständnis von Anthropologie, wenn diese nur »den Menschen« darstellte und dabei zu vergessen schien, dass alle Menschen als Kinder geboren werden und aufwachsen. Wer am Kindsein vorbeigeht, wird demnach auch den Menschen verfehlen. Eine solche Anthropologie des Kindes war damals neu. Sie konnte erst im Zusammenhang der sogenannten neuen Anthropologie[11] im zweiten Drittel des 20. Jahrhunderts entstehen, aber sie hatte bedeutsame Vorläufer vor allem in den theologisch-anthropologisch-pädagogischen Entwürfen aus der Romantik, etwa bei Jean Paul und Friedrich Schleiermacher, die das Kind besonders in religiöser Hinsicht würdigten,[12] aber auch in der Kinderrechtsbewegung beispielsweise bei Ellen Key oder Janusz Korczak.[13] Mit der Anthropologie des Kindes verbinden sich also bis heute zentrale pädagogische und theologische Motive, von denen nicht zuletzt

---

Geschichte, Kultur und Theorie, Weinheim/Basel 2018, im vorliegenden Zusammenhang s. besonders die Einleitung der Hgg., Kinder und Kindheiten. Eine Einleitung, 11–35.

8 Vgl. u. a. M. J. Langeveld, Was hat die Anthropologie des Kindes dem Theologen zu sagen?, in H. Diem/M. J. Langeveld (Hg.), Untersuchungen zur Anthropologie des Kindes, Heidelberg 1960, 19–33; K. Rahner, Gedanken zu einer Theologie der Kindheit, GuL 36 (1963), 104–114.

9 W. Loch, Die Verleugnung des Kindes in der Evangelischen Pädagogik. Zur Aufgabe einer empirischen Anthropologie des kindlichen und jugendlichen Glaubens, Essen 1964.

10 Vgl. die knappe Zusammenfassung bei Schweitzer, Die Religion (Anm. 4), 394; 400.

11 Vgl. die Reihe H.-G. Gadamer/P. Vogler (Hg.), Neue Anthropologie, Stuttgart 1972 ff.

12 Bes. Jean Paul, Levana oder Erziehungslehre, Braunschweig 1807; F. Schleiermacher, Die Weihnachtsfeier. Ein Gespräch, Halle 1806.

die Religionspädagogik der Gegenwart zehrt, wenn sie Kinder und Jugendliche etwa im Zusammenhang mit der Kindertheologie, aber auch weit darüber hinaus grundsätzlich als Subjekte wahrnehmen und anerkennen will.

Während sich die theologische Anthropologie des Kindes in Deutschland – wohl aufgrund ihrer anders gelagerten Schwerpunkte – noch kaum auf interreligiöse Fragen eingestellt hat, weitet sich der Blick in der internationalen Diskussion zunehmend für die Erfahrungen, die Kinder im Aufwachsen im Bereich verschiedener Religionen machen. Aus den bereits genannten Gründen wird dabei im Englischen allerdings nicht von Anthropologie gesprochen, sondern von theologischen und sozialwissenschaftlichen Zugängen. Eine Pionierrolle übernahmen dabei die sozialpsychologischen Untersuchungen von Robert Coles, eines Schülers von Erik H. Erikson, der zahlreiche kontextuelle Studien zu Kind und Kindheit in verschiedenen, für die Kinder vor allem belastenden marginalen Lebenslagen vorgelegt und ihnen damit gleichsam eine Stimme verliehen hat.[14] Ebenfalls als Pionierleistung anzusprechen sind die Studien des Religionssoziologen Robert Wuthnow zum Aufwachsen im Christentum und Judentum in den USA.[15] Für die theologische Anthropologie des Kindes machen diese Studien deutlich, dass verschiedene Religionen auch das Kindsein und dessen Verständnis berühren.

Nachdem sich die Theologie beispielsweise in den USA ähnlich wie in Deutschland im Blick auf Kinder zunächst ganz auf den christlichen Bereich und speziell die biblischen sowie kirchen- und pädagogikgeschichtlichen Quellen bezog,[16] ist auch hier seit Beginn des 21. Jahrhunderts mit den Veröffentlichungen besonders von Don Browning, Bonnie Miller-McLemore und Marcia Bunge eine deutliche interreligiöse Öffnung zu konstatieren.[17] Darin münden gleichsam frühere Darstellungen aus den USA, die vor allem im diakonisch-ethischen beziehungsweise sozialpolitischen Bereich verankert sind.[18] Teilweise verstehen sie sich als

13 E. Key, Das Jahrhundert des Kindes. Studien, Berlin ²1902, J. Korczak, Das Recht des Kindes auf Achtung, Göttingen ²1973.
14 Diese Bände von R. Coles sind ab 1967 unter dem Reihentitel »Children of Crisis« erschienen (Boston).
15 R. Wuthnow, Growing up religious. Christians and Jews and their journeys of faith, Boston 1999.
16 Bunge, Child in Christian thought (Anm. 4).
17 Vgl. D. S. Browning/M. J. Bunge (Hg.), Children and childhood in world religions. Primary sources and texts, New Brunswick/London 2009; D. S. Browning/B. J. Miller-McLemore (Hg.), Children and childhood in American religions, New Brunswick/London 2009; M. J. Bunge (Hg.), Children, adults, and shared responsibilities. Jewish, Christian and Muslim perspectives, Cambridge 2012.
18 Vgl. bspw. P. D. Couture, Seeing children – seeing God. A practical theology of children and poverty, Nashville 2000, B. J. Miller-McLemore, Let the children come. Reimagining childhood from a Christian perspective, San Francisco 2003, J. A. Mercer, Welcoming children. A practical theology of

befreiungstheologische Beiträge, wobei freilich deutlich wird, dass die herkömmlichen befreiungstheologischen Ansätze eine solche Intention zwar für die Zukunft bejahen, bislang aber kaum zu deren Verwirklichung beigetragen haben, wie eine neuere Sammelpublikation zeigt:[19] In den meisten befreiungstheologischen Ansätzen fehlen Bezüge auf Kinder noch fast ganz.

Die erwähnten Publikationen können als Beleg dafür angesehen werden, dass sich Kirche und Theologie zunehmend ihrer Verantwortung für Kinder und Kindheit bewusst werden. Dafür steht auch die eingangs erwähnte Bewegung von child theology. Darüber hinaus bieten diese Veröffentlichungen Einblicke in verschiedene religiöse Traditionen und deren Umgangsweisen mit Kindern. Anthropologische Perspektiven – im Sinne des deutschen Verständnisses von Anthropologie als der Wissenschaft vom Menschen und Menschsein – sind dabei in der Regel aber weniger im Blick als, für die christliche Theologie gesprochen, christologische und inkarnationstheologische Deutungen (Kindwerdung Gottes), die wiederum zur Grundlage bestimmter (christlich-)ethischer sowie sozialdiakonischer und gesellschaftskritischer Argumentationen werden können, vor allem mit ihrem Engagement für Gerechtigkeit und gesellschaftliche Teilhabe für alle Kinder. Genau dadurch können sie allerdings auch als Bereicherung der deutschsprachigen theologischen Anthropologie des Kindes wahrgenommen werden, indem sie die Kontextualität von Kindsein sowie die damit verbundenen (psycho-)sozialen und gesellschaftlichen Fragen von Verletzlichkeit und Macht, Ausbeutung und Unterdrückung viel deutlicher akzentuieren, als dies bei den für die deutschsprachige Diskussion als Klassiker der Anthropologie des Kindes anzusprechenden Werken der Fall war.

Wenn Interreligiosität im Sinne des Aufwachsens in und mit verschiedenen Religionen ernst genommen werden soll, müssen bei der Anthropologie des Kindes auch unterschiedliche Theologien beachtet werden. Diese Aufgabe soll nun am Beispiel der islamischen Theologie etwas genauer betrachtet werden. Hinsichtlich der zu Kind und Kindheit im Islam vorliegenden Darstellungen ist die Grundlage allerdings noch eher dünn, auch wenn die Anzahl entsprechender Veröffentlichungen derzeit zunimmt. Vergleichende Untersuchungen zur theologischen Anthropologie des Kindes in Christentum und Islam liegen bislang noch kaum vor.[20] So liegt die

---

childhood, St. Louis 2005; als weiteren Hintergund J. Pais, Suffer the children. A theology of liberation by a victim of child abuse, New York/Mahwah 1991.

19 Vgl. Bunge, Child Theology (Anm. 5).

20 Vgl. F. Schweitzer, The anthropology of the child. Opportunities and challenges for a neglected topic in Christian-Muslim dialogue, in: L. Demiri u. a. (Hg.), Theological anthropology in interreligious perspective, Tübingen 2022, 123–137, vergleichende Ansätze bei N. Solomon/R. Harries/T. Winter (Hg.), Abraham's Children. Jews, Christians and Muslims in Conversation, London

Frage nahe, warum im Bereich der theologischen Anthropologie des Kindes überhaupt eine vergleichende Perspektive angestrebt werden soll. Dafür gibt es allerdings naheliegende Gründe:

- Bekanntlich gehört die Arbeit mit Kindern zu den wichtigsten alltäglichen
  Begegnungsfeldern interreligiöser Art, wobei noch zahlreiche theologische
  und religionspädagogische Fragen offen sind, beispielsweise im Blick auf die
  Ausgestaltung von Kindertagesstätten in multireligiöser Trägerschaft, wie sie
  derzeit entstehen.[21]
- Darüber hinaus bietet der interreligiöse Vergleich neue Impulse für die theologische Anthropologie des Kindes.[22] Beispielsweise kann gefragt werden, was
  es für eine theologische Anthropologie des Kindes in interreligiöser Perspektive bedeutet, dass die Inkarnation Gottes in einem Kind zu den Tiefenstruk-
  turen der christlichen Theologie gehört, aber auf Seiten des Islams dazu keine
  Parallelen vorhanden sind. Müsste eine islamisch-theologische Anthropologie
  des Kindes deshalb anders aussehen und zu anderen Konsequenzen gelangen?
  Und umgekehrt lässt sich fragen, was es für die christliche Anthropologie des
  Kindes bedeuten würde, wenn sich hier keine Unterschiede zeigen: Welches
  Gewicht haben theologische Bestimmungen dann noch?
- Ähnlich kann im Blick auf die Bedeutung der Gottebenbildlichkeit und deren
  auch in der Religionspädagogik verstärkt wahrgenommene Bedeutung gefragt
  werden, welche anderen theologischen Sichtweisen im Islam als einer Reli-
  gion, die zumindest nicht in gleicher Weise von der Gottebenbildlichkeit des
  Menschen spricht,[23] anstelle der Gottebenbildlichkeit eingesetzt werden.[24]
- Nicht zuletzt ist dabei auch an aktuelle Fragen wie die Kinderrechte zu denken,
  die im islamischen Bereich mitunter in eigenen, sich bewusst von der Allgemeinen Erklärung der Menschenrechte und der Kinderrechtskonvention der

---

2006; D. M. M'Mutungi, Childhood Education in Islam and Christianity. A Comparative Study, Central Milton Keynes 2010.
21 Solche Einrichtungen gibt es bislang in Pforzheim (jüdisch-christlich-muslimische Trägerschaft,
www.kita-irenicus.de) sowie in Gifhorn (christlich-muslimische Trägerschaft, vgl. https://www
.deutschlandfunk.de/gifhorn-christlich-muslimische-kita-oeffnet-ihre-tore-100.html). In Berlin gibt
es ebenfalls eine entsprechende Gründungsinitiative (https://dreireligionenkitahaus.de/); vgl. dazu
S. Radosh-Hinder, Konstruierte Gleichheiten. Von interreligiöser Kommunikation zu politischer
Freundschaft, Bielefeld 2022.
22 Weitere Ausführungen zum Folgenden bei Schweitzer, Anthropology of the child (Anm. 20).
23 Zur Bedeutung der Gottebenbildlichkeit in den Hadithen vgl. C. Melchert, God creatd Adam in
His image, in: Journal of Qur'anic Studies 13 (2011), H. 1, 113–124.
24 Zum Zusammenhang zwischen Gottebenbildlichkeit und Bildung vgl. F. Schweitzer, Menschenwürde und Bildung. Religiöse Voraussetzungen der Pädagogik in evangelischer Perspektive, Zürich
2011.

Vereinten Nationen unterscheidenden Erklärungen konzeptualisiert werden.[25] Solche Fragen betreffen zugleich die pädagogischen und religionspädagogischen Implikationen unterschiedlicher Theologien des Kindes.

Neben diesen Gründen, die theologische Anthropologie des Kindes auch religionsvergleichend weiter voranzutreiben, ist auf die sich verstärkende Diskussion anthropologischer Ansätze in der islamischen Theologie und Religionspädagogik zu verweisen, aus der sich entsprechende Möglichkeiten für Dialog und Vergleich ergeben. Dabei ist zum einen an eher historisch ausgerichtete Darstellungen zu denken,[26] zum anderen aber auch an gegenwartsbezogene Darstellungen – bis hin zu dem aktuell unternommenen Versuch, die islamische Religionspädagogik insgesamt anthropologisch zu fundieren.[27] Dabei spielt die Anthropologie des Kindes allerdings keine zentrale Rolle. Anders ist dies bei der Darstellung von Harry Harun Behr über »Menschenbilder im Islam«, die speziell auch auf die Anthropologie des Kindes eingeht und sich in einem interreligiös-dialogischen Horizont bewegt. In zusammenfassender Absicht formuliert Behr vier Thesen: »1. Kinder sind religiös entwicklungs- und erkenntnisfähig«, »2. Kinder sind religiös sprachfähig«, »3. Kinder sind religiös beziehungsfähig«, »4. Kinder sind religiös handlungsfähig«.[28] In der damit umrissenen Sicht, die deutlich auf die Fähigkeiten von Kindern abhebt, besteht nach Behr offenbar der Kern einer islamisch-theologischen Anthropologie des Kindes. Es wäre für den muslimisch-christlichen Vergleich in diesem

---

25 Es gibt verschiedene Erklärungen, etwa die Islamic Declaration Of Human Rights (https://www.al-islam.org/human-rights-study-universal-and-islamic-declarations-human-rights-muhammad-ali-taskhiri/text-0, abgerufen am 13.02.2023) oder den Covenant on the Rights of the Child in Islam (https://www.refworld.org, abgerufen am 13.02.2023). Zum Kontext vgl. auch T. Wyller/U.S. Nayar (Hg.), The given child. The religions' contribution to children's citizenship, Göttingen 2007.
26 Vgl. A. Gil'adi, Children of Islam. Concepts of Childhood in Medieval Muslim Society, Oxford 1992; ders., The Nurture and Protection of Children in Islam. Perspectives from Islamic Sources, Child Abuse & Neglect 38 (2014), 585–592; M. Zaman, Children in the Medieval Islamic imagination. A path towards pedagogic dialogue, in: L. Demiri u.a. (Hg.), Theological anthropology in interreligious perspective, Tübingen 2022, 138–157 (mit weiteren Literaturhinweisen).
27 So Z. Sejdini, Anthropologische Grundlagen islamischer Bildungsvorstellungen und ihre Implikationen für die islamische Religionspädagogik, in: E. Aslan (Hg.), Handbuch islamische Religionspädagogik. Teil 1, Göttingen 2022, 83–110; vgl. auch K. Boehme (Hg.), »Wer ist der Mensch?« Anthropologie im interreligiösen Lernen und Lehren, Berlin 2013; T. Isik-Yigit/M. Tatari, Kindheitskonzepte in islamischer Perspektive – Ein Streifzug, in: G. Guttenberger/H. Schroeter-Witke (Hg.), Religionssensible Schulkultur, Jena 2011, 233–242.
28 H.H. Behr, Menschenbilder im Islam, in: M. Rohe u.a. (Hg.), Handbuch Christentum und Islam in Deutschland. Grundlagen, Erfahrungen und Perspektiven des Zusammenlebens. Bd. 1, Freiburg 2014, 489–529; 502–508.

Bereich interessant zu prüfen, was ein solcher fähigkeitsorientierter Ansatz für die theologische Anthropologie des Kindes bedeutet, beispielsweise hinsichtlich eines Zusammenhangs zwischen Fähigkeiten und Anforderungen an die Kinder.

Theologische Anthropologien des Kindes vergleichend zu diskutieren ist insbesondere in Deutschland noch ein Desiderat für die Zukunft. Dass sich die Diskussion lohnt, sollte aber deutlich geworden sein. Für die herkömmliche theologische Anthropologie des Kindes liegen hier noch ungenutzte Möglichkeiten, zumal in der Verbindung mit den beschriebenen gesellschaftlichen und sozialdiakonischen Perspektiven. Diese Perspektiven machen bewusst, dass es in interreligiösen Zusammenhängen fast immer auch um Mehrheit-Minderheits-Verhältnisse geht, um Marginalisierung und Othering schon von Kindern.

2 Interreligiosität im Horizont historisch-empirischer Sozialisations- und Kindheitsforschung oder Anthropologie des Kindes?

In der Erziehungswissenschaft sowie in den Sozialwissenschaften wurde die Anthropologie des Kindes seit den 1970er Jahren weithin von anderen Perspektiven und Forschungsrichtungen verdrängt, auch wenn anthropologische Fragen – wie oben bereits angesprochen – ihre Bedeutung nicht einfach verloren haben.[29] Je stärker sich jedoch die empirisch arbeitende Sozialisationsforschung durchgesetzt hat, desto mehr dominierte das Interesse an Erkenntnissen zu den vielgestaltigen Bedingungen des Aufwachsens, der Lebenssituationen und sozialen Lagen von Kindern sowie kulturellen Einflüssen nicht zuletzt im Horizont der sich verstärkenden Migration nach Deutschland und Zentraleuropa. Anthropologische Fragen erschienen demgegenüber zu allgemein, abstrakt oder sogar abgehoben, eben weil sie nicht auf die mannigfaltige Realität des »tatsächlichen«, nur empirisch erfassbaren Kindseins eingestellt seien. Insofern ist es nicht erstaunlich, wenn die empirische Sozialisationsforschung inzwischen auch den muslimischen Bereich einschließt und nun vermehrt Untersuchungen zu »Islam und Sozialisation« vorgelegt werden.[30]

---

29 Vgl. Anm. 7.
30 Vgl. etwa G. Blaschke-Nacak/S. E. Hößl (Hg.), Islam und Sozialisation. Aktuelle Studien, Wiesbaden 2017; A. Uygun-Altunbaş, Religiöse Sozialisation in muslimischen Familien. Eine vergleichende Studie, Bielefeld 2017.

Eine weitere Relativierung der klassischen philosophischen und theologischen Anthropologie des Kindes mit ihrem Schwerpunkt beim Menschsein vollzog sich durch das Programm der »historisch orientierten reflexiven pädagogischen Anthropologie«, für die insbesondere der Name Christoph Wulf steht. Nicht ausreichend beachtet hat die pädagogische Anthropologie in dieser kritischen Sicht »die im Gegenstand und im Forschungssubjekt liegende *doppelte Historizität*«, und auch die Bedeutung von Sozial- und Mentalitätsgeschichte sei nicht wahrgenommen worden – mit der Folge, dass »*Differenz, Diskontinuität und Pluralität*« in den Vorstellungen vom Kind übergangen wurden.[31] Demgegenüber müsse das Ziel in einer »*Steigerung der Komplexität* anthropologischen Wissens« liegen. »Im Bewusstsein der Eingebundenheit großer Teile dieses Wissens in historisch gewachsene oft nationale Kultur-, Denk- und Wissenschaftstraditionen geht es auch um den Versuch, durch kontinuierliche internationale Zusammenarbeit transnationale Diskurse zu entwickeln, für die nationale *Heterogenität* und *kulturelle Vielfalt* konstitutiv sind.«[32] Zu den zentralen Aufgaben einer solchen Anthropologie gehören demnach nicht zuletzt »*Kulturalität und Interkulturalität*«.[33] Auch auf Religion wird in diesem Zusammenhang verwiesen,[34] aber insbesondere die Interreligiosität fand hier bislang wenig Beachtung.

Eine dritte Entwicklung, die sich zum Teil gegen eine erwachsenenzentrierte Sozialisationstheorie und Entwicklungspsychologie wendet, besteht in der »neuen Kindheitsforschung«, wie sie sich seit den 1990er Jahren herausgebildet hat.[35] Dieser geht es darum, »Kinder und Kindheit als eigenständige Personen und als eine eigenständige Lebensphase zu betrachten und nicht als ein Vorläuferstadium auf das spätere, erwachsene Leben«.[36] Obwohl dieser Formulierung deutliche Konvergenzen mit den Ansätzen einer pädagogischen Anthropologie in den 1960er Jahren zu entnehmen sind, suchte die »neue Kindheitsforschung« keine expliziten Verbindungen zur pädagogischen Anthropologie. In der Forschung zur Theologie der Kindheit wurden solche Verbindungen zwischen einer Theologie des Kindes

---

31 C. Wulf, Die Wendung zur historisch-pädagogischen Anthropologie, in: L. Wigger (Hg.), Forschungsfelder der Allgemeinen Erziehungswissenschaft (Zeitschrift für Erziehungswissenschaft. Beiheft 1), Opladen 2002, 13–32, 17.

32 Wulf, Die Wendung, 20.

33 Wulf, Die Wendung, 25.

34 Wulf, Die Wendung, 28.

35 Für die Diskussion in Deutschland vgl. als zentrale Veröffentlichung S. Honig, Entwurf einer Theorie der Kindheit Frankfurt/M. 1999. Zu aktuellen Entwicklungen s. Michael Feldhaus, »New Childhood Paradigma«: Ein Blick auf neuere Entwicklungen und aktuelle Fragen (Sammelbesprechung). Soziologische Revue 42 (2019) (42), 454–466.

36 Feldhaus, »New Childhood Paradigma« (s. Anm. 35), 456.

und der »neuen Kindheitsforschung« bislang vor allem im United Kingdom ange-strebt.[37]

Hinzuweisen ist in diesem Zusammenhang auch auf Versuche, etwa eine afrikanische Theologie des Kindes auszuformulieren.[38] Dabei kommen über den heutigen afrikanischen Lebenskontext hinaus postkoloniale Fragen in den Blick. Eine afrikanische Theologie des Kindes soll nicht zuletzt aus einem westlichen Kolonialismus stammende Vorstellungen von Kindsein überwinden. Hier gibt es auch Parallelen zum Islamischen Bereich, wo schon länger bedeutsame Studien zum Aufwachsen in arabischen Ländern vorliegen, wenn auch nicht aus der Theo-logie, sondern der Kultur- und Sozialforschung.[39] In gewisser Weise verschiebt sich damit die Diskussion von einer westlichen theologischen Anthropologie des Kindes mit ihrem philosophischen Zuschnitt hin zu den nur empirisch fassbaren Erfah-rungen von Kindern im globalen Horizont.

Einen gemeinsamen Nenner der neueren Zugänge in der Sozialisations- und Kindheitsforschung stellt der Hinweis auf die gesellschaftliche Konstruktion der Wirklichkeit dar, die auch die »Konstruktion des Kindes« oder der Kindheit ein-schließt. Die Aussage, dass es »das Kind« nicht gibt, wendet sich so gesehen gegen alle Tendenzen einer Ontologisierung. In diese Richtung hat sich, wie deutlich geworden ist, auch die pädagogische Anthropologie des Kindes im deutschsprachi-gen Bereich weiterentwickelt, besonders im Sinne der historischen Anthropologie.

Erweist sich Kindheit und damit auch die Anthropologie des Kindes als eine ausgesprochen kontextuelle Frage, so ist umso mehr die bislang geringe Aufmerk-samkeit auf Religion und Theologie als Kontexte und Faktoren in der Konstruk-tion des Kindes kritisch zu konstatieren. Wie bereits deutlich geworden ist, liegen dazu vor allem im internationalen Bereich erste Ansätze vor, aber dabei handelt es sich noch um Anfänge. Gerade unter dem Aspekt der Interreligiosität und deren Bedeutung für die Gegenwart erscheint dies als eine wichtige Rückfrage an die dargestellten Ansätze. So hat auch die erwartbar häufiger werdende Situation des Aufwachsens von Kindern – je nach präferierter vielsagender Terminologie – in

---

37 Als interessante Studie zu »nicht-religiösen Kindern« vgl. R. Shillitoe/A. Strhan, »Just leave it blank«. Non-religious children and their negotiation of prayer in school, Religion 50 (2020), 615–635. Vgl. aus dem United Kingdom auch A. Strhan/S. G. Parker/S. B. Ridgely (Hg.), The Bloomsbury reader in religion and childhood, London u. a. 2017.

38 Vgl. E. Mahlangu, 2017, Addendum: Theology disrupted: Doing theology with children in Af-rican contexts, HTS Teologiese Studies/Theological Studies 73 (2017), http://dx.doi.org/10.4102/hts .v73i3.4889 (abgerufen am 13.02.2023). Zu Child Theology in Africa J. Grobbelaar/G. Breed (Hg.), Welcoming Africa's children – Theological and ministry perspectives, Durbanville 2016.

39 Oft als Klassiker dazu bezeichnet wird E. Warnock Fernea (Hg.), Children in the Muslim Middle East, Austin 1995.

religionsgemischten oder religionsverbindenden Elternhäusern in Deutschland noch wenig Beachtung gefunden.[40] Erst neuerdings werden dazu international auch weiterreichende Daten veröffentlicht.[41] Genauere Untersuchungen zu den in solchen Situationen beziehungsweise Elternhäusern tradierten Formen von Religion und deren Rezeption durch die Kinder wären sehr wünschenswert (ist hier beispielsweise mit hybriden Religionsformen zu rechnen oder entscheiden sich Kinder für die eine oder für die andere Religion?[42]).

Fehlt es in der sozial- und erziehungswissenschaftlichen Kindheitsforschung oft an Religionssensibilität, so müsste sich umgekehrt die theologische Anthropologie des Kindes, wie sie im deutschsprachigen Bereich betrieben wird, stärker für die Perspektiven der Sozialisationsforschung sowie der »neuen Kindheitsforschung« öffnen, um auf diese Weise auch die Lebensrealität von Kindern genauer erfassen zu können. Die Theologie verfügt jenseits der Religionspädagogik über keine eigene Expertise zur (empirischen) Kindheitsforschung und ist insofern für ihre Weiterentwicklung auf interdisziplinäre Kooperationen angewiesen. Auch die gesellschaftspolitisch-sozialdiakonischen Anliegen einer theologischen Anthropologie (oder Theologie) des Kindes werden sich kaum wirksam wahrnehmen lassen, solange sie nicht mit Erkenntnissen zur Realität des Kindseins in der Gegenwart verbunden sind. Auch die Hervorhebung der Verletzlichkeit von Kindern und ihrer drohenden Viktimisierung als theologisch-anthropologisches Grundmotiv vieler Darstellungen aus den USA kann ohne solche Erkenntnisse weder überzeugen noch praktisch viel bewirken.

Die am weitesten reichende Anfrage besteht freilich darin, ob ein anthropologischer Zugang zu Kind und Kindheit angesichts der neueren Sozialisations- und Kindheitsforschung überhaupt noch sinnvoll ist. Kritisch zu sehen sind gewiss alle Tendenzen von Essentialisierung und Ontologisierung, bei denen gleichsam hinter

---

40 Als religionspädagogische Pionierarbeit vgl. R. Froese, Zwei Religionen – eine Familie. Das Gottesverständnis und die religiöse Praxis von Kindern in christlich-muslimischen Familien, Gütersloh u. a. 2005.

41 Vgl. bes. die Untersuchungen der Pew Foundation, etwa Pew Research Center, U.S. Teens take after their parents religiously, 2020, https://www.pewresearch.org/religion/2020/09/10/shared-beliefs-between-parents-and-teens/(abgerufen am 13.02.2023); unter anderen Aspekten R.J. Petts/C. Knoester, Parents' Religious Heterogamy and Children's Well-Being. Journal for the Scientific Study of Religion 46 (2007), 373–389.

42 Diese Frage wird seit langem, angesichts eines entsprechenden Heiratsverhaltens und dessen Folgen für die Religionszugehörigkeit der Kinder, im Blick auf das Judentum diskutiert; vgl. etwa P.Y. Medding (Hg.), »Children of Intermarriage: How ›Jewish‹?« Studies in Contemporary Jewry: Volume XIV: Coping with Life and Death: Jewish Families in the Twentieth Century, New York 1999; https://doi.org/10.1093/acprof:oso/9780195128208.003.0005 (abgerufen am 13.02.2023).

oder über allen kontextuellen Variationen das »Wesen« des Kindes als universelle Bestimmung des menschlichen Daseins in der Kindheit gesucht werden soll. Ein solcher Versuch stünde von Anfang an in der Gefahr, die Realität von Kindsein heute zu verfehlen. Zugleich war schon oben darauf hinzuweisen, dass gerade die neue Kindheitsforschung sich für Auffassungen stark macht, die eine deutliche Verwandtschaft mit der pädagogischen Anthropologie der 1960er Jahre aufweisen. Als wesentliche Elemente gehören dazu die eigene Würde des Kindes und des Kindseins sowie die Überwindung einer allein auf Erwachsene und Erwachsensein zentrierten Sicht des Menschen. Doch ist zu beachten, dass mit der Frage nach der eigenen Stimme von Kindern inzwischen noch weitere Akzente gesetzt werden.

3 Die Perspektive der Kinder: Wie Kinder andere Religionen wahrnehmen

Die neue Kindheitsforschung und ähnlich auch die Religionspädagogik vertreten heute weithin die Auffassung, dass Kinder als aktive Subjekte wahrgenommen und anerkannt werden sollen.[43] Damit wird – gleichsam im Sinne eines pädagogischen Ethos – eine kritische Abgrenzung gegenüber allen Tendenzen zum Ausdruck gebracht, Kinder als Objekte beispielsweise der Instruktion, aber auch der Erziehung insgesamt zu behandeln. Zwar wird eine solche Sicht, die sich auch mit dem in der angelsächsischen Diskussion häufigen Begriff von Agency verbindet, inzwischen auch kritisch diskutiert, aber dabei geht es weniger um eine Abkehr von dieser Sichtweise als um deren reflexive Weiterentwicklung: Auch wer Kinder als Subjekte anerkennen möchte, muss sich bewusst sein, dass sie faktisch zahlreichen Einflüssen und Einschränkungen unterliegen, durch die ihr Subjektstatus infrage gestellt wird.[44]

Besonders klar kommt das Anliegen, Kinder als Subjekte anzuerkennen, auch in der Metapher von Voice zum Ausdruck: Kinder sollen eine eigene Stimme haben und erhalten, und vor allem soll auf diese Stimme tatsächlich gehört werden, selbst wenn zugleich bewusst bleiben muss, dass Kinder nur sehr bedingt dazu fähig sind,

---

43 Vgl. F. Schweitzer, Subjektorientierung in der Religionspädagogik: Grundprinzip, Alleinstellungsmerkmal oder Desiderat? Ein Klärungsversuch, in: S. Altmeyer u. a. (Hg.), Religion subjektorientiert erschließen (Jahrbuch der Religionspädagogik 38), Göttingen 2022, 18–32; B. Grümme, Subjekte und Subjektorientierung der Religionspädagogik – Unterscheidungen und Perspektiven, in: ebd., 31–49.
44 Vgl. F. Esser/M. S. Baader/T. Betz/B. Hungerland (Hg.), Reconceptualising agency and childhood. New perspectives in childhood studies, Abingdon/New York 2016.

in der Öffentlichkeit ihre Stimme zu erheben oder sonst selbst für ihre Interessen und Rechte einzutreten.[45] Deshalb ist auch beim Thema Interreligiosität und deren Bedeutung für eine theologische Anthropologie des Kindes zu fragen, wie Kinder selbst andere Religionen bzw. Kinder mit anderer Religionszugehörigkeit wahrnehmen.

Diese Forderung gilt umso mehr, als lange Zeit gerade in Theologie und Kirche davon ausgegangen wurde, dass andere Religionen noch kein Thema für Kinder sein könnten. Bei diesem Thema seien sie doch hoffnungslos überfordert, und sie zeigten auch kein Interesse daran. Diese Einschätzung berief sich auf entwicklungspsychologische Annahmen, die aus heutiger Sicht als unzutreffend abgelehnt werden müssen, aber auch auf theologische Auffassungen, denen zufolge die Begegnung mit anderen Religionen die Klärung der eigenen religiösen Identität sachlich ebenso wie zeitlich voraussetze. Von solchen Überzeugungen war sogar noch die Denkschrift der EKD von 1994 »Identität und Verständigung« zumindest teilweise geprägt.[46] Die Realität des Aufwachsens in einer religiös-weltanschaulich pluralen Gesellschaft hat solche Auffassungen allerdings gleichsam überholt.[47] Heute begegnen Kinder spätestens in der Kita anderen Kindern, die eine andere Religionszugehörigkeit oder auch keine solche Zugehörigkeit haben.[48] Und wie bei allem, was Kinder in der Welt begegnet, wollen sie auch hier wissen, was dies bedeutet. Fragen zu anderen Religionen beispielsweise in Bezug auf religiöse Feste, Rituale wie das Beten oder auch Bekleidungsvorschriften stellen sich dann schon bei jüngeren Kindern ganz automatisch ein.

Religionspädagogisch oder religions- und entwicklungspsychologisch kann in diesem Sinne von der religiösen Differenzwahrnehmung von Kindern gesprochen werden.[49] Allerdings liegen dazu noch immer nur sehr wenige Untersuchungen vor, obwohl pionierhafte Studien dazu schon vor mehr als 60 Jahren die Bedeutung

---

45 Im religionspädagogischen Zusammenhang vgl. A. Dillen/D. Pollefeyt (Hg.), Children's voices. Children's perspectives in ethics, theology and religious education, Leuven/Paris/Walpole 2010.

46 Vgl. EKD (Hg.), Identität und Verständigung. Standort und Perspektiven des Religionsunterrichts in der Pluralität. Eine Denkschrift der EKD, Gütersloh 1994.

47 Vgl. EKD (Hg.), Religiöse Orientierung gewinnen. Evangelischer Religionsunterricht als Beitrag zu einer pluralitätsfähigen Schule. Eine Denkschrift der EKD, Gütersloh 2014.

48 Repräsentative Angaben dazu sind schwer zu finden. Auch wenn nicht mehr ganz neu, bietet folgende Studie verlässliche Angaben: F. Schweitzer/A. Edelbrock/A. Biesinger (Hg.), Interreligiöse und interkulturelle Bildung in der Kita. Eine Repräsentativbefragung von Erzieherinnen in Deutschland – interdisziplinäre, interreligiöse und internationale Perspektiven, Münster u. a. 2011.

49 Vgl. F. Schweitzer, Wie Kinder und Jugendliche religiöse Differenzen wahrnehmen – Möglichkeiten und Grenzen der Orientierung in der religiösen Pluralität, in: A. A. Bucher u. a. (Hg.): »In den Himmel kommen nur, die sich auch verstehen«. Wie Kinder über religiöse Differenz denken und sprechen. Jahrbuch für Kindertheologie 8, Stuttgart 2009, 39–49.

kindlicher Differenzwahrnehmung auch im religiösen Bereich unterstrichen.[50] Auch beispielsweise die inzwischen weit verbreitete Kindertheologie hat sich nur in Einzelfällen auf die damit verbundenen Fragen eingelassen.[51] Ebenso sind entwicklungspsychologische Darstellungen unter dem Aspekt der Interreligiosität selten geblieben. Diese unbefriedigende Forschungslage war ein entscheidendes Motiv dafür, ein eigenes Forschungsprojekt durchzuführen, das unter dem Titel »Wie viele Götter sind im Himmel« publiziert wurde.[52] Einige Ergebnisse aus dieser Studie sind im vorliegenden Zusammenhang besonders bemerkenswert:

– Zumindest ein Teil der Kinder, die bei dieser Studie mit unterschiedlichen Methoden befragt wurden, verfügte über Kenntnisse zu anderen Religionen.

– Die Annahme, dass es in der Kindheit noch keine Vorurteile gegen Angehörige anderer Religionen gebe, erweist sich als unzutreffend. Zwar waren solche Vorurteile bei dieser Studie nur selten anzutreffen, aber Abgrenzungstendenzen beispielsweise entlang der Unterscheidung zwischen hallal und haram gab es doch immer wieder. So erklärten manche muslimische Kinder, dass namentlich das christliche Osterfest haram sei. Dafür beriefen sie sich zum Teil ausdrücklich auf ihre Eltern, machten sich deren Sichtweisen aber deutlich auch zu eigen.

– Mitunter kam es sogar zu richtiggehend theologischen Streitgesprächen zwischen den Kindern in Bezug auf den (einzig) »wahren Gott«.

Spätere Untersuchungen, die inhaltlich an diese Studie unter dem Aspekt der Kompetenzen anschlossen, ergeben ein etwas optimistischeres Bild.[53] Das gilt auch für die noch laufende Untersuchung zu der ersten Kita in christlich-jüdisch-islamischer Trägerschaft, die vor einigen Jahren in Pforzheim eingerichtet wurde (Kita IRENICUS).[54] Hier steht zu vermuten, dass eine interreligiös-kompetente religions-

---

50 Vgl. D. Elkind, The child's conception of his religious denomination. I. The Jewish child. II. The Catholic child. III. The Protestant child. In: Journal of Genetic Psychology 99 (1961), 209–225; 101 (1962), 185–193; 103 (1963), 291–304.

51 Ein eindrückliches Beispiel aus dem Bereich der Kindertheologie bietet C. Hoegen-Rohls, »Sykimosch«. Fünftklässler diskutieren über einen Frömmigkeitsraum aus Synagoge, Kirche und Moschee. In: Bucher u. a. (Hg.), »Kirchen sind ziemlich christlich«. Erlebnisse und Deutungen von Kindern. Jahrbuch für Kindertheologie 4. Stuttgart 2005, 39–52.

52 A. Edelbrock/F. Schweitzer/A. Biesinger (Hg.), Wie viele Götter sind im Himmel? Religiöse Differenzwahrnehmung im Kindesalter, Münster u. a. 2010.

53 Vgl. C. Knoblauch, Potentiale religiöser und interreligiöser Kompetenzentwicklung in der frühkindlichen Bildung. Konstruktion von Wertorientierung und Reflexion existentieller Erfahrungen in einem religiös pluralen Erziehungs- und Bildungsumfeld, Münster/New York 2019.

54 Der Verfasser des vorliegenden Beitrags ist Leiter der wissenschaftlichen Begleitung für diese Einrichtung. Zu Erfahrungen in anderen Einrichtungen vgl. auch F. Schweitzer/L. Wolking/

pädagogische Begleitung Vorurteile abbauen oder verhindern kann, auch wenn dazu noch weitere Untersuchungen erforderlich sind.

Eine theologische Anthropologie des Kindes kann heute an den eigenen Sichtweisen von Kindern vorbei nicht mehr angemessen vorangetrieben werden. Insofern bedürfte eine für interreligiöse Perspektiven geöffnete Anthropologie des Kindes einer breiten Grundlage von Untersuchungen zu solchen Sichtweisen, die zugleich auf deren kontextuelle Eingebundenheit eingestellt ist. Dazu würde auch die Aufgabe gehören, zu erforschen, was es für Kinder bedeutet, in einem Land wie Deutschland aufzuwachsen, wo bereits ihre Anwesenheit als solche auf Ablehnung stößt. Bei Untersuchungen mit Jugendlichen wie zuletzt der Studie »Jugend – Glaube – Religion«, eine in Baden-Württemberg durchgeführte Repräsentativstudie, stimmte ein viertel der befragten Jugendlichen der Aussage zu, es gebe in Deutschland zu viele Muslime.[55] Für eine am Wohl aller Kinder orientierte theologische Anthropologie des Kindes kann es nicht gleichgültig sein, wenn Kinder als Objekte einer solchen Ablehnung aufwachsen.

Zusammenfassend ist festzuhalten, dass eine theologische Anthropologie des Kindes sich konsequent um die Erweiterung, durch die den Kindern eigenen Sichtweisen bemühen muss. Das die theologische Anthropologie des Kindes von Anfang an begleitende Anliegen, die besonderen Weltzugänge von Kindern zu berücksichtigen, ist heute nur noch unter der Voraussetzung glaubwürdig, dass die eigene Stimme von Kindern Gehör findet. Die für die ältere Anthropologie des Kindes in dieser Hinsicht maßgebliche entwicklungspsychologische Herangehensweise wird dadurch nicht einfach obsolet – es bleibt richtig, dass Kinder sich nur bedingt artikulieren können –, aber diese Herangehensweise wird doch entschieden erweitert und bereichert.

R. Boschki (Hg.), Interkulturell-interreligiös sensible Bildung in Kindertageseinrichtungen. Ergebnisse der wissenschaftlichen Begleitung von Praxisprojekten der Stiftung Kinderland Baden-Württemberg, Münster/New York 2020.

55 Vgl. F. Schweitzer/G. Wissner/A. Bohner/R. Nowack/M. Gronover/R. Boschki, Jugend – Glaube – Religion. Eine Repräsentativstudie zu Jugendlichen im Religions- und Ethikunterricht, Münster/New York 2018, 144.

4 Vom Recht des Kindes auf Religion zum Recht auf interreligiöse Bildung

Ein wichtiges Begegnungsfeld zwischen Kindern und Theologie sind heute die Kinderrechte. Diese Rechte besitzen wie die Menschenrechte insgesamt wichtige Wurzeln im Christentum, auch wenn sie geschichtlich gesehen keineswegs allein aus diesen Wurzeln erwachsen sind und faktisch oft gegen Kirche und Theologie durchgesetzt werden mussten.[56] Heute setzen sich Kirche und Theologie aber ausdrücklich für Kinderrechte ein und verstehen sich vielfach als Anwälte der Kinder,[57] auch wenn diese Aussage angesichts des in den Kirchen nicht oder nur unzureichend gelingenden Umgangs mit Missbrauchserfahrungen in kirchlich getragenen Einrichtungen gewiss weiter diskutiert werden muss.[58]

Zu den Kinderrechten kann auch das Recht des Kindes auf Religion und religiöse Begleitung gezählt werden, das dadurch eine menschenrechtliche Bedeutung gewinnt und als ein praktischer Ausdruck der theologischen Anthropologie des Kindes verstanden werden kann (Kinder als transzendenzoffene Wesen).[59] Schon in der ersten Kinderrechtserklärung der League of Nations von 1924 wird das Recht auf »spirituelle« Entwicklungsmöglichkeiten ausdrücklich genannt.[60] Auch die Kinderrechtskonvention der Vereinten Nationen von 1989, die häufig als der entscheidende Meilenstein auf dem Weg zur Anerkennung von Kinderrechten angesehen wird, spricht Kindern nicht nur eigene Religionsfreiheit (Art. 14) sowie ein umfassendes Recht auf Bildung (Art. 28) zu, sondern auch das Recht auf Lebensverhältnisse, die eine »spirituelle« Entwicklung des Kindes zulassen (Art. 27). In der deutschen Übersetzung wird dies leider verdunkelt, weil diese anders als die englische Fassung nur von der »körperlichen, geistigen, seelischen, sittlichen und sozialen Entwicklung« spricht.[61]

56 Eine zusammenfassende Darstellung bietet E. Gräb-Schmidt, Menschenrechte und Christentum. Metaphysische und rechtssystematische Überlegungen zur Frage ihrer Geltung und Universalisierung, in: Menschenrechte und Religionsunterricht (JRP 33), Göttingen 2017, 26–37.
57 Vgl. Surall, Ethik des Kindes (s. Anm. 3).
58 Zu meiner persönlichen Sicht dazu vgl. F. Schweitzer, Ein – nicht ganz unpersönliches – Nachwort. In: Diakonisches Werk Württemberg (Hg.), »Meine Seele hat nie jemand interessiert«. Heimerziehung in der württembergischen Diakonie bis in die 1970er-Jahre, Stuttgart 2017, 249–253.
59 So F. Schweitzer, Das Recht des Kindes auf Religion. Erw. Neuausgabe, Gütersloh ²2019.
60 Geneva Declaration of the Rights of the Child. Adopted 26 September, 1924, League of Nations, http://www.un-documents.net/gdrc1924.htm (abgerufen am 13.02.2023).
61 Die deutsche und englische Fassung finden sich vielfach im Internet: Convention on the Rights of the Child, United Nations 1989, https://www.ohchr.org/en/instruments-mechanisms/instruments/convention-rights-child (abgerufen am 26.08.2022). Übereinkommen über die Rechte des Kindes,

Die Frage, ob Kinder auch ein Recht auf interreligiöse Bildung haben, wird bislang nicht diskutiert. Allerdings wird in der Religionspädagogik vielfach darauf hingewiesen, dass das Aufwachsen in der religiös-weltanschaulichen Pluralität auch eine religionspädagogische Begleitung im Blick auf interreligiöse Wahrnehmungen und Begegnungen erforderlich macht.[62] In Fortsetzung dieses Arguments kann durchaus die Auffassung vertreten werden, dass Kinder heute auch für ihre eigene religiöse oder spirituelle Entwicklung, wie sie gemäß der Kinderrechtskonvention als Möglichkeit gewährleistet werden soll, interreligiöse Bildung brauchen. Diese Bildung soll Orientierung in der interreligiös-weltanschaulichen Vielfalt ermöglichen und zielt auf ein friedliches sowie von Toleranz und wechselseitigem Respekt geprägtes Zusammenleben von Menschen mit unterschiedlicher Religionszugehörigkeit ab. Darüber hinaus ist eine solche Bildung auch im Blick auf spätere Lebensphasen, also Jugend- und Erwachsenenalter, wünschenswert, weil interreligiöse Kompetenzen für das Leben in der Gesellschaft allgemein, aber auch bis hinein in zahlreiche Berufe erforderlich sind.[63]

Zusammenfassend kann festgehalten werden, dass heute in einem gleich mehrfachen Sinne von einem Recht des Kindes auf interreligiöse Bildung gesprochen werden kann und dass dieses Recht auch von der Theologie unterstützt werden sollte. Damit zeigt sich erneut die Notwendigkeit, die traditionelle theologische Anthropologie des Kindes mit ihrem allgemeinen Hinweis auf die Transzendenzoffenheit von Kindern unter den Voraussetzungen der religiös-weltanschaulichen Pluralität weiterzuentwickeln.

Inzwischen werden allerdings auch die Grenzen des Begriffs »interreligiös« sichtbar, vor allem wenn es um die Bestimmung von religionspädagogischen Aufgaben in einer religiös-weltanschaulich vielfältigen Gesellschaft geht. Denn der Begriff »interreligiös« bezeichnet zumindest im Wortsinne die Beziehung und Begegnung zwischen verschiedenen Religionen, was eine Anwendung auf konfessionslose Kinder auszuschließen scheint. Mitunter wird deshalb dafür plädiert,

---

Vereinte Nationen 1989, https://www.institut-fuer-menschenrechte.de/menschenrechtsschutz/deutschland-im-menschenrechtsschutzsystem/vereinte-nationen/vereinte-nationen-menschenrechtsabkommen/kinderrechtskonvention-crc (abgerufen am 13.02.2023).

62 Exemplarisch aus dieser Diskussion seien genannt F. Schweitzer, Interreligiöse Bildung. Religiöse Vielfalt als religionspädagogische Herausforderung und Chance, Gütersloh 2014; K. Meyer, Grundlagen interreligiösen Lernens, Göttingen 2019. Vgl. jetzt auch A. Kuusisto (Ed.), The Routledge International Handbook of the Place of Religion in Early Childhood Education and Care, Abingdon/New York 2022.

63 Vgl. etwa F. Schweitzer/M. Bräuer/R. Boschki (Hg.), Interreligiöses Lernen durch Perspektivenübernahme. Eine empirische Untersuchung religionsdidaktischer Ansätze, Münster/New York 2017.

von (Inter-)Worldview Education zu sprechen, was im Deutschen freilich – aufgrund der historischen Belastetheit des Begriffs »Weltanschauung« durch seinen programmatischen Gebrauch im Nationalsozialismus sowie im Staatssozialismus – kaum plausibel wäre. Insofern ist es nicht erstaunlich, dass sich auch die manchmal zu hörende Neubildung »inter-weltanschaulich« nicht durchgesetzt hat. Unabhängig von begrifflichen Fragen brauchen aber auch konfessionslose Kinder Unterstützung hinsichtlich der Orientierung in einer religiös-weltanschaulichen Vielfalt. Die im Grundgesetz garantierte freie Religionsausübung impliziert, dass niemand ein Recht darauf hat, in seinem Leben oder in der Öffentlichkeit keinerlei religiösen Ausdrucksformen zu begegnen. Darüber hinaus zeigen empirische Befunde zu konfessionslosen Kindern, dass auch sie nicht einfach als »religionslos« angesehen oder gar abgestempelt werden sollten.[64] Auch sie stehen vielmehr in ihrem Leben vor der Aufgabe, die eigenen Sinnentwürfe und Sinngebungen in ein Verhältnis zu anderen religiösen oder nicht-religiösen Sinnentwürfen zu setzen.

5 Ausblick: Zur bleibenden Bedeutung einer theologischen Anthropologie des Kindes

Die vier knapp skizzierten Zugänge zum Verständnis von Kindern im Horizont von Interreligiosität belegen eindrücklich die Notwendigkeit, den ursprünglichen Ansatz einer (theologischen) Anthropologie des Kindes zu erweitern. Deshalb wird schon im Titel dieses Beitrags markiert, dass auch in der Theologie nicht einfach mehr vom *Kind* zu sprechen ist, sondern von *Kindern*. Bedeutet dies jedoch auch, dass die Anthropologie des Kindes obsolet geworden ist und sich die Theologie in Zukunft allein dieser anderen Zugänge bedienen sollte?

Die Antwort auf diese Frage muss davon abhängig sein, ob der Ansatz einer theologischen Anthropologie des Kindes Perspektiven enthält, die im Rahmen der anderen dargestellten Zugangsweisen nicht gleichermaßen eingeholt und präsent gehalten werden können. Aus meiner Sicht gilt dies in mindestens vier Hinsichten:

An erster Stelle steht dabei das eigene Recht von Kindern und von Kindheit als Lebensphase, das zwar auch beispielsweise in der neuen Kindheitsforschung betont wird, dort aber zugleich nur schwach begründet erscheint. Die in der Theologie hier naheliegenden Begründungsfiguren – einerseits die Gottebenbildlichkeit des Kindes als Grundlage seiner Würde und andererseits die Inkarnation als Menschwerdung Gottes in einem Kind – reichen hier deutlich weiter. Allerdings

---

64 Vgl. Shillitoe/Strhan, Just leave it (s. Anm. 37).

setzen sie die Bereitschaft voraus, sich auf religiöse oder theologische Denkfiguren einzulassen – zumindest in der inzwischen häufig zitierten Gestalt von Übersetzungen religiöser in säkulare Sprachformen, wie Jürgen Habermas sie gefordert hat.[65]

Zweitens ist es für die theologische Tradition selbst sowie für ein theologisches Verständnis des Menschen noch immer unerlässlich, sich durch die theologische Anthropologie des Kindes daran erinnern zu lassen, dass jedes (theologische) Verständnis »des Menschen« hoffnungslos abstrakt bleibt und an den Bedürfnissen der Menschen in ihrer Vielfalt vorbeigeht. Insofern hat die theologische Anthropologie des Kindes noch immer kritische Bedeutung, indem sie die Vielfalt des Menschseins zumindest in dieser Hinsicht bewusst hält. Doch darf der Bezug auf Kinder zugleich nicht zu einem seinerseits bloß abstrakten Hinweis auf die Vielfalt des Menschseins verkommen. Auch dies ginge am eigenen Recht der Kinder und der Kindheit vorbei. Deshalb bleibt eine Anthropologie *des Kindes* wichtig.

Drittens gehören Kinder noch immer zu den Menschen am Rande der (Welt-)Gesellschaft, deren Situationen und Lebenslagen weltweit kaum anders denn als Leidensgeschichten zu beschreiben sind – von nicht behandelter Erkrankung und Unterernährung, verwehrten Bildungsmöglichkeiten, Missbrauch und Deprivation, Ausbeutung als billige Arbeitskräfte bis hin zu den Kindersoldat:innen. Bei alledem ist ihre Stimme noch immer am leichtesten zu überhören, eben weil sie sich als Kinder nicht beispielsweise in politischen Vereinigungen oder Parteien organisieren können, um ihre Rechte durchzusetzen. Insofern ist es die Verletzlichkeit von Kindern, die eine theologische Anthropologie des Kindes in einem befreiungstheologischen Horizont ethisch gebietet. Die theologische Anthropologie des Kindes gewinnt hier die Bedeutung einer mit dem christlichen Glauben unauflöslich verbundenen Verpflichtung sowohl für die Kirche als auch für die Menschen in der Kirche, sich advokatorisch für die Rechte von Kindern und ihren Schutz einzusetzen.

Viertens war es von Anfang an ein wichtiges Anliegen der (theologischen) Anthropologie des Kindes, sorgfältig auf die Kinder zu hören – nicht nur im Sinne der heutigen Metapher von Voice, die auf Einfluss zielt, sondern der Bereitschaft, sich auf die eigenen Weltzugänge von Kindern einzulassen und sie nicht länger als »kindisch«, »unreif« oder jedenfalls »unvernünftig« zu bezeichnen und abzutun. In dieser Tradition versteht sich heute vielfach die Kindertheologie, die aber unkritisch und vordergründig zu werden droht, wo sie sich des Fundaments einer theologischen Anthropologie des Kindes nicht vergewissert. Hier kann die theologische

---

65 Vgl. zu dieser Diskussion in der Religionspädagogik M. L. Pirner, Öffentliche Religionspädagogik: Religionspädagogik als Übersetzungsaufgabe?!, in: F. von Oorschot/S. Ziermann (Hg.), Theologie in Übersetzung?, Leipzig 2019, 97–110.

Anthropologie des Kindes das Bewusstsein wachhalten, dass auch jede religionspädagogische Arbeit mit Kindern einer Grundlage bedarf, die letztlich schöpfungs- und inkarnationstheologisch ausgerichtet ist.

In allen diesen Hinsichten wird die theologische Anthropologie des Kindes ihren Aufgaben aber umso besser gerecht werden, je mehr sie die Impulse der heutigen Kindheitsforschung beachtet und aufzunehmen versucht. Denn »das Kind« gibt es tatsächlich nicht – es gibt nur Kinder.

Teil III: **Kinder in religiösen Bildungsprozessen**

Michael Rocher

»Worthmann muss entweder am Gehör oder Verstand oder an beiden einen Fehler haben ...«

Realitäten des Religionsunterrichts am Dessauer Philanthropin

Zusammenfassung: Über die Bedeutung, aber auch die Ausgestaltung des Religionsunterrichts im Schulalltag des Dessauer Philanthropin ist bisher wenig bekannt. Oftmals wird ein im Sinne einer fortschrittlichen ›Aufklärung‹ fast säkularer Umgang mit Religion vermutet, wobei in der Forschung gleichzeitig betont wird, wie verbunden die deutsche Aufklärung und mit ihr der Philanthropismus mit dem Christentum war gegenüber etwa der französischen Aufklärung. Im vorliegenden Artikel wird diesem ambivalenten Bild nachgegangen. Der Schwerpunkt des Artikels liegt auf den Berichten zu Christian Gotthilf Salzmanns (1744–1811) Religionsunterricht, in denen er Inhalte und Methoden darstellt.

Abstract: Little is known about the significance of religion in the everyday school life of the Dessau philanthropist. Often, an almost secular approach to religion is assumed in the sense of a progressive ›Enlightenment‹, although at the same time, research emphasises how connected the German Enlightenment, and with it philanthropism, was to Christianity compared to, for example, the French Enlightenment. This article explores this ambivalent picture. To this end, the significance of religion in everyday school life is presented. The focus of this article lies in the reports on Christian Gotthilf Salzmann's (1744–1811) religious education, in which he is presenting content and methods.

1 Einleitendes[1]

Dass religiös-theologische Unterweisung in der Bildungsgeschichte einen hohen Stellenwert eingenommen hat, leuchtet unbesehen ein. Bevor besonders ab dem

---

[1] Dieser Aufsatz basiert auf den Untersuchungen hierzu in meiner Dissertationsschrift mit dem

---

Kontakt: Michael Rocher, Fakultät II, Department Erziehungswissenschaft, Universität Siegen;
E-Mail: michael.rocher@uni-siegen.de

https://doi.org/10.1515/bthz-2023-0012

späten 19. Jahrhundert die ›eigene Nation‹ die einende Klammer wurde, auf der der schulische Unterricht rekurrierte, verhielt sich dies im 18. Jahrhundert anders.[2] Religion bildete damals den Fixpunkt von schulischer Bildung, allerdings mit sich verändernden Akzenten: Während am Anfang des 18. Jahrhunderts noch religiöse Dogmen entscheidend waren, weichte dies ab der Jahrhundertmitte auf.[3] Das Ergebnis war aber keineswegs eine säkulare Schulpraxis: Eine religiöse Rahmung von Schule und Unterricht blieb bis zum Ende des Jahrhunderts bestehen.[4] Geradezu exemplarisch lässt sich dies am Religionsunterricht sowie der Bedeutung von religiösen Praktiken im Schulalltag des Dessauer Philanthropins feststellen. Die von Johann Bernhard Basedow (1724–1790) im Jahr 1774 gegründete Schule sollte die ›Musterschule‹ sein von der eine vollständige Reform des damaligen gesamten Schulwesens ausgehen sollte.[5] Besonders den Gedanken der religiösen Toleranz wollte Basedow in der Praxis des Philanthropins bestätigt wissen.[6] Auch wenn zahlreiche interne Konflikte dazu führten, dass das Philanthropin 1793 abgewickelt

---

Titel »Zwei Musterschulen des 18. Jahrhunderts? Das Pädagogium Regium Halle und das Dessauer Philanthropin im Vergleich«, welche ich am 16.06.2022 erfolgreich an der Phil. Fak. I der Martin-Luther-Universität verteidigt habe; ihre Publikation wird gerade vorbereitet und soll im Verlauf des Jahres 2023 erfolgen. Der Artikel geht aber besonders was den Vorgang der Berufung Salzmanns als Liturgen als auch die Analyse der Berichte zu seinem Religionsunterricht betrifft, über die Dissertation hinaus.

2 Paulsen macht hier den Dualismus von christlich-kirchlicher gegen einer modern-nationalen (und realistischen) Denkrichtung aus, die sich vom 17. bis in sein Jahrhundert, dem 19., im Wettstreit um die ›Alleinherrschaft‹ in der Schule befänden. F. Paulsen, Geschichte des gelehrten Unterrichts auf den deutschen Schulen und Universitäten vom Ausgang des Mittelalters bis zur Gegenwart. Mit besonderer Rücksicht auf den klassischen Unterricht, dritte erweiterte Auflage, Erster Band, Leipzig 1919, 465–469.

3 Bezüglich der Dogmen sind aber Abstufungen etwa zwischen der lutherischen Orthodoxie und dem Pietismus zu machen, die grundsätzliche religiöse Entwicklung von Religion in Bezug auf Bildung lässt sich dem Handbuch der deutschen Bildungsgeschichte entnehmen, siehe dazu: W. Sparn, Religiöse und theologische Aspekte der Bildungsgeschichte im Zeitalter der Aufklärung, in: N. Hammerstein/U. Herrmann (Hg.), Handbuch der deutschen Bildungsgeschichte. Band II: Das 18. Jahrhundert – Vom späten 17. Jahrhundert bis zur Neuordnung Deutschlands um 1800, München 2005, 134–168.

4 Sparn, Religiöse und theologische Aspekte (s. Anm. 3), 146–158.

5 So urteilte kein geringer als Immanuel Kant (1724–1804). I. Kant, An das gemeine Wesen, in: J. B. Basedow/J. H. Campe (Hg.): Pädagogische Unterhandlungen, 1. Stück, Dessau 1777, 296–301.

6 Bereits bevor Basedow nach Dessau kam, tat er sich im damals dänischen Altona bei Hamburg als öffentlicher Streiter für religiöse Toleranz hervor, was ihm und seiner ganzen Familie einen Ausschluss vom lutherischen Abendmahl bescherte. Vgl. H. Schmitt, Die Philanthropine. Musterschulen der pädagogischen Aufklärung. In: N. Hammerstein/U. Herrmann (Hg.), Handbuch der deutschen Bildungsgeschichte. Band II: Das 18. Jahrhundert – Vom späten 17. Jahrhundert bis zur Neuordnung Deutschlands um 1800, München 2005, 262–277: 263 f.

werden musste, soll sie in mehrfacher Weise das Schulwesen innovativ beeinflusst haben.[7] Dabei ist zu betonen, dass das Philanthropin im Vergleich zu ähnlichen anderen Schulen[8] meist im wahrsten Sinne des Wortes Kinder ausbildete, da das Aufnahmealter spätestens ab 1779 mit 6 bis 12 Jahren definiert wurde.[9] Zudem lag am Dessauer Philanthropin kein Fokus darauf, die Schüler direkt auf den Übergang zur Universität vorzubereiten, stattdessen wechselte der Teil der Schülerschaft, welcher anschließend ein Studium anstrebte, auf andere höhere Schulen. Deshalb konkurrierte das Philanthropin weniger mit anderen zeitgenössischen Einrichtungen, sondern eher mit den Privatlehrern, die besonders jüngere Kinder unter 12 Jahren aus wohlhabenden Familien unterrichteten.[10] Was auch damit unterstrichen wird, dass die in Dessau angewendete Pädagogik sich mehr an der von Privatlehrern und Gouvernanten orientierte.[11]

Welchen Einfluss all dies auf die praktische religiöse Unterweisung am Philanthropin hatte, soll im folgenden Artikel dargestellt werden. Dazu werden Schulprogrammschriften und Stundenpläne genutzt, die einen Einblick in den Stellenwert

---

7 Verschiedene Autoren nennen etwa den Sprachenunterricht, den naturwissenschaftlichen Unterricht, aber auch den Religionsunterricht. Dazu exemplarisch: M. Fuhrmann, Latein und Europa: Geschichte des gelehrten Unterrichts in Deutschland von Karl dem Großen bis Wilhelm II, Köln 2001, 104f. Schmitt. Die Philanthropine (s. Anm. 6), 263–265. W. Schöler, Geschichte des naturwissenschaftlichen Unterrichts im 17. bis 19. Jahrhundert. Erziehungstheoretische Grundlegung und schulgeschichtliche Entwicklung, Berlin 1970, 11f.

8 Mit ›ähnlich‹ sind hier Schulen gemeint, die aufgrund der hohen Gebühren nur für Oberschichten offenstanden – wie es auch das Philanthropin war.

9 Nachricht von den Kosten eines Pensionisten, von den Bedingungen, unter denen er angenommen wird, von den Kenntnissen, die ihm gelehrt werden, und von einigen anderen Umständen des Instituts zu Dessau, gegeben im April 1779, in: Pädagogische Unterhandlungen, hrsg. vom Dessauischen Erziehungsinstitut, Zweites Jahr, Drittes Quartal, Dessau 1779, 455f. Damit unterschied sich das Philanthropin von anderen höheren Schulen, die meist Schüler ab 12 Jahren auf die Universität vorbereiteten.

10 In meiner Dissertation habe ich ein durchschnittliches Aufnahmealter von 11,5 Jahren ermitteln können, was allerdings damit zusammenhing, dass die Institutsleitung erst ab 1779 ein Aufnahmealter auf unter 12 Jahren öffentlich verkündete. Besonders im Vergleich mit anderen höheren Schulen waren die Dessauer Schüler zwei Jahre jünger bei der Aufnahme – die wenigsten schlossen zudem ihre schulische Ausbildung hier ab, sondern wechselten für eine Studienvorbereitung auf andere Schulen, da sich das Philanthropin dazu nur bedingt eignete. Zur Hauslehrerschaft: R. Pohle, Im Fegefeuer des bürgerlichen Charakters. Der Hauslehrermeister zwischen akademischem Proletariat und dem Himmel des Pfarramts, in: M. Hettling/R. Pohle, Bürgertum. Bilanzen, Perspektiven, Begriffe. Göttingen 2019, 137–166.

11 Was bereits Reinfried auffiel, zudem aber in Zusammenhang mit den jüngeren Schülern gedacht werden muss. M. Reinfried, Das Bild im Fremdsprachenunterricht. Eine Geschichte der visuellen Medien am Beispiel des Französischunterrichts, Tübingen 1992, 70–74.

von Religion im Schulalltag des Dessauer Philanthropins ermöglichen. Ein Fokus liegt dabei auf dem Religionsunterricht Christian Gotthilf Salzmanns (1744–1811), der von 1781 bis 1783 als Liturg am Dessauer Philanthropin wirkte. Er empfahl sich für diese Stelle besonders durch sein 1780 erschienenes Werk *Über die wirksamsten Mittel, Kindern Religion beyzubringen*, in welchem er für die Neugestaltung des althergebrachten Religionsunterrichts warb.[12]

Salzmanns religionspädagogische Schriften sind seit den 1970ern gelegentlich Gegenstand der Forschung gewesen.[13] Dabei wurde von den Autoren immer wieder herausgestellt, dass das zentrale Element von Salzmanns Unterricht die Definition der Religion als ›Gesinnung‹ sei. Salzmann grenzt sich zudem in seiner Religionspädagogik von der lutherisch-orthodoxen Praxis ab, die Religion durch Gebote und Verbote vermittelte.[14] Denn man könne ja die biblische Geschichte, die Geheimnisse Gottes, alle kennen und dennoch eine schlechte Gesinnung haben.[15] Stattdessen zielt er darauf ab eine gute religiöse Gesinnung im Schüler durch eine didaktische Vermittlung von Religion anzulegen. Um dies zu erreichen, schlägt er vier Stufen vor, die zwischen 7 und 14 Jahren beim Religionsunterricht nacheinander zu befolgen sind. Beginnen soll die Unterweisung zunächst mit Fabeln oder Geschichten, mit denen sich Kinder identifizieren können, anschließend soll der vorbildhafte Lehrer den Kindern Christus und die Schönheit der Natur und der Welt als Zeugnis des Heiligen Geistes näherbringen. Der Lehrer solle zudem nicht mit der blutigen Passion zu Tränen rühren, sondern mit der Herzlichkeit und Liebenswürdigkeit Jesu.[16] Der dritte Grad ist der interessanteste: Hier will Salzmann in *Über die wirksamsten Mittel* eine ›sokratische Unterredung‹ mit dem Schüler herbeiführen:

> Nun muss ihm [dem Schüler, d. Verf.] noch Gelegenheit gegeben werden, seine gesammelten Ideen, seine eigenen gesammelten Ideen, seine eigenen Urtheile mit seinen eigenen Worten

---

12 C.G. Salzmann, Über die wirksamsten Mittel, Kindern Religion beyzubringen, Leipzig 1780.

13 Zu nennen ist hier besonders der Name Rainer Lachmanns, der zu Salzmanns Religionspädagogik eine Dissertation in den 1970ern und dann eine völlig überarbeitete Version 2003 vorgelegt hat: R. Lachmann, Die Religions-Pädagogik Christian Gotthilf Salzmanns. Ein Beitrag zur Religionspädagogik der Aufklärung und der Gegenwart, Jena 2004. Daneben hierzu erschienen sind: M. Meyer-Blanck, Kleine Geschichte der evangelischen Religionspädagogik. Dargestellt anhand ihrer Klassiker, Gütersloh 2003, 49–58. G. Adam, Christian Gotthilf Salzmann und die moderne Religionspädagogik. Eine wirkungsgeschichtliche Analyse, in: R. Lachmann/A. Lindner/A. Schulte (Hg.), Christian Gotthilf Salzmann. Seine Werke und Wirkungen in Theologie, Pädagogik, Religionspädagogik und Kulturgeschichte, Jena 2013, 205–223.

14 Lachmann, Die Religionspädagogik Salzmanns (s. Anm. 13), 133–138, 201–205.

15 Vgl. Salzmann, Über die wirksamsten Mittel (s. Anm. 12), 4.

16 Vgl. hierzu die Zusammenfassung bei: Meyer-Blanck, Kleine Geschichte evangelischer Religionspädagogik (s. Anm. 13), 53.

vorzutragen, damit der Lehrer Gelegenheit bekomme, von ihrer Richtigkeit oder Unrichtigkeit, und sie, wo es nötig ist, zu berichtigen.[17]

Das bedeutet also keinen ergebnisoffenen Dialog, sondern einen Dialog mit beabsichtigten Inhalten unter Aufsicht des Lehrers. Grundsätzlich trägt dieser dritte Grad einige Ambivalenzen in sich, auf die Lachmann zurecht hinweist, und auf die weiter unten in den Berichten zu Salzmanns Unterricht am Dessauer Philanthropin eingegangen werden wird.[18] Der vierte und letzte Grad von Salzmanns Konzept meint dann letztlich einen Konfirmandenunterricht, der nicht mehr durch den Religionslehrer selbst, sondern besser durch den Pfarrer in seiner jeweiligen Konfession in den Räumlichkeiten der jeweiligen Kirche verantwortet werden sollte.[19] Methodisch ist zudem zu betonen, dass der Unterricht in den ersten drei Graden durch die Erzählmethode erfolgen soll, also einem anschaulichen und möglichst kindgerechten Erzählen, was Salzmann auch in allen späteren Schriften bekräftigt.[20]

Nicht erforscht ist hingegen Salzmanns tatsächlicher Religionsunterricht. Dazu liegt in Dessau ein einzigartiger Quellenbestand vor, in dem Salzmann neben weiteren Lehrern des Dessauer Philanthropins in den frühen 1780er Jahren Berichte über ihren Unterricht verfassten.[21] In diesen handschriftlichen Berichten, die nie veröffentlicht wurden, bietet Salzmann einen detaillierten Einblick in die Praxis seines Religionsunterrichts am Dessauer Philanthropin. Das erlaubt damit einen Abgleich mit seiner Konzeption eines Religionsunterrichts.

Schlussendlich soll im Artikel der Frage nachgegangen werden, welche Praxis hinsichtlich der Religionsunterweisung am Dessauer Institut verfolgt wurde und welcher Blick sich daraus auf ›das Kind‹ beziehungsweise ›den Schüler‹ ableiten lässt.

---

17 Salzmann, Über die wirksamsten Mittel (s. Anm. 12), 153.

18 Lachmann verweist hier darauf, dass Salzmann seine Positionen von 1780 später revidiert und er später auch von keiner sokratischen Unterredung mehr spricht, was durch seine Unterrichtserfahrung in Dessau herrühren könnte. Lachmann, Die Religionspädagogik Salzmanns (s. Anm. 13), 298–306.

19 Adam, Salzmann und die moderne Religionspädagogik (s. Anm. 13), 213.

20 Dabei betont Lachmann den methodischen Fokus Salzmanns auf die Erzählung, die ihm wichtiger ist als eine sokratische Unterredung: Lachmann, Die Religionspädagogik Salzmanns (s. Anm. 13), 304–312.

21 Tatsächlich sind handschriftliche Zeugnisse mehrerer Lehrer über ihren gegebenen Unterricht für das Schulwesen der Frühen Neuzeit eher eine Seltenheit, die allenfalls bei Schulvisitationen zu finden sind.

2 Der Philanthropismus, das Dessauer Philanthropin und die Religion – einige Eckpunkte

Grundsätzlich ist hinsichtlich religiöser und theologischer Bezüge der Bildungsgeschichte des 18. Jahrhunderts zu konstatieren, dass sich ein Wandel von einer pietistischen Bekehrungstheologie zu einer neologischen Erfahrungstheologie vollzog.[22] Allerdings sind die Übergänge zwischen pietistischer Theologie zur Neologie durchaus fließend. Dabei handelte es sich bei der deutschen ›Aufklärung‹ sowie der pädagogischen Strömung des Philanthropismus um eine christlich geprägte Strömung.[23] Das bedeutet im Umkehrschluss, dass der Schulalltag des Philanthropins alles andere als säkular geprägt war. Zwar beteuerte Basedow in der Gründungszeit des Philanthropins, im Ersten Stück des *Philanthropischen Archivs*,[24] in wenigen Passagen eine Toleranz gegenüber Juden, Mohammedaner und Deisten, allerdings nur bei Lehrbüchern, die die Religion nicht unmittelbar angehen.[25] Das bedeutete aber keine Bedeutungslosigkeit von Religion, da es bei seinen Gottesverehrungen um »gemeinchristliche Erbauungen« ging. Der Toleranzgedanke bezog sich im Schulalltag auf die christlichen Konfessionen. So schreibt Basedow 1774:

> Es sind in Dessau reformierte, lutherische und catholische Geistliche. Mit denselben berathschlagt man sich, wie durch Hülfe von Candidaten dieser Kirchen, und durch Besuch des öffentlichen Gottesdienstes, auch durch Erbauungsmittel des Morgens, des Abends und bey Tische, die Jugend zu ihrer väterlichen Kirche gewöhnet werde, bis sie in ihrem männlichen Alter wird selbst urtheilen können.[26]

---

22 Vgl. hierzu Sparns treffende Abschnitts-Überschrift. Sparn, Religiöse und theologische Aspekte (s. Anm. 3), 146.
23 H. Fend, Geschichte des Bildungswesens. Der Sonderweg im europäischen Kulturraum. Wiesbaden 2006, 140. Sparn, Religiöse und theologische Aspekte (s. Anm. 3), 146–160.
24 Das Philanthrophische Archiv war eine kurzlebige Zeitschrift, die 1776 in drei Stücken erschien und über die Frühzeit des Philanthropins berichtete.
25 An dieser Stelle führt das von Hanno Schmitt vermittelte Bild im Handbuch der deutschen Bildungsgeschichte etwas in die Irre, indem es andeutet, der religiöse Bezug würde wesentlich über das Christentum hinaus gehen: Vgl. H. Schmitt, Die Philanthropine (s. Anm. 6), 264.
26 J.B. Basedow, Das in Dessau errichtete Philanthropinum. Eine Schule für Menschenfreundschaft und gute Kenntnisse, für Lernende und junge Lehrer, Arme und Reiche; ein Fidei-Kommiß des Publikums zur Vervollkommnung des Erziehungswesens aller Orten nach dem Plane des Elementarwerks, Leipzig 1774, 35.

Es ging also immer noch um die Gewöhnung an die eigene Kirche, was hier auch als Konzession an die Eltern der Schüler des Philanthropins zu verstehen ist. Eine Urteilsfähigkeit ist aber das Ziel – und so werden im Religionsunterricht die Merkmale aller christlichen Konfessionen möglichst ohne Bewertungen abgehandelt. Nichtdestotrotz blieb die Tagesstruktur von christlich-religiösen Ritualen wie dem Beten geprägt:

> Gegen sechs Uhr des morgens werden alle Philanthropisten von einem bestellten Hausbedienten geweckt. Mit dem Schlage sechs Uhr geht der Inspektor alle Zimmer durch und sieht, ob alle aufgestanden sind. [...] Nach vollendetem Anzuge, wird von demjenigen Lehrer, den die Reihe trifft, ein Gebet verrichtet wobey, alle Philanthropisten in ehrerbietiger Stille zugegen sind. Dann wird gefrühstückt.[27]

In diesem Sinne unterschied sich das Dessauer Philanthropin kaum von anderen zeitgenössischen Internaten. Bis 1779 lässt sich sogar eine leichte Abkehr von der Urteilsfreiheit erkennen, indem in den *Pädagogischen Unterhandlungen* zur religiösen Unterweisung geschrieben wird:

> Die kleinen Philanthropisten werden allein von dem Institute in der den Kirchen nicht widersprechenden Religion und Tugend belehrt und geübt; die erwarneren [erfahreneren, M.R.], die den Kanzelvortrag schon einigermaßen verstehen können, gehen, unter der Begleitung eines Lerers, zur Kirche; reformierten, lutherischen oder catholischen, werden auch in dem gehörigen Alter, auf Verlangen der Eltern, von einem durch die Eltern bestimmten Kirchenlerer unterrichtet, und zu Mitgliedern seiner Kirche aufgenommen.«[28]

Die Entscheidung, in welche Kirche das Kind aufgenommen wird, liegt also eindeutig bei den Eltern – an der Vermittlung einer proto-ökumenischen Schnittmenge der Glaubensinhalte der Kirchen wird weiter festgehalten. Allerdings muss hier betont werden, dass insgesamt nur vereinzelte Schüler aus katholischen Familien nach Dessau kamen. Konfessionelle Vorbehalte überwogen in der Elternschaft des Philanthropins, was auch mit der Tatsache unterstrichen wird, dass viele Kinder aus katholisch geprägten Ländern aus protestantischen Exklaven in diesen stammten.[29]

---

27 Drittes Stück des Philanthropischen Archivs, worin von dem gegenwärtigen Zustande des Dessauischen Educations-Instituts Nachricht gegeben wird, Dessau 1776, 114f.
28 Pädagogische Unterhandlungen, Zweites Jahr, Drittes Quartal, Dessau 1779, 462.
29 So kamen die Schüler des Philanthropins aus den österreichischen Erblanden oder Portugal aus protestantischen Gesandtenfamilien oder geduldeten protestantischen Minderheiten. Nur einzelne Schüler aus Frankreich und Polen könnten aus katholischen Familien stammen. Eine umfangreiche Auswertung erfolgt in meiner oben genannten Dissertationsschrift.

3 Allgemeines zum Religionsunterricht am Dessauer Philanthropin

Neben der alltäglichen religiösen Rahmung des Schulbetriebs des Dessauer Philanthropins gab es einen, allerdings nur wenige Stunden umfassenden Religionsunterricht. Sein Umfang veränderte sich fortwährend. Im Jahr 1777 lassen sich fünf Stunden pro Woche in einer kombinierten Lehreinheit »Philosophie, Mores, Religion« im Stundenplan nachweisen.[30] Mores sind hier die Sitten, was auf den allgemeinen normativen Charakter des Unterrichts in der Zeit verweist. Auch die Bezeichnung ›Religion‹ ist zeitgenössisch.[31] Durch zahlreiche personelle Veränderungen ändert sich auch der Lehrplan des Philanthropins nach 1777 erheblich. Basedow, der zwar 1778 alle Funktionen am Institut abgegeben hatte, bleibt zunächst Liturg der Schule, wobei unklar bleibt, inwiefern er einen Religionsunterricht verantwortete. Im Verlauf des Jahres 1780 macht Basedow deutlich, dass er auch vom Amt des Liturgen zurücktreten wolle. Daraufhin wird die Stelle öffentlich ausgeschrieben.[32] Zuerst geht ein Anstellungsgesuch Johann Schweighäusers (1753–1810) ein, der Liturg werden möchte und in Verbindung mit seinem langjährigen Gefährten Johann Friedrich Simon (1751–1829) nach Dessau kommen will, sofern letzterer dort ein weibliches Erziehungsinstitut gründen und diesem auch vorstehen darf.[33]

---

30 Stundenpläne ante meridiem und post meridiem Sommer 1777: LASA DE, Z 44, C18b Nr. 34, Bd. I, pag. 237; 239.

31 Auch wenn an anderen höheren Schulen der Unterricht meist als Unterricht der »Theologia« bezeichnet wird, ist wiederum der niedrigere Altersschnitt des Philanthropins zu beachten. In Verordnungen der ›Policey‹ wird ebenfalls für das Niedere- und Armen-Schulwesen von ›Religionsunterricht‹ gesprochen, der im protestantischen Raum meist auf dem Katechismus beruhte. Wichtig ist dieser besonders wegen der beabsichtigten sittlich-charakterlichen Formung der Zöglinge. Anderseits dürfte sich die im Sinne des Toleranzgedankens inhaltlich ausgestaltete Überkonfessionalität wiederum von anderen Schuleinrichtungen deutlich unterschieden haben. Exemplarisch dafür: Circulare an sämtliche Cammern und Cammer-Deputationen wegen der auf dem Lande in Verpflegung und Dienst genommenen zur Schule anzuhaltenen Kindern vom 15. Januar 1788, Novum Corpus Constitutionum Prussico-Brandenburgisum praecipue Marchicarum VIII, 1788, Nr. 39. W. Neugebauer, Niedere Schulen und Realschulen, in: N. Hammerstein/U. Herrmann (Hg.), Handbuch der deutschen Bildungsgeschichte. Band II: Das 18. Jahrhundert – Vom späten 17. Jahrhundert bis zur Neuordnung Deutschlands um 1800, München 2005, 231 f. A. Schloms, Institutionelle Waisenfürsorge im Alten Reich 1648–1806. Statistische Analyse und Fallbeispiele, Stuttgart 2017, 106 f.

32 Wobei es hier zu Reibereien zwischen Fürst Franz und Basedow kam, da letzterer die Stelle zunächst eigenmächtig öffentlich ausschreiben wollte, vom Fürsten dann aber harsch zurückgewiesen wird. LASA DE, Z 44, C18b Nr. 34, Bd. I, pag. 470–490.

Beide waren 1776/77 Lehrer am Philanthropin, hatten aber im Herbst 1777 im Zuge eines Konflikts mit Joachim Heinrich Campe (1746–1818) Dessau verlassen. Campe folgte Basedow Ende 1777 als Direktor des Philanthropins, als dieser aufgrund fehlender Spendenbereitschaft des ›Publikums‹ seine Idee eines eigenständigen Instituts nicht mehr zu erfüllen sah und die Schule nun finanziell von Fürst Leopold III. Friedrich Franz von Anhalt-Dessau (1740–1817) unterstützt werden musste.[34] Campe stand dem Berliner Kreis um Friedrich Nicolai nahe und bevorzugte strenge Hierarchien. Dementsprechend versuchte er im Sommer 1777 eine ebensolche am Dessauer Institut einzuführen, die auf den Widerstand von fünf ›Junglehrern‹ stieß. Die fünf Lehrer identifizierten sich sehr mit den Idealen des ›Sturm und Drang‹, standen der Berliner Aufklärung skeptisch gegenüber und wollten sich nicht in dem von Campe geforderten Maße unterordnen. Der Konflikt eskalierte und zunächst verließ Campe fluchtartig Dessau im September 1777, einen Monat später Simon und Schweighäuser zusammen mit weiteren Lehrern.[35]

Beide wollten nun zurück nach Dessau, was auf heftige Diskussionen, im in dieser Zeit bestehenden Leitungsgremium, dem Direktorium, stieß. Die sechs dort stimmberechtigten Professoren befürworteten zwar Schweighäusers Anstellung als Liturg, lehnten aber Simons Idee und vor allem seine Rolle als Vorsteher eines Dessauer Mädcheninstituts mit vier zu zwei Stimmen ab. Da sie richtig vermuteten, dass Schweighäuser nur gemeinsam mit Simon nach Dessau kommen würde, war die Sache damit beendet.[36]

Kurze Zeit später bekundete dann Salzmann sein Interesse am Amt des Liturgen, was auf umstandslose Zustimmung traf, wohl auch deshalb, da er sich durch die Publikation seiner religions- und erziehungspädagogischen Schriften dafür nachdrücklich empfohlen hatte.[37] Salzmann trat sein Amt im Frühjahr 1781 an. Aus dieser Zeit stammen auch die handschriftlichen Berichte zu seinem Religionsunterricht.[38]

---

33 LASA DE, Z 44, C18b Nr. 34, Bd. I, pag. 495–502.
34 M. Niedermeier, Das Gartenreich Dessau-Wörlitz als kulturelles und literarisches Zentrum um 1780. In: Zwischen Wörlitz und Mosigkau 44 (1995), 1–109: 28–30.
35 Dazu ausführlich: Niedermeier, Das Gartenreich Dessau-Wörlitz (s. Anm. 34), 60–65.
36 LASA DE, Z 44, C18b Nr. 34, Bd. I, pag. 496–502.
37 Neben der oben genannten Schrift *Über die wirksamsten Mittel* auch das Krebsbüchlein: C.G. Salzmann, Krebsbüchlein oder Anweisung zu einer unvernünftigen Erziehung der Kinder, Erfurt 1780.
38 Neben Salzmann fertigten ab 1780 zur internen Evaluation die meisten Lehrer Berichte über ihre Lektionen an, die im Nachlass des Philanthropins, den Reliquiae Philanthropini in Karton III, 3 erhalten sind.

Neben den sonntäglichen Gottesverehrungen, die der Liturg zu verantworten hatte,[39] unterrichtete er auch den Religionsunterricht im Lehrplan. Zu Salzmanns Zeit umfasste dieser nur eine wöchentliche Stunde in drei Klassenstufen.[40]

4 Salzmanns Berichte zu seinem Religionsunterricht

Den Fokus legt Salzmann in seinen Berichten auf den unterrichteten Inhalt, einen geringeren Umfang nimmt die Beschreibung der verwendeten Methodik ein. Im ersten Bericht stellt Salzmann seine Ziele für den Unterricht dar:

> Bei dem mir aufgetragenen Unterricht in der Religion habe ich seither folgende Methode und Ordnung beobachtet: Da ich die Religion nicht in der Erkenntnis spekulativer Sätze, sondern in einer richtigen Gesinnung sehe, so ist bei meinem Vortrag immer die Hauptabsicht, die Gesinnung der Eleven gegen Gott, sich selbst, die ihnen eigentümlichen Güter, z.B. Weisheit, Rechtschaffenheit, Kraft, Gesundheit und Geschicklichkeit gegen andere Menschen, und die Güter, die außer ihnen liegen, z.B. Ruhm, Geld und der gleichen richtig zu bestimmen.[41]

Hier unterstreicht Salzmann sein Konzept der Religion als gute Gesinnung, indem es ihm um ›Erkenntnis des wahren Wertes‹ einer Sache und letztlich der ›Erkenntnis der Wahrheit‹ gehe. Dies ist gegen das von Salzmann verstandene Gegenüber des lutherisch-orthodoxen Religionsunterrichts gewendet, indem es um die ›bloße Beschaffenheit‹ der Dinge gehe. Das bedeutet einen Anspruch einer Verinnerlichung, die zugleich für Salzmann mit einer Vervollkommnung des Menschen einhergeht, die seiner Gottähnlichkeit diene.[42]

---

39 Diese wurden von Johann Bernhard Basedow eingeführt und dienten der wöchentlichen Versammlung und Auszeichnung einzelner Schüler des Instituts. Salzmann veröffentliche seinerseits die von ihm gehaltenen Gottesverehrungen 1784 in Dessau unter dem Titel: Gottesverehrungen gehalten im Betsale des Dessauischen Philanthropins.

40 Im Folgenden wird auf eine von Dietrich Benner und Herwart Kemper angefertigte Transkription der Berichte zurückgegriffen, sie ist aber mit den Originalen abgeglichen und wird dort, wo sie von Benner/Kemper gekürzt wurde, um eigenhändige Transkriptionen ergänzt. Die besagte Stelle von Salzmanns Bericht, in der er über den Stundenumfang Auskunft gibt, siehe: D. Benner/H. Kemper, Quellentexte zur Theorie und Geschichte der Reformpädagogik. Teil 1: Die pädagogische Bewegung von der Aufklärung bis zum Neuhumanismus, 159.

41 Benner/Kemper, Quellentexte (s. Anm. 40), 158.

42 Vgl. Lachmann, Religionspädagogik Salzmanns (s. Anm. 13), 133 f.; 195–200.

Interessant sind im Folgenden Salzmanns Darstellungen der Inhalte seines eigenen Unterrichts, die teilweise in starkem Gegensatz zur Schrift *Über die wirksamsten Mittel* stehen.

In der obersten ersten Klasse versucht er dabei Anmerkungen zur Gesinnung auf Grundlage des Campischen *Robinson*[43] zu machen, wobei er eingestehen muss, »dass dieses Buch die gehoffte Wirkung nicht tut, weil die Geschichte den Kindern schon zu bekannt ist.« Er will stattdessen ein geeigneteres Buch finden, oder, wenn er die Muße dazu habe, ein eigenes schreiben.[44] Dieser Punkt, dass er zur Not ein eigenes Lehrbuch verfassen würde, verweist auf eine gängige Praxis vieler Lehrer des Philanthropins, die in Dessau eigene Bücher anfertigten und verlegen ließen und dies dafür nutzten für ihre Ansätze und Methoden sowie letztlich damit auch für sich selbst zu werben.[45]

In allen anderen Klassen bleibt Salzmann jedoch bei der Bibel und den dort enthaltenen Geschichten als wesentlichen Unterrichtsstoff, den er chronologisch abhandelt, was sich mit Lachmanns konzeptionellen Untersuchungen deckt.[46] Dabei betont er stets, den Begebenheiten das ›Unglaubliche‹ nehmen zu wollen und die einzelnen Geschichten rational zu begreifen. Wichtig ist ihm vor allem ein positives Gottesbild, er will »die Eleven auf die großen Anstalten aufmerksam machen, die Gott vom Anfang gemacht hat, die Menschenfamilie aus dem Stande grober Sinnlichkeit herauszuführen, ihren Verstand aufzuklären und ihr Herz zu veredeln«.[47]

Dieses positive Ausbuchstabieren der biblischen Geschichte zieht sich durch die weiteren Berichte, etwa »dass die Unglückfälle, die uns treffen, selten so groß sind als wir sie uns vorstellen« oder dass »Gott auch bei den schrecklichsten Schicksalen für unsere Wohlfahrt wirksam sei«.[48] Insgesamt lässt sich hier Salzmanns

---

43 Dabei handelt es sich um eine von Joachim Heinrich Campe vom Original von Daniel Dafoe abgewandelte Variante, die erstmals 1779 erschien. https://www.deutschestextarchiv.de/book/show/campe_robinson01_1779 (abgerufen am 04.10.2022).
44 Vgl. Benner/Kemper, Quellentexte (s. Anm. 40), 158.
45 Ein weiteres Beispiel wäre August Friedrich Wilhelm Crome (1753–1833): C.-I. Nees, Vom Katheder in die große Welt: Zum Selbstverständnis August Friedrich Wilhelm Cromes (1753–1833). Eine kritische Biografie, Gießen 2010, 64–82. Zur Bedeutung Dessaus besonders in den 1780er Jahren für den Buchmarkt möchte ich zudem auf eine gerade fertiggestellte Dissertationsschrift von Christian Eger verweisen.
46 Wobei Lachmann das zu Beginn etwas widersprüchlich formuliert, aber die Form und Erzählung der biblischen Geschichten wird in Salzmanns Berichten bestätigt. Lachmann, Die Religionspädagogik Salzmanns (s. Anm. 13), 263–268.
47 Benner/Kemper, Quellentexte (s. Anm. 40), 158.
48 Benner/Kemper, Quellentexte (s. Anm. 40), 159.

Erzählmethode gut erkennen.[49] Zusätzlich lassen sich Bezüge auf die unter anderen von Gottfried Wilhelm Leibniz (1646–1716) aufgeworfene Theodizee-Problematik der »Beste aller Welten« und Voltaires (1694–1778) bissige Antwort im *Candide* herstellen, wobei Salzmanns Tendenz stärker in Richtung des Standpunkts der ›Besten unter allen Welten‹ auszuschlagen scheint.[50]

In einem großen Teil der Berichte verteidigt Salzmann insbesondere die Nutzung des Alten Testaments im Unterricht. Zum einen begründet er dies mit der Basis, die die Kenntnis des Alten Testaments nicht nur für das Neue Testament, sondern auch für das Verständnis der Römischen Mythologie schaffen würde. Zum anderen will er damit aber auch einen möglichen Vorwurf an das Philanthropin vermeiden, wenn er es nicht lehren würde.[51] Gleichzeitig hadert er aber mit der zeitgenössischen Bewertung des Alten Testaments, welches »zwischen gänzlicher Verspottung und übertriebener Erhebung« rangiert. Tatsächlich berichtet er von einem in mehreren Klassen getätigten Unterricht der alttestamentlichen biblischen Geschichte, etwa in dem er in der einen Klasse bis zum Eingang der Israeliten nach Kanaan gekommen sei, in der anderen bis zum Auszug aus Ägypten.[52] Diese Widersprüchlichkeit des Alten Testaments bestätigt ebenfalls Lachmann, indem Salzmann hinsichtlich seiner Bedeutung große Abstriche macht. Das betrifft besonders dessen normativen Charakter bezüglich der zehn Gebote, die auch in seinem Dessauer Unterricht nicht vorkommen.[53] Auch wenn Lachmann den Wert den Salzmann dem Alten Testament bezüglich seiner Erzählmethode beimisst betont, unterscheidet sich die Dessauer Unterrichtswirklichkeit doch ein Stückweit von Lachmanns Annahmen. So beschränkt sich Salzmann ausschließlich auf Geschichten des Alten Testaments, das Neue Testament kommt in seinen Berichten nicht vor. Aus den Berichten lässt sich aber eine Erklärung dieses Umstands gewinnen. So klagt Salzmann mehrmals , dass er zu langsam vorankomme und mit einer wöchentlichen Stunde den Stoff mit seiner Methodik nicht vermitteln könne, weshalb er darauf drängt, die beiden oberen Klassen zusammen zu legen.[54]

49 Der Erzählmethode ordnet Salzmann alle anderen methodischen Ansätze deutlich unter. Lachmann, Die Religionspädagogik Salzmanns (s. Anm. 13), 304–312.
50 Wobei weder Voltaire Leibniz direkt angreift noch Leibniz eine derart naive Vorstellung hatte. Vgl. dazu: U. Marquart, Die Krise des Optimismus und die Geburt der Geschichtsphilosophie, in: G. Lauer/T. Unger (Hg.), Das Erdbeben von Lissabon und der Katastrophendiskurs im 18. Jahrhundert, Göttingen 2008, 207. W. Breidert, Die Erschütterung der vollkommenen Welt. Die Wirkung des Erdbebens von Lissabon im Spiegel europäischer Zeitgenossen, Darmstadt 1994.
51 Benner/Kemper, Quellentexte (s. Anm. 40), 159f.
52 Benner/Kemper, Quellentexte (s. Anm. 40), 160.
53 Lachmann, Die Religionspädagogik Salzmanns (s. Anm. 13), 253f.
54 Benner/Kemper, Quellentexte (s. Anm. 40), 160f.

Er nimmt sich also schlicht zu viel vor, stößt an zeitliche Grenzen und kann deshalb seine Konzeption des Unterrichts nicht entfalten.

Dieser Umstand betrifft letztlich auch die in *Über die wirksamsten Mittel* vorgesehene Unterteilung der drei unteren Grade seines Religionsunterrichts, die in der Praxis unvollständig beziehungsweise nur sehr gering ausgeprägt war. Die Unterschiede, die Salzmann selbst im Unterricht der jüngeren im Vergleich zu den älteren Schülern macht, blieben marginal:

> Bei den größeren Klassen bin ich gekommen bis auf Josephs Aufopferung und ich habe die Geschichte ebenso wie bei den Kleineren behandelt, nur mit dem Unterschied, dass ich mich etwas weiter ausbreite und einige Anmerkungen niederschreiben lasse.[55]

Wie solche Anmerkungen ausgesehen haben könnten, führt er an anderer Stelle aus:

> Bei dem Hass, den Joseph von seinen Brüdern dulden musste, merkte ich nicht nur die Abscheulichkeit desselben, sondern auch die Ursachen, wodurch er erzeugt wurde. Diese waren auf Seiten Jakobs Vernachlässigung der Aufsicht über seine Kinder und Hartherzigkeit gegen sie, auf Seiten Josephs Unvorsichtigkeit in seinen Reden und Betragen gegen seine Brüder.[56]

Damit scheint in beiden beschriebenen Beispielen aber bereits seine Methodik durch, dem Vortrag bei den jüngeren und dem Niederschreiben seiner Anmerkungen bei den älteren Schülern, die aber zugleich auf komplexere Ebenen verweisen – wie etwa Ursachen und Wirkungen.

Die damals üblichen Unterrichtsmethoden lassen sich einer zeitgenössischen Darstellung Immanuel Kants (1724–1804) entnehmen, der zwei Grundtypen der Vermittlung ausmacht: die akroamatische Methode, sofern jemand allein vorträgt, und die erotematische Methode, wenn ein Dialog geführt wird. Allgemein war die akroamatische Methode mehr an den Universitäten üblich.[57] Die erotematische Methode lässt sich laut Kant wiederum in zwei Formen unterteilen, die *dialogisch-sokratische* und in die *katechetische*:

> [...] je nachdem die Fragen entweder an den Verstand, oder bloß an das Gedächtnis gerichtet sind. Anmerk.: Erotematisch kann man nicht anders lehren als durch den sokratischen

---

55 Benner/Kemper, Quellentexte (s. Anm. 40), 161.
56 Benner/Kemper, Quellentexte (s. Anm. 40), 159.
57 Dazu Niemeyer, Direktor des Halleschen Waisenhauses: A. H. Niemeyer, Vollständige Nachricht von der gegenwärtigen Einrichtung des Königlichen Pädagogiums zu Halle: Nebst einer Geschichte desselben in seinem ersten Jahrhundert, Halle 1796, 80 f.

Dialog, in welchem sich beide fragen und auch wechselsweise antworten müssen; so dass es
scheint, als sei auch der Schüler selbst Lehrer. Der sokratische Dialog lehrt nämlich durch
Fragen, indem er den Lehrling seine eigenen Vernunftprinzipien kennen lehrt und ihm die
Aufmerksamkeit darauf schärft. Durch die gemeine Katechese aber kann man nicht lehren,
sondern nur das, was man akroamatisch gelehrt hat, abfragen. - Die katechetische Methode
gilt daher auch nur für empirische und historische, die dialogische dagegen für rationale
Erkenntnisse.[58]

Tatsächlich wandte Salzmann eine eher akroamatische Lehrmethode an, mit einer
katechetischen Ergänzung. Das wird bereits an einer Stelle seines Berichts deutlich,
indem er sich über die Auffassungsgabe eines Schülers beschwert. So müsse es dem
Schüler Wortmann entweder am Gehör oder Verstand fehlen, da er alles was er
ihm diktiere falsch und sinnentstellt aufschreibe.[59] An einer Stelle führt Salzmann
die Systematik, die hinter dem Aufschreiben und Diktieren steckt, näher aus:

Den oberen Classen dictiere ich [...]. Ich lasse ihnen auf jeder Seite fort zu dieser Absicht
verfertigten Buches vier Columnen zeichnen. In die erste schreiben sie das Jahr der Welt, in
die zweite das Jahr vor Christi Geburt, in die dritte die merkwürdigen Begebenheiten, in die
vierte meine Anmerkungen.[60]

Das zeigt die starke akroamatische Ausrichtung von Salzmanns Unterricht, die
hier aber um ein katechetisches Element ergänzt wird. Die Columnen, also Tabel-
len, dienen nämlich der übersichtlichen Memorierung des Lernstoffs, Salzmanns
Anmerkungen, die notiert werden sollen, gehen noch ein Stück darüber hinaus.
Die Anmerkungen können Merksätzen ähneln, die diese dann lernen sollten. Ein
solches Vorgehen seinerseits lässt sich in einem in Schnepfenthal erhaltenen Lern-
tagebuch von 1783/84 erkennen, in dem einer seiner ersten dortigen Schüler,[61]
Johann Wilhelm Ausfeld (1776–1853), in einem ähnlichen Aufbau – einer Tabelle
mit drei Spalten – neben gelernten ›Worten‹ und ›Sachen‹, ›Geschicklichkeiten
und Erfahrungen‹ in der dritten Spalte festhielt. Dort sind meist vom Lehrer vorgegebene Wissensbestände vermerkt. Im April 1784 etwa die Geschicklichkeit: »Ich
habe lernen mit dem Stab über den Graben zu springen«. Im gleichen Monat hält

58 Aus Kants Logikhandbuch: I. Kant, Logik – ein Handbuch zu Vorlesungen, Königsberg 1800:
https://www.textlog.de/kant-logik-akroamatische.html (abgerufen am 05.10.2022).
59 Benner/Kemper, Quellentexte (s. Anm. 40), 159.
60 Rel. Phil., III, 3, 1, Bl. 2V.
61 Salzmann verließ bereits 1783 Dessau und gründete in der Nähe von Gotha auf einem Gut die
ebenfalls als philanthropisch bezeichnete Erziehungsanstalt Schnepfenthal. C. Schaubs, Die Erziehungsanstalt in Schnepfenthal im Umfeld geheimer Sozietäten. Nordhausen 2005.

Ausfeld auch folgende moralische ›Erfahrung‹ fest: »Ich habe erfahren daß mich nach volbrachte Arbeit sehr wohl befinde.«[62]

Die Einträge im Tagebuch spiegeln die Unterrichtswirklichkeit von Salzmanns Religionsunterricht wider: Die Schüler werden angehalten selbst das Gehörte zu verschriftlichen (zu sehen auch an den Rechtschreib- und Grammatikfehlern Ausfelds), Salzmann prüft dies zwar, aber greift nur begrenzt korrigierend ein. Darin erschöpft sich aber bereits die Selbsttätigkeit der Schüler, da die aufzuschreibenden Inhalte vom Lehrer stammen.

Dieser Befund irritiert auf den ersten Blick im Hinblick auf die bisherige Forschung. Meyer-Blanck betont etwa das schülerorientierte Unterrichtsgespräch, dessen genuiner Vorreiter Salzmann gewesen sein soll.[63] Gleichzeitig wird als Grundlage eben nur isoliert die von Salzmann entwickelte Konzeption in der Schrift *Über die wirksamsten Mittel* aus dem Jahr 1780 gesehen. Lachmann argumentiert wesentlich kritischer und erkennt bereits einen Dissens zwischen den dialogischen Verfahren Salzmanns in seiner Frühschrift im Vergleich zu seinen späteren Schriften, indem ein solches eben nicht mehr vorkommt. So argumentiere Salzmann etwa in *Über die wirksamsten Mittel* noch gegen das Auswendiglernen, klinge aber schon drei Jahre später sowie in späteren Schriften ganz anders. Gedächtnisübungen seien eben von großem Nutzen – was an obiger Methode der Merksätze in Tabellenform, die er in Dessau entwickelt und mit nach Schnepfenthal nimmt, zu sehen ist.[64]

Auch bezüglich der sokratischen Unterredung meldet Lachmann bereits erhebliche Zweifel an. So sei das von Salzmann 1780 vorgeschlagene Gespräch nicht ergebnisoffen, sondern hätte einen affirmativen und korrektiven Charakter. Salzmann will mit diesem Gespräch letzlich feststellen, was der Schüler von seinen beiden unteren Graden behalten hat. Der Schüler äußere zwar eine Meinung, die aber vom Lehrer berichtigt oder ergänzt werde. Ein Dissens zu dem hier Gezeigten und Lachmanns Untersuchungen bleibt dann nur bei der Art der Unterredung bestehen. Aus Salzmanns Berichten zu seinem Dessauer Religionsunterricht kann sich keine Form einer sokratischen Unterredung feststellen lassen, die Unterrichtsführung weist allenfalls katechetische Elemente auf.

---

62 Tagebuch von Johann Wilhelm Ausfeld (angefangen den 18.09.1783) im Bestand der heutigen Salzmannschule Schnepfenthal, 25.
63 Meyer-Blanck, Kleine Geschichte evangelischer Religionspädagogik (s. Anm. 13), 54–58.
64 Vgl. hierzu: Lachmann, Die Religionspädagogik Salzmanns (s. Anm. 13), 181–183.

5 Fazit

Das Dessauer Philanthropin stellt ein Musterbeispiel von praktizierter Neologie dar, die aber von den jeweiligen Personen in unterschiedlichen Nuancen gelebt wurde. Zunächst hatten religiös-christliche Rituale einen hohen Stellenwert in der Alltagspraxis der Schule. Auch ein Religionsunterricht gehörte zum Curriculum, hatte aber, aufgrund des überschaubaren wöchentlichen Stundenumfangs, eine geringere Bedeutung. Die gemeinsame sonntägliche Gottesverehrung und die unbedingte Möglichkeit in den Gottesdienst der jeweiligen christlichen Konfession zu gehen, wurden stärker betont. Dennoch zeigt sich darin nicht nur ein ›natürliches‹ Religionsverständnis,[65] welches im Sinne der Schulleitung vermittelt werden sollte, sondern auch eine Autonomie, die den Schülern bezüglich ihrer eigenen (christlichen) Religiosität zugetraut wurde. Innerhalb dieser Autonomie muss aber gleichzeitig den Eltern viel Entscheidungsspielraum zugebilligt werden.

Salzmanns Konzept eines Religionsunterrichts passte daher ideal zum Philanthropin. Gleichzeitig zeigte die Unterrichtsrealität ihm seine Grenzen auf: Letztlich war Salzmanns Idee eines Religionsunterrichts zeitlich zu umfassend und stieß in der Realität auch auf Grenzen von Seiten der Schüler, sodass Salzmann selbst zahlreiche Abstriche an seinem ursprünglichen Konzept vornahm. Am pikantesten ist dabei der Befund, dass seine Zeit in Dessau wohl die Abkehr vom dialogischen Unterricht markierte, die Lachmann bereits erahnte, ohne sie auf Salzmanns Zeit in Dessau eingrenzen zu können. Die Aktivität der Schüler beschränkte sich damit in Salzmanns Dessauer Religionsunterricht weitgehend auf das bloße Zuhören und das Aufschreiben von Diktiertem. Somit stellen seine Dessauer Berichte eine überraschend frühe Abkehr von vielen seiner methodischen Ansätze aus der Schrift *Über die wirksamsten Mittel* dar. Eine Rolle spielte dabei sicherlich die Unterrichtssituation und die wenigen Wochenstunden.

Demungeachtet zeigen Salzmanns Berichte darüber hinaus eine Bereitschaft zum Prüfen und Reflektieren des vermittelten Wissens. Somit lässt sich in ihnen eine Aufgeschlossenheit gegenüber den anderen Lehrkräften des Philanthropins erkennen, was eine Diskussion über Inhalte, nicht aber die Methode angeht, die doch überraschend stark auf dem Memorieren basierte.

---

[65] Meyer-Blanck, Kleine Geschichte evangelischer Religionspädagogik (s. Anm. 13), 52–54; Sparn, Religiöse und theologische Aspekte (s. Anm. 3), 150–162.

Florian Bock

Von der Gehorsamkeit zur Subjektwerdung

Kinder in der katholischen Pastoralliteratur und Religionspädagogik
des 18. bis 20. Jahrhunderts

Zusammenfassung: Der vorliegende Beitrag fragt nach dem Verhältnis von Kindern und Theologie in der katholischen Pastoralliteratur und Religionspädagogik zwischen dem 18. und 20. Jahrhundert. Inhaltlich lässt sich trotz einiger Ungleichzeitigkeiten über diesen Zugriff eine Transformation des Theologisierens nachweisen: nämlich die Entwicklung von der vom Kind eingeforderten Gehorsamkeit zu einer stärkeren Autonomie des Kindes mit dem Ziel der Subjektwerdung.

Abstract: This article asks about the relationship between children and theology in Catholic pastoral literature and religious education between the 18th and 20th centuries. In terms of content, despite some inconsistencies, a transformation of theologizing can be traced through this approach: namely, the development from the obedience demanded of the child to a stronger autonomy of the child. The child becomes a subject.

Auch im Jahr 2023 kommt die bereits vor 13 Jahren im deutschsprachigen angekommene Missbrauchskrise der katholischen Kirche nicht zur Ruhe.[1] Es vergeht kaum ein Tag, ohne dass nicht von neuen Fällen und ihrer (kirchen-)rechtlichen Aufarbeitung oder der Publikation einer neuen Studie[2] zum Komplex die Rede ist. Der Essener Kirchenhistoriker Hubertus Lutterbach hat vor diesem Hintergrund in direkt mehreren Publikationen darauf hingewiesen, wie sehr das kultische Ideal der Reinheit Kindern und Klerus gleichermaßen zugeschrieben wurde, was mögli-

---

1 Vgl. als Überblicksdarstellung W. Damberg, Missbrauch. Die Geschichte eines internationalen Skandals, in: B. Aschmann (Hg.), Katholische Dunkelräume. Die Kirche und der sexuelle Missbrauch, Paderborn 2021, 3–22.
2 Vgl. etwa B. Frings/Th. Großbölting/K. Große Kracht/N. Powroznik/D. Rüschenschmidt, Macht und sexueller Missbrauch in der katholischen Kirche. Betroffene, Beschuldigte und Vertuscher im Bistum Münster seit 1945, Freiburg i. Br. 2022. Als Zusammenschau des Phänomens: Th. Großbölting, Die schuldigen Hirten. Geschichte des sexuellen Missbrauchs in der katholischen Kirche, Freiburg i. Br. 2022.

Kontakt: Florian Bock, Katholisch-Theologische Fakultät, Ruhr-Universität Bochum;
E-Mail: florian.bock@ruhr-uni-bochum.de

https://doi.org/10.1515/bthz-2023-0013

cherweise das sexuell übergriffige Verhalten vieler Priester erklären könnte. Wenn Kinder als eine Art frömmigkeitsgeschichtliche *peer group* angesehen werden, gibt es vielleicht weniger Scham, sich ihnen sexuell zu nähern.[3]

Und dennoch bleibt festzuhalten, dass es vor allem das Christentum war, das in den vergangenen Jahrhunderten viel für die Anerkennung der Kinderrechte getan hat.[4] Es mag seltsam klingen, aber es waren christliche Motive wie die Mühen um eine Grundbildung für alle und das daraus resultierende christliche Engagement für Kinderrechte, die Kinder und Jugendliche in der mittelalterlichen und neuzeitlichen Gesellschaft schützten.[5] Diese ambivalente historische Gemengelage, die sich zwischen den Polen Kindesmissbrauch und Kindesschutz bewegt, ist, so lehrt das vergangene Jahrzehnt, bei der Lektüre der nachfolgenden Seiten immer mitzudenken.

Der vorliegende Beitrag fragt konkret nach dem Verhältnis von Kindern und Theologie in der katholischen Pastoralliteratur und Religionspädagogik zwischen dem 18. und 20. Jahrhundert. Dazu soll ein methodischer und inhaltlicher Zweischritt erfolgen: Der Beitrag operiert in einem längeren ersten Teil quellengestützt mit Predigten, Andachten und katechetischer Literatur aus dem 18. und 19. Jahrhundert; Genres, die sich ohnehin immer wieder vermischen und kaum trennscharf zu unterscheiden sind. Belletristische Literatur mit pastoralem Impetus wurde außen vorgelassen – sonst wäre der vorgegebene Rahmen dieses Textes vollends gesprengt worden. Die Quellen stammen aus dem Archiv der Bayerischen Kapuzinerprovinz. Dieser geschlossene und damit nahezu einzigartige Quellenbestand beinhaltet pastorale Literatur von mehreren aufgelassenen Kapuzinerklöstern, mitnichten aber ausschließlich kapuzinische Literatur. Er veranschaulicht damit archetypisch, was Klöstern gemeinhin als aufbewahrungswürdig galt und auf der Kanzel oder in der katechetischen Unterweisung zum Einsatz kam.[6] Der Beitrag

3 Vgl. H. Lutterbach, Die Kultische Reinheit – Bedingung der Möglichkeit für sexuelle Gewalt von Klerikern gegenüber Kindern?, in: M. Striet/R. Werden (Hg.), Unheilige Theologie! Analysen angesichts sexueller Gewalt gegen Minderjährige durch Priester (Katholizismus im Umbruch 9), Freiburg i. Br. 2019, 175–195; ders., Werdet wie die Kinder, Herder Korrespondenz 73 (2019), 48–51.
4 Vgl. H. Lutterbach, Kinder und Christentum. Kulturgeschichtliche Perspektiven auf Schutz, Bildung und Partizipation von Kindern zwischen Antike und Gegenwart, Stuttgart 2010. Vgl. außerdem auch ders., Die Achtung gegenüber den Kindern. Ergebnis eines christlichen Inkulturationsprozesses?, in: U. Kropač/U. Meier/K. König (Hg.), Jugend, Religion, Religiosität. Resultate, Probleme und Perspektiven der aktuellen Religiositätsforschung, Regensburg 2012, 179–198; ders., Kinderschutz, Kinderbildung, Kinderpartizipation, LS 68 (2017), 320–325; ders., Das Kind in der Mitte, Christ in der Gegenwart 67 (2015), 417 f.
5 Vgl. Lutterbach, Kinder und Christentum (s. Anm. 4), 68–70.
6 Vgl. zum Quellenbestand, der in der Universitätsbibliothek Eichstätt-Ingolstadt lagert, F. Bock, Pastorale Strategien zwischen Konfessionalisierung und Aufklärung. Katholische Predigten und

möchte über solche ›Probebohrungen‹ zwischen 1700 und 1900 nicht einfach nur die bekannten Ergebnisse der Sekundärliteratur – allen voran sind hier die Arbeiten Werner Simons[7] zu nennen – reduplizieren, sondern auch neue oder zumindest vertiefte Einsichten generieren. Zugunsten des Aufzeigens von langfristigen Entwicklungen werden die beiden Jahrhunderte dabei immer nur anhand weniger Texte gestreift. Eine Theologie oder Theologien (im Plural) sind dabei keineswegs offen aus den Quellen herauszulesen, sondern müssen, im Gegenteil, über eine produktions- bzw. rezeptionsästhetische Lesart herausdestilliert werden.[8] Es ist also zu fragen, wie sich die Verfasser von z.B. Katechismen das ideale Kind vorstellten, welche Formen und Komplexitätsgrade des Theologisierens sie den Kindern und Jugendlichen zutrauten und welche nicht.[9] Auch Leerstellen – werden Kinder zwar im Titel angesprochen, aber kommen im Textkorpus selbst kaum adressatengerecht vor – verraten dabei einiges über das Idealbild von Heranwachsenden, das die Produzenten dieser Pastoralliteratur beim Abfassen ihrer Schriften vor Augen hatten.

In einer kürzeren zweiten Hälfte des Beitrages, der sich weniger aus der Quellenempirie, sondern mehr aus der Forschungsliteratur speist, werden religionspädagogische Tendenzen der Beziehung von Theologie und Kindern im 20. Jahrhundert rekonstruiert. Inhaltlich lässt sich trotz einiger Ungleichzeitigkeiten über diesen Zugriff, grob gesagt, eine Transformation des Theologisierens nachweisen: nämlich die Entwicklung von der vom Kind eingeforderten Gehorsamkeit zu einer stärkeren Autonomie des Kindes mit dem Ziel der Subjektwerdung.

---

ihre implizite Hörer-/Leserschaft (circa 1670 bis 1800), Münster 2023 (im Erscheinen) und vor allem die dort zitierten Arbeiten Klaus Walter Littgers.

7 Vgl. W. Simon, Im Horizont der Geschichte. Religionspädagogische Studien zur Geschichte der religiösen Bildung und Erziehung (FTPh 2), Münster 2001; ders., Spuren der Geschichte. Religionspädagogische Studien zur Geschichte der religiösen Bildung und Erziehung (FTPh 24), Bd. 2, Münster 2018. Bei beiden Bänden handelt es sich um eine Zusammenstellung schon zuvor publizierter Aufsätze. Vgl. ferner W. Simon, Katholische Katechetik, Religionspädagogik und Pädagogik im deutschen Sprachgebiet 1740–1918. Ein biographisch-bibliographisches Lexikon, Münster 2021.

8 Vgl. zu einer solchen Vorgehensweise im Umgang mit Predigtliteratur und auch für die einschlägige Literatur zu dieser Perspektive Bock, Pastorale Strategien (s. Anm. 6).

9 In diesem Zusammenhang wurde pastorale Literatur, die sich zwar an »Kinder Gottes« richtet, damit aber Erwachsene meint, nicht miteinbezogen. Vgl. Ausgewählte Schriften des ehrwürdigen Abtes Ludovikus Blosius. Achtes Bändchen. Handbüchlein für die Kinder Gottes, Sulzbach 1844.

1 Streifzüge durch das 18. Jahrhundert

Doch zunächst ist festzuhalten: Die ›Kindheit‹ existierte bis weit ins späte Mittelalter nicht, Kinder galten bis dato vielmehr als kleine Erwachsene.[10] Entsprechend gab es keine eigene Kinderkatechese oder kindgerechte Formen der Glaubensunterweisung.[11] Der französische Historiker Philippe Ariès beschreibt in seinem Standardwerk zur Kindheitsforschung einen Bruch mit diesem Verständnis ab dem 15. Jahrhundert. Ariès schildert die ›Entdeckung‹ der Kindheit näherhin durch christliche Lehrer, die verstanden, dass ihre Schüler etwas anderes waren als Erwachsene im Miniaturformat. Dieses Umdenken resultierte aus einer intensiven Beschäftigung mit dem Matthäusevangelium und seiner Aussage »Wenn Ihr nicht werdet wie die Kinder« (Mt 18,3).[12] Der Mystiker Johannes Gerson (1363–1429) forderte etwa die Lehrenden auf, nicht nur an die Stelle der Eltern, sondern auch an Christi statt zu treten. Sie sollten Vorbilder sein und die Kinder, »ihrerseits noch formbar wie Wachs«, nicht durch schlechtes Verhalten verunsichern. Ihre didaktische Arbeit, in der es im Wesentlichen um eine Formung der Heranwachsenden ging, habe eine »gottesdienstliche Mission«.[13] Die Rezeption des Konzils von Trient (1545–1563) sorgte für einen weiteren Schub in der Kinderpastoral,[14] im Catechismus Romanus etwa wurde eine Vorbereitungskatechese für Kinder anlässlich der Erstkommunion angeregt.[15] Immer wurden Kinder dabei als zwar schützenswert, aber in jedem Falle einer starken Instruktion bedürftig angesehen.

Wenn also vielerorts von ›Kindertheologie‹ die Rede ist, so ist damit nicht nur primär ein religionspädagogischer Diskurs, sondern ein gegenwärtiges Phänomen tangiert, das etwa von Kinderrechten und kindlicher Mitsprache in Kirche und Gesellschaft ausgeht. Der Tübinger Religionspädagoge Friedrich Schweitzer beispielsweise differenziert im Zusammenhang mit dem Terminus ›Kindertheologie‹ gar zwischen einer Theologie »mit Kindern« und »für Kinder«, aber auch einer »Theologie der Kinder«.[16] Wie selbstverständlich und aus meiner Sicht zurecht ver-

---

10 Vgl. Lutterbach, Kinder und Christentum (s. Anm. 4), 68.
11 Vgl. J. Bürkle unter Mitarbeit von D. Mittnacht, »Der schönste und glücklichste Tag in Eurem Leben ...«. Ein Beispiel elterlicher Sakramentenkatechese im 19. Jahrhundert, RoJKG 39 (2020), 361–370: 363.
12 Vgl. Lutterbach, Kinder und Christentum (s. Anm. 4), 68 unter Bezug auf Ph. Ariès, Geschichte der Kindheit, Berlin 1978.
13 Lutterbach, Kinder und Christentum (s. Anm. 4), 68f.
14 Vgl. W. Simon, Katholische Glaubensunterweisung im 18./19. Jahrhundert, RoJKG 39 (2020), 45–60: 45f.
15 Vgl. Bürkle, Sakramentenkatechese (s. Anm. 11), 363.
16 F. Schweitzer, Was ist und wozu Kindertheologie?, in: JaBuKi [»Im Himmelreich ist keiner

weist die heutige Forschung vor diesem Hintergrund auf Asymmetrien in der Beziehung von Eltern zu ihren Kindern.[17] Um es klar zu sagen: Eine solche Theologie der Kinder war in Mittelalter und Früher Neuzeit schlichtweg nicht denkmöglich, da Kindern ein eigenständiges Theologietreiben »in ihrer lebensweltlichen Praxis«[18] schlichtweg nicht zugestanden wurde – von zugetraut gar nicht erst zu reden. Eher kann aus den historischen Quellen lange ein Theologisieren für Kinder, eventuell mit Kindern, herausgelesen werden, wie im Folgenden verdeutlicht werden soll.

Das Kind in der katholischen Pastoralliteratur des 18. und 19. Jahrhunderts wurde zunächst einmal nicht viel anders behandelt als in Mittelalter und Früher Neuzeit, so dass in Anlehnung an Michel Foucaults große Gefängnisstudie von 1975 auch hier von »Überwachen und Strafen« die Rede sein kann.[19] Es sind hierarchisierende Institutionen wie die Familie, die Schule oder auch die kirchliche Glaubensgemeinschaft, die dem Kind bestimmte Attribute und Erwartungen zuschreiben, die es unbedingt zu erfüllen hat. Wie in den folgenden Abschnitten detaillierter geschildert wird, relativiert sich somit die große Epochenzäsur, die man gemeinhin der Aufklärung und der mit ihr verbundenen Genese einer kindgerechten Pädagogik zuschreibt.[20]

Exemplarisch für das 18. Jahrhundert, das in der Kirchengeschichtsschreibung immer als ein »Dazwischen« von Konfessionalisierung und Aufklärung gilt, seien hier die »Bauren- Oder Kurtze Kinder-Lehr-Predigen« von Antonius Fraisl angeführt.[21] Die Predigtsammlung stammt aus dem Jahr 1722 und setzt bemerkenswerterweise bei Bauern und Kinder gleichermaßen als hauptsächlichen Adressaten an, im Untertitel werden dann noch Prediger, Seelsorger, Hausväter und Eltern als weitere Zielgruppen benannt. Diese gemischte Adressierung war im 18. Jahrhundert noch weit verbreitet und gestaltete sich erst im 19. Jahrhundert zielgruppenorientierter.[22]

---

sauer«. Kinder als Exegeten] 2 (2003), 9–18: 11 f. 13 f. 15 f. Zitiert nach K. E. Nipkow, Theologie des Kindes und Kindertheologie, ZThK 103 (2006), 422–442: 423. Zur Problematik des Begriffes vgl. auch G. Büttner, Kinder – Theologie, EvTh 67 (2007), 217–229.

17 Vgl. Nipkow, Kindertheologie (s. Anm. 16), 423.

18 Nipkow, Kindertheologie (s. Anm. 16), 423.

19 Vgl. M. Foucault, Überwachen und Strafen. Die Geburt des Gefängnisses (suhrkamp taschenbuch 2271), Frankfurt a. M. [9]2008.

20 Vgl. Lutterbach, Kinderschutz, Kinderbildung, Kinderpartizipation (s. Anm. 4), 323.

21 Vgl. A. Fraisl, Bauren- Oder Kurtze Kinder-Lehr-Predigen/ Vier und Sibenzig. Welche Nach dem Kleinen CATECHISMUM der Ordnung nach seynd außgetheilet. Zu sonderem Behülff Aller Land- und Bauren-Pfarrern/ Predigern/ Seel-Sorgern/ Auch Hauß-Vättern/ und Eltern/ Auf eine gantz Neue und bequemliche Manier/ Von Annehmlichen außerleßnisten Historien/ Sittlichen Sprüchen/ Gleichnussen und Lehren, Augspurg 1722.

22 Joseph Anton Hahn müht sich etwa um eine verständliche Erklärung der sonntäglichen Evan-

Fraisl war Pfarrer zu Stilfes nahe Störzing in Tirol und Autor einiger weiterer pastoraler Schriften. Er bietet in seinen Predigten das zeittypische Gemisch aus moralischer Unterweisung, kuriosen Historien, Sprüchen und Gleichnissen, um seine Predigten, hier in nachträglich verschriftlichter Form vorliegend, so interessant wie möglich zu gestalten. Es trifft hier zu, was Werner Simon in Bezug auf Prokop von Templins (1609–1680) »Catechismale« von 1674/75 festhielt: »Applikationen schlagen Brücken zur Praxis des gelebten Glaubens. Phantasievolle Ausmalungen, Historisierungen und Psychologisierungen wecken und lenken die Aufmerksamkeit der Zuhörer.«[23]

Fraisls 74 Predigten sind nach dem Aufbau des Katechismus ausgerichtet, über Passagen hinweg in einem Frage-Antwort-Schema gehalten und somit nicht an den Lesungen des Evangeliums orientiert. D. h. auf Predigten zur Glaubenslehre folgen solche zu den Sakramenten, zu den Zehn Geboten etc. Ob dieser Vorgehensweise erhofft sich Fraisl, dass die gepredigten Inhalte dem gemeinen Mann noch stärker im Gedächtnis bleiben;[24] seine »Antworten haben vielfach paränetischen, ermutigenden und auch tröstenden Charakter.«[25] Aufgrund des gebotenen Rahmens können nur Schlaglichter auf die insgesamt über 300 Seiten lange Predigtsammlung geworfen werden – allein das Register umfasst mehrere Dutzend Seiten.

Zum Lemma »Kind« sind im Register immerhin dreizehn Einträge enthalten, die ihrerseits teilweise nochmals unterteilt sind. Auf den Punkt gebracht, lässt sich daraus folgendes Bild von Kindern konturieren: Kinder sind zu guten Katholikinnen und Katholiken zu erziehen, fundamentale Meilensteine auf dem Weg dazu sind die Taufe[26] und die Firmung, die damals schon mit sechs bis sieben Jahren gespendet wurde,[27] um ihnen den Weg zum Himmel nicht vorzuenthalten.[28] Durch die Taufe werden die Kinder zu Kindern Gottes,[29] ihre Seele wird zu einer beson-

---

gelien; seine Schrift ist laut Vorrede gleichermaßen für den Schullehrer als auch den Hausvater bestimmt. Bis hinein zu den stimmigsten Katechesezeiten in der Woche (am Ende der Woche oder sonntags) werden hier Vorgaben gemacht, wie am besten das Kind seine Erklärungen zu memorieren habe. Vgl. J. A. Hahn, Katechetische Erklärung der Sonntagsevangelien für Kinder zum Haus- und Schulgebrauche, Augsburg 1788, Vorrede.

23 W. Simon, Kinderpostille und Evangelienerklärung. Zur Geschichte einer katechetisch relevanten literarischen Gattung, TThZ 129 (2020), 330–349: 346.

24 Vgl. Fraisl, Kinder-Lehr-Predigen (s. Anm. 21), Vor-Red.

25 So Simon, Kinderpostille (s. Anm. 23), 341 mit Blick auf Johann Craendonchs »Postille«. Diese Beobachtung ist aber auch hier zutreffend. Die existentielle Aneignung soll, so der Leseeindruck, auch hier über das Memorieren gehen.

26 Vgl. Simon, Kinderpostille (s. Anm. 23), 33 f.

27 Vgl. Fraisl, Kinder-Lehr-Predigen (s. Anm. 21), 37.

28 Vgl. Fraisl, Kinder-Lehr-Predigen (s. Anm. 21), 33.

29 Vgl. Fraisl, Kinder-Lehr-Predigen (s. Anm. 21), 33.

deren Schönheit, ›abgewaschen‹ ist die Erbsünde.[30] Gebete wie das Vaterunser oder das Ave Maria sind ebensolche Wegmarken, die so angeleitete innere Frömmigkeit soll auch mit einer äußeren frommen Haltung – dem richtigen Händefalten – korrespondieren.[31] Jungen und Mädchen sind ein Geschenk Gottes, entsprechend stehen Schwangerschaftsabbrüche völlig außer Frage; der Kindsmord ist besonders geächtet.[32] Für die Erziehung ihres Nachwuchses tragen die Eltern eine ungeheure Verantwortung, Vater und Mutter müssen nicht nur von ihrem Nachwuchs geehrt werden, sie haben auch ihrerseits Verantwortung für ihre Kinder, sie nehmen samt der Säuglingsmilch z. B. schon von klein auf die Natur der Mutter an.[33] Sind Kinder »ungeraten«, so müssen sie, damals völlig selbstverständlich, gezüchtigt werden.[34] Gegenüber den Eltern wiederum gibt Fraisl den Kindern folgende ›Goldene Regel‹ mit: »Sie nicht rauch/ oder zorniger Weis anreden/ nicht ihnen einschnaltzen/ oder zehen Wort für eines geben/ wider sie nicht murren/ oder trutzig seyn/ sondern allzeit sagen: Ja Vatter! ja Mutter!«[35] Dem vierten Gebot werden fein ziselierte eigene Abhandlungen gewidmet,[36] was die Wichtigkeit des Ehrens der Eltern unterstreicht.

Es bleibt festzuhalten: Kinder kommen als Subjekte im 18. Jahrhundert noch nicht wirklich vor. Ihnen haftet vielmehr etwas Objekthaftes an, das es zu beschulen gilt. Es müsse gar verhindert werden, dass Kinder sich allzu viel selbst beibringen, was durchaus passieren könne, wenn sie sich selbst überlassen sind.[37] Markus Eschenloher hatte bereits um 1700 eine andere Gefahr beschrieben, die aus der Vernachlässigung der Kinder durch ihre Eltern resultiere – die übermäßige Schonung in religiösen Fragen:

Es gibt zwar etliche Eltern/ welche ihre Kinder zu dem Handwerck schicken/ damit sie ihr Stücklein Brod einest können gewinnen/ ist recht: Andere schickt man in die Schuel/ damit

---

30 Vgl. Fraisl, Kinder-Lehr-Predigen (s. Anm. 21), 33.
31 Vgl. Fraisl, Kinder-Lehr-Predigen (s. Anm. 21), 106.
32 Vgl. Fraisl, Kinder-Lehr-Predigen (s. Anm. 21), 74f.
33 Vgl. Fraisl, Kinder-Lehr-Predigen (s. Anm. 21), 10.
34 Vgl. Fraisl, Kinder-Lehr-Predigen (s. Anm. 21), 58.
35 Fraisl, Kinder-Lehr-Predigen (s. Anm. 21), 70.
36 Vgl. auch F.X. Seyfried, Das vierte Gebott GOttes Nutzlich/ und curios erkläret Nicht allein für die Christliche Kinder/ und Elteren/ Sondern auch für verschidene andere in dem gedachten Göttlichen Gebott Einiger Massen begriffene Personen [...], Augspurg 1729.
37 Vgl. M. Eschenloher, Kinderlehren/ Oder Leicht-begreiffliche Außlegungen Über den gantzen Römisch-Catholischen Catechismum/ Vor längst offentlich bey Wochentlicher Kinder-Versamblung an denen Sonntägen in der Kirchen vorgetragen/ Nun mehr denen Herren Pfarreren/ Schulmeisteren/ und Hauß-Vätteren zu sonderbahrem Behülff und leichtern Unterricht ihrer untergebnen Schäfflein/ Kinderen und Ehehalten [...], Augspurg 1702, 2.

sie lehrnen Lesen und Schreiben/ ist auch recht; daß sie aber sollen lehrnen/ fromm seyn/ lehrnen/ was der Catholische Glaub ausweist/ wie der Catechismus zu verstehen/ wie man die Gebott GOttes/ und der Christlichen Kirchen solle halten/ wie man die HH. Sacrament soll empfangen/ [...] darauf haben die Eltern kein einige Obsicht. Disem Ubel nun zu begegnen/ haben zwar etliche gelehrte Männer geschriben/ was der kleine Catechismus in sich halte/ wie solcher zu verstehen/ und zwar Teutsch/ damit solche an statt der Kinderlehren zu Haus sollten gelesen werden/ weil man die Kinder nit mehr in die Kinderlehr schickt. Nun will aber dises alles nichts vergeben/ ja die Eltern geben vor/ diser *Author* ist zu schwer vor die Kinder/ taugt nur vor die Prediger/ jener *Author* ist gar zu weitläufftig/ man kan nichts daraus mercken/ ein anderer hat gar zu vil Text aus der H. Schrifft/ und aus den HH. Vättern/ solche Sachen taugen nit vor die Kinder. O verblindte Eltern/ was Ursachen werdet ihr noch vorbringen/ eure Kinder auf der Höllen-Strassen fort zu führen.[38]

Was im 18. Jahrhundert bei Fraisl, Eschenloher und anderen noch etwas holzschnittartig daherkam, differenzierte sich dann im 19. Jahrhundert weiter aus. Die Kindheit/Jugend hat als Artikel in einem Lexikon für Seelsorger von 1857 z. B. ihren festen Platz.[39]

2 Streifzüge durch das 19. Jahrhundert

Wie eine so verstandene ›Kindertheologie‹ sich im 19. Jahrhundert weiterentwickelt hat, verdeutlicht eine Predigt mit dem Titel »Die Erziehung der Kinder für Gott« aus dem Jahr 1817.[40] Sie liegt in ihrer schriftlichen Form vor und wurde ursprünglich in der Stadtpfarrkirche St. Jodok in Landshut gehalten. Ihr Autor ist Georg Amann (1780–1831), später Professor zunächst für Dogmatik und dann für Moraltheologie in München. Wie stellt sich nun jener Amann das Verhältnis von Kindern und Theologie vor?

Ausgehend von der Evangeliumsperikope des zwölfjährigen Jesus im Tempel (Lk 2,41ff.), wo er mit den Schriftgelehrten debattiert,[41] wird der Gottessohn als

---

38 Eschenloher, Kinderlehren (s. Anm. 37), Günstiger Leser.
39 Vgl. Th. Wiser (Hg.), Vollständiges Lexikon für Prediger und Katecheten, in welchem die katholischen Glaubens- und Sitten-Lehren ausführlich betrachtet sind, Zwölfter Band, Regensburg 1857, 1–54.
40 Vgl. G. Amann, Die Erziehung der Kinder für Gott in der Predigt am ersten Sonntage nach der Erscheinung des Herrn dargestellt und der Pfarrgemeinde von St. Jodok als Neujahrsgeschenk gewidmet, Landshut 1817.
41 Im Laufe von Amanns Argumentation werden noch andere Bibelstellen als Beweis angeführt, dass – so Amanns These – die Eltern die Pflicht hätten, ihre Kinder für Gott zu erziehen. Dazu gehört bspw. Gen 17,12; Ex 13,1 oder aber – besonders prominent – Lk 18,15–17: »[...] Wer das Reich

»erhaben« und »anmutig« charakterisiert und damit als Idealtypus eines christlichen Kindes porträtiert. Es ist der scharfsinnige Verstand des pubertierenden Jungen, der die »Lehrer in Israel«[42] fasziniert. So stellt sich Amann also eine erfolgreiche ›Kindertheologie‹ vor: als ein arbeitsames, strebsames und gelehriges Schritthalten mit dem Theologisieren der Erwachsenen aus dem Status einer reinen, unbefleckten Jugend heraus. Dies verdeutlicht noch einmal das folgende Zitat:

> *So hängt also die Besuchung des öffentlichen Gottesdienstes mit der Pflichtmäßigkeit des übrigen Lebens* [Hervorhebung im Original], wie bey den Erwachsenen, auch schon bey Kindern zusammen. Ein Kind, das gerne in die Kirche geht, andächtig betet, fleißig auf den Unterricht aufmerkt, und, wenn es gefragt wird, besonnen antwortet, ist gewiß auch zu Hause, auf der Gasse, in der Schule – überall das beste. [...] Viele von den Kindern, die unter unsern Augen aufgewachsen, zeigen in den erstern Jahren die schönsten Blüthen von Geisteskraft und Herzensgüte. Aber ach! wenn die Zeit kömmt, wo man glauben möchte, die Blüthe sollte sich in eine Fruchtknospe bilde, da ist sie vom Pesthauche der Verführung hinweggenommen, ohne kaum mehr eine Spur zurückzulassen. Ach! wie viele Thränen haben die Väter und Mütter schon vergossen, weil ihre sonst so hoffnungsvollen Kinder auf einmal so ins Schlimme hinüber verändert wurden, daß in dieser Veränderung ihre ganze Aussicht begraben liegt![43]

Unschwer ist ein spezifisches semantisches Feld zu erkennen: Pflichterfüllung,[44] Fleiß, aber auch Unterordnung unter die Eltern in Anlehnung an das vierte Gebot.[45] Oberste Elternpflicht ist es wiederum laut Amann, Kinder für Gott zu erziehen. Der Gottesbezug in der Erziehung liegt im Sakrament der Taufe begründet,[46] die Verpflichtung der Eltern, ihren Nachwuchs zu Gott zu führen, gebietet das Sakrament der Ehe.[47] Dem Kind ist also zu ermöglichen, Gott immer besser kennenzulernen und seinen Weisungen immer »gelassener« entgegenzugehen. Ein Kind müsse lernen, »immer und überall vor Gottes alldurchschauendem Auge zu wandeln, und an Gottes Vaterherzen zu ruhen.«[48] Ein solches Handeln gebiete u.a. – hier findet sich Vokabular, das gemeinhin der katholischen (Spät-)Aufklärung zugerechnet

---

Gottes nicht wie ein Kind annimmt, kann in dasselbe nicht eingehen.« Vgl. Amann, Erziehung der Kinder (s. Anm. 40), 5f.13–15. Zitat 14.

42 Amann, Erziehung der Kinder (s. Anm. 40), 6.

43 Amann, Erziehung der Kinder (s. Anm. 40), 6f.

44 Vgl. J.M. Haslinger, Ueber die Pflichten der Kinder. Drei Predigten gehalten am 20., 21. und 22. Sonntag nach Pfingsten 1847 [...], München 1847.

45 Vgl. Amann, Erziehung der Kinder (s. Anm. 40), 6.

46 Vgl. Amann, Erziehung der Kinder (s. Anm. 40), 16.

47 Vgl. Amann, Erziehung der Kinder (s. Anm. 40), 18f.

48 Amann, Erziehung der Kinder (s. Anm. 40), 8.

wird – die Vernunft. Denn die Vernunft fordere stets das Höchste. Das Höchste, auf das hin erzogen werden solle, aber sei Gott:[49]

> Wer in einer Gegend auf dem höchsten Orte steht, der kann die ganze Gegend überschauen, und erkennen, wie Eines in das Andere einpaßt. Wer für Gott erzogen ist, der durchschaut auch die übrigen Verhältnisse des menschlichen Lebens, und erfüllet sie. – Sein Herz ist gegen alle Nationen voll *Wohlwollen*, seine Liebe zum Vaterlande *Heldenmuth*, seine Wissenschaft eine *Leuchte für ihn und andere*, seine Kunst ein *Beytrag zur Verschbuerung des Lebens*, sein Verhalten zum Zeitgeiste *Selbstständigkeit*, die partheylos prüft, und geduldig abwartet, sein häusliches Leben *Friedfertigkeit*, und seine Selbstliebe *die schönste Ordnung und Harmonie*, in welcher der Geist den Leib unterjochet, nachdem er sich selbst Gott unterworfen hat [Hervorhebungen im Original].[50]

Den Kindern soll die jesuanische Kunst der »Abläugnung der weltlichen Lüste, die Verläugnung alles gottlosen Wesens« im wörtlichen Sinne ›eingeimpft‹ werden. Kinder sind gerade keine kleinen Erwachsenen, die in eine Welt der Lüste und Versuchungen eingeführt werden sollen.[51] Die gottgefällige, »schöne Kindheit« zeige sich daher gerade in einer ungekünstelten, unverstellten Natur, in einer dem Kind eigenen reinen Authentizität – man fühlt sich an Mk 10,15 erinnert (»Wer das Reich Gottes nicht so annimmt, wie ein Kind, der wird nicht hineinkommen«). Der Weg zu einer solchen Kindheit werde durch vorbildhaftes Verhalten und das rechte Maß an Unterricht und Zucht geebnet.[52] Überhaupt komme es auf das rechte Maß an »äußerer« wie »innerer« Frömmigkeit an:

> Ein Kind in der Kirche mit gebogenen Knien, gefalteten Händen, unbeweglichem Haupte ist wohl ein Anblick, an dem wir uns nicht stossen; aber erbauen werden wir uns daran nur, wenn wir in seinem Gesichte lesen, daß es den Geistlichen versteht, und nachempfindet, wie er lehrt und die gottesdienstlichen Verrichtungen macht.[53]

Zusammenfassend zeigen sich zweierlei Tendenzen: Zum einen der enge Druck, der auf Eltern[54] wie Kindern ruhte, unter strenger Disziplin und Demut ein gottgefälliges Leben zu führen. Zum anderen, ungleich interessanter, das Sprechen Amanns von einer »schönen Kindheit«, die schon so etwas wie ein geringes Autono-

---

49 Vgl. Amann, Erziehung der Kinder (s. Anm. 40), 9.13.
50 Amann, Erziehung der Kinder (s. Anm. 40), 12 f.
51 Vgl. Amann, Erziehung der Kinder (s. Anm. 40), 19 f.
52 Vgl. Amann, Erziehung der Kinder (s. Anm. 40), 19–22.
53 Amann, Erziehung der Kinder (s. Anm. 40), 22 f.
54 Vgl. Bürkle, Sakramentenkatechese (s. Anm. 11), 368.

miepotenzial beinhaltet: Das Kindisch-Echte ist hier positiv besetzt, kleine ›Schauspieler‹ möchte der Prediger gerade nicht.

Andere Autoren wie Bernard Galura (1764–1856) legen ihre Katechese aus praktischer Erfahrung als Gespräch zwischen Vater und Sohn an und machen in der Vorrede ausdrücklich darauf aufmerksam, dass die dargebotene Lehre nicht zu starr verstanden werden dürfe. Es müsse geradezu in der konkreten Gesprächssituation von der allgemeinen Lehre, die die nachfolgende Katechese beinhalte, abgewichen werden.[55] Gliederung der Inhalte und Qualität des Stoffes müssten altersgemäß der Aufnahmefähigkeit des Kindes entsprechen.[56] Sicherlich auch durch die Abneigung des aufgeklärten Zeitalters gegenüber jedweder Affektiertheit oder eines dekadenten Hoflebens bestimmt,[57] deutet sich hier eine Betonung des natürlichen Subjektivitätswerts an, der für die Moderne so charakteristisch werden wird. Das äußere Erscheinungsbild muss mit der inneren Grundhaltung korrespondieren. Aber auch hier ist nicht wirklich eine Autonomie im modernen Sinne gemeint: Beigebracht werden könne dem Kind, so heißt es dort, lernpsychologisch nur das, was von der Erfahrung einer christlichen Erziehung her sowieso bereits in ihm stecke.[58]

Des Weiteren begegnen im Quellenbestand »Katechetische Vorträge« über das Buß- und das Altarsakrament »zur Vorbereitung der Kinder für die österliche Beicht und Communion«.[59] Dies verwundert nicht, denn das 19. Jahrhundert war eine Hochphase der Katechese zur Vorbereitung auf die Erstkommunion.[60] Nach einer Vorlage Franz von Paula Dionys Reithofers (1767–1819) wurden die Vorträge von Johann (Martin) Rauch (1802–1874), Pfarr-Cooperator in Großmehring, bearbeitet. Interessant ist im Kontext dieses Beitrages nicht so sehr, was, sondern wie

---

55 Vgl. B. Galura, Die ganze christkatholische Religion, in Gesprächen eines Vaters mit seinem Sohne. Erster Band, welcher den Unterricht von Gott enthält. Zweyte vermehrte und verbesserte Auflage, Augsburg 1802, XIIf. Werner Simon schreibt zu Galuras Methodik: »Galura löst den methodischen Ansatz der ›sokratischen Methode‹ in seinen *Gesprächen* allenfalls ansatzweise ein und transformiert ihn vor allem in seinen späteren Katechesen in den methodischen Ansatz eines dialogisch strukturierten Vortrags ›nach der Methode in Selbstgesprächen‹.« Vgl. Simon, Katholische Katechetik (s. Anm. 7), 145–149.146. Vgl. auch Simon, Spuren der Geschichte (s. Anm. 7), 105–136, besonders 114–116.
56 Vgl. Galura, christkatholische Religion (s. Anm. 55), XIII–XV.
57 Vgl. B. Stollberg-Rilinger, Die Aufklärung. Europa im 18. Jahrhundert, Stuttgart ²2011, 84f.
58 Vgl. Galura, Christkatholische Religion (s. Anm. 55), 8.
59 Vgl. Katechetische Vorträge über die heiligen Sakramente der Buße und des Altares zur Vorbereitung der Kinder für die österliche Beicht und Communion. Nebst einer kurzen Erläuterung der kirchlichen Gebräuche und Ceremonien in der Fastenzeit. Nach P. Dionys Reithofer bearbeitet von J. M. Rauch, Regensburg und Landshut 1836.
60 Vgl. Bürkle, Sakramentenkatechese (s. Anm. 11), 362.

erklärt wird. Die Vorträge, so Rauch, sind zum kindgerechten Verständnis in einfache Worte gekleidet und zeugen damit davon, wie sich die Autoren damals eine Theologie für Kinder dachten.[61] Es dominieren hauptsächlich Merksätze, die auf basale Glaubensfragen eine Antwort geben. Z. B. folgt auf die Frage »Was ist Buße?« die Antwort: »*Buße ist das eifrige Streben, unsere Sünden zu erkennen* [..., Hervorhebung im Original].«[62] Häufig sind auch zusammenfassende Passagen wie diese: »Seht nun, meine lieben Kinder, so müssen wir es machen; wir müssen unsere Sünden erkennen, sie bereuen und uns wahrhaft bessern, dann finden wir bei Gott Verzeihung.«[63] Neben dem Frage-Antwort-Schema finden sich des Weiteren zwar immer wieder Ansätze zur Didaktisierung wie Gesangselemente:

> Wir wollen diese Liebe Jesu zu uns mit freudiger Rührung erkennen, und mit frommer Begeisterung singen:
> Wie groß ist, Jesu! deine Milde!
> Wie groß, o Mittler! deine Huld! –
> Fleh' reuig ich vor deinem Bilde –
> Wie gerne tilgst du meine Schuld!
> D'rum will mit kindlichem Vertrauen
> Ich stets auf deine Güte bauen! –[64]

Ob diese Ansätze aber tatsächlich getragen haben, ist nicht prüfbar. Die »lieben Kinder« werden auf den gut 200 Seiten zwar immer wieder angesprochen, der angeschlagene Tonfall ist aber entgegen der anfänglichen Versprechung eher komplex, so dass von einer altersgemäßen Adressierung, gar einer Elementarisierung, nicht die Rede sein kann. Welches Kommunionkind wäre nicht mit einem verschriftlichten, sehr fein gegliederten Vortrag zur Gewissenserforschung überfordert?[65] Welches Kind oder welcher Jugendliche kann eine Abhandlung über das »Benehmen des Priesters und Communikanten vor, bei und nach der Communion«[66] mit zwei Gliederungsebenen (Bsp. I. a. [...]) wirklich verinnerlichen? Eher, so hat man den Eindruck, sind die Eltern angesprochen.

---

61 Vgl. Rauch, Katechetische Vorträge (s. Anm. 59), 13.
62 Rauch, Katechetische Vorträge (s. Anm. 59), 13.
63 Rauch, Katechetische Vorträge (s. Anm. 59), 15. Vgl. zum Aufbau von Katechismen F. Bock/L. Torwesten, Alles im Fluss? Ländliche Predigt und Katechismusunterricht zwischen Barock und Aufklärung, RoJKG 39 (2020), 25–44 sowie den 39. Band des Rottenburger Jahrbuches insgesamt, der tituliert ist mit »Glaubensunterweisung historisch: Katechismen als Forschungsgegenstand«.
64 Rauch, Katechetische Vorträge (s. Anm. 59), 22.
65 Vgl. Rauch, Katechetische Vorträge (s. Anm. 59), 25–31.
66 Vgl. Rauch, Katechetische Vorträge (s. Anm. 59), 103–110.

Andere Redner machen direkt auch im Vorwort klar, dass sich ihre Reden zur Heiligen Kinderkommunion an Kinder und Erwachsene gleichzeitig richten.[67] Auch in dem Textbeispiel von Rauch wird eine Theologie des Kindes nicht zugestanden, ja erscheint gar nicht im Spektrum des Denkmöglichen zu liegen, höchstens eine Theologie für Kinder oder mit Kindern. Dieser Eindruck wird noch z. B. durch einen Abschnitt bekräftigt, der sich innerhalb desselben Vortrages »an die Erwachsenen, Eltern und Vorgesetzte[n] bei Gelegenheit der ersten Kinder-Communion« richtet,[68] ohne dass sich die Wortwahl, die durchweg ermahnend und belehrend gehalten ist, großartig ändert. In diesem Absatz geht es – wieder unter Anlehnung an Mt 18,3 – darum, dass »die Andacht und die schuldlose Einfalt der Kinder«[69] auch von den Erwachsenen als Vorbild genommen wird, um würdig die Eucharistie zu empfangen. Dieser Urzustand der Schuldlosigkeit und »zarten Herzen«[70] muss aber durch eine gottgefällige Erziehung praktisch überformt werden. Dafür werden die Eltern stark in die Pflicht genommen, z. B. durch eine Warnung an allzu ehrgeizige Mütter, ihre Kinder nicht zu früh zur Kommunion zu schicken, da in diesem Fall das Heilige, das dem Sakrament innewohnte, nicht richtig wahrgenommen werden könne.[71] Eine Vorbildhaftigkeit und dadurch auch Eigenständigkeit wird den Kindern also zugesprochen, aber im selben Moment auch wieder genommen; ein Moment der Subjektivität und damit gar eine Öffnung gegenüber der zersetzenden Form der Aufklärung soll gar nicht erst aufkommen.[72]

Weiterhin im Quellenkorpus vertreten sind ab der zweiten Hälfte des 19. Jahrhunderts eine sich ausdifferenzierende pastorale Literatur, die dem Kind die Herz Jesu- oder Marienfrömmigkeit nahebringen möchte oder sich insbesondere an erkrankte Kinder wendet. Die Textgenres changieren hier zwischen Andacht und Predigt. Die schon vorgestellten theologischen Topoi (z. B. die Reinheit der kindlichen Seele, die Bedeutsamkeit der Sakramente) werden aufgegriffen. Das Kind bedürfe aber weiterhin, so die Annahme, einer strengen Durchformung, um seiner Tugendhaftigkeit den Weg zu ebnen. Das Neue nun aber: Die Theologie wurde wirklich adressatengerechter, also in einfacher Sprache, aufbereitet, was zuvor trotz vollmundiger Ankündigung nicht festzustellen war. Auch die Katechismen mit

---

67 Vgl. A. J. Binterim, Sechs Reden bei der Feierlichkeit der ersten heiligen Communion der Kinder. Zweite Sammlung, Mainz 1848, Vorwort.
68 Vgl. Rauch, Katechetische Vorträge (s. Anm. 59), 119–122.
69 Rauch, Katechetische Vorträge (s. Anm. 59), 119.
70 Rauch, Katechetische Vorträge (s. Anm. 59), 120.
71 Vgl. Rauch, Katechetische Vorträge (s. Anm. 59), 128–134.
72 Vgl. W. Simon, (Re-)Konstruktionen der ›anderen‹ Tradition. Evangelische (Religions-)Pädagogen und evangelische (Religions-)Pädagogik in der Wahrnehmung katholischer Religionspädagogen an der Wende vom 19. zum 20. Jahrhundert, TThZ 117 (2008), 142–165: 163.

ihrem durchnummerierten Frage-Antwort-Schema fanden nun eine passgenauere Sprache: leichte Wortwahl, kurze Hauptsätze.[73] Interessant ist dabei, dass die Theologie immer auch gelebt werden sollte, also in einer Praxeologie münden musste. Die heutzutage süßlich-naiv erscheinende Herz Jesu-Frömmigkeit etwa,[74] die die Liebe Jesu zu den Menschen umreißt, fiel im Kollektiv des katholischen (Vereins-) Milieus auf fruchtbaren Boden. Ein »wahres Kind des göttlichen Herzens Jesu«[75] wird man dabei durch regelmäßige (Gruppen-)Gebete, also durch religiöse Praktiken, die dem Anhang beigefügt sind. Solche Gebete sind idealerweise im Vereinskollektiv zu verrichten[76] – im »Gebets-Apostolat zum heiligsten Herzen Jesu«.[77] Mehr noch, so heißt es in dem Büchlein des katholischen Erziehungsvereins:

> Auch alle Werke, die du für diesen Verein verrichtest, alle deine kleinen Opfer, Ueberwindungen, Abtödtungen, sind so gut, wie wirkliche Gebete; ja sie sind oft noch besser und wirken noch mehr, als dieselben. [...] Sprich daher oft dabei: »Liebes Herz Jesu, nimm dies kleine Werk an für Deine heilige Kirche.«[78]

Dem Buch ist ein Andachtsbild als Frontispiz vorgeschaltet, das zur Erbauung und Ermahnung zu betrachten ist. Der Seelsorger vor Ort hatte ein Herz Jesu-Bild aus Stoff parat zu halten, das auf die Kleidung an der Brust zu nähen ist.[79] Die äußere Performanz, das haptische Erleben, spiegelt hier die Frömmigkeit.

Schließlich finden sich im Quellenkorpus noch Werke des Kapuziners Cyprian Fröhlich (1853–1931).[80] Fröhlich durchsetzt seine Kinderpredigten zur Marienver-

---

73 Vgl. F. Walk in Verbindung mit mehreren Katecheten (Hg.), Praktische Hilfsbüchlein für alle Seelsorger. 15. Bändchen: Repetitionsbüchlein. Ein Leitfaden für den Katecheten zur Wiederholung des Notwendigen aus dem Katechismus, was dem Kinde für das Leben bleiben soll, zugleich ein Lesebüchlein für das katholische Haus. Zweiter Teil: Von den Geboten, Kempten 1894/19. Bändchen [...] Dritter Teil: Von den Gnadenmitteln, Kempten 1896. Am Ende der beiden Bände finden sich jeweils Rezensentenstimmen angehangen, die diesen Sachverhalt hymnisch loben, da sie den »ächt kindlichen, zum Herzen dringenden Ton« treffen würden (Bd. 2, Anhang). Diese Reihe ist aus dem Umfeld der Redaktion der »Katechetischen Blätter« entstanden. Walk (1839–1908) war selbst 1875 Begründer der Zeitschrift. Vgl. Simon, Katholische Katechetik (s. Anm. 7), 510.
74 Vgl. N.N., Herz Jesu-Kind, Donauwörth 1877. Vgl. auch z.B. N. Busch, Katholische Frömmigkeit und Moderne. Die Sozial- und Mentalitätsgeschichte des Herz-Jesu-Kultes in Deutschland zwischen Kulturkampf und Erstem Weltkrieg (RKM 6), Gütersloh 1997.
75 N.N., Herz Jesu-Kind (s. Anm. 74), 20.
76 Vgl. N.N., Herz Jesu-Kind (s. Anm. 74), 31 f.
77 N.N., Herz Jesu-Kind (s. Anm. 74), 20.
78 N.N., Herz Jesu-Kind (s. Anm. 74), 24 f.
79 Vgl. N.N., Herz Jesu-Kind (s. Anm. 74), 19.
80 Vgl. zu Fröhlich und seinem Kinderverein »Seraphisches Liebeswerk« A. Henkelmann, Cari-

ehrung mit Merksätzen,[81] etwa »Gleichwie das liebe Jesulein Sollst Du ein Kind Mariens sein.«[82] Ein so genanntes »Kinder-Evangelium« sagt aus, wie sich Fröhlich das ideale fromme Kind vorstellt – nämlich gelenkt von Autoritäten:

> Jesus, welch' ein frommer Knabe
> Warst du an des Vaters Hand.
> Warst Du in der Lehrer Mitte,
> Warst Du an der Mutter Hütte,
> Jesus Christus, du allein,
> Sollst mein Freund, mein Vorbild sein![83]

Auch dem Kapuziner kam es auf die richtige, andächtige Performanz, z.B. die äußere und innere Haltung beim Gebet, an.[84] Fröhlichs »Schutzengelbrief für Kranke«,[85] 1893 erschienen und noch 1925 in dritter Auflage publiziert, lässt den Zeitgenossen des Jahres 2023 schockiert zurück. Diese eigentlich als »Trostbrief« gedachten Erbauungen für kranke Kinder verfolgen eine Theologie, die die Krankheit als Strafe Gottes, als Sühne für begangene Taten, begreift. Anstelle dessen wird das Leiden zugunsten der Passion Christi relativiert:[86]

> *Nicht wahr, du hast schon verdient, wegen deiner Sünden im Fegfeuer oder gar in der Hölle zu leiden?* Damit du nun nicht an den Gliedern deines Leibes und an den Kräften deiner Seele in der Hölle ewig, im Fegfeuer eine lange Zeit, im Feuer gepeinigt werdest, läßt dich Gott im Feuer der Schmerzen und Krankheiten eine Zeit lang geläutert werden. [...] *Kein Glied ist an seinem heiligen Leibe und keine Kraft an seiner Seele, woran er nicht die bittersten Schmerzen erduldet hat, obwohl er nie den Schatten einer Sünde auf sich geladen* [Hervorhebungen im Original].[87]

Auch hier sind dem Text wieder performative Verhaltensregeln etwa vor, während und nach der Generalbeichte (u.a. Techniken zur Gewissenserforschung mittels eines Beichtspiegels, Reuegebet etc.) beigegeben.[88]

---

tasgeschichte zwischen katholischem Milieu und Wohlfahrtsstaat. Das Seraphische Liebeswerk (1889–1971) (VKZG.B 113), Paderborn 2008.
81 Vgl. P.C. Fröhlich, Das Marien-Kind. 7 Kinderpredigten, Altötting 1895, vgl. auch die kürzere Fassung: P.C. von Eggolsheim, Das Marien-Kind wie es beten, folgen und leben soll, Dülmen i.W. 1898.
82 Fröhlich, Das Marien-Kind (s. Anm. 81), 5.
83 Fröhlich, Das Marien-Kind (s. Anm. 81), 9.
84 Vgl. Fröhlich, Das Marien-Kind (s. Anm. 81), 17–19.
85 Vgl. P.C. von Eggolsheim, Schutzengelbrief für Kranke. Fünf Trostbriefe des heiligen Schutzengels an ein krankes Kind, Dülmen i.W. 1893.
86 Vgl. von Eggolsheim, Schutzengelbrief (s. Anm. 85), 2–6.
87 Von Eggolsheim, Schutzengelbrief (s. Anm. 85), 4f.
88 Vgl. von Eggolsheim, Schutzengelbrief (s. Anm. 85), 13–22.

Insgesamt scheinen sich neben der Einforderung von Gehorsamkeit und Drill zur Performanz im 19. Jahrhundert in den durchgeführten Stichproben nur vereinzelt auch Momente der Anerkennung von kindlicher Autonomie finden zu lassen. Etwas relativiert werden muss so der Shift, den die Religionspädagogik etwa der berühmten »Katechetik« (1831) Johann Baptist von Hirschers (1788–1865) zuspricht. Hirschers Werk gilt nämlich als Durchbruch »zu einer neuen Sicht des Kindes«,[89] als Wende zur Subjektorientierung. Nicht nur der Stoff müsse in der Folge dieser Sichtweise reduziert werden, sondern auch eine umfassende »theologisch-anthropologische Elementarisierung«, so beschreibt Werner Simon Hirschers Ansatz, in Angriff genommen werden: »Der Ganzheit des kindlichen und jugendlichen Lebenszusammenhangs muß eine strukturell analoge Ganzheit des Zusammenhangs der katechetischen Inhalte entsprechen«.[90] Wie dieser Abschnitt zeigen konnte, finden sich auch nach Hirscher viele regressive Momente.

3 Auch ein katholisches »Jahrhundert des Kindes«?[91] – Das 20. Jahrhundert

Ungleich der Thesen bekannter pädagogikgeschichtlicher oder profangeschichtlicher Studien wie das in der Überschrift dieses Abschnittes zitierte Buch Ellen Keys (1849–1926),[92] hat die katholische Kirche im 20. Jahrhundert sehr wohl Ansätze einer ›Kindertheologie‹ im Sinne einer ›Theologie der Kinder‹ entfaltet. Ihre Lebenswelt wurde nun ernster genommen.

Eine solche Entwicklung hin zur Subjektwerdung vollzog sich jedoch sehr langsam. Noch für das beginnende 20. Jahrhundert ergaben Fallstudien für die Situation katholischer Schulen und des schulischen Religionsunterrichtes in Berlin ähnliche Tendenzen, wie sie innerhalb dieses Beitrages für das 19. Jahrhundert aufgezeigt werden konnten: ein hoher Institutionalisierungs- und Organisationsgrad von schulischem Leben bei gleichzeitiger Unterbewertung der Lebenswelt der Kinder.[93] Entsprechend dürften katholische Kinder und Jugendliche der Kaiserzeit/ der Weimarer Republik entscheidendere Impulse zur Ausprägung ihres theologi-

---

89 Vgl. Simon, Im Horizont der Geschichte (s. Anm. 7), 74.
90 Simon, Im Horizont der Geschichte (s. Anm. 7), 74f.
91 Vgl. E. Key, Das Jahrhundert des Kindes. Studien. Neu herausgegeben mit einem Nachwort von Ulrich Hermann (Pädagogische Bibliothek Beltz 7), Weinheim 1997. Zitiert nach Lutterbach, Kinder und Christentum (s. Anm. 4), 161.
92 Vgl. dazu auch Lutterbach, Kinder und Christentum, (s. Anm. 4), 111–118.113.
93 Vgl. Simon, Im Horizont der Geschichte (s. Anm. 7), 106.

schen Profils im außerschulischen Bereich, aus der Liturgischen Bewegung[94] und der Jugendbewegung, gewonnen haben. Vor dem Hintergrund dieser Reformbewegungen einerseits und Phänomenen wie der Verstädterung und Industrialisierung andererseits ergaben sich auch Erneuerungsnotwendigkeiten innerhalb der Katechese. Im Zentrum dieser Impulse stand dabei die »Münchener Methodenbewegung«, d.h. der Münchner Katecheten-Verein.[95] Sein Anliegen war eine neue Methodisierung des Religionsunterrichtes im Sinne einer Theologie der Verkündigung. Kerygmatisch war dieser Ansatz insofern, als dass er von der Erfahrung der Schülerinnen und Schüler ausging, wenngleich er noch nicht komplett zu Ende gedacht und seine erfahrungsbezogene Perspektive nur auf die Methode und nicht auf die theologischen Inhalte anwendete.[96] »Das neuscholastische Verständnis des Offenbarungsgeschehens und des Glaubensaktes widersprach einer erfahrungs- und subjektorientierten Hermeneutik der Glaubensüberlieferung«, fasst Simon diesen Ansatz zusammen.[97]

Die Jahre zwischen 1933 und 1945 werden hier übersprungen, da eine christliche ›Kindertheologie‹, von einigen Anbiederungsversuchen gegenüber dem Regime abgesehen, in eine Defensive gegenüber dem NS-Regime geriet.

4 Von der Religionspädagogik ohne Theologie zur Kindertheologie. Zeithistorische Entwicklungspfade

Es dürfte kein Zufall sein, dass die eigentliche Geburt einer Theologie der Kinder, wie sie heute in der Religionspädagogik verstanden wird, in die dynamischen 1960er Jahre Westdeutschlands fällt. Der Paradigmenwechsel des konziliaren *aggiornamento* traf auf die Stimuli der Pädagogik jener Zeit, ja überhaupt der gesellschaftlichen Veränderungen um 1968, die eine Transformation des Katholizismus

---

94 Vgl. dazu jetzt aktuell L. Lerch, Romano Guardini und die Ambivalenz der Moderne. Liturgische Bewegung und Gesellschaftsreform in der Weimarer Republik (VKZG.B 143), Paderborn 2023.
95 Vgl. Simon, Im Horizont der Geschichte (s. Anm. 7), 127. Zum Deutschen Katecheten-Verein hat Lars Schlarmann an der Katholisch-Theologischen Fakultät der Ruhr-Universität Bochum jüngst eine Dissertationsschrift vorgelegt: Der Deutsche Katecheten-Verein als Akteur für liturgische Bildung im Medium der Katechese. Eine diachrone Standortbestimmung zwischen gesellschaftlichem Wandel und religiöser Transformation (1945–89), 06.08.2021, https://hss-opus.ub.ruhr-uni-bochum.de/opus4/frontdoor/index/index/year/2021/docId/8264.
96 Vgl. Simon, Im Horizont der Geschichte (s. Anm. 7), 129.132.
97 Simon, Im Horizont der Geschichte (s. Anm. 7), 139.

wie des Protestantismus in der Bundesrepublik bedeuteten.[98] Die damit verbundenen Schlagworte wie Pluralisierung, Politisierung, Demokratisierung, Liberalisierung, Individualisierung, die sich im Phänomen des so genannten Wertewandels
der 1970er bündeln, seien hier nur kurz angerissen.[99] Im Gegensatz zum 19. Jahrhundert, in dem die katholische Religionspädagogik dem Protestantismus apolo-
getisch und abgrenzend (etwa hinsichtlich Bibelübersetzungen, Kirchenlied) und
nur vereinzelt anerkennend (gegenüber einzelnen katechetischen oder bibeldidak-
tischen Ansätzen) gegenübertrat,[100] wurde dem ökumenischen und zunehmend
dann dem interreligiösen Lernen eine besondere Bedeutung eingeräumt.

Aufschluss über die damalige Atmosphäre gibt ein Auszug aus der Biografie des jüngst verstorbenen Nestors der Korrelationsdidaktik, Hubertus Halbfas
(1932–2022). Er berichtet in seinen Erinnerungen von einem Vortrag des Bochumer
Alttestamentlers Othmar Schilling, zu datieren wohl in die zweite Hälfte der 1960er.
Halbfas beschreibt die Situation rückblickend wie folgt:

> Mich irritierte in hohem Maße, wie allerwege von Gott gesprochen und darin eine Gewissheit
> simuliert wurde, die ich der Ersten Naivität unterstelle. Belustigt wie verärgert hatte mich
> Jahre zuvor der Bochumer Alttestamentler Othmar Schilling (1910–1971), der bei einer Bera-
> tung über die mögliche Revision der Ecker-Schulbibel stets wusste, wie sich ›von Gott her‹ ein
> Sachverhalt darstelle. Die Einfalt solcher Rede bei einem Bibeltheologen ließ mich von vorn-
> herein seiner ›biblischen Theologie‹ misstrauen [...].[101]

Ein ähnliches Bild zeichnet sein Essener Kollege Heinrich Missalla (1926–2018)
rückblickend vom Religionsunterricht in den Berufsschulen während der ausgehenden 1950er:

> Den größten Teil meiner Zeit und Mühen musste ich darauf verwenden, Missverständnisse
> hinsichtlich der kirchlichen Lehre zu klären, den Schülern unverständliche theologische
> Begriffe zu erläutern (Sohn Gottes, Himmelfahrt usw.), Fehlinformation zu korrigieren oder
> die bekannten Klischees über die Lehre zu korrigieren.[102]

---

98 Dazu noch immer wegweisend W. Damberg (Hg.) in Zusammenarbeit mit F. Bösch, L. Hölscher,
T. Jähnichen, V. Krech und K. Tenfelde, Soziale Strukturen und Semantiken des Religiösen im Wandel. Transformationen in der Bundesrepublik Deutschland 1949–1989, Essen 2011. Vgl. auch Simon, Im Horizont der Geschichte (s. Anm. 7), 226–228.
99 Vgl. dazu auch J.-H. Herbst, Die politische Dimension des Religionsunterrichts. Religionspädagogische Reflexionen, interdisziplinäre Impulse und praktische Perspektiven (RPG 31), Paderborn
2022.
100 Vgl. Simon, (Re-)Konstruktionen der ›anderen‹ Tradition (s. Anm. 72), 146 und ders., Im Horizont der Geschichte (s. Anm. 7), 228.
101 Vgl. H. Halbfas, So bleib doch ja nicht stehn. Mein Leben mit der Theologie, Ostfildern 2015,
239.

Klar wird: Theologie konnte Kindern und Jugendlichen hier endgültig nicht mehr oktroyiert werden, auch wenn sie sich in eine Methodik kleidete, die die Lebenswelt der Kinder zum Ausgangspunkt nahm. Der materialkerygmatische Ansatz war an sein Ende gekommen.

In der Folge distanzierte sich die Religionspädagogik von all jenen Theologien, die stark dogmatisch argumentierten.[103] Die Symboldidaktik von Hubertus Halbfas, dargelegt in seinem berühmten Unterrichtsprotokoll »Über Wasser wandeln« (Mt 14,22–25.27.28–31) sowie seine auf die Bedeutung von Sprache und Erfahrung ausgerichtete »Fundamentalkatechetik« (beide 1968) sind dafür prägnante Beispiele.[104] Auch der Beschluss zum Religionsunterricht der Würzburger Synode (1971–1975) entfernte sich von einer Vereinnahmung des Kindes und setzte stattdessen auf eine Erziehung zum eigenverantworteten Denken in einer (religiös) pluralen Gesellschaft.[105] Eng mit dieser Positionierung verknüpft ist unter anderem die Korrelationsdidaktik, die »Glauben erfahrungsbezogen auslegen und Erfahrungen glaubend deuten« möchte.[106] Der Trend ging bis in die 1990er hinein »zu einem religionsbasiertem Unterricht, der eher die universellen anthropologischen Voraussetzungen thematisieren und verstärken wollte als die spezifischen Glaubensmodi verschiedener Religionen und Konfessionen.«[107] Seit Mitte der 1990er dann begann die Kindertheologie (und diesmal als Fachterminus und daher nicht in Anführungszeichen gesetzt) auf den Plan zu treten. Hervorgetreten aus der Idee der Kinderphilosophie und nun in Abgrenzung zu Begriffsfeldern wie ›Religion‹ oder ›Religiosität‹, war es das Anliegen einer kindertheologischen Religionspädagogik, wieder stärker in Dialog mit der Dogmatik oder Exegese zu treten,[108] denn: »Der Mensch, und also auch das Kind, ist mit seinem Glauben und Denken, eigent-

---

102 H. Missalla, »Nichts muss so bleiben, wie es ist«. Mein katholisches Leben im 20. Jahrhundert, Oberursel 2009, 105 f.

103 Vgl. Büttner, Kinder – Theologie (s. Anm. 16), 218.

104 Vgl. Halbfas, So bleib doch ja nicht stehn (s. Anm. 101), 91–118.177–189.

105 Vgl. Simon, Im Horizont der Geschichte (s. Anm. 7), 230 und ders., Spuren der Geschichte (s. Anm. 7), 395–401.403–414.

106 Zentralstelle Bildung der Deutschen Bischofskonferenz (Hg.), Grundlagenplan für den katholischen Religionsunterricht im 5.–10. Schuljahr. Revidierter Zielfelderplan [Lernfelder des Glaubens], München 1984, 243. Zitiert nach Simon, Im Horizont der Geschichte (s. Anm. 7), 234. Vgl. zur Kritik an der Korrelationsdidaktik bspw. G. Neuhaus, Fundamentaltheologie. Zwischen Rationalitäts- und Offenbarungsanspruch, Regensburg 2013, 16–18. Neuhaus betont die Gefahr des Absturzes in Banalitäten.

107 Büttner, Kinder – Theologie (s. Anm. 16), 219.

108 Vgl. Büttner, Kinder – Theologie (s. Anm. 16), 220–224, und Nipkow, Kindertheologie (s. Anm. 16), 424–430.

lich bereits mit seiner Existenz, in einem weiten Sinne ›Theologe‹.«[109] Eine solche
Theologie setzt aber freilich unter gänzlich veränderten Vorzeichen an als in den
Jahrhunderten zuvor, nämlich »von unten«, mit dem »Blick auf die individuelle
religiöse Produktivität und Aneignung (Subjektorientierung)«,[110] deren Notwendigkeit Religionspädagogen wie Halbfas früh erkannten.

5 Fazit: Das Sprechen anstelle der Kinder wird zum Sprechen der Kinder

Der vorliegende kirchenhistorische Beitrag hat sich der Herausforderung gestellt,
auf wenigen Seiten einen Überblick zum Thema »Kinder und Theologie« vom 18.
bis ins 20. Jahrhundert zu bieten. Einem solchem Überblick haftet naturgemäß
immer etwas Eklektisches an, aus Quellen und Sekundärliteratur musste eine
Auswahl getroffen werden, die einerseits konturenstark eine Entwicklung aufzeigt
und andererseits Redundanzen vermeidet. Im Ergebnis sollte eine allmähliche Entwicklung von der Gehorsamkeit zur Subjektwerdung erkennbar geworden sein,
wie sie sich aus katholischer Pastoralliteratur und religionspädagogischen Ansätzen der neueren Kirchengeschichte herauslesen lässt. Diese Entwicklung verlief
nicht linear, sondern war immer wieder von Ungleichzeitigkeiten gekennzeichnet.

Die Kindheit galt in der pastoralen Literatur des 18. und 19. Jahrhunderts
einerseits als rein, unverdorben und vorbildhaft-authentisch, darum aber auch als
besonders anfällig für Versuchungen, so dass sie vor Gefahren unterschiedlichster
Art geschützt werden musste. Ein solcher Schutz wurde durch strenge Erziehung
durch Erwachsene, allen voran den Eltern, und eine Korrespondenz von innerer
Empfindung und äußerer Erscheinung erzeugt, wie vor allem im 19. Jahrhundert
gelehrt wurde. So konnte die rechte religiöse Praktik gelebt werden. Dass in einem
solchen Zugriff auf das Kind aber mindestens ein Paternalismus, schlimmstenfalls
ein Machtmissbrauch, in jedem Falle aber eine Marginalisierung liegen konnte,
dies wurde vielen Akteuren erst in der zweiten Hälfte des 20. Jahrhunderts deutlich. Das Sprechen für die Kinder war – kirchenhistorisch betrachtet – lange ein
Sprechen *anstelle* der Kinder. Erst in den letzten Jahren scheint die katholische
Theologie durch eine Aufarbeitung des Missbrauchs an Kindern durch Kleriker,
aber auch durch eine kritische, öffentlich allgegenwärtige Diskussion über ihre

109 Büttner, Kinder – Theologie (s. Anm. 16), 224.
110 Nipkow, Kindertheologie (s. Anm. 16), 430.

Strukturen (etwa im Synodalen Weg) ein Gespür für die Marginalisierung von Subjekten bekommen zu haben. Die Kirchengeschichte kann Etappen dieses Lernprozesses aufzeigen.[111]

---

111 Frau Kathrin Schmitz (Bochum) sei an dieser Stelle herzlich für die Mühen des Korrekturlesens gedankt.

Britta Konz

Religiöse Selbst- und Weltdeutungen von Kindern mit Fluchterfahrungen

Eine Analyse im Kontext von Kindheitskonstruktionen und generationalen Ordnungen

Zusammenfassung: Im Mittelpunkt des Beitrages stehen vier Einzelfallanalysen aus einer qualitativen Studie über religiöse Selbst- und Weltdeutungen von Kindern mit Fluchterfahrungen, die im Kontext soziologischer Analysen von Kindheitskonstruktionen und generationalen Ordnungen analysiert werden. In Bezugnahme auf die Konzepte *Adultismus*, *Ableismus* und *VulnerAbility* sollen Gedanken angestoßen werden, die Rahmenbedingungen und Tiefenstrukturen von Kindertheologie stärker in Hinsicht auf die Intersektion »Generation« zu befragen.

Abstract: This article focuses on four individual case analyses from a qualitative study on religious interpretations of the self and the world by children with refugee experiences, which are analysed in the context of sociological analyses of childhood constructions and generational orders. With reference to the concepts of *Adultism*, *Ableism* and *VulnerAbility*, thoughts will be initiated to question the framework conditions and deep structures of children's theology more strongly regarding the intersection »generation«.

1 Fragestellung und konzeptionelle Rahmung

Mit der soziologischen Kindheitsforschung teilt die Kindertheologie das Interesse an Kindern »als aktiven Bedeutungsstiftern«.[1] In der Religionspädagogik wird bislang jedoch nicht in der Tiefe erfasst, dass dem Faktor »Generation« in Bezug auf gesellschaftliche Ordnungen intersektional eine vergleichbare Bedeutung zukommt, wie »den Strukturkategorien Klasse, Race (bzw. ethnisch kodierte Zugehörigkeit) und

---

[1] K. Kammeyer, Kindheitsforschung und Kindertheologie. Ein kindertheologischer Blick auf Beiträge soziologischer Kindheitsforschung, Theo-Web. Zeitschrift für Religionspädagogik 11,2 (2012), 38–63: 41.

Kontakt: Britta Konz, Evangelisch-Theologische Fakultät, Johannes-Gutenberg-Universität Mainz; E-Mail: bkonz@uni-mainz.de

https://doi.org/10.1515/bthz-2023-0014

Gender«.[2] In der Zugehörigkeit zur Gruppe der Kinder ist eine prinzipielle Vulnerabilität angelegt,[3] die sich in Intersektion mit anderen Ungleichheitskategorien verschärft.[4] Angesichts ihres begrenzten Mitspracherechtes[5] und ihrer »strukturell und diskursiv ungleich angelegten Handlungsmöglichkeiten« stellt sich die Frage von Repräsentation, vom Sprechen für und über Kinder, und der Möglichkeit von Lernprozessen auf Augenhöhe in aller Dringlichkeit.[6] Wenn den Äußerungen der Kinder im Religionsunterricht »Raum gegeben« werden soll, ist es einer, der institutionell gerahmt und von Erwachsenen zugeteilt wird, die Handlungsspielräume der Kinder bleiben begrenzt. Dabei leben sie in keiner Parallelwelt, die ihnen von Erwachsenen erst aufgeschlossen wird. In allen Schulen gibt es Schüler*innen, die von Themen wie Armut, Krieg und Gewalt direkt betroffen sind. Nicht nur mit Blick auf die steigende Zahl von Schüler*innen mit Migrations- und Fluchterfahrungen muss deshalb die Frage nach der Repräsentation der Perspektive von Kindern in der Theologie und ihrer normativen Geltung in der Intersektion mit der Strukturkategorie »Generation« Beachtung finden.[7]

Ausgehend von einer qualitativen Studie über religiöse Selbst- und Weltdeutungen von Kindern mit Fluchterfahrungen wird in diesem Beitrag der Frage nachgegangen, welche religiösen Relevanzsysteme sie in Auseinandersetzung mit ihren Fluchterfahrungen für ihre Selbst- und Weltdeutungen heranziehen und inwiefern hierbei die Strukturkategorie »Generation« und die hierin wirkmächtigen Kindheitskonstruktionen Beachtung finden sollten. Als kritisch-reflexive Analyseperspektive werden die Konzepte *Adultismus*, *Ableismus* und *VulnerAbility* herangezogen. Hiermit sollen Gedanken angestoßen werden, die Rahmenbedingungen und Tiefenstrukturen von Kindertheologie noch einmal stärker in Hinsicht auf die Intersektion »Generation« mit »natio-ethno-kultureller Zugehörigkeit«[8] sowie Traumaerfahrungen zu befragen.

---

2 C. Hunner-Kreisel/S. März, Intersektionalität in der Kindheits- und Jugendforschung, Diskurs Kindheits- und Jugendforschung/Discourse. Journal of Childhood and Adolescence Research 14,2 (2019), 133–140: 133; J. Qvotrup, Childhood as a structural Form, in: ders./W.A. Corsaro/M. Honig (Hg.), The Palgrave Handbook of Childhood Studies, New York 2009, 21–33: 27.
3 D. Bühler-Niederberger, Generationale Perspektive und Intersektionalität, Diskurs Kindheits- und Jugendforschung/Discourse. Journal of Childhood and Adolescence Research 14,2 (2019), 155–167: 158.
4 Vgl. Bühler-Niederberger, Generationale Perspektive (s. Anm. 3), 158.
5 Hunner-Kreisel/März, Intersektionalität (s. Anm. 2), 134.
6 Hunner-Kreisel/März, Intersektionalität (s. Anm. 2), 134.
7 Einen Überblick über die Debatte gibt: Hunner-Kreisel/März, Intersektionalität (s. Anm. 2).
8 P. Mecheril, Migrationspädagogik – ein Projekt, in: ders. unter Mitarbeit von V. Kobus/M. Ranger (Hg.), Handbuch Migrationspädagogik, Weinheim/Basel 2016, 8–30: 16.

Im Folgenden wird zunächst in Auseinandersetzungen mit Kindheitskonstruktionen und der generationalen Ordnung das theoretische Rahmenkonzept erarbeitet, das anschließend für die Analyse der religiösen Selbst- und Weltdeutungen
exemplarischer Einzelfälle fruchtbar gemacht werden soll. Hiervon ausgehend
werden in einem letzten Schritt Schlussfolgerungen gezogen für den Religionsunterricht.

1.1 Kindheitskonstruktionen und Akteur*innenschaft
von Kindern

Insbesondere im Zuge neuerer Debatten um (post-)migrantische Gesellschaften
und postkoloniale Kindheiten[9] erfährt die kritische Analyse von Kindheitskonstruktionen neuen Aufwind beziehungsweise wird »die Gültigkeit gewohnter Denk-
bilder und Begriffe der Kindheits- und Jugendforschung in Frage« gestellt.[10] Es gibt
nicht nur eine Kindheit, sondern verschiedene, insofern sie von Kindern weltweit
unter den jeweils gegebenen historischen, gesellschaftlichen, politischen, religiösen und kulturellen Rahmendbedingungen »durchaus unterschiedlich gelebt und
mitgestaltet« wird.[11] Auch wenn »[a]nthropologisch betrachtet« besonders unter
körperlichen Gesichtspunkten Kinder auf »Schutz und die Fürsorge durch Ältere
angewiesen«[12] sind, ist Kindheit keine naturgegebene Konstante, sondern als »vari-
ables Moment gesellschaftlicher Diskurse«[13] stets in gesellschaftliche Transformationsprozesse einbegriffen.[14]

Verhandelt wird dies in der Kindheitsforschung mit dem Begriff des ›kompetenten Akteurs‹ sowie der ›Agency‹ von Kindern.[15] Es wird – in teilweise auch gegen-

---

9 Siehe hierzu: M. Liebel, Postkoloniale Kindheiten. Zwischen Ausgrenzung und Widerstand,
Weinheim/Basel 2017.
10 Liebel, Postkoloniale Kindheiten (s. Anm. 9), 95.
11 Vgl. I. Kaul/D. Schmidt/W. Thole, Blick auf Kinder und Kindheiten. Unsicherheiten, Herausforderungen und Zumutungen, in: dies. (Hg.), Kinder und Kindheiten. Studien zur Empirie der Kindheit. Unsicherheiten, Herausforderungen und Zumutungen, Wiesbaden 2018, 1–11: 1f.
12 S. Andresen/I. Diehm, Einführung, in: dies. (Hg.), Kinder, Kindheiten, Konstruktionen. Erziehungswissenschaftliche Perspektiven und sozialpädagogische Verortungen, Wiesbaden 2006, 9–
21: 11.
13 D. Schmidt, Öffentlich-mediale Bilder von Kindern und Kindheiten. Die antizipierten Bedürfnisse von Kindern im Diskurs um Social Freezing, in: dies./I. Kaul/W. Thole, Kinder und Kindheiten.
Studien zur Empirie der Kindheit. Unsicherheiten, Herausforderungen und Zumutungen, Wiesbaden 2006, 173–191: 175.
14 Schmidt, Öffentlich-mediale Bilder (s. Anm. 13), 175.
15 Hierzu: D. Bühler-Niederberger, Generationale Perspektive (s. Anm. 3), 190–205.

läufigen Konzepten – gefordert, (1) Kindheit nicht als Vorstufe des Erwachsenen-
seins zu konzeptionieren, sondern als eigenständige Phase wahrzunehmen und,
damit zusammenhängend, (2) stärker danach zu fragen »wie Kinder im Hier und
Jetzt leben und wie sie ihre Welt erleben und konstruieren«. Damit werden (3) die
Agency der Kinder in den Fokus gerückt, aber auch (4) »strukturelle Einschränkungen von Kindheit« fokussiert, insofern die »Bedingungen des Aufwachsens« durch
das soziale Umfeld (z. B. Familie, Wohnumgebung, Institutionen) ebenso wie durch
die »gesamtgesellschaftliche[n] Strukturen der Wirtschaft, der Technologie oder gar
der Globalisierung« und generationale Ordnungen strukturiert werden. Schließlich ergeben sich hieraus (5) methodische Konsequenzen, insofern Kinder als handelnde Akteur*innen empirisch ernst genommen werden sollten.[16] Das Konzept
der »generationalen Ordnung« zeigt auf, dass »die gesellschaftliche Differenzierung nicht ausschließlich entlang der ›big three‹ (›race, class, gender‹), sondern
auch vermittelt entlang von Alterskategorien (Kinder, Jugendliche, Erwachsener
etc.) verläuft«.[17] »Generationales Ordnen« geschieht dabei sowohl auf der Makro-,
als auch auf der Mikroebene. Alanen spricht von »generationing«, weil »Kinder«
und »Erwachsene« in komplexen sozialen Prozessen hergestellt werden.[18] Die fundamentale Differenzierung zwischen Kindern und Erwachsenen ist in Wissensbestände, Institutionen, materielle Erzeugnisse und Praktiken eingeschrieben.[19]

Besonders im deutschen Diskurs ist die Idealkonstruktion einer möglichst lange
»behüteten Kindheit« wirkmächtig. »Herausforderungen des Aufwachsens, die in
bestimmten sozialen Milieus vermehrt anzutreffen sind«, werden dem Verantwor-
tungsbereich der Eltern zugeschoben und als deren »Fehlleistung« interpretiert«.[20]
Die Befürchtung, dass jegliche Form der Abweichung vom Ideal der »lange behüteten Kindheit« negative Konsequenzen hervorbringt, lässt Kinder zu »Objekten
der Besorgtheit« werden, was vor allem entlang sozioökonomischer Differenz konstruiert wird.[21] Liebel weist darauf hin, dass die Konzeption einer von der Erwach-

---

16 M. Feldhaus, Sammelbesprechung »New Childhood Paradigma«: Ein Blick auf neuere Entwicklungen und aktuelle Fragen, Soziologische Revue 42,3 (2019), 454–466: 455.

17 T. Eckermann/F. Heinzl, Kindheitsforschung – eine erziehungswissenschaftliche Perspektive?,
in: A. Kleeberg-Niepage/S. Rademacher (Hg.), Kindheits- und Jugendforschung in der Kritik. (Inter-)
Disziplinäre Perspektiven auf zentrale Begriffe und Konzepte, Wiesbaden 2018, 251–272: 259f.

18 L. Alanen, Childhood as a generational condition: children's daily lives in a central Finland
town, in: dies./B. Mayall (Hg.), Conceptualizing child-adult relations, New York 2001, 129–144: 129.

19 Vgl. Eckermann/Heinzl, Kindheitsforschung (s. Anm. 17), 259f.

20 S. Simon, Belastete Kindheit – belastete Kinder? Kindheitskonstruktionen im Kontext prekären
Aufwachsens, in: I. Kaul/D. Schmidt/W. Thole (Hg.), Kinder und Kindheiten. Studien zur Empirie
der Kindheit. Unsicherheiten, Herausforderungen und Zumutungen, Wiesbaden 2006, 13–32: 29.

21 D. Bühler-Niederberger, Organisierte Sorge für Kinder, Eigenarten und Fallstricke – eine gene-

senenwelt »strikt unterschieden und getrennten« Kindheitsphase zwar die Intention verfolgen kann, das Kind zu beschützen und ihm eigene Entfaltungsräume zu ermöglichen, dies aber »unweigerlich mit der Abwertung seiner Kompetenzen und seines sozialen Status« einhergehe.[22] Das »›Privileg‹, geschont und geschützt zu werden« gehe »auf Kosten der Selbstständigkeit, und die Anerkennung der Besonderheit oder Differenz verkehrt sich in Ungleichheit.«[23] Auch wenn Kinder vielleicht erleichtert seien, dass ihnen nicht zu viele Verpflichtungen auferlegt werden, würden sie »früher oder später das Kindsein als eine Form der Geringschätzung« erleben und »nicht mehr als ›Kinder‹ gelten« wollen.[24] Wirkmächtig ist das Ideal einer behüteten Kindheit auch deshalb, weil sie stets auch als Projektionsfläche für die Sehnsüchte von Erwachsenen dient, nach einer idealen, unkomplizierten und behüteten Welt, als imaginärer Zufluchtsort vor der realen Welt oder als Zukunftsutopie einer idealen Gesellschaft.[25]

1.2 *VulnerAbility* von Kindern im Kontext von Flucht

Kinder mit Fluchterfahrungen haben keine Kindheit, die dem Idealbild der »behüteten Kindheit« entspricht. Die meisten haben im Herkunftsland, auf der Flucht, aber auch im Aufnahmeland Erfahrungen gemacht, die zu Traumata führen können, wie »Krieg, der Tod naher Angehöriger, physische, sexuelle und/oder geschlechtsspezifische Gewalt, politische, ethnische, religiöse Verfolgung, Gefängnis, Folter, lebensgefährliche Fluchtwege, Trennungen von Familien, belastende Erfahrungen in Aufnahmelagern in anderen Ländern sowie Korruption, Menschenhandel und Zwangsprostitution«.[26] Im Aufnahmeland leben sie mit ihren Familien vielfach in »asyl- und aufenthaltsrechtlich (strukturell) bedingten prekären Verhältnissen«,[27]

rationale Perspektive. In dies./J. Mierendorf/A. Lange (Hg.), Kindheit zwischen fürsorglichem Zugriff und gesellschaftlicher Teilhabe, Wiesbaden 2010, 17–41: 25.

22 Liebel, Postkoloniale Kindheiten (s. Anm. 9), 117.

23 Liebel, Postkoloniale Kindheiten (s. Anm. 9), 117.

24 Liebel, Postkoloniale Kindheiten (s. Anm. 9), 117.

25 M.S. Baader, Die romantische Idee des Kindes und der Kindheit. Auf der Suche nach der verlorenen Unschuld, Neuwied/Kriftel/Berlin 1996.

26 D. Willems, Viktimisierungserfahrungen junger Geflüchteter. Eine Annäherung an Größenordnungen und Herausforderungen, Februar 2020, https://www.dji.de/fileadmin/user_upload/jugend kriminalitaet/Viktimisierung_Junge_Gefluechtete_DWillems.pdf: 7.

27 H.M. Trân, Ethisch-reflexive Auseinandersetzungen im Forschungsprozess, in: A. Wihstutz (Hg.), Zwischen Sandkasten und Abschiebung. Zum Alltag junger Kinder in Unterkünften für Geflüchtete, Opladen 2019, 75–106: 81; B. Konz/C. Rohde-Abuba, Einleitung, in: dies. (Hg.), Flucht und

ihr »Zugang zu gesellschaftlichen Ressourcen« ist mit Hürden verbunden.[28] Ihre Lebenswelten kennzeichnen sich also durch eine besonders komplexe Einbindung in »soziale Herstellungspraxis von Vulnerabilität«.[29] Dennoch wird ihr Erleben und Handeln nicht angemessen erfasst, wenn sie auf ihre Vulnerabilität reduziert werden.

Individuen vollziehen Subjektivierungspraktiken, das heißt sie gehen durch »ihr Engagement in sozialen Praktiken Welt- und Selbstverhältnisse« ein, »die es ihnen ermöglichen, nicht nur reproduzierend, sondern auch transformierend oder subversiv in der sozialen Welt tätig zu werden«.[30] Dabei stehen die »Praktiken und ihre Subjekte« in Wechselbeziehung zueinander.[31] Das Konzept der *VulnerAbility*[32] rückt dementsprechend die »dynamische Relation von Handlungsfähigkeit und Verletzlichkeit«[33] von Kindern und Jugendlichen mit Fluchterfahrungen in den Blick, die in komplexen Rahmenbedingungen, »sozialen Handlungen, Praktiken und Diskursen hervorgebracht« werden.[34] Dabei wird der Begriff bewusst in Analogie zum *DisAbility*-Begriff formuliert, weil hier ebenfalls *Ableismus* wirkmächtig wird, das heißt die Beurteilung von Menschen anhand ihrer Fähigkeiten und Funktionalität für die Gesellschaft. Ableismus funktioniert, wie Abay hervorhebt, ähnlich wie Rassismus, insofern beide »über die Herstellung von vermeintlich natürlicher Differenz« hergestellt werden, »die sich auf eine Logik der Fähigkeiten (*Ability*) von Menschen bezieht«[35] und Machtverhältnisse hervorbringt. Da jegliche

---

Religion. Religiöse Verortungen und Deutungsprozesse von Kindern und Eltern mit Fluchterfahrungen, Bad Heilbrunn 2021, 7–17: 8.

28 Trän, Auseinandersetzungen (s. Anm. 27), 81; Konz/Rohde-Abuba, Einleitung (s. Anm. 27), 8.

29 C. Schmitt, Agency und Vulnerabilität. Ein relationaler Zugang zu Lebenswelten geflüchteter Menschen, Soziale Arbeit 68 (2019), 282–288: 186.

30 T. Alkemeyer, Subjektivierung in sozialen Praktiken. Umrisse einer praxeologischen Analytik, in: ders./G. Budde/D. Freist (Hg.), Selbst-Bildungen. Soziale und kulturelle Praktiken der Subjektivierung (Praktiken der Subjektivierung 1), Bielefeld 2013, 33–68: 33 f.

31 Alkemeyer, Subjektivierung (s. Anm. 30), 33 f.

32 B. Konz, »Gott macht mich mutig.« Religiöse Selbst- und Weltdeutungen von Kindern und Jugendlichen im Kontext von Fluchterfahrungen, in: dies./C. Rohde-Abuba (Hg.), Flucht und Religion. Religiöse Verortungen und Deutungsprozesse von Kindern und Eltern mit Fluchterfahrungen, Bad Heilbrunn 2021, 56–59.65–70.

33 Schmitt, Agency (s. Anm. 29), 285.

34 A. Wihstutz, Das Forschungsprojekt und sein Design. in: dies. (Hg.), Zwischen Sandkasten und Abschiebung. Zum Alltag junger Kinder in Unterkünften für Geflüchtete. Opladen/Berlin/Toronto 2019, 25–44: 29; Vgl. Konz/Rohde-Abuba, Einleitung (s. Anm. 27), 9.

35 R.A. Abay, Rassismus und Ableism: Same, Same but Different? Intersektionale Perspektive und konviviale Visionen auf Erwerbsarbeit in der Dominanzgesellschaft, in: B. Konz/A. Schröter (Hg.), DisAbility in der Migrationsgesellschaft Betrachtungen an der Intersektion von Behinderung, Kultur und Religion in Bildungskontexten, Bad Heilbrunn 2022, 93–110: 101.

Form der Vulnerabilität auf die Temporalität des »Fähig-Seins« verweist,[36] werden in ableistischen Gesellschaften Abwehrmechanismen hervorgerufen, das heißt der Wunsch nach klaren Distinktionsmerkmalen und Differenzlinien. Menschen mit Fluchterfahrungen müssen sich einem »Konzept des Flüchtlings als ›hilfloses Opfer‹« unterwerfen, um Unterstützung zu erhalten.[37] Bei Kindern mit Fluchterfahrungen potenziert sich die ihnen zugeschriebene Vulnerabilität, insofern sie als Kind *und* als »Flüchtling« zu Objekten der Fürsorge gemacht werden, das heißt sie bekommen neben natio-etho-kulturellen Differenzzuschreibungen auch im besonderen Maße *Adultismus* zu spüren. Dies steht teilweise in eklatantem Widerspruch zu der Rolle, die sie auf der Flucht und im Aufnahmeland in ihren Familien einnehmen. Zudem besteht die Gefahr, dass sie in einen vermeintlichen »Schutzraum« gepackt werden, den Erwachsene für sie definieren und in dem sie an der Rückgewinnung von Handlungsmacht und Selbstbestimmung gehindert werden, was Bedeutung für das Coping hat.[38] Der Begriff *VulnerAbility* soll den Blick auf ihre Kompetenzen und Ressourcen lenken, ihre Versuche, Handlungsmacht wieder herzustellen, sich an neue Kontexte zu adaptieren, Subjektivierungspraktiken zu vollziehen, Kinderkulturen hervorzubringen und Gesellschaft mit zu gestalten. Wenn Kindheit nicht allein unter dem Paradigma des Werdens und als Übergangsstadium zum Erwachsensein konzeptioniert und beurteilt wird, zeigt sich, dass die Fähigkeiten, die für die Bewältigung wichtiger Aufgaben notwendig sind, »bei jüngeren Menschen nicht notwendiger Weise geringer sein [müssen] als bei älteren, die als Erwachsene gelten«.[39]

1.3 Subjektivierungspraktiken in Umbruchsphasen

Aufgrund der durch generationale Ordnungen äußerst wirkmächtig festgeschriebenen Machtsymmetrien kann nach Bühler-Niedermayer nicht von einer Akteu-

---

36 T. Buchner/L. Pfahl/B. Traue, Zur Kritik der Fähigkeiten: Ableism als neue Forschungsperspektive der Disability Studies und ihrer Partner_innen, Zeitschrift für Inklusion 9,2 (2015), https://www.inklusion-online.net/index.php/inklusion-online/article/view/273.
37 L.H. Seukwa im Interview mit M. Ziese, Flucht und Handlungsfähigkeit, kulturelle Bildung und globale Ungerechtigkeit, in: M. Ziese/C. Gritschke (Hg.), Geflüchtete und Kulturelle Bildung. Formate und Konzepte für ein neues Praxisfeld, Bielefeld 2016, 107–119: 110.
38 Wohlgemerkt soll hier kein Pauschalurteil über den Umgang mit Traumata und Kindern mit Fluchterfahrungen getroffen werden, sondern ein Diskurs aufgezeigt werden, der sich wirkmächtig in die gesellschaftlichen Ordnungen eingeschrieben hat, so dass sich Einzelne nicht vollständig aus ihnen lösen können.
39 Liebel, Postkoloniale Kindheiten (s. Anm. 9), 117.

r*innenschaft der Kinder in westlichen Gesellschaften gesprochen werden.[40] Ausnahmen ergeben sich nur in »Zeiten des Umbruchs«, wenn eine »Intersektion multipler Kontexte«[41] eine kritische Haltung gegenüber eingeübten Regeln und generationalen Ordnungen ermöglicht.[42] Hier stellt sich jedoch die Frage, ob nicht gerade auch infolge von Migration, wie auch anderer Transformationsprozesse der Gesellschaft die generationale Ordnung in westlichen Gesellschaften schon lange nicht mehr so lückenlos ist, wenngleich sie Wirkmächtigkeit hat und besonders auch im Falle von Kindern mit Migrations- und Fluchterfahrungen wirkmächtig hergestellt wird.

Kinder und Jugendliche mit Fluchterfahrungen bewegen sich in einer »Komplexität von Zugehörigkeitsmustern«.[43] Sie müssen die erlebten gesellschaftlichen, politischen und kulturellen Umbrüche biografisch verarbeiten. Ihre Aushandlungsprozesse »religiöser Identitäten und Überzeugungen« vollziehen sich »in Abhängigkeit von gesellschaftlichen Kontexten und sozialhistorischen Milieus,[44] wobei es in der postmigrantischen Gesellschaft zur »Verflüssigung von Zugehörigkeitsgrenzen« kommt,[45] die Räume für Adaptionen eröffnen. So verweist Yildiz darauf, dass das »Dazwischensein« zwischen Kulturen zwar vielfach negativ konnotiert sei, sich aber »auch als eine kreative soziale Praxis« erweise, die »Räume der Individualität« eröffne.[46] Die Selbst- und Weltdeutungen von Kindern und Jugendlichen sind geprägt durch die religiöse Familienkultur beziehungsweise den religiösen Familienhabitus, der sich aus »einem Geflecht von Bedeutungen« zusammensetzt, innerhalb dessen die Familienangehörigen »ihre Erfahrungen interpretieren und ihr gemeinsames sowie individuelles Handeln ausrichten«.[47] Auch Eltern müssen sich in der neuen Umgebung neu zu ihrem religiösen Erbe und der religiösen Fami-

---

40 Bühler-Niederberger, Lebensphase Kindheit. Theoretische Ansätze, Akteure und Handlungsräume, Weinheim/Basel 2020, 253.

41 D. Bühler-Niederberger, Lebensphase Kindheit (s. Anm. 40), 253.

42 D. Bühler-Niederberger, Lebensphase Kindheit (s. Anm. 40), 253.

43 H. Simojoki, Im Dazwischen. Zur Liminalität von Religion und Bildung in der postmigrantischen Gesellschaft, ZPT 69 (2017), 26–36: 29.

44 C. Gärtner, Religiöse Identität und Wertbindung von Jugendlichen in Deutschland, KZS 65,1 (2013), 211–233: 211.

45 Simojoki, Dazwischen (s. Anm. 43), 30.

46 E. Yildiz, Postmigrantische Lebenspraxen jenseits der Parallelgesellschaft, in: B. Blank/S. Gögercin/K.E. Sauer/B. Schramkowski (Hg.), Soziale Arbeit in der Migrationsgesellschaft. Grundlagen – Konzepte – Handlungsfelder, Wiesbaden 2018, 53–66: 56.

47 J. Ecarius, Familie – Identität – Kultur, in: M.S. Baader/P. Götte/C. Groppe (Hg.), Familientraditionen und Familienkulturen. Theoretische Konzeptionen. Historische und aktuelle Analysen. Wiesbaden 2013, 53–70: 54.

lientradition positionieren.[48] Ihre Kinder sind dabei keine Anhängsel und passive »Empfänger*innen« der religiösen Deutungsmuster und Praktiken. Sie vollziehen auf Basis der Deutungs- und Orientierungsangebote ihrer Umwelt eigenständige Adaptionsleistungen und bringen »eigene Ideen und Interpretationen ihrer (Lebens-)Situationen zum Ausdruck«.[49]

Hiervon ausgehend stellt sich also die Frage, inwiefern Kinder und Jugendliche mit Fluchterfahrungen dem Faktor Religion eine Bedeutung für ihre Selbst- und Weltdeutungen zuweisen und welche »religiösen Relevanzsysteme«[50] sie in Auseinandersetzung mit den (religiösen) Deutungs- und Orientierungsangeboten ihres Umfeldes entwickeln. Inwiefern lassen sich hieraus Schlussfolgerungen für die Akteur*innenschaft von Kindern und Jugendlichen ziehen, in Hinsicht auf ihre *VulnerAbility*?

2 Religiöse Selbst und Weltdeutungen von Kindern mit Fluchterfahrungen

2.1 Methodik[51]

Der Aufsatz greift auf Datenmaterial aus einer Pilotstudie der Autorin und einer Folgestudie im Auftrag von World Vision zurück,[52] die zusammen mit Caterina Rohde-Abuba, in Kooperation mit der »Flüchtlingsambulanz« des Universitätsklinikums

---

48 Vgl. B. Konz, Religiöse Erziehung als Brücke zwischen alter und neuer Lebenswelt und Subjektivierungsfaktor von Frauen, in: Dies./C. Rohde-Abuba, Flucht und Religion. Religiöse Verortungen und Deutungsprozesse von Kindern und Eltern mit Fluchterfahrungen, Bad Heilbrunn 2022, 113–140.

49 Wihstutz, Forschungsprojekt (s. Anm. 34), 28.

50 E. Nestler, Denkfähigkeiten und Denkweisen. Ein bereichs- und biographietheoretischer Rahmen zur Rekonstruktion der Entwicklung religiöser Kognition, in: ders./C. Henning (Hg.), Religionspsychologie heute. Frankfurt am Main u. a. 2000, 123–159: 151; F. Ulfat, Die Selbstrelationierung muslimischer Kinder zu Gott. Eine empirische Studie über die Gottesbeziehungen muslimischer Kinder als reflexiver Beitrag zur Didaktik des Islamischen Religionsunterrichts, Paderborn 2017, 61.

51 Zur Methodik der Studie: B. Konz, Methodologischer Zugang und methodisches Vorgehen, in: dies./C. Rohde-Abuba, Flucht und Religion. Religiöse Verortungen und Deutungsprozesse von Kindern und Eltern mit Fluchterfahrungen, Bad Heilbrunn 2022, 19–30.

52 World Vision Deutschland, Flucht, Religion, Resilienz. Glaube als Ressource zur Bewältigung von Flucht- und Integrationsherausforderungen, Februar 2020, https://www.worldvision.de/sites/worldvision.de/files/pdf/World-Vision-Kinderstudie-Resilienz-2020.pdf.

Hamburg-Eppendorf (UKE) verantwortet wurde. Der halboffene Interviewleitfaden[53] wurde ressourcenorientiert gestaltet und es wurde nicht direkt nach Fluchterfahrungen gefragt. Gestützt wurde dies mit erzählungsgenerierenden Gesprächsstimuli,[54] wie eine umgeschriebene Version des Märchens von Varenka,[55] die aus altruistischen Gründen zwei bedürftige Menschen aufnimmt und mit ihnen in eine Notsituation gerät; Thesen-Karten mit Aussagen über Gott (Gegensatzpaare) und schließlich ein Fadenbild,[56] mit denen die Kinder ihre Gottesbeziehung gestalterisch darstellen konnten.[57] Die Interviews fanden in vertrauten Räumen der Befragten statt, einige Kinder befanden sich in traumatherapeutischer Behandlung und wurden in enger Abstimmung mit den behandelnden Therapeut*innen der UKE in den Räumen der Einrichtung befragt. In allen Fällen waren vertraute Bezugspersonen in der Nähe. Zudem wurden Dolmetscher*innen und zweisprachige Forschungsassistent*innen eingesetzt, worauf aber nur wenige Kinder zurückgriffen. Um die Gesprächsdynamik durch die Dolmetscher*innen nachvollziehen zu können erfolgte die Transkription zweisprachig und wurde erneut übersetzt.[58] Die Auswertung der Daten erfolgte mit Kulturvertrauten, sowie auch durch eine fluchterfahrene studentische Mitarbeiterin, die das Projekt begleitete.[59] Die erhobenen Daten wurden mittels inhaltlich strukturierender qualitativer Inhaltsanalyse ausgewertet, wobei die Codierung des Datenmaterials hermeneutisch-interpretativ entlang der deduktiv-induktiv gewonnenen Hauptkategorien erfolgte.[60] Die leitende Forschungsfrage wurde im Verlauf des Verfahrens dynamisch modifiziert

53 Nach: C. Helfferich, Leitfaden- und Experteninterviews, in: N. Baur / J. Blasius (Hg.), Handbuch Methoden der empirischen Sozialforschung, Wiesbaden ²2019, 669–686.
54 Vgl. A. Witzel, Das problemzentrierte Interview, Forum Qualitative Sozialforschung / Forum: Qualitative Social Research 1 (2000), 49–60: 49; F. Ulfat, Das Kamishibai als erzählgenerierender Eingangsstimulus für narrative Interviews mit Kindern, Zeitschrift für Pädagogik und Theologie 70 (2018), 49–60.
55 Varenka. Nach einer russischen Legende erzählt und illustriert von Bernadette Watts, Zürich 1971; vgl. hierzu P. Freudenberger-Lötz, »Vielleicht weint Gott dann mit mir, und er will mich trösten ...«. Wie Gottesvorstellungen von Kindern religionspädagogisch begleitet werden können – Ein Werkstattbericht aus der Lehrerbildung, in: dies. / A. Bucher / G. Büttner / M. Schreiner (Hg.), »Mittendrin ist Gott.« Kinder denken nach über Gott, Leben und Tod (Jahrbuch für Kindertheologie 1), Stuttgart 2002, 129–138. Die Geschichte wurde umgeschrieben, weil in der Geschichte Krieg und Soldaten vorkommen und ein konkreter »Trigger« vermieden werden sollte.
56 In Anlehnung an: R. Oberthür, Das Kreuz als Symbol unseres Glaubens, KatBl 136 (2011), 27–33.
57 Ausführlich zu den Gesprächsstimuli siehe: Konz, Zugang (s. Anm. 51), 24–27.
58 Vgl. G. Lauterbach, Dolmetscher/inneneinsatz in der qualitativen Sozialforschung. Zu Anforderungen und Auswirkungen in gedolmetschten Interviews, Forum Qualitative Research 15,2 (2014), 1–23.
59 Vgl. M. Roslon / R. Bettmann (Hg.), Interkulturelle Qualitative Sozialforschung, Wiesbaden 2013.
60 U. Kuckartz, Qualitative Inhaltsanalyse. Methoden, Praxis, Computerunterstützung, Weinheim

und präzisiert,[61] wobei ergänzend mit »theoretischen Memos«[62] gearbeitet wurde, um eine sich kontinuierlich am Material verdichtende Theoriebildung vollziehen zu können mittels »induktiven und deduktiven Denkens über tatsächlich und möglicherweise relevante Kategorien, ihre Eigenschaften, Dimensionen, Beziehungen, Variationen, Prozesse und die Bedingungsmatrix«.[63]

In diesem Beitrag werden vier Einzelinterviews von muslimischen Mädchen genauer in den Blick genommen, in Hinsicht darauf, welchen religiösen Faktoren sie im Interview eine Bedeutung für ihre Selbst- und Weltdeutungen und ihr Coping des Erlebten zuschreiben. Hierfür wurden die deduktiv-induktiv erarbeiteten Kategorien »Gender«, »Praktiken der Selbstermächtigung«, »Erfahrung von Gewalt/Diskriminierung«, »religiöse Deutungsmuster« und Praktiken« sowie »Gottesbeziehung« herangezogen. Insofern qualitative Forschung auf die »Rekonstruktion subjektiver Lebenserfahrungen« gerichtet ist, werden ihre »Sinn- und Regelsysteme«[64] in den Blick genommen, »die eingebettet in spezifische Verhältnisse eigene Ideen und Interpretationen ihrer (Lebens-)Situationen zum Ausdruck bringen«.[65] Dem entspricht eine erkenntnistheoretische Fragestellung, die darauf abzielt, die Deutungen der befragten Kinder und Jugendlichen zu erfassen, ihre religiösen Relevanzsysteme[66] und ihre Sicht auf »Handlungsmöglichkeiten im Rahmen der Praxis von Religion«. Unter Religiosität werden im Folgenden »Erfahrungen und Sinnkonstruktionen« verstanden, die einen expliziten »religiösen Gehalt« haben, das heißt einen »Transzendenzglaube, der die eigenen existentiellen Erfahrungen im Zusammenhang mit einer transzendenten Wirklichkeit deutet«.[67]

2012, 51; U. Kuckartz, Qualitative Inhaltsanalyse. Methoden, Praxis, Computerunterstützung, Weinheim ⁴2018, 47.

61 Kuckartz, Inhaltsanalyse (s. Anm. 60), 51.

62 U. Kuckartz, Einführung in die computergestützte Analyse qualitativer Daten, Wiesbaden ³2010, 133 ff.; J.M. Corbin/A.L. Strauss, Basics of qualitative research. Techniques and procedures for developing grounded theory, Los Angeles ³2008.

63 Kuckartz, Inhaltsanalyse (s. Anm. 60), 135.

64 F. Heinzel/R. Kränzl-Nagl/J. Mierendorff, Sozialwissenschaftliche Kindheitsforschung – Annäherungen an einen komplexen Forschungsbereich, Theo-Web. Zeitschrift für Religionspädagogik, 11 (2012), 9–37: 18.

65 Wihstutz, Forschungsprojekt (s. Anm. 34), 28.

66 Konz, Zugang (s. Anm. 51), 21.

67 M. Nauerth/K. Hahn/M. Tüllmann/S. Kösterke, Religionssensibilität in der Sozialen Arbeit. Einführung und Überblick, in: dies. (Hg.), Religionssensibilität in der Sozialen Arbeit. Positionen, Theorien, Praxisfelder, Stuttgart 2017, 11–28: 15.

2.2 Sample

In den beiden Erhebungszusammenhängen wurden im Zeitraum von 2017–2019 insgesamt 46 muslimische, ezidische und christliche Kinder und Jugendliche mit Fluchterfahrungen im Alter von 5–16 Jahren sowie 36 Eltern interviewt.[68] Im Folgenden werden vier Fälle aus der Studie als Einzelfallstudie ausgewertet, die als exemplarisch identifiziert werden können. Alle vier sind Mädchen, muslimisch und stammen aus Familien, denen Religion bedeutsam ist.

Dalia ist 14 Jahre, palästinensische Muslima und stammt aus Syrien. Sie lebt mit vier Geschwistern und ihren Eltern seit Sommer 2014 in Deutschland. Die Familie hat einen auf drei Jahre befristeten Aufenthaltsstatus. Neben der Fluchtgeschichte ist ihre besondere Situation auch durch die schwierige staatsbürgerschaftliche Situation der Palästinenser*innen gekennzeichnet. Sie flohen 2014 nach Libyen und von dort, aufgrund der prekären ökonomischen Verhältnisse in Fleischtransportern versteckt weiter nach Deutschland. Die erste Überfahrt scheiterte auf See aufgrund eines Motorschadens, beim zweiten Versuch mussten sie drei Tage mit 15.000 Geflüchteten auf dem Boot ausharren, bis sie in Italien an Land gehen durften. Nach einer belastenden Anfangszeit in Deutschland konnten sie 1½ Jahre später ihre eigene Wohnung beziehen. Naima ist 10 Jahre alt, muslimische Kurdin und lebt seit 2015 mit ihren Eltern und ihren vier Geschwistern in Deutschland. Die finanziell gut situierte Familie musste fliehen, als die syrische Armee zu Beginn der 2010er Jahre ihren Ort überfiel. Drei Jahre versuchten sie, sich ein Leben in der Türkei aufzubauen, die Kinder bekamen jedoch keinen Zugang zu Bildung. Über das Mittelmeer flohen sie deshalb nach Deutschland. Nach mehreren Wechseln leben sie immer noch in zwei Zimmern eines Heimes, wo sie aufgrund mangelnder Sitzgelegenheiten auf dem Fußboden essen. Elham ist 9 Jahre alt, Muslima und stammt aus Syrien. Sie kam 2015 mit ihrer Mutter und Schwester zu Fuß und mit einem Luftboot nach Deutschland. Nach der Flucht lebte sie mit ihrer Familie zunächst auf dem Land in Norddeutschland, wo sie sich aber rassistisch diskriminiert und sehr isoliert fühlten. Inzwischen leben sie in einer eigenen Wohnung in der Stadt und sind als »Flüchtlinge« anerkannt. Samira ist 9 Jahre alt. Ihre kurdisch muslimische Familie stammt aus Syrien und ist 2015 über die Türkei und Griechenland nach Deutschland gekommen. Über die genauen Ereignisse während der Flucht möchte der Vater nichts erzählen, er äußert, dass es »schwierig« war,

---

68 Die Ergebnisse wurden in der World Vision Studie veröffentlicht: World Vision Deutschland, Flucht (s. Anm. 52); sowie in: B. Konz/C. Rohde-Auba, Flucht und Religion. Religiöse Verortungen und Deutungsprozesse von Kindern und Eltern mit Fluchterfahrungen, Bad Heilbrunn 2022.

aber Gott sei Dank gut gegangen sei. Sie sind als »Flüchtlinge« anerkannt und leben in ihrer eigenen Wohnung.

2.3 Diskussion[69]

Die Interviews spiegeln ein großes Interesse wider, sich mit religiösen Fragen auseinanderzusetzen und zeugen von eigenständigen religiösen Relevanzsystemen, in Auseinandersetzung mit religiösen Deutungsmustern des Umfeldes. Es ist ein deutlicher Biografie- und Erfahrungsbezug der Gottesbeziehungen und ihrer religiösen Selbst- und Weltdeutungen erkennbar. Der Glaube wird von den Befragten als bedeutsamer Subjektivierungsfaktor und Anker bei der Bewältigung schwieriger Lebenssituationen empfunden.[70] Er gibt ihnen einen »Orientierungsrahmen, innerhalb derer sie die Brüche ihrer eigenen Biographie und [negative oder] traumatische Erfahrungen vor und während der Flucht [aber auch im Aufnahmeland] deuten und verarbeiten können«.[71]

2.3.1 Gott als Bündnispartner

Die Gottesbeziehung von Glaubenden kann als »spezifische Bildungsform« beschrieben werden, die »das Gefühl eines unbedingten Angenommenseins, Vertrauens und der fürsorglichen Liebe« vermittelt.[72] Dalia, Elham und Samira erleben Gott als einen solchen Bündnispartner, als besonderes Mitglied des sozialen Netzwerkes, das immer da ist und ihnen in ausweglosen Situationen auf der Flucht beigestanden hat.[73] Das Gebet dient ihnen als »Kontingenzbewältigungspraxis«,[74] als religiöses Ritual, auf das man in Notsituationen zurückgreifen kann, um Gefühle von Hilflosigkeit und Ausgeliefertsein zu bewältigen. Hier können sie Vulnerabilitätser-

---

69 Auf die Ergebnisdarstellung wird aufgrund der begrenzten Seitenzahl zugunsten der Diskussion verzichtet, sie kann auf Wunsch bei der Autorin angefordert werden.

70 Vgl. M.L. Pirner, Religion als Ressource und Risiko. Die Religiosität von geflüchteten Jugendlichen in Deutschland – empirische Einblicke, Theo-Web. Zeitschrift für Religionspädagogik 16 (2017), 153–180: 156.

71 Simojoki, Dazwischen (s. Anm. 43), 113.

72 C. Klein/C. Albani, Religiosität und psychische Gesundheit – empirische Befunde und Erklärungsansätze, in: dies./H. Berth/F. Balck (Hg.), Gesundheit – Religion – Spiritualität. Konzepte, Befunde und Erklärungsansätze, Weinheim/München 2011, 215–245: 228.

73 Klein/Albani, Religiosität (s. Anm. 72), 227.

74 H. Lübbe, Religion nach der Aufklärung, München 2004, 161.

fahrungen hervorbringen und Agency generieren durch den Glauben daran, dass Gott helfen wird.[75] Dementsprechend beschreibt Dalia die emotionale Wirkung der Gebete als stabilisierend:

> »Wenn ich nervös bin, dann geht es mir etwas besser nach dem Beten. Wenn es mir nicht gut geht, dann muss ich nicht unbedingt zu meinen Freunden oder zu meinen Eltern, es gibt jemanden, der viel wichtiger ist. Ich fühle, dass Gott, die beste Person ist, er ist immer bei dir, er hat dich und die Welt erschaffen.«

In belastenden Situationen kann durch den Glauben eine »indirekte Kontrolle« des Erlebten erzielt werden, da Gott »die Fähigkeit zur Einflussnahme« zugetraut wird, die einem selbst in der Situation nicht gegeben ist.[76] Auch in Alltagssituationen, in denen sie sich ungerecht behandelt fühlen oder Situationen mit ungewissem Ausgang ausgesetzt sind, wenden sich Dalia, Elham und Samira an Gott: vor Prüfungen in der Schule oder wenn sie, wie Samira ausführt, zu Unrecht von den Eltern für einen Geschwisterstreit verantwortlich gemacht werden. Naima dagegen hat eine ambivalente Gottesbeziehung und grenzt sich deutlich ironisch ab, als es um Emotionen bei Gebeten geht:

> I: »Ja wie fühlst du dich dabei, wenn du, wenn du betest? Wie ist das so für dich?«
> N: »Nichts.«
> D: »Fühlst du nichts?«
> N: »Was soll ich sonst fühlen? Oh jetzt bin ich bei Gott, jetzt kann ich Gott alles sagen? Ne.«

Gleichzeitig wirkt Naima in ihrer Gottesbeziehung ambivalent, weil sie die Aussage »Gott kann alles« als zutreffend auswählt. Beim Sortieren der Thesen-Kärtchen ärgert sie sich über negative Aussagen bezüglich des Beistandes Gottes und kommentiert dies mit: »Wer schreibt sowas dummes, aber egal«.

2.3.2 Praktiken der Selbstermächtigung

Wie vorangehend beschrieben ist die Akteur*innenschaft von Kindern begrenzt durch Strukturen und generationale Ordnungen. Gerade im Kontext Migration und Flucht tun sich jedoch auch Spielräume auf, insofern die Intersektion multipler Kontexte und Regeln und Zugehörigkeitsmuster veränderte Praktiken des »doing

---

75 Vgl. C. Klein/D. Lehr, Religiöses Coping, in: Dies./H. Berth/F. Balck (Hg.), Gesundheit – Religion – Spiritualität. Konzepte, Befunde und Erklärungsansätze, Weinheim 2011, 333–359: 354.
76 Klein/Lehr, Coping (s. Anm. 75), 345.

family«[77] erfordert. Kindern kommt eine bedeutsame Rolle für das »reparative potential«[78] der Familien zu, das konstruktiv darauf zielt, »Handlungsfähigkeit zu erhalten oder wiederherzustellen«.[79] Insofern sie sich meist schnell an die neue Umgebung adaptieren und die Sprache lernen, sind Eltern auf ihre Hilfe angewiesen, was zu veränderten Rollenzuschreibungen führen kann. Auch in Hinsicht auf positive Zukunftsimaginationen und Aufstiegsmobilität kommt den Kindern in der Familie eine Bedeutung zu. Als »Selbstermächtigungsstrategie« wird mit Kulaçatan »die Entwicklung des Willens und die gelebte Erfahrung verstanden, mit denen die eigene Rolle sowohl im unmittelbaren sozialen Umfeld als auch in der Gesellschaft verändert werden kann«.[80] Exemplarisch zeigt sich dies bei Dalia, deren Mutter im Interview hervorhebt, dass Dalia und ihre Geschwister die Eltern »gerettet« hätten. Sie seien es, die übersetzen, Behördengänge begleiten und vor allem helfen, Zukunftsperspektiven zu generieren, wenn keine eigenen Perspektiven vorhanden sind, wie die Mutter von Dalia ausführt:

> »Es geht mir nur um die Kinder, nicht um mich. Ich bin 35 Jahre alt, was soll ich jetzt machen. Mein Wunsch ist es, dass sie ihre Bildung beenden und ihre Zeugnisse bekommen. Dann bin ich sehr glücklich, als hätte ich selbst ein Zeugnis bekommen.«

Dalia, Elham, Naima und Samira weisen dem Faktor Religion/Glaube eine große Bedeutung für ihre Subjektivierungen und Praktiken der Selbstermächtigung zu. Die Jenseitsperspektive und der Glaube an Gott als Kraft, die das Geschehen auf der Welt transzendiert, hilft ihnen, eine Überwindung »weltimmenente[r] Instanzen«,[81] sozioökonomischer Notlagen, Gewalt, Diskriminierung, ungerechter Geschlechterverhältnisse oder Adultismus zu imaginieren. So erzählt Dalia von ihren Erfahrungen mit antimuslimischem Rassismus. Der Gedanke an eine ausgleichende Gerech-

---

77 K. Jurczyk, Ein Konzept in Bewegung: Bausteine, konzeptionelle Schärfungen und empirische Anreicherungen, in: ders. (Hg.), Doing und Undoing Family. Konzeptionelle und empirische Entwicklungen, Weinheim 2020, 26–46: 29.

78 F. Walsh, Family Resilience. A Concept and Its Application, Family Process 35 (1996), 261–281: 261.

79 C. Rohde-Abuba, Elternschaft unter Bedingungen von Flucht und Asyl, in: B. Konz/C. Rohde-Abuba, Flucht und Religion. Religiöse Verortungen und Deutungsprozesse von Kindern und Eltern mit Fluchterfahrungen, Bad Heilbrunn 2022, 93–112: 97.

80 M. Kulaçatan, Gender und Religion. Annäherung an religiöse Positionierungen im Kontext muslimischer Lebenswelten, in: ders./H. H. Behr (Hg.), Migration, Religion, Gender und Bildung. Beiträge zu einem erweiterten Verständnis von Intersektionalität, Bielefeld 2020, 307–326: 318.

81 C. Gennerich, Empirische Dogmatik des Jugendalters. Werte und Einstellungen Heranwachsender als Bezugsgrößen für religionsdidaktische Reflexionen, Stuttgart 2010, 133.

tigkeit scheint ihr zu helfen, »fremdbestimmt zugeschriebene Selbstattribute«[82] zu relativieren und trotz der Beschämungen einen positiven Selbstwert zu bewahren.

> »Sowas passiert oft, dass sie an einem vorbeilaufen und fluchen. Aber normal, sowas macht mir nichts aus. Es ist mir egal. Weil ich im Endeffekt weiß, was passieren wird. Ich bin mir hundert Prozent sicher, dass der Tag kommen wird, an dem sie das wissen werden. Es ist normal, unsere Religion sagt, wir müssen Geduld haben, egal was passiert. Also normal, Gott ist immer bei mir, und er wird mir gegen alle Leute helfen, auch wenn ich ihn nicht sehen kann, niemand kann ihn ja sehen, aber es ist immer Gebet zwischen dir und Gott. Deshalb ist das mir ziemlich egal.«[83]

Bei Elham ist die Kategorie »Praktiken der Selbstermächtigung« eng mit der Kategorie »Gender«, und »religiöse Deutungen« verbunden. Gott ist für sie ein Bündnispartner, der die Geschlechterverhältnisse umkehrt. So bringt sie bei der Narration der Fluchtgeschichte eine genderspezifische Note ein und beschreibt, dass sie sich durch Gott auf der Überfahrt vor Gefahren beschützt, aber auch über die anwesenden Männer erhaben gefühlt habe. Sie berichtet amüsiert und mit Stolz, dass Gott sie beschützt habe, als das kleine Luftboot bei der Überfahrt auf dem Meer von »bösen Menschen« zum Kentern gebracht werden sollte. Während sie und ihre Mutter ruhig blieben, weil sie wussten, dass Gott bei ihnen ist, hätten alle Männer geweint. Genderspezifische Vorstellungen, aber auch Imaginationen von selbstbestimmtem Handeln finden sich bei ihr auch in Bezug auf das Jenseits. Sie bringt vor, dass ihre Mutter ihr vom »Wunderland« erzählt habe, in das gute Menschen nach dem Tod kommen, während diejenigen mit zu vielen schlechten Taten in das andere Land »voll Feuer« kämen. Das »Wunderland« scheint für sie eine imaginative Gegenwelt zum Diesseits zu sein, und zeichnet sich dadurch aus, dass man selbstbestimmt leben kann. Wie wichtig ihr das ist, zeigt sich an der zweifachen Wiederholung ihrer Aussage, dass sie dann selbstbestimmt agieren könne (»kann ich wie ich will es machen«, »ich kann was ich will machen«). Sie besteht darauf, ein Bild des »Wunderlandes« zu malen, auf dem sie ein Schloss und sich selbst als Prinzessin mit Krone als Teil des Schlosses darstellt. Dies zeigt, dass sie sich selbst zu den »Guten« zuordnet, die ins »Wunderland« kommen. Auffällig im Bild sowie in ihrer Beschreibung des Gemalten sind »Meerjungfrauen«, die ihrer Aussage nach im »Wunderland« sind. Möglicherweise referenziert sie hier auf die Sure 56, nach

82 Gennerich, Dogmatik (s. Anm. 81), 132.
83 Siehe hierzu, besonders zur Bewertung als »egal«: C. Rohde-Abuba, Religiöse Identitätsbildungsprozesse von Kindern und Jugendlichen mit Fluchterfahrung zwischen Zugehörigkeit, Abgrenzung und Rassismus, in: dies./B. Konz, Flucht und Religion. Religiöse Verortungen und Deutungsprozesse von Kindern und Eltern mit Fluchterfahrungen, Bad Heilbrunn 2022, 33–52: 48f.

der einen gläubigen Muslim im Paradies 72 Jungfrauen erwarten. Indem die Jungfrauen als »Meerjungfrauen« imaginiert werden, wird die Koranstelle zum einen
in die Erfahrungswelt eines Mädchens transferiert, gleichzeitig wird aber auch die
objekthafte Bedeutung der Frau als »Belohnung« für den Mann aufgehoben. Oben
schwebend malt Elham noch eine Fee, die möglicherweise die Wunscherfüllung
symbolisiert. Auch wenn die Vorstellung vom »Wunderland« eine Adaption der
Mutter sein sollte, weist Elham ihr eine besondere Bedeutung für sich zu.

Naima dagegen setzt sich mit einer strafenden Gottesvorstellung auseinander.
Aufgrund ihrer Traumatisierung wird sie schnell aggressiv und befindet sich in
therapeutischer Behandlung. Insofern sie Leid als Strafe deutet, befürchtet sie, dass
Gott sie für ihre ›schlechten Taten‹ strafen werde. Auch innerhalb der restriktiven
religiösen Orientierungen vollzieht sie jedoch Adaptionsleistungen zur Schuldent-
lastung, insofern sie die Verantwortung externalisiert und dem Teufel zuschreibt.
Dieser verleite sie dazu, bei Konflikten die Kontrolle zu verlieren: »Zum Beispiel
ich möchte keine anfassen, trotzdem macht der Teufel.« Sie schlussfolgert daraus,
dass sie für ihre Taten nicht verantwortlich sei und von Gott nicht zur Rechenschaft
gezogen werden dürfe:

> »Ja, den Teufel. Zum Beispiel, ich möchte nicht lügen, aber der Teufel bring mich zu lügen.
> Zum Beispiel ich möchte nicht klauen, aber der Teufel bringt uns zu klauen, aber was hab ich
> Schuld gemacht, dann mach einfach Gott einfach so straft uns. Ist doch nicht unsere Schuld.«

Wie wichtig ihr dies ist, zeigt sich, indem sie an einer weiteren Stelle im Verlauf
des Interviews noch einmal bekräftigt: »Was kann ich dafür. Der Teufel macht das
doch!« Naima greift zudem auf religiöse Praktiken zurück, um ihr Bedürfnis nach
Schutz und eigenbestimmten Räumen zu stillen. Es bleibt unklar, ob sie auf der
Flucht oder in der Unterkunft Übergriffe erlebt (hat) und deshalb bei der Aufgabe
zur Darstellung ihrer Gottesbeziehung eine Schutzkette knüpft. Hierzu äußert sie:
»So, sieht gut aus. [Sie hängt sich die Kette um.] Keiner kann uns trennen. [...]
Weil wenn ich eine Kette mache, kann keiner meine Hals anfassen. Ich hasse,
wenn jemand mich anfassen.« Danach bindet sie die Kette um ihren Knöchel
und erklärt, dass niemand ihren Fuß anfassen dürfe und sie das Band ausziehe,
wenn sie Dusche und ihren »Verstecktort« mache. Dies könnte damit zusammenhängen, dass sie in der Unterkunft keine Privatsphäre und Sicherheit hat und die
Kette deshalb beim Duschen versteckt, zum anderen kann gemutmaßt werden,
dass die Kette ihrer Ansicht nach einen Schutzort unter der Dusche bewirkt. An
anderer Stelle im Interview bringt sie vor, dass sie Angst habe, wenn sie alleine in
der Wohnung sei und deshalb »Bismillah alrahman alrahim« (Im Namen Gottes,
des Allerbarmers) spreche, die Worte, die vor fast jeder Sure im Koran stehen und
einen festen Bestandteil in der Sprachtextur des Alltags gläubiger Muslime hat.

Für sie werden diese Worte zu einer Art Schutzformel, durch die sie sich vor dem Teufel beschützt fühlt. Es scheint, als erarbeite sich Naima innerhalb restriktiver Glaubensdeutungen Spielräume für entlastende Subjektivierungen, diese bleiben jedoch begrenzt, insofern sie sich nicht aus den rigiden familiären religiösen Deutungsmustern lösen und aus der prekären Wohnsituation befreien kann.

2.3.3 Der Umgang mit Leid und der Ursprung des Bösen

Der Glaube hilft Samira, Dalia und Elham in Bezug auf die Verarbeitung des Erlebten, indem er Kohärenz spendet und Erklärungsmodelle bereitstellt, »warum die Welt so ist, wie sie ist«.[84] Elham hebt hervor, dass Allah der Herrscher der Welt ist und alles kann, auch »das Böse irgendwie ändern«. Samira beschäftigt sich intensiv mit der Frage nach dem Ursprung des Bösen. Das Geschehen auf der Welt wird ihrer Ansicht nach von Gott gesteuert, indem dieser versucht die Menschen zum Guten zu führen, ihnen aber Entscheidungsspielräume lässt. Hierbei verarbeitet sie das Deutungsmuster im Islam, vom Glauben als Prüfung. Dies expliziert sie am Beispiel des Tötens, das nicht im Sinne Allahs sei:

> »Hm wenn jetzt zum Beispiel einer gut ist und der andere ist böse und dann macht eben Allah eben etwas dagegen, damit er auch wieder gut wird. Weil er möchte nicht, dass jemand mit seiner eigenen Hand tot wird. Das, weil Gott mag das halt eben nicht, wenn jemand einen anderen tötet, das ist doch sehr gemein. Deshalb ist es gerecht, wenn alle gut sind. Und Gott mag das auch, wenn alle gut sind und immer fröhlich miteinander umgehen.«

Die Existenz des Bösen erklärt sich Samira, indem sie es dem Wirken »Shaitans«, das heißt des Teufels, zuschreibt. Dieser manipuliere die Menschen, indem er sich in ihre Köpfe einschleiche:

> »Er sagt zum Beispiel jetzt ›ein Mensch hasst dich, bring ihn lieber um, dann hast du deine Ruhe‹. Und dann macht der Mensch das und Gott weiß, dass das Shaitan gelogen hat und das mag er nämlich nicht.«

Allah kann ihrer Ansicht nach das Wirken Shaitans nicht unmittelbar eindämmen, weil dieser »unter der Erde« wohne, dennoch sei Gott am Ende stärker. Samira referenziert auf den freien Willen der Menschen und schlussfolgert, dass Gott im Gegensatz zu Shaitan nicht versuche, die Menschen zu manipulieren, sondern wünsche, dass sie von sich aus das Richtige tun:

---

84 Klein/Albani, Religiosität (s. Anm. 72), 228.

»Weil er kann sich ja auch, weil hm er will nicht so wie Shaitan sein. Sich in den anderen Köpfen schleichen. Und er will nicht, dass das Leben von den anderen Menschen riskieren. Er will eben, dass eh andere Menschen den anderen eben helfen und, dass sie auch richtig nett sind miteinander.«

Bei Naima dagegen ist der Glaube an den Teufel als Verursacher des Bösen von der Vorstellung eines strafenden Gottes gerahmt. Sie setzt sich mit einem Deutungsmuster der Mutter auseinander, die das erlittene Leid auf ein Fehlverhalten der Menschen zurückführt. Umgekehrt seien sie beschützt worden, weil ihre Gruppe sich moralisch richtig verhalten habe.

»Als wir in Krieg waren, Gott war mit uns, weil wir, also wir waren ein großes Team, mehr als 50, wir waren alle ein Team, die Leute haben, die Leute waren mit Respekt, die haben nichts Dummes gemacht, die haben nicht lügen, nicht umgebracht. Gott war mit uns. Und keiner konnte uns schießen. Aber die Leute, die gelügen haben und eh, nicht an Gott glauben, immer beleidigen und das, Gott, Gott lasst dieser Mensch tot sein, damit auch Gott, damit auch dieser Mensch bestraft, sagt meine Mutter. Aber es war wahr. Bei die, Boot ist kaputt, hast du gesehen!«

Für Dalia ist ebenfalls das Deutungsmuster des Glaubens als Prüfung relevant, wobei sie wie Samira von einem barmherzigen Gott ausgeht, der die Menschen nicht erschaffen habe, »um uns am Ende in die Hölle zu legen«. Sie referenziert vor allem auf den zeitlichen Aspekt des Wirkens Gottes, das nicht immer unmittelbar erfolge, weshalb Gläubige Geduld haben müssten. Für Dalia scheint Geduld eine Ressource zu sein, weil sie darauf vertraut, dass Gott eingreifen wird und sich in Zukunft Handlungsspielräume auftun werden.

3 Fazit und Ausblick auf Kindertheologie

Die Interviews zeigen, dass die Kinder durch den Glauben eine Bewältigung belastender Situationen imaginieren können. Dies hilft ihnen dabei, durchzuhalten und trotz allem positive Zukunftsvorstellungen zu generieren, was bedeutsam ist für die Verarbeitung von Kontingenzerfahrungen. Es wird ersichtlich, dass Lebenserfahrungen nachhaltige Entwicklungen von Glaubensvorstellungen evozieren können.[85] Dalia, Eham, Naima und Samira reflektieren Entscheidungssituationen »mithilfe religiöser Argumente«, nehmen religiöse »Deutungsoptionen für [die]

---

85 Vgl. K. Tamminen, Religiöse Entwicklung in Kindheit und Jugend (Forschungen zur praktischen Theologie 13), Frankfurt am Main 1993; F. Ulfat, Die Selbstrelationierung muslimischer Kinder zu

Widerfahrnisse [ihres] Lebens wahr und prüfen ihre Plausibilität und Tragfähigkeit«[86] in Bezug auf Fragen nach Schuld, Verantwortung, oder den Umgang mit Gewalt und Leid. Ihre eigene Erfahrung von *VulnerAbility* hat Auswirkungen auf ihre Glaubenshaltung und Handlungsstrategien in Krisensituationen sowie auf ihre Vorstellung vom Wirken Gottes in der Welt. Auch für Praktiken der Selbstermächtigung wird für sie der Glaube an Gottes Beistand bedeutsam. Für die Hervorbringung von Agency in Situationen der Vulnerabilität wird für sie besonders das muslimische Deutungsmuster relevant, nach dem Gott den Menschen prüft und am Ende der Tage die Menschen nach ihren guten oder schlechten Taten beurteilen wird. Dieser auf Gott delegierende Zustand des Wartens ist nicht mit Passivität gleichzusetzen, sondern eher ein »situationsbezogenes zukunftsgerichtetes religiöses Coping«.[87] Im Sinne des »Habitus der Überlebenskunst«[88] wird dabei geduldig ausgeharrt und auf den Moment gewartet, in dem sich neue Möglichkeiten und Chancen der Veränderung auftun. Andererseits zeigt sich am Beispiel von Naima, dass rigide Glaubensdeutungen von einem strafenden Gott positive Subjektivierungen behindern. Religion kann zum »lebens- und integrationsbeeinträchtigende[n] Risiko«[89] werden, wenn Glaubenshaltungen auf ausschließenden Kontrastschemata aufgebaut und nur einengende restriktive religiöse Deutungsmuster erlernt werden. Krisen und Leid können dann zum Beispiel als Strafe Gottes »oder als Wirken dämonischer Kräfte«[90] gerahmt werden.

Die religiösen Selbst- und Weltdeutungen von Kindern mit Fluchterfahrungen fordern dazu heraus, radikaler die Tiefenstrukturen und Rahmenbedingungen der Kindertheologie zu durchleuchten, in Hinsicht auf die Akteur*innenperspektive von Kindern und Jugendlichen in adultistischen und ableistischen Strukturen und Ordnungen. Die Interviews geben Anhaltspunkte dafür, die Tragfähigkeit religiöser Deutungs- und Orientierungsangebote zu prüfen und dabei kritisch die Intersektion »Generation« und »Flucht/Trauma« in den Blick zu nehmen, beziehungsweise die mit *Adultismus* und *Ableismus* verbundenen Zuschreibungen von Vulnerabi-

Gott. Eine empirische Studie über die Gottesbeziehungen muslimischer Kinder als reflexiver Beitrag zur Didaktik des Islamischen Religionsunterrichts, Paderborn 2017, 15.

86 D. Fischer/V. Elsenbast, Grundlegende Kompetenzen religiöser Bildung. Zur Entwicklung des evangelischen Religionsunterrichts durch Bildungsstandards für den Abschluss der Sekundarstufe I, Münster 2006, 19.

87 Konz, Gott (s. Anm. 32), 66.

88 L.H. Seukwa, Der Habitus der Überlebenskunst. Zum Verhältnis von Kompetenz und Migration im Spiegel von Flüchtlingsbiographien (Bildung in Umbruchsgesellschaften 5), Münster/New York/München/Berlin 2006.

89 Pirner, Ressource (s. Anm. 70), 154.

90 Klein/Lehr, Coping (s. Anm. 75), 341.

lität, welche Auswirkungen auf die Subjektivierungsprozesse der Kinder und Jugendlichen und ihren Zugang zu Ressourcen haben.

Die Strukturen und generationalen Ordnungen, innerhalb derer sich Subjektivierungspraxen von Kindern vollziehen, lassen sich nicht einfach mit schulischen Lernsettings überwinden. Ein erster Schritt ist jedoch die Awareness für die Wirkmacht »generationaler Ordnungen«, für die eigenen Idealisierungen von Kindheit beziehungsweise Kriterien einer »gelungenen« Kindheit und für die Dichotomisierung von Agency und Vulnerabilität.

Gleichzeitig können die Interviews dazu ermutigen, Kinder auch das gesellschaftskritische Potential der Theologie ausschöpfen zu lassen und elementare Erfahrungen nicht am Ideal einer »möglichst lange behüteten Kindheit« zu orientieren. Eine migrationssensible Bildung erfordert aus den genannten Gründen ein dynamischeres Kompetenzverständnis, bei dem Kompetenzen flexibler an die Biografien und Erfahrungen der Schüler*innen und veränderte Gesellschaftsbedingungen angepasst werden und an deren Ausformulierung die Adressat*innen der Bildung beteiligt sind. Während einige schulisch abgefragte Kompetenzen ihnen angesichts ihrer Fluchterfahrungen bedeutungslos erscheinen können, haben sich religiöse Kompetenzen für viele als lebensbedeutsam gezeigt. Aus ihrem Glauben gewannen sie Coping-Strategien und Zukunftsperspektiven in ungewissen und herausfordernden Lebenssituationen. Dies steht im Gegensatz zum deutschen Schulsystem, das dem Fach Religion oft keine allzu große Relevanz für die Herausbildung zukunftsbedeutsamer Fähigkeiten zuschreibt.[91]

---

[91] B. Konz/L. Seebach, Schlussfolgerungen für religiöse Bildungsprozesse in der Migrationsgesellschaft, in: B. Konz/C. Rohde-Abuba, Flucht und Religion. Religiöse Verortungen und Deutungsprozesse von Kindern und Eltern mit Fluchterfahrungen, Bad Heilbrunn 2022, 143–154: 145.

Johannes Drerup
Demokratieerziehung und Religion in der Kontroverse

Zusammenfassung: Der Beitrag beschäftigt sich mit der Debatte über den legitimen und angemessenen Umgang mit kontroversen Themen im Unterricht und damit verbundenen grundlagentheoretischen Fragen der Demokratieerziehung in der angelsächsischen Philosophy of Education. Im Zentrum steht dabei die Frage, anhand welcher Kriterien sich begründet entscheiden lässt, welche religiösen Themen im Unterricht an öffentlichen Schulen als kontrovers oder nicht kontrovers behandelt und diskutiert werden sollten und welche nicht.

Abstract: This contribution deals with the controversy over controversial issues in the Philosophy of Education, which is concerned with foundational theoretical questions of democratic education. The major focus is on the question, which criteria can be used to make a well-founded decision about those religious topics, that should (or should not) be treated and discussed as controversial or non-controversial in public schools.

1 Einleitung

Das Verhältnis zwischen liberaler Demokratieerziehung und unterschiedlichen religiösen Lebens- und Erziehungsformen ist Dauerthema populärer und wissenschaftlicher Kontroversen über die Aufgaben und normativen Grundlagen öffentlicher Bildungssysteme in liberalen Demokratien. Diese sind in vielen Fällen Austragungsorte von symbolpolitisch aufgeladenen Kulturkämpfen – vom Kruzifix bis zum Kopftuch – und fungieren so im Rahmen einer zu Recht diagnostizierten »Radikalisierung symbolischer Konflikte«[1] als Foren der Austragung, Konstruktion und Produktion von religiös konnotierten Auseinandersetzungen. Politische Debat-

---

1 C. Taylor, Was ist Religion? Stuttgart 2021, 34. Ich danke den Herausgebern und Herausgeberinnen der Berliner Theologischen Zeitschrift für viele instruktive Kommentare und hilfreiche Verbesserungsvorschläge.

Kontakt: Johannes Drerup, Fakultät Erziehungswissenschaft, Psychologie und Bildungsforschung, Institut für Allgemeine Erziehungswissenschaft und Berufspädagogik, Technische Universität Dortmund; E-Mail: johannes.drerup@tu-dortmund.de

https://doi.org/10.1515/bthz-2023-0015

ten über Religion und die politische Indienstnahme *von* Religion in Debatten über Religion lassen sich nicht immer trennscharf auseinanderhalten. Zudem scheint es auch in hohem Maße vom historisch gewachsenen soziopolitischen Kontext abzuhängen, wie und anhand welcher Probleme und Fragen über das Verhältnis von Religion und Demokratieerziehung diskutiert wird, ob etwa ein besonderes Augenmerk auf Elternrechte und ihre Grenzen, auf religiöse Schulen oder religiös vermittelten Fundamentalismus gelegt wird. Dies gilt auch für die Anlässe und Themen – so der Gegenstand der folgenden Überlegungen –, an denen sich Kontroversen über religiöse Fragen und Probleme entzünden und abarbeiten. In Deutschland interessiert sich etwa kaum jemand für Debatten über Kreationismus vs. Evolutionstheorie, was in den USA jedoch immer noch der Fall ist, und es dürfte auch einen großen praktischen Unterschied machen, ob man etwa über Kontroversen zwischen den christlichen Konfessionen in unterschiedlichen Regionen der USA, in Nordirland oder Deutschland diskutiert.[2] Jenseits dieser unterschiedlichen Anlässe und Kontextbedingungen für Kontroversen über Fragen und Themen der Religion im Unterricht an öffentlichen Schulen lassen sich jedoch systematische Grundfragen nennen, die im Rahmen von liberalen Demokratien mehr oder minder dauerpräsent sind und daher Gegenstand meiner folgenden Überlegungen bilden: Wie soll im Unterricht an öffentlichen Schulen mit Kontroversen umgegangen werden, die sich an religiösen Themen, Sichtweisen und Glaubensüberzeugungen entzünden (etwa Debatten über Blasphemie, religiöse Symbole in der Öffentlichkeit oder religiös begründete Familienpolitik)? Und anhand welcher Kriterien lässt sich entscheiden, welche religiösen Themen und Orientierungen im Unterricht überhaupt als kontrovers oder nicht kontrovers behandelt und diskutiert werden sollten?

Um diese Fragen zu beantworten, werde ich im Folgenden *erstens* ausgehend von Debatten der internationalen Philosophy of Education einen knapp gehaltenen Überblick über grundlegende Ziele von liberaler Demokratieerziehung und demokratischer Bildung in öffentlichen Schulen geben, wobei der Fokus auf die vielgestaltige und oftmals ambivalente Rolle gelegt wird, die Religionen und religiösen Orientierungen und Praktiken in diesem Kontext zugeschrieben wird (2). Eine Frage, die dabei verhandelt wird, bezieht sich auf den legitimen Umgang mit religiösen Fragen und Bezügen in Diskussionen über kontroverse Themen im Unterricht. Ausgehend von einer Rekonstruktion der sogenannten Kontroverse über Kontroversitätsgebote, das heißt der Kontroverse über die Frage, welche Themen im Unterricht auf Basis welcher Kriterien als kontrovers oder nicht kontrovers qualifiziert werden sollen, setze ich mich *zweitens* mit der Debatte zwischen

---

2 Hierzu die vergleichende Studie von J. Pace, Hard Questions. Learning to Teach Controversial Issues. Lanham 2021.

Trevor Cooling und Michael Hand auseinander, die jeweils unterschiedliche Kriterien zur politischen und pädagogischen Bewertung von religiös motivierten und konnotierten Kontroversen vorgelegt haben. In meiner Auseinandersetzung mit diesen Kriterien – dem epistemischen Kriterium und dem Kriterium der Diversität – werde ich argumentieren, dass beide für eine angemessene Bestimmung der legitimen Grenzen von Kontroversität im Unterricht nur eingeschränkt tauglich sind. Hiervon ausgehend werde ich sodann einen alternativen Orientierungsrahmen vorstellen, der ein politisches und ein wissenschaftsbezogenes Kriterium miteinander koppelt und sich für diese Aufgabe besser eignet. Auch weil Kontroversen über religiöse Themen grundsätzlich in allen Fächern aufkommen können und die Diskussion kontroverser Themen eine Querschnittsaufgabe schulischer Demokratieerziehung darstellt, beschränkt sich der Geltungsanspruch der vorgeschlagenen Kriterien nicht auf ein spezifisches Unterrichtsfach (etwa Deutsch- oder Religionsunterricht), was gleichwohl fächerspezifische Schwerpunktsetzungen in der Interpretation und Anwendung dieser Kriterien nicht ausschließt (3). Abschließend diskutiere ich die Frage, was aus meiner Argumentation zum Umgang mit kontroversen Themen im Unterricht für die angemessene Berücksichtigung kindlicher Perspektiven auf religiöse Fragen folgt (und was nicht), und skizziere einige weitere relevante Forschungsdesiderate (4).

2 Demokratieerziehung und Religion in der liberalen Demokratie: Grundlagen und Ausgangspunkte

Demokratie*erziehung* kann verstanden werden als die in asymmetrischen Konstellationen geregelte und in Auseinandersetzung mit politisch relevanten Sachverhalten vermittelte Initiation in grundlegende Werte, Normen und Praktiken, die für das gelingende politische Zusammenleben in liberalen Demokratien notwendig und/oder förderlich sind. Während der Begriff der Demokratieerziehung sich auf die interpersonalen und institutionell eingebetteten Arrangements und Praktiken der Vermittlung von liberal-demokratischen Grundwerten und -normen bezieht, beschreibt der Begriff der demokratischen *Bildung*[3] die sozial vermittelte individuelle Praxis der reflexiven Aneignung und themengebundenen Auseinandersetzung mit politischen Fragen. Demokratieerziehung und demokratische Bildung sollen

---

3 Hierzu: K. Stojanov, Bildung gegen Populismus?!, Wiesbaden 2022.

dazu beitragen, dass künftige Bürgerinnen und Bürger hinreichend informiert an Debatten über politisch relevante Fragen in einer kritischen und nicht bloß rezeptiven Öffentlichkeit teilnehmen können, ohne die eine Demokratie kaum überlebensfähig sein dürfte.[4]

Zentrale Ziele von Demokratieerziehung und demokratischer Bildung sind die Kultivierung von *personaler* und *politischer* Autonomie, wobei erstere auf das eigene Leben bezogen ist und als individuelle Selbstreflexion realisiert wird und letztere auf politische Zusammenhänge bezogen ist und als öffentlicher Vernunftgebrauch praktisch wird. Beide Aspekte und Dimensionen von Autonomie lassen sich kaum sinnvoll voneinander trennen, und zwar schon deshalb nicht, weil sie beide auf der domänenspezifisch nicht ohne weiteres begrenzbaren Fähigkeit und Disposition zur kritischen Reflexion und Beurteilung von Selbst-, Welt- und Sozialverhältnissen basieren und der Bereitschaft, sich und anderen in Prozessen der individuellen und kollektiven Deliberation auf Basis von Gründen und Begründungen Rechenschaft über die eigene Sichtweise abzulegen. Personale und politische Autonomie sind nicht nur in pädagogischen Kontexten als Formen der relationalen, sozial eingebundenen Autonomie zu denken, was natürlich *individuelle* Selbstreflexion und Verantwortlichkeit nicht ausschließt und auch nicht ausschließen darf. Neben entgegenkommenden sozialen Anerkennungsbeziehungen ist die Entwicklung von Autonomie, so eine grundlegende Annahme sogenannter liberal perfektionistischer Konzeptionen der (Demokratie-)Erziehung, auf ein Spektrum von realisierbaren, wertvollen Optionen angewiesen, die den Adressaten offenstehen und über die sie hinreichend Bescheid wissen (etwa Wissen über unterschiedliche Lebensformen und Weltanschauungen, das z.B. auch im Ethik- oder Religionsunterricht vermittelt werden kann). Die pädagogische oder politische Vorgabe einer einzigen richtigen Lebensweise oder eines einzigen Spektrums von Lebensweisen, die allesamt nur einer *einzigen* Tradition anhängen,[5] ist aus dieser Sicht nicht legitim. Genauso wenig legitim ist es, Kinder und Jugendliche[6] auf eine Art und Weise zu erziehen, die auf die unkritische Akzeptanz einer bestimmten Doktrin

---

4 J. Habermas, Ein neuer Strukturwandel der Öffentlichkeit und die deliberative Politik, Berlin 2022.

5 Vgl. die liberalismuskritische Position von: S. Burtt, Comprehensive Education and the Liberal Understanding of Autonomy, in: K. McDonough/W. Feinberg (Hg.), Citizenship and Education in Liberal-Democratic Societies, Oxford 2003, 179–207.

6 Wenn im Folgenden von Kindern und Jugendlichen die Rede ist, dann sind damit alle Personen unter 18 Jahren gemeint. Selbstverständlich muss bei der einzelfallbezogenen theoretischen Konkretisierung der in diesem Essay diskutierten allgemeinen Probleme der Diskussion kontroverser Themen im Unterricht jeweils berücksichtigt werden, um welches spezifische Alter es geht und in welchem Kontext (Schulform, soziopolitischer Kontext etc.) diskutiert wird.

hinausläuft.[7] Dies bedeutet gleichwohl nicht, dass liberale Demokratieerziehung notwendig auf die Emanzipation[8] von religiösen Überzeugungen und Lebensformen hinausliefe, da es selbstverständlich durchaus möglich ist, religiöse Überzeugungen und Doktrinen reflexiv und autonom zu affirmieren.[9] Dabei ist zu berücksichtigen, dass Autonomie nicht nur als Erziehungsziel fungiert, sondern auch im Prozess der Erziehung respektiert werden muss, was die Möglichkeit begründeter und sachlicher Kritik tradierter Sichtweisen und Überzeugungen der Adressaten nicht aus-, sondern einschließt.[10]

In der Debatte zwischen liberalem Perfektionismus und politischem Liberalismus über die normativen Grundlagen von öffentlicher Erziehung und Bildung in pluralistischen Gesellschaften steht oftmals das Spannungsverhältnis von religiöser Erziehung und personaler Autonomie im Zentrum der Aufmerksamkeit. Verteidiger eines politischen Liberalismus[11] gehen im Anschluss an John Rawls und Martha

---

7 Dies scheint in Deutschland auch für die »Jugendgeneration, deren adoleszente Phase in die Zeit nach der deutschen Wiedervereinigung fällt«, weitgehend nicht zu gelten (C. Gärtner, Religiöser Wandel in der Dynamik generationeller Verhältnisse. Preprints and Working Papers of the Centre for Religion and Modernity, 2015, https://www.unimuenster.de/imperia/md/content/religion_und_moderne/preprints/crm_working_paper_8_g_rtner.pdf [abgerufen am 23.01.2022], 50), auch nicht für muslimische Jugendliche: »Auch muslimische Jugendliche, für deren Lebenspraxis die islamische Religionskultur eine hohe Relevanz besitzt und die ihre biografischen Entscheidungen explizit religiös begründen, übernehmen die religiöse Tradition ihrer Eltern nicht fraglos, sondern setzen sich mit dem Sinn der Praxis religiöser Ge- und Verbote auseinander« (ders., Religiöser Wandel in der Dynamik generationeller Verhältnisse, 52).

8 Zur neueren Debatte über eine kritische und emanzipatorisch ausgerichtete Religionspädagogik: C. Gärtner/J.-H. Herbst, (Hg.), Kritisch-emanzipatorische Religionspädagogik. Diskurse zwischen Theologie, Pädagogik und Politischer Bildung, Wiesbaden 2020.

9 Auch die Annahme, dass jede Form der religiösen Lebensführung per se inkompatibel mit Autonomie ist, ist offenkundig empirisch unzutreffend. Es wäre sicherlich illiberal, religiöse Lebensformen systematisch abzuwerten und eine atheistische Doktrin als alleinseligmachend durchzusetzen.

10 Mit Bezug auf Kinder und Jugendliche ist es besonders wichtig zu berücksichtigen, dass die Respektwürdigkeit entsprechender Glaubensüberzeugungen sowohl von den entsprechenden Inhalten und ihrer Begründung abhängt als auch davon, wie sie zustande gekommen sind, das heißt vor allem, ob und inwieweit sie als genuiner Ausdruck von personaler und politischer Autonomie gewertet werden können. Respekt drückt sich folglich auch darin aus, dass wir Überzeugungen und die damit verbundenen Geltungsansprüche kritisch prüfen, statt sie nur zu ignorieren.

11 Liberale Perfektionisten vertreten einen umfassenden Liberalismus (comprehensive liberalism) zum Beispiel in der Tradition von Kant und Mill: «(T)hey relate liberal commitments in political philosophy to some vision or conception of what matters in life and of the human person and its place in the world« (J. Waldron, Liberalism, Political and Comprehensive, in: G. Gerald/Ch. Kukathas [Hg.], Handbook of Political Theory, London, 2004, 89–99. 91). Vertreter politisch liberaler Konzeptionen in der Tradition von Rawls beanspruchen dagegen, ihre Positionen von solchen umfas-

Nussbaum davon aus, dass Eltern und Gemeinschaften ein recht extensiv ausgeleg-
tes Recht eingeräumt werden sollte, die jeweils von ihnen tradierten z. B. religiösen
Doktrinen und Lebensformen an die nächste Generation zu vermitteln, weshalb
aus dieser Sicht nur eine Erziehung zu politischer, nicht aber personaler Autonomie im Rahmen des öffentlichen Bildungssystems gerechtfertigt ist. Vertreter der
Position eines liberalen Perfektionismus gehen dagegen davon aus, dass personale
und politische Autonomie konstitutive Voraussetzung für ein gutes Leben in liberalen Demokratien sind. Dies schließt eine religiös orientierte Form der autonomen
Lebensführung nicht aus, jedoch Praktiken, die Kinder und Jugendliche in eine religiöse Lebensform und Weltsicht einführen, ohne ihnen zugleich die Möglichkeit
zu vermitteln, diese kritisch und distanziert zu problematisieren. Einer solchen
Position wird immer wieder vorgeworfen, auf einen perfektionistischen Oktroi
für Mitglieder eher traditional orientierter Gemeinschaften hinauszulaufen, da sie
sicherlich weniger offen für eine Pluralität von Lebens- und Erziehungsformen ist
als politisch liberale Konzeptionen. Es gilt jedoch in dieser Auseinandersetzung zu
klären, auf welche Wertbezüge und -orientierungen es in einer liberalen Demokratie und einer liberalen Konzeption von Demokratieerziehung in pädagogischer
und politischer Hinsicht ankommt und ankommen sollte (vgl. Abschnitt 3). Bei aller
Relevanz, die personaler Autonomie in der hier vertretenen liberal-perfektionisti-
schen Konzeption zugeschrieben wird, sollte zugleich nicht außer Acht gelassen
werden, dass der starke Fokus der erziehungs- und politikphilosophischen und
teilweise auch der öffentlichen Debatte auf Gefahren dezidiert religiöser Indoktrination nicht selten mit autonomieethischen Doppelstandards operiert, die nicht
nur mit selektiven und daher problematischen Zuschreibungen von Heteronomie
(insbesondere in Fällen religiöser, nicht aber mehr oder minder säkularer Lebensformen) einhergehen können, sondern auch andere gegebenenfalls autonomie-
unterminierende Strukturvorgaben, wie etwa die Folgen des Lebens in einer kapi-
talistisch organisierten Konsumkultur,[12] kaum hinreichend zur Kenntnis nehmen.
Eine Möglichkeit, Autonomie und auch andere für Demokratieerziehung und

---

senden Doktrinen (etwa philosophischer oder religiöser Art) unabhängig rechtfertigen zu können.
Damit stehen unterschiedliche Formen des Umgangs mit religiöser Diversität und Kontroversität
zur Debatte, die mit divergierenden Konzeptionen von Rechtfertigung, Neutralität und den Grenzen der Toleranz operieren.

12 Dieses Problem wird in der zeitgenössischen politischen Philosophie der Erziehung und Bildung zu selten angemessen berücksichtigt, da man den Hauptfokus auf die Liberalismus- und Plu-
ralismuskompatibilität bestimmter Erziehungs- und Sozialisationsformen legt. Vgl. für eine Ausnahme die instruktive Diskussion in: A. Schinkel/D. de Ruyter/J. Steutel, Threats to Autonomy in
Consumer Societies and Their Implications for Education, Theory and Research in Education 8
(2020), 269–287.

demokratische Bildung wichtige kommunikative und epistemische Tugenden zu fördern, besteht in der diskursiven Auseinandersetzung mit kontroversen Themen im Unterricht, zu welchen nicht zuletzt auch religiöse Themen und Fragestellungen zählen sollten.

3 Religion und die Kontroverse über Kontroversitätsgebote

Die Diskussion kontroverser Themen im Unterricht kann als einer der wichtigsten Ansätze der Demokratieerziehung gelten. So wie Konflikte und Dissens in der Auseinandersetzung mit politisch relevanten kontroversen Themen in liberalen Demokratien als Normalfall gelten können, so müssen auch Kinder und Jugendliche lernen, mit solchen Konflikten friedlich und diskursiv, das heißt im Modus vernünftiger Diskussion und ohne Rekurs auf Gewalt, umzugehen. Dass dies durchaus in Schulen möglich ist und die Diskussion kontroverser Themen für die Erreichung grundlegender Ziele von Demokratieerziehung förderlich sein kann, legen eine Reihe von internationalen Studien nahe.[13] Im Rahmen von pädagogisch arrangierten, das heißt vor- und nachbereiteten,[14] oder auch spontan aufkommenden Diskussionen können Kinder und Jugendliche etwa, so die Idee und das Ideal, lernen, sich in Toleranz für abweichende Meinungen zu üben, die damit verbundenen pluralen Perspektiven anzuerkennen und nachzuvollziehen (nicht unbedingt wertzuschätzen), Gründe für die eigene Sichtweise vorzulegen beziehungsweise überhaupt erst eine Sichtweise auszubilden,[15] für diese zu argumentieren und diese gegebenenfalls auch in Frage zu stellen und zu revidieren. Sie können lernen,

---

13 Zum Beispiel D. Hess/P. McAvoy, The Political Classroom, New York 2015. Zur Übersicht: J. Drerup, Kontroverse Themen im Unterricht, Stuttgart 2021.
14 Zur praktischen Umsetzung von Kontroversen im Klassenraum gibt es eine Vielzahl von Methoden und Ansätzen (etwa Pro-Contra-Debatten; Fishbowl-Diskussionen etc.), die mit sehr unterschiedlichen Wirkungen auf unterschiedliche Schülergruppen einhergehen können. Hierzu: D. Gronostay, Are Classroom Discussions on Controversial Political Issues in Civic Education Lessons Cognitively Challenging? A Closer Look at Discussions with Assigned Positions, Studia Paedagogica 24 (2019), 85–100. Mit Bezug auf die Wirkungen entsprechender Methoden und Formate wird außerdem auch immer wieder über die nur eingeschränkte Übertragbarkeit des im Kontext von Schule Gelernten auf außerschulische Kontexte in Gesellschaft und Politik diskutiert. Hierzu: R. Reichenbach, »Une plante sauvage« – Über das Politische und die Politische Bildung, Zeitschrift für Pädagogik 4 (2022), 445–461.
15 M. Hand/R. Levinson, Discussing Controversial Issues in the Classroom, Educational Philosophy and Theory 44 (2012), 615–629.

was es bedeutet, politisch für etwas einzustehen und die Erfahrung machen, einer Sache im argumentativen Streit gemeinsam auf den Grund zu gehen, was dann gegebenenfalls auch bedeuten kann, dass man sich in vielerlei Hinsicht nicht wird einigen können und sich trotzdem wechselseitig als Person mit gleichen Rechten respektieren kann (und muss). Und selbst die gängige soziale Tatsache, dass sich im argumentativen Streit nicht immer das bessere, manchmal nur das rhetorisch geschickter lancierte oder nur durch Machtordnungen begünstigte Argument durchsetzt (was selbstverständlich die Geltung des besseren Arguments bzw. des Prinzips, dass das bessere Argument sich durchsetzen sollte, nicht aufhebt), kann als (negative) Bildungserfahrung wichtig für eine realistische Einschätzung der Funktionsweise politischer Debatten sein. Die Fähigkeit, selbst zuzuhören und auf Argumente anderer wirklich einzugehen (statt sie *a priori* als Feinde oder dialog-unfähige Idioten abzuqualifizieren[16]), dürfte jedenfalls insbesondere dann bessere Chancen auf Entwicklung haben, wenn auch Schülerinnen und Schüler selbst diese Erfahrung im Unterricht machen können (miteinander und mit Bezug auf die Lehrkraft). Die Diskussion kontroverser Themen – ob es nun die große Politik oder konkretere, zu regelnde Fragen im Schulalltag sind – dürfte daher eine wichtige Möglichkeit darstellen, Schule und Unterricht als diskursive Erfahrungsräume zu gestalten, die auch die Perspektive von Schülerinnen und Schülern vermehrt zur Geltung bringen.[17]

Diese positiven Wirkungen, die man dem Ethos des Dialogs und der gemeinsamen Deliberation zuschreibt, wird man gleichwohl nicht uneingeschränkt und kontextübergreifend erwarten können, da es selbstverständlich auch darauf ankommt, wie jeweils im Unterricht in unterschiedlichen Kontexten diskutiert wird, das heißt etwa, wie gut die Lehrkraft und die Schülerinnen und Schüler jeweils vorbereitet sind, ob basale Diskussionsregeln eingehalten werden und welche Methoden jeweils mehr oder minder kompetent und erfolgreich eingesetzt werden. Und man muss nicht auf Extremfälle, wie den Mord an Samuel Paty in Frankreich, verweisen, um sich klarzumachen, dass die Thematisierung und Diskussion kontroverser Fragen oftmals auch mit Risiken einhergehen kann (etwa, wenn Schülerinnen und Schüler von einem Thema selbst persönlich betroffen und daher besonders verletzlich sind oder gegebenenfalls auch fragwürdige Sichtweisen mit in den Klassenraum bringen), deren professionelle Einhegung eine pädagogische Herausforderung darstellen kann. Diese Herausforderung wird umso größer sein, je

---

16 H. Rosa, Demokratie braucht Religion, München 2022.
17 Dabei sollte nicht außer Acht gelassen werden, dass pädagogische Konstellationen asymmetrisch strukturiert sind und dies letztlich auch mit Bezug auf pädagogisch arrangierte Diskussionsformate gilt.

konfliktreicher und polarisierter die nicht vor den Schultoren haltmachende diskursive Umgebung gestaltet ist (Sichtweisen von Eltern und Familien, politische Debattenkonstellationen und Konflikte und so weiter), was oftmals – so auch das Ergebnis von einschlägigen historischen und philosophischen Studien[18] – auf problematische Formen der politischen Einflussnahme auf Lehrkräfte hinausläuft. Je stärker politischer Druck auf Lehrkräfte und die Institution Schule ausgeübt wird, sich mit Bezug auf politische Kontroversen ideologisch konform zu verhalten, und je weniger eine demokratische Öffentlichkeit ihre epistemischen (Filter-)Funktionen erfüllt (wenn etwa die Positionen von Klimawandelleugnern gleichrangig diskutiert werden mit wissenschaftlich approbierten Positionen), desto wichtiger ist es, darauf zu beharren, dass das Verhältnis von öffentlicher Schule, Gesellschaft und Politik entlang eines Ethos der Diskontinuität[19] zu gestalten ist. Dies bedeutet, dass nicht jede öffentliche Kontroverse auch 1-zu-1 im Unterricht reproduziert werden sollte und dass in politischen Kontroversen verhandelte Themen in pädagogisch bearbeitbare Problemvorgaben übersetzt werden müssen.

Zu einem professionellen Umgang mit kontroversen Themen im Unterricht gehört deshalb auch die Selbstaufklärung von Lehrkräften über die Frage, anhand welcher Kriterien entschieden werden kann, ob ein Thema im Unterricht als ein kontroverses Thema zu behandeln ist oder nicht. Ein Thema als ein kontroverses Thema zu behandeln bedeutet, dass die Lehrkraft deutlich macht, dass es jeweils eine Pluralität von grundsätzlich legitimen Sichtweisen auf das Thema gibt, die in didaktisch aufbereiteter Form auch in der Unterrichtsdiskussion präsent sein sollte, und die Diskussion nicht darauf ausgerichtet sein sollte, dass am Ende eine spezifische Position als die einzig richtige oder angemessene zu akzeptieren ist (*non-directive teaching*). Ein Thema als nicht kontrovers zu behandeln und zu unterrichten bedeutet, es als ein Thema zu behandeln, das als hinreichend geklärt gelten kann und auf das es eben kein legitimes und angemessenes Spektrum von unterschiedlichen Perspektiven gibt. Ein Thema nicht als ein kontroverses Thema zu behandeln, verlangt aber keineswegs – so ein gängiges Missverständnis –, dieses Thema gar nicht im Unterricht zu diskutieren. Es bedeutet nur, dass es eben nicht als ein kontroverses Thema behandelt werden sollte, welches unterschiedliche legitime Perspektiven zulässt und bei dem es keinen signifikanten Unterschied macht, ob Schülerinnen und Schüler am Ende die eine oder die andere Perspektive übernehmen. Es geht also darum, dass idealiter eine bestimmte Position akzeptiert werden sollte, auch wenn es hierfür in pädagogischen Kontexten auf Grund des

---

18 J. Zimmerman/E. Robertson, The Case for Contention, Chicago und London 2017.
19 H. Brighouse, Channel One, the Anti-Commercial Principle, and the Discontinuous Ethos, in: R. Curren (Hg.), Philosophy of Education, Malden 2007, 208–220.

Technologiedefizits selbstverständlich keine hundertprozentigen Garantien geben kann (*directive teaching*). Wird jedoch ein Thema als nichtkontrovers qualifiziert, das als kontrovers gelten sollte, besteht die begründete Vermutung, dass die Lehrkraft die Adressaten manipulieren oder indoktrinieren will, was weder politisch noch pädagogisch als legitim gelten kann.

In der Debatte über diese Abgrenzungsprobleme, die im deutschsprachigen Raum vor allem mit Bezug auf den Beutelsbacher Konsens bzw. auch unterschiedliche fachspezifische Konsense (etwa Dresdener Konsens für die Philosophie- und Ethikdidaktik oder Schwerter Konsens für christliche Religionspädagogik) und international als sogenannte Kontroverse über Kontroversitätsgebote diskutiert werden, sind in der Philosophy of Education eine Reihe von Kriterien vorgeschlagen worden, die erlauben sollen, zwischen kontroversen und nicht kontroversen Themen zu unterscheiden.

Als eines der prominentesten Kriterien kann das sogenannte epistemische Kriterium gelten, das ursprünglich von Robert Dearden entwickelt wurde und heute vor allem von Michael Hand vertreten wird.[20] Dearden führt das epistemische Kriterium wie folgt ein: »[...] a matter is controversial if contrary views can be held on it without those views being contrary to reason. By ›reason‹ here is not meant something timeless and unhistorical but the body of public knowledge, criteria of truth, critical standards and verification procedures which at any given time has been so far developed.«[21] Anders formuliert: »A matter is controversial when contrary views can be held on it without being contrary to reason.«[22] Wenn gegen dieses Kriterium verstoßen wird und eine irrationale Position als kontrovers qualifiziert wird, begehen Lehrkräfte nach Hand einen professionellen Fehler beziehungsweise realisieren eine pädagogische Fehlform, da sie so das übergreifende Ziel verfehlen, Schülerinnen und Schüler in der Entwicklung der Fähigkeit zu rationaler Reflexion zu unterstützen. Hand geht darüber hinaus davon aus, dass Rationalität nicht nur instrumentell wertvoll, sondern konstitutiv für ein gelingendes Leben ist, woraus er schließt: »teachers have an obligation to endorse views for which the relevant evidence and argument is decisive, regardless of whether there are people who sincerely hold contrary views«.[23] Diese Position wird mit dem

---

20 Die folgende Argumentation übernehme ich teilweise aus Drerup, Kontroverse (s. Anm. 13).

21 R. Dearden, Controversial Issues and the Curriculum, Journal of Curriculum Studies 13 (1981), 37–44. 85.

22 M. Hand, Should We Teach Homosexuality as A Controversial Issue? Theory and Research in Education 4 (2007), 69–86: 76; sowie: M. Hand, What Should We Teach as Controversial? A Defense of the Epistemic Criterion, Educational Theory 58 (2008), 213–228.

23 M. Hand, Religion, Reason and Non-Directive Teaching: A Reply to Trevor Cooling, Journal of Beliefs & Values 35 (2014), 79–85: 79.

Anspruch verbunden, auch zur Klärung von *moralisch-politischen* Fragen nutzbar zu sein. Auch moralische, politische und/oder religiöse Doktrinen und damit verbundene Annahmen und Geltungsansprüche müssen sich nach Hand hinsichtlich ihrer Plausibilität und Rechtfertigung an dem epistemischen Kriterium messen lassen. Behauptet eine solche Doktrin etwa zum Beispiel mit Verweis auf die vermeintlich unfehlbare Autorität religiöser Texte, dass Homosexualität oder die gleichgeschlechtliche Ehe unnatürlich und daher unmoralisch seien, dann sollte eine solche Position nicht als kontrovers qualifiziert werden, da sie auf theologisch fragwürdigen Ableitungen und empirisch unsinnigen Annahmen basiert und es rational nicht rechtfertigbar ist, Menschen gleiche Rechte vorzuenthalten. Aus dem mit dem epistemischen Kriterium verbundenen Primat der Rationalität folgt für Hand daher auch, dass die Annahme, man könne oder dürfe sich im Umgang mit moralischen und politischen Fragen auf buchstabengetreue Deutungen religiöser Texte verlassen, statt sie historisch-kritisch auf den Prüfstand zu stellen, irrational und pädagogisch illegitim ist.

Die Rolle von Rationalität bei der inhaltlichen Begründung und vor allem der Anwendung des epistemischen Kriteriums auf den Umgang mit religiösen Fragen im Unterricht stellt den Ausgangspunkt von Trevor Coolings Kritik dar.[24] Cooling attestiert Hand ein rationalistisches Bias, der zu einem unfairen Umgang mit religiösen Themen und Überzeugungen führe, da diese von dieser Warte als nicht kontrovers zu behandelnde, irrationale Positionen abqualifiziert werden könnten. Diese Sichtweise basiert nach Cooling nicht nur auf einer Form eines überzogenen Vernunftoptimismus, sondern auch auf einer Art von religionsfeindlichen Vernunftimperialismus, der die Pluralität der Möglichkeiten einer vernünftigen, auch glaubensbasierten Auseinandersetzung mit kontroversen Themen zu sehr begrenze. Hand unterschätze dabei zudem die sehr unterschiedlichen Funktionen, die Verweise auf religiöse Texte in moralischen Debatten einnehmen können und die sich nicht auf buchstabengetreue Formen des Dogmatismus reduzieren ließen. Er berücksichtige zudem nicht hinreichend die beschränkten Möglichkeiten der Vernunft, in Fragen des Glaubens finale und überzeugende Argumente und Evidenzen vorzulegen. Da wir in solchen Fragen häufig schlicht nicht wissen und auch nicht wissen können, ob die eine oder andere Position wahr ist, müssen wir solche Sichtweisen, so Cooling, als kontrovers behandeln und diskutieren. Die von Hand herausgehobene Stellung von Rationalität als Erziehungsziel mit Bezug auf das gute Leben und im Umgang mit kontroversen Themen sei dagegen nicht nur selbst

---

24 T. Cooling, What is A Controversial Issue? Journal of Beliefs & Values 33 (2012), 169–181; T. Cooling, The Epistemic Criterion: A Response to Michael Hand, Journal of Beliefs & Values 35 (2014), 86–89.

eine kontroverse Position, sondern führe auch – sofern man sie strikt umsetze – zu unnötigen Konflikten und Kontroversen mit Mitgliedern unterschiedlicher Glaubensgemeinschaften, deren Doktrinen systematisch abgewertet und marginalisiert würden.

Auch um dies zu vermeiden, schlägt Cooling als Alternative ein Kriterium der Diversität vor, welches zwar die Rolle von Evidenz und guten Argumenten nicht leugnet, aber, um rationalistische Engführungen zu vermeiden, jedoch zugleich die Wichtigkeit von Fairness im Umgang mit Gemeinschaften und Glaubenssystemen hervorhebt, mit denen es gelte, trotz fundamentaler Differenzen zu lernen zusammenzuleben: »[...] the diversity criterion maintains that we should teach as controversial those matters where significant disagreement exists between different belief communities in society where those communities honour the importance of reason giving and exemplify a commitment to peaceful co-existence in society and teach as settled only those matters where there is demonstrable consensus in society which derives from wide agreement and compelling evidence«.[25] Aus Sicht des Kriteriums der Diversität bedeutet Fairness im Umgang mit unterschiedlichen Überzeugungen und Glaubenssystemen, dass man sich bei der Durchsetzung von epistemischen Geltungsansprüchen ein Stück weit zurückhalten und sich stattdessen in epistemischer Demut üben sollte, wenn es um Glaubensfragen geht. Dies sei nicht zuletzt auch der Einsicht geschuldet, dass historisch kontingente Paradigmen und damit verbundene Konsensunterstellungen immer schon bestimmen, was in einer bestimmten Zeit und einem bestimmten soziopolitischen Kontext als gesichertes Wissen gilt, zumal sich hierbei auch politische Interessen nicht trennscharf von (Glaubens-)Überzeugungen trennen ließen. Cooling versucht so die überbordende Rolle, die Rationalität bei der Klärung der Grenzen des in religiösen Fragen als kontrovers Geltenden zukommt, zu beschränken und mehr Raum zu schaffen für Kontroversen zwischen divergierenden Glaubensgemeinschaften.

Hand konzediert in seiner Replik, dass er keineswegs behaupten wolle, dass man aus dem Faktum, dass bestimmte religiöse Argumente unplausibel sind, folgern könne, dass dies für alle solche Argumente gelte. Und dass man nicht wissen könne, welche religiösen Sichtweisen tatsächlich wahr sind, bedeute schließlich nicht, dass man diese nicht plausibilisieren oder für überzeugend halten kann.[26] Auch gebe es natürlich theologisch ambitionierte Formen des Umgangs mit religiösen Schriften, welche nicht auf problematische Ableitungen vermeintlicher moralischer Wahrheiten hinauslaufen, was aber nichts daran ändere, dass solche Versuche weit verbreitet sind und dass diese eben aus epistemischer Sicht nicht

---

25 Cooling, What is A Controversial Issue (s. Anm. 24), 177.
26 Hand, Religion (s. Anm. 23), 80.

satisfaktionsfähig, weil irrational sind.[27] Auch konzediert er, dass bei der Umsetzung und Anwendung des epistemischen Kriteriums eine gewisse Zivilität im pädagogischen und sozialen Umgang geboten sei. Dies sei aber strikt zu trennen von Fragen der rationalen Begründung: »The importance of learning to live together does not trump the demands of epistemic rationality; where a question is genuinely open, it would be wrong to teach it as closed even if doing so might reasonably be expected to reduce social discord; and where a matter is decisively settled by relevant evidence and argument, teaching it as if it were unsettled to spare the feelings of those in denial about its resolution would be quite unjustified.«[28] Außerdem sei hochgradig unklar, was konkret aus dem Diversitätskritierum folgt, was eigentlich eine Glaubensgemeinschaft ausmacht und ab wann man sagen könne, dass deren Mitglieder die Bedeutung guter Gründe und den Wert eines friedlichen Zusammenlebens anerkennen. Gehören hierzu zum Beispiel auch Gruppen von Verschwörungstheoretikern? Und wie ist es mit dem Glauben der Zeugen Jehovas, dass Bluttransfusionen mit dem biblisch verbotenen ›Essen von Blut‹ gleichzusetzen sei?

Auf Basis des Kriteriums der Diversität können die jeweils relevanten Abgrenzungen zwischen solchen Themen, die im Unterricht als legitimer und angemessener Weise als kontrovers gelten sollten und solchen, für die dies nicht gilt, kaum plausibel begründet werden. Das Kriterium scheint vielmehr in eine Variante des sogenannten verhaltensbezogenen Kriteriums zu kollabieren, wonach am Ende jede öffentliche Kontroverse 1-zu-1 in den Klassenraum importiert werden müsste, was letztlich dazu führt, dass alle möglichen unplausiblen und irrationalen Positionen auch im Unterricht kontrovers zu diskutieren wären und so Schülerinnen und Schüler ein in epistemischer und politischer Hinsicht fragwürdiges Bild von Debatten präsentiert werden müsste. Was ist nun aus dieser Debatte über den angemessenen Umgang mit religiösen Kontroversen zu lernen?

Ich denke, dass Hands Kritik an den Unklarheiten dessen, was aus dem Diversitätskriterium folgt, plausibel ist. Cooling und mit ihm den vielen in den letzten Jahren vorgebrachten postmodernen Vernunftkritiken ist zwar dahingehend recht zu geben, dass das, was als rational oder irrational gilt, häufig auf kontroversen Prämissen basiert.[29] Es steht auch außer Frage, dass es in vielen Fällen Grauzonen geben dürfte bei der Bewertung, welche Positionen als nicht mehr rational begrün-

---

27 Für ein wahres Horrorkabinett von Beispielen vgl. die Analyse der politisch motivierten Deutungen der Bibel und eines »Republican Jesus« als eines Gewährsmanns für alle möglichen politischen Agenden von Steuersenkungen bis hin zu homophober Politik von: T. Keddy, Republican Jesus. How the Right has Rewritten the Gospels, Oakland 2020.

28 Hand, Religion (s. Anm. 23), 82

29 Cooling, Response to Michael Hand (s. Anm. 24), 87.

det zu gelten haben. Dies bedeutet jedoch nicht – und die Beispiele, die Hand nennt, sind ja in dieser Hinsicht auch recht eingängig (Homosexualität ist unnatürlich etc.) –, dass es niemals klar wäre und niemals eindeutig begründbar wäre, dass bestimmte Überzeugungen offensichtlich unvernünftig sind. Wer solche Positionen im Namen religiöser Doktrinen vertritt, kann nicht für sich einfordern, unter ›epistemischen Artenschutz‹ gestellt zu werden, nur weil es religiöse Doktrinen sind. Die Angst vor einer Marginalisierung religiöser Positionen und vor sozialen Konflikten zwischen Gemeinschaften ist zudem – auch hier ist Hand recht zu geben – in einer liberalen Demokratie und im Rahmen liberaler Demokratieerziehung kein hinreichender Grund, epistemische Geltungsansprüche etwa auch im Kontext von Religionskritik mit politischer Motivation zu relativieren oder zurückzunehmen. In pädagogischen Kontexten ist natürlich darauf zu achten, dass entsprechende Diskussionen nicht unnötig religiöse Gefühle verletzen oder dass fragwürdige essentialistische Konfliktkonstruktionen (Christentum vs. Islam und so weiter) ungefiltert in den Unterricht importiert werden. Dies begründet jedoch in keinem Fall eine legitime Begrenzung von vernünftiger Kritik an religiös begründeten Weltanschauungen, zumal dies dem Fehlurteil Vorschub leisten würde, solche Weltanschauungen würden ihre Vertreterinnen und Vertreter per se von jedweder Form der rationalen Begründungspflicht entbinden. Gleichzeitig kann man mit Cooling konzedieren, dass es natürlich hermeneutisch anspruchsvolle und nachvollziehbare Exegesen und Ableitungen aus heiligen Schriften gibt. Diese können jedoch genauso wenig wie anderweitig begründete religiöse Sichtweisen einen epistemischen oder politischen Sonderstatus für sich reklamieren. Um als Argumente in der Debatte über kontroverse politische Fragen im Unterricht Legitimität für sich beanspruchen zu können, bedürfen sie der Übersetzung[30] in eine säkulare,

---

30 Zur Debatte über die Übersetzung religiöser Sichtweisen in öffentlich zugängliche säkulare Argumente vgl. die Positionen von J. Habermas, Zwischen Naturalismus und Religion, Frankfurt a. M. 2005; D. Schotte, Zur (Un)Übersetzbarkeit religiöser Rede, ZPhF 64 (2010), 378–392; A. Vieth, Die Sensibilität der Religiösen, ZPhF 66 (2012), 49–74; M. Kühnlein/J. Habermas, Zwischen Naturalismus und Religion. Philosophische Aufsätze (2005), in: ders. (Hg.), Religionsphilosophie und Religionskritik. Ein Handbuch, Berlin 2018, 862–873. Habermas selbst hat den Übersetzungsvorbehalt auf die »Agenden und Verhandlungen staatlicher Entscheidungsgremien« und nicht auf die gesamte politische Öffentlichkeit bezogen (J. Habermas, »Das Politische« – Der vernünftige Sinn eines zweifelhaften Erbstücks der Politischen Theologie, in: E. Mendieta/J. VanAntwerpen [Hg.], Religion und Öffentlichkeit, Berlin 2012, 28–52, 43). Mir ist entsprechend klar, dass diese Interpretation und pädagogische Anwendung des Übersetzungsvorbehalts selbstverständlich selbst kontrovers ist, auch weil sie von religiös orientierten Kindern und Jugendlichen beziehungsweise deren Eltern (und nicht nur von diesen!) als Zumutung wahrgenommen werden könnte. Die dargelegten pädagogischen und auch politischen Gründe, die nicht zuletzt auf zentrale Erziehungs- und Bildungsziele verweisen (personale und politische Autonomie), scheinen mir jedoch am Ende

auch für nichtgläubige Schülerinnen und Schüler nachvollziehbare politische Sprache und alle Schülerinnen und Schüler müssen entsprechend lernen, zwischen ihrem privaten Glaubensüberzeugungen und den Erfordernissen des öffentlichen Gebrauchs der Vernunft in der Diskussion kontroverser Fragen zu unterscheiden. Dies bedeutet selbstverständlich nicht, dass religiöse Argumente überhaupt nicht vorgebracht oder diskutiert werden sollten, sondern nur, dass ihre Geltung letztlich dort an ihre Grenzen kommt, wo es um die Diskussion geteilter politischer Probleme geht (etwa die Frage: Wie wollen wir zusammenleben?), deren Bearbeitung sowohl in epistemischer als auch politisch-moralischer Hinsicht eines basalen gemeinsamen Fundaments und Horizonts bedarf, vor deren Hintergrund der Streit über religiöse Fragen zivilisiert ausgetragen werden kann. Kitcher stellt hierzu fest: »Properly conducted moral and political deliberations can only be secular, only using premises that are not grounded in appeals to religious texts, because the texts in question and the cacophony of their discordant voices leave no option except to use prior and independent moral convictions.«[31] Die damit verbundene pädagogische und politische Zumutung, die nicht nur in pädagogischen Kontexten ein zugegebenermaßen voraussetzungsreiches Diskursideal darstellt, erfordert die Kultivierung der Fähigkeit zur Selbsttranszendierung und Reflexion von tradierten religiösen Vorgaben und die damit verbundene Fähigkeit zur Differenzierung zwischen liberal-demokratischen Grundwerten und -regeln des Zusammenlebens, die alle Bürgerinnen und Bürger zu akzeptieren haben, und persönlichen religiösen Sichtweisen, für die man argumentativ streiten darf und kann, ohne aber universelle Zustimmung erwarten zu können.

---

dafür zu sprechen, den Übersetzungsvorbehalt in pädagogischen Kontexten auf diese Art zu verstehen. Man muss sich auch klar machen, was es pädagogisch und politisch bedeutet, wenn Kinder und Jugendliche nicht dazu in die Lage versetzt werden, entsprechende Übersetzungen vorzunehmen. »X steht in der Bibel oder im Koran« kann auch in pädagogischen Kontexten nicht als hinreichendes, für alle Beteiligten nachvollziehbares politisches Argument gelten. Dies bedeutet natürlich nicht, dass entsprechende Hinweise per se ignoriert oder abgewertet werden dürfen, sondern dass sie – auch im Rahmen der Diskussion kontroverser Themen – als Lernanlässe begriffen werden sollten. Ähnliches gilt für die vielfältigen mit dieser Position verbundenen Probleme der Abgrenzung und Interpretation von Religion und Säkularität (hierzu etwa: T. Asad, Formations of the Secular, Stanford, CA 2003; C. Taylor, Für eine grundlegende Neubestimmung des Säkularismus, in: E. Mendieta/J. VanAntwerpen (Hg.), Religion und Öffentlichkeit, Berlin 2012, 53–88; sowie mit Bezug auf US-amerikanische Debatten über das Verhältnis von »science education« und Religion: R. Audi, Science Education, Religious Toleration, and Liberal Neutrality, in: H. Siegel (Hg.), The Oxford Handbook of Philosophy of Education, Oxford 2009, 333–357), welche konzediert werden können, ohne damit aber die analytische und politisch-praktische Relevanz und Sinnhaftigkeit der Unterscheidung in toto einzuebnen.

31 P. Kitcher, The Main Enterprise of the World. Rethinking Education, New York 2022, 199.

Diese Überlegung verweist auch auf ein zentrales Problem, auf welches Hands Kriterienmonismus keine plausible Antwort parat hat. Es ist zwar richtig, dass die Differenzierung zwischen kontroversen und nicht kontroversen Themen immer auch auf epistemischen Gründen und Begründungen aufbauen muss und dass dies selbstverständlich auch für moralische und politische Fragen gelten muss. Auch richtig ist es, von der metaethischen Prämisse auszugehen, dass sich auch moralische und politische Fragen in vielen Fällen auf Basis von Vernunftgründen bearbeiten und entscheiden lassen. Nicht plausibel jedoch ist die Annahme, dass die Absteckung der Grenzen des Kontroversen auf Basis eines einzigen Kriteriums und dessen rein epistemischer und damit *a*politischer Rechtfertigung möglich wäre, das heißt ohne Rekurs auf ein zusätzliches normatives Fundament. Eine solche Position – und dies machen etwa Debatten über die Rolle von Experten in der Coronakrise oder mit Bezug auf den Klimawandel deutlich – führt fast notwendig zu einer Überdehnung des epistemischen Kriteriums. So kann man zum Beispiel über auch noch so viel epistemisch und wissenschaftlich abgesichertes Wissen über den anthropogenen Klimawandel verfügen, ohne aber hiervon ableiten zu können, was denn jeweils politisch zu tun sein sollte. Auf Grund dieser Ableitungsprobleme erscheint es sinnvoller, nicht alle Begründungslast auf einem einzigen Kriterium abzuladen, wie es Hand vorschwebt. Umgekehrt ist es aus den genannten Gründen aber ebenfalls fragwürdig, mit Cooling epistemische Geltungsansprüche durch Zusatzprinzipien zu verwässern und zu relativieren.

Der von mir an anderer Stelle entwickelte und erprobte Orientierungsrahmen für den Umgang mit kontroversen Themen versucht, beide Probleme zu umgehen und koppelt ein politisches mit einem wissenschaftsbezogenen Kriterium:[32]

(1) Eine in der politischen Öffentlichkeit diskutierte Frage sollte dann kontrovers diskutiert werden, wenn für sie auf Basis politischer Grundwerte und -prinzipien (das heißt zentrale Grund- und Menschenrechte; personale und politische Autonomie, Wertepluralismus; sowie Gewaltenteilung, Meinungsfreiheit, Religionsfreiheit, Minderheitenschutz, Rechtsstaatlichkeit und andere), die als konstitutiv gelten können für die Ermöglichung eines guten persönlichen und politischen Lebens in liberal-demokratischen Staaten, keine eindeutige Antwort abgeleitet werden kann (*politisches Kriterium*).

(2) Eine politisch relevante Frage sollte dann kontrovers diskutiert werden, wenn es unterschiedliche vernünftige, das heißt gut begründete und (bestmöglich) empirisch fundierte Sichtweisen auf dieses Thema gibt und wenn die Sachlage in den relevanten wissenschaftlichen Disziplinen – gemäß der diesen eigenen Rationalitäts-, Methoden- und Argumentationsstandards und Wissensbeständen – als

---

32 Drerup, Kontroverse (s. Anm. 13).

genuin kontrovers gilt. Das Unterrichten kontroverser Themen sollte sich daher in didaktisch aufbereiteter Form an den intellektuellen und diskursiven Usancen – ›das intellektuelle Leben‹ und die damit verbundene Expertise – wissenschaftlicher Disziplinen orientieren (*wissenschaftsbezogenes Kriterium*).

Was folgt hieraus für den Umgang mit religiösen Themen im Unterricht? Zunächst einmal ist es wichtig, darauf hinzuweisen, dass die situationskluge und -angemessene Anwendung dieser Kriterien keine simple *exercise in deduction* darstellt, sondern auf pädagogische Urteilsfähigkeit angewiesen bleibt, die in den Fächern, gemäß ihrer je eigenen Rationalitäts- und Methodenstandards auf je unterschiedliche Art und Weise realisiert werden muss.[33] Dies legt bereits das Faktum nahe, dass schon als hochgradig kontrovers gelten kann, was jeweils überhaupt unter Religion oder einer religiösen Orientierung zu verstehen ist.[34] Fraglich ist zudem, ob es angesichts der Vieldeutigkeit, Kontextabhängigkeit und Wandelbarkeit von unterschiedlichen Verständnissen von Religion und ihren Reflexions- und Abgrenzungsbegriffen (Spiritualität, Magie und so fort) so ohne weiteres möglich ist, jenseits einer Vielzahl von Religionskonzeptionen so etwas wie einen Kernbegriff von Religion zu bestimmen. Folglich ist es auch schwierig, Politik und Religion voneinander abzugrenzen.[35] Strittig und Gegenstand von Dauerkontroversen ist auch, ob liberal-demokratische Grundwerte und Diskursideale als Form der Zivilreligion sakralisiert werden können oder sollten, ob sie Säkularisate darstellen, die ursprünglich auf religiösen Weltanschauungen aufbauen.[36]

---

33 Hierzu die Beiträge in: J. Drerup/M. Zulaica y Mugica/D. Yacek (Hg.), Dürfen Lehrer ihre Meinung sagen? Stuttgart 2021.

34 Hierzu etwa: Taylor, Was ist Religion (s. Anm. 1).

35 O. Hidalgo, Religion und Politik – Über Komplexität, Besonderheiten und Fragestellungen einer interaktiven Beziehung aus politikwissenschaftlicher Perspektive, Zeitschrift für Religion, Gesellschaft, Politik 1 (2017), 111–132.

36 So wird etwa bis heute über die Frage diskutiert, ob und inwieweit demokratische Praktiken der Deliberation in unterschiedlichen Traditionen verankert sind und gegebenenfalls auf universell gültigen Werten basieren (z.B. demokratische Selbst- und Mitbestimmung als Menschenrecht) oder primär eine ›westliche‹ Praxis darstellen (z.B.: A. Sen, The Argumentative Indian, London 2005). Und so wie man vermuten kann, dass einige der noblen Ziele von Demokratieerziehung oftmals auch deshalb latent politikenthoben anmuten, weil sie sich aus einer christlichen Liebesethik speisen (und daher gegebenenfalls nicht ohne weiteres auf politische Verfahren und Machtkämpfe angewendet werden können), so wird auch insbesondere von dem starken Fokus auf den angemessenen Umgang mit Dissens und Konflikt vermutet, dass er auf einem westlichen Demokratie- und Gesellschaftsideal beruht und folglich nicht ohne weiteres universalisierbar sein dürfte (vgl. etwa zur Rolle des quasireligiösen Glaubens an die Demokratie im Werk von John Dewey: J. Oelkers, John Dewey und die Pädagogik, Weinheim 2009; Generell zur Rolle von Religion und Theologie für die Genese westlicher pädagogischer Denkformen und -konzepte und ihrer Folgen bis in die Gegenwart; J. Oelkers,/F. Osterwalder/H.-E. Tenorth [Hg.], Das verdrängte Erbe. Pädagogik im Kontext

Mit dem *politischen Kriterium* werden auch mit Blick auf diese Kontroversen und auf Grund der offensichtlichen Wandelbarkeit der Interpretation liberal-demokratischer Grundwerte, keine Ewigkeitsbehauptungen verbunden. Die Kriterien gehen auf historische Lernprozesse zurück, was Möglichkeiten einer veränderten Auslegung in Auseinandersetzung mit neuen Herausforderungen nicht ausschließt. Daraus folgt jedoch weder Beliebigkeit oder Relativismus noch, dass die domänen- und kontextübergreifende Geltung der beiden Kriterien eingeschränkt werden müsste: Jenseits der genannten – erwartbaren und auch aus anderen Debatten bekannten (etwa der angewandten Ethik) – terminologischen und hermeneutischen Schwierigkeiten folgt aus dem politischen Kriterium, dass in religiösen Doktrinen gebundene moralische oder politische Sichtweisen, die mit basalen liberal-demokratischen Grundwerten nicht zu vereinbaren sind, nicht als kontrovers zu behandeln sind. Dies wird selbstverständlich nicht immer leicht festzustellen sein, wie etwa die Debatte über Abtreibung und andere schwierige und umkämpfte Fragen zeigt. Doch auch hier gibt es klarere und weniger klare Fälle. So steht z.B. außer Frage, dass Frauen die gleichen Bürgerrechte zustehen wie Männern, und zwar unabhängig von ihrer Religion und dem Platz, der ihnen in bestimmten Religionen zugewiesen wird. Mit dem politischen Kriterium ist die politisch-pädagogische Vorgabe einer Priorität von liberal-demokratischen Grundwerten vor anderen, wie auch immer begründeten partikularen Weltanschauungen verbunden, da ohne eine solche Begrenzung des politisch Kontroversen eine vernünftige und zivilisierte Debatte über kontroverse Themen kaum denkbar sein dürfte. Das politische Kriterium erfordert daher auch – entgegen tradierten Fehldeutungen des Kontroversitätsgebots – keine Neutralität von Lehrkräften mit Bezug auf solche Positionen, die klarerweise nicht mit liberal-demokratischen

---

von Religion und Theologie, Weinheim und Basel 2003). So kann man etwa mit Bezug auf konfuzianisch geprägte Kulturkontexte von einer stärkeren Betonung von Harmonie und Konfliktvermeidung ausgehen (hierzu C.-H. Lo/D. Hess/P. McAvoy/B. Gibbs, Teaching and Learning about Controversial Issues and Topics in the Social Studies, in: M. McGlinn Manfra/C. Mason Bolick [Hg], The Wiley Handbook of Social Studies Research, Hoboken 2017, 319–335). Solche divergierenden kulturellen Usancen sind sicherlich interessant für kulturvergleichende theoriegeleitete Forschung, sie bieten auch praktisch bedeutsame Einsichten in die Funktion und den Wert der Thematisierung von Konflikten (kommunikatives Beschweigen kann schließlich manchmal politisch und pädagogisch klüger sein als Konflikte und Dissens immer und zu jeder Zeit zu thematisieren bzw. sie in manchen Fällen auch dadurch hervorzubringen beziehungsweise zu produzieren) und sie sollten auch für normativ relevante Probleme der Übertragbarkeit von Diskursidealen und -erwartungen und damit verbundene Fragen der trans- und interkulturellen Verständigung sensibilisieren. Gleichwohl gilt im Rahmen von pluralistischen Gesellschaften und in liberalen Demokratien, dass Dissens unvermeidbar ist und die entsprechenden Themen und Konflikte eben auch diskursiv ausgehandelt werden müssen – hierzu gibt es letztlich keine Alternative.

Grundwerten zu vereinbaren sind. Deshalb führen wir zum Beispiel in der Regel (hoffentlich!) keine Debatten über das Für und Wider von Rassismus oder Sklaverei im Klassenzimmer. So wie daher *alle* antidemokratischen und illiberalen Einstellungen und Sichtweisen im Unterricht mit gleichem Maß zu bewerten sind, das heißt unabhängig davon, wie sie doktrinär begründet und von wem sie vorgebracht werden, so haben *alle* Schülerinnen und Schüler zu akzeptieren, dass die Grundwerte liberaler Demokratien nicht zur Disposition stehen und dass Konflikte im Modus rationaler Argumentation und nicht durch Gewalt auszutragen sind. Man sollte ihnen zuhören und sie dürfen ihre Befindlichkeiten artikulieren und ihre Bedenken zum Ausdruck bringen, sind aber nicht befugt, deshalb die Freiheiten anderer zu beschränken. Sie müssen lernen, dass Kritik an religiösen Doktrinen und Institutionen grundsätzlich legitim und nicht gleichzusetzen und gleich zu bewerten ist wie dezidierte Abwertungen von Anhängern einer Religion.

Aus dem *wissenschaftsorientierten* Kriterium folgt, dass Sichtweisen, die sich auf bestimmte religiöse Doktrinen und ihre Interpretation beziehen, auf Basis einschlägiger wissenschaftlicher Methoden und Rationalitätsstandards und auf Basis des jeweils in wissenschaftlichen Disziplinen erreichten Kenntnisstands kritisch auf den Prüfstand gestellt werden. Eine so verstandene Wissenschaftsorientierung kann in unterschiedlichen Fächern und Wissenschaftskulturen unterschiedliches bedeuten, von der historisch kritischen Analyse heiliger Schriften in der Theologie und im Religionsunterricht[37] bis hin zur Prüfung von religiösen Behauptungen

---

37 Zu aktuellen interdisziplinären Kontroversen zum Religionsunterricht: M. Domsgen/U. Witten (Hg.), Religionsunterricht im Plausibilisierungsstress, Bielefeld 2022; Vgl. hierzu auch die Überlegungen von: D. Benner, Bildung und Religion, Paderborn 2014; G. Biesta/P. Hannam (Hg.), Religion and Education, Leiden 2021; Vgl. zur Debatte über interreligiöse Bildung der Beitrag von Schweitzer (F. Schweitzer, Von der religiösen zur interreligiösen Bildung? Einwände. Theoretische Klärungen und empirische Befunde zur Wirksamkeit, Zeitschrift für Erziehungswissenschaft 25 [2022], 5–23) und die instruktiven Ausführungen von Jan-Hendrik Herbst (J.-H. Herbst, Kontroversität und Positionalität im konfessionellen Religionsunterricht. Religionspädagogische Perspektiven auf den Beutelsbacher Konsens, in: J. Drerup/M. Zulaica y Mugica, Miguel/D. Yacek [Hg.], Dürfen Lehrer [s. Anm. 33], 77–99) zur religionspädagogischen Relevanz und Deutung des Beutelsbacher Konsenses. Herbst argumentiert dafür, dass es aus einer religionspädagogischen Perspektive durchaus legitim sein kann, wenn Lehrkräfte eine aus der christlichen Religion abgeleitete Positionierung (etwa zu Fragen der Migration) vornehmen und artikulieren. Ich denke, dass dies – auch auf Grund der vielfältigen unterschiedlichen Einflüsse, denen Schülerinnen und Schüler im Kontext einer öffentlichen Schule ausgesetzt sind, durchaus legitim sein kann, zumindest sofern deutlich wird, dass dies ihre persönliche Interpretation der entsprechenden religiösen Vorgaben darstellt, es eben auch andere legitime Sichtweisen gibt und diese Interpretation nicht mit den genannten liberal-demokratischen Grundwerten in Konflikt steht. Empirische Forschung legt zudem nahe, dass dies auch aus Schülersicht nicht als Überwältigung wahrgenommen wird, zumindest wenn die Diskussion

über die vermeintliche Natur von Geschlechtern und Geschlechterverhältnissen in Biologie, Soziologie und Geschichtswissenschaft. Hier können dann ganz unterschiedliche Wissensformen und Methoden der Erkenntnisgewinnung relevant sein, wie auch die relevanten wissenschaftlichen Disziplinen und die Kontroversen, die in ihnen geführt werden, in der Regel pluralistisch verfasst sind. Radikal politisierte oder religiös ambitionierte Formen von Pseudo-›Wissenschaft‹ können und dürfen mit Bezug auf solche Fragen jedoch nicht Pate stehen. Zugleich müssen, bei aller Relevanz der rationalen Durchdringung und Auseinandersetzung auch mit religiösen Fragen und Themen, die Differenzen zwischen Glaubens- und Wissensfragen und die damit verbundenen Grenzen der Vernunft[38] akzeptiert werden. Der Geltungsbereich des wissenschaftsbezogenen Kriteriums bezieht sich auf politisch relevante Fragen, was nicht heißt, dass private Glaubensüberzeugungen – welche sich zumindest in Teilen rational diskutieren lassen – sich schon deshalb jeder kritischen Prüfung entziehen sollten, weil sie privat sind. Schülerinnen und Schüler als Personen zu respektieren, impliziert nicht, dass man ihre Überzeugungen in der Kontroverse nicht kritisieren darf. Es bedeutet aber auch nicht, dass Schülerinnen und Schüler ihre religiösen Überzeugungen zugunsten eines – kontroversen – rationalistisch-szientifischen Weltbilds aufgeben müssen. Stattdessen gilt es, sie dazu in die Lage zu versetzen, sich kritisch mit tradierten Überzeugungen und doktrinär gebundenen Identitätsfixierungen auseinanderzusetzen, auch in Glaubensangelegenheiten.[39] Ähnlich wie das epistemische Kriterium und im Unterschied zu anderen Ansätzen (etwa bestimmte Varianten des politischen Liberalismus) bezieht sich das wissenschaftsbezogene Kriterium auf die epistemische Basis der Rechtfertigung von Glaubenssätzen, was dogmatische Verweise auf heilige Schriften – sozusagen als Konversationsstopper – als Grundlage für eine legitime Kontroverse ausschließt.[40]

Beide Kriterien markieren Grundlagen eines friedlichen und gelingenden Zusammenlebens in liberalen Demokratien und bestimmen Leitlinien dafür, welche Themen im Unterricht als kontrovers zu gelten haben oder nicht. In pädagogisch-praktischer Hinsicht zielen sie auf eine politische Zivilisierung und Rationalisierung von Debatten, und zwar nicht zuletzt dadurch, dass die Grenzen des Tolerablen und des Pluralismus auch im Unterricht klar gezogen werden. Dass diese Grenzen in liberalen Demokratien dem historischen Wandel unterliegen und

kontroverser Themen gängige Praxis im Unterricht ist, also immer schon eine Pluralität von Perspektiven präsent ist.

38 R. Forst, Toleranz im Konflikt, Frankfurt a. M. 2003.
39 Dies gilt selbstverständlich ebenfalls für rationalistisch-szientifische Weltbilder.
40 Kitcher, Main Enterprise (s. Anm. 31), 221–222.

immer wieder aufs Neue ausgehandelt werden müssen, versteht sich von selbst, was aber, wie gesagt, keineswegs bedeutet, dass es plausibel oder legitim wäre, in die absolute Beliebigkeit zu flüchten, wonach die begründete Abgrenzung zwischen kontroversen und nicht kontroversen Themen letztlich unmöglich ist, da eben alles immer *irgendwie* kontrovers ist. Dies zeigt sich schon dann, wenn man *ex negativo* berücksichtigt, was passiert, wenn die mit dem wissenschaftsbezogenen und politischen Kriterium verbundenen Vorgaben *nicht* eingehalten werden und man damit jeden auch nur denkbaren Unsinn für wert befindet, kontrovers und mit offenem Ausgang diskutiert zu werden. Auch wenn dies ja durchaus gängige Praxis in bestimmten Segmenten digitaler Öffentlichkeit ist, dürfte eine solche Praxis – so ist zu vermuten – wenig dazu beitragen, dass Kinder und Jugendliche im Umgang mit kontroversen Themen urteilsfähig werden und lernen, Unsinn und *bullshit* (im Sinne Harry Frankfurts) von legitimer Weise diskutablen Positionen zu unterscheiden.[41] Beide Kriterien können damit auch als regulative Ideen verstanden werden, die als Orientierungsvorgaben auf die Ermöglichung von personaler und politischer Autonomie in und durch die Diskussion kontroverser Themen zielen, die es auch gegen abweichende – wie auch immer begründete – Sichtweisen, etwa von Eltern oder Gemeinschaften, zu kultivieren gilt.

4 Kinder in der Kontroverse: Paternalismus, Partizipation und Repräsentation

Insbesondere im Kontext der Coronakrise[42] wurde zu Recht immer wieder auf Repräsentations- und Partizipationsdefizite hingewiesen, die sich in der mangelnden Berücksichtigung der Interessen von Kindern und Jugendlichen in der politischen und pädagogischen Bewältigung der Pandemie gezeigt haben. Es wurde und wird zu oft über Kinder und Jugendliche geredet – so der Tenor gängiger Kritiken – statt mit ihnen. Solche Kritiken geben einem generellen und grundsätzlich begrüßenswerten gesellschaftlichen Normwandel Ausdruck, wonach Kinder und Jugendliche immer mehr auch als politische Akteure wahrgenommen und respektiert werden, deren Interessen man politisch und moralisch nicht geringer gewich-

---

41 Dass dies faktisch nicht der Fall ist und eine erschreckend hohe Zahl von Schülerinnen und Schülern z.B. unfähig ist, Fakten von Meinungen zu unterscheiden, legen entsprechende empirische Studien nahe: C. Sälzer, Lesen im 21. Jahrhundert, https://www.oecd.org/pisa/PISA2018_Lesen_DEUTSCHLAND.pdf (abgerufen am 23.11.2022).
42 Hierzu meine Analyse in: J. Drerup, Kinder, Corona und die Folgen, Frankfurt am Main 2022.

ten darf als die von erwachsenen Akteuren. Was aus dieser allgemeinen Leitori-
entierung jedoch im Einzelnen folgen sollte, etwa in puncto Wahlrecht[43] oder in
Konflikten zwischen unterschiedlichen Repräsentationsregimen zwischen Eltern,
Gemeinschaften und liberalem Staat, bleibt umstritten. Während selbsternannte
Kinderbefreier im Namen von Kindern beanspruchen, diese aus illegitimen gesellschaftlichen und pädagogischen Strukturen befreien zu müssen und zu dürfen
(früher hieß das Antipädagogik, heute heißt es häufig *Childism*), wird von anderer
Seite eher auf Reform als auf Revolution gesetzt. Denn fest steht aus ethischer,
pädagogischer und auch politischer Perspektive – will man nicht jedwede Verantwortung für Kinder leugnen, die eben auch in Autonomie- und Wissensdifferenzen
begründet ist –, dass man auf Paternalismus in pädagogischen Kontexten nicht verzichten kann und darf.[44] Dies und die advokatorische Repräsentation kindlicher
Interessen (die zu diesem Zweck unvermeidbar ist[45]) in politischen und wissenschaftlichen Debatten sind grundsätzlich mit der respektvollen Berücksichtigung
kindlicher Perspektiven in unterschiedlichen Praxiskontexten kompatibel (ob nun
in wissenschaftlichen oder gesellschaftspolitischen und pädagogischen Kontexten).
Dies bedeutet jedoch gerade nicht, dass diese Perspektiven *in jedem Fall autorita-
tiv* berücksichtigt werden müssten,[46] was auf eine letztlich pädagogisch absurde,
da strikt antipaternalistische Position hinausliefe, die kaum ethisch oder politisch
begründbar sein dürfte.[47]

---

43 Hierzu etwa: J. Giesinger, Wahlrecht – auch für Kinder?, Berlin 2022.

44 Hierzu umfassend: J. Drerup, Paternalismus, Perfektionismus und die Grenzen der Freiheit,
Paderborn 2013.

45 Vgl. hierzu auch der Beitrag von Simojoki in diesem Heft. Dies schließt die kritische Reflexion der dabei zum Zuge kommenden Begründungsformen und Kindheitskonstruktionen selbstverständlich ein. Es gilt daher, Schwierigkeiten von Repräsentationen kindlicher Interessen und
Sichtweisen zu berücksichtigen. Während in der internationalen Debatte über pädagogischen Paternalismus versucht wird, Kriterien für einen legitimen Umgang mit Kindern systematisch zu
skizzieren und zu begründen, was nicht zuletzt auf Grund der Machtförmigkeit pädagogischer
Konstellationen und Arrangements geboten ist, wird in machttheoretischen Kritiken der Repräsentation von Kindern in der Regel implizit moralisiert. Es werden epistemologische Unmöglichkeits-
theoreme aufgestellt (das Kind als der ›Andere‹ etc.), statt nachvollziehbare und praxisrelevante
Argumente und Begründungen zu liefern. Will man die Interessen realer und nicht bloß konstru-
ierter Kinder angemessen ethisch und politisch berücksichtigen, scheint mir ersteres Vorgehen angemessener, wobei selbstverständlich auch machttheoretische Sichtweisen hierzu zu Rate gezogen
werden können.

46 Vgl. die Position von: H. Brighouse, How Should Children Be Heard?, Arizona Law Review 45
(2003), 691–711.

47 Hier kommt es selbstverständlich auf den Kontext an, etwa ob es um ethisch bedeutsame, gegebenenfalls irreversible Lebensentscheidungen geht, ob es um die Rekonstruktion kindlicher Sichtweisen in theoriegeleiteten empirischen Studien geht (etwa die instruktiven Arbeiten von Sabine

In diesem Beitrag habe ich *eine* praktische Möglichkeit aufgezeigt, wie eine angemessene Berücksichtigung der Perspektiven von Kindern und Jugendlichen auf religiöse und andere Fragen im Kontext öffentlicher Schulen möglich ist. Mehr mit Kindern zu diskutieren, auch über Religion, bedeutet dabei hingegen nicht pädagogische Verhältnisse radikal und umfassend zu demokratisieren, das heißt als asymmetrische Interaktionsordnungen aufzulösen.[48] Kinder und Jugendliche sollen schließlich gerade nicht lernen, irgendwie über Politik und Religion zu diskutieren oder irgendwie zu partizipieren. Sie sollen lernen vernünftig zu diskutieren und eine angemessene Perspektive auf sich und die Welt, ihren Glauben oder Unglauben, zu entwickeln. Dies geht ohne die Unterstützung von Erwachsenen nicht. Es gilt daher, Kindern pädagogisch strukturierte Partizipationsmöglichkeiten bereitzustellen, die ihre Perspektiven berücksichtigen und sie als Diskursteilnehmer ernst nehmen und respektieren, ohne aber zugleich jedwede pädagogische Verantwortung für die Gestaltung der Kontroverse von sich zu weisen.[49]

Diese komplexen und nicht ein für alle Mal auflösbaren Spannungen und Probleme zeigen auf, dass die Diskussion über die Diskussion kontroverser religionsspezifischer Themen im Unterricht eine ganze Reihe von interessanten und komplexen Fragen aufwirft, die in diesem kurzen Beitrag nur angeschnitten wurden (etwa zum Verhältnis von Religion, Demokratie und Öffentlichkeit). Auch der skizzierte Orientierungsrahmen zum Umgang mit kontroversen religiösen Fragen wirft selbstverständlich viele theoretische und empirische Anschlussfragen auf: Wie gehen Lehrkräfte faktisch mit kontroversen religiösen Themen um und mit Rekurs

---

Andresen und anderen) oder ›nur‹ um die Diskussion einer theologischen Frage im Unterricht, bei der kindliche Sichtweisen berücksichtigt werden, die aber ansonsten keine unmittelbaren Folgen für die konkrete Lebensgestaltung von Kindern haben.

48 Ich halte daher auch die nur scheinbar ›kinderfreundliche‹ Idee, Kinder in toto als marginalisierte Gruppe zu konstruieren, sie sozusagen zum nächsten Ersatzproletariat zu machen und sie für großflächige gesellschaftliche Transformationsambitionen zu instrumentalisieren, für illegitim und für inkompatibel mit basalen Grundannahmen liberaler Demokratieerziehung. Interessanterweise argumentieren entsprechende Positionen, die Kinder und Jugendliche als vermeintlich marginalisierte Gruppe in ihr politisches Projekt eingemeinden wollen, selbst hochgradig pädagogisch, ohne aber die konkrete pädagogische Dimension ihrer politischen Doktrinen genauer auf den Prüfstand zu stellen.

49 Einseitige Auflösungen der auch im Kontext von Demokratieerziehung zu berücksichtigenden pädagogischen Paradoxie – Wie kultiviere ich die Freiheit bei dem Zwange? (Kant) – nur in Richtung Freiheit oder nur in Richtung Zwang führen dagegen, und hierfür gibt es historisch hinreichend Beispiele, in theoretischer Hinsicht regelmäßig zur Produktion pädagogischen Kitschs und praktisch zur Kultivierung pädagogischer Fehlformen (z. B. Indoktrination oder Vernachlässigung), die man wohl kaum als Ausdruck politischer oder pädagogischer Fortschritte wird verbuchen wollen.

auf welche Kriterien begründen sie dies? Was tun, wenn Religionskritik von Schülerinnen und Schülern oder Eltern als Beleidigung wahrgenommen wird? Und wie sollte man im Unterricht mit der oftmals diagnostizierten systematischen diskursiven Abwertung von Religionen in öffentlichen Debatten umgehen (etwa in Debatten über den Islam)? Diese und andere Fragen legen nahe, dass der Streit über Kontroversitätsgebote, ihre Deutung und Anwendung auch in Zukunft Gegenstand öffentlicher und wissenschaftlicher Kontroversen bleiben wird. Eine sinnvolle Weiterführung dieser Debatten bedarf der engeren Kooperation und Ergänzung zwischen grundlagentheoretisch orientierten erziehungs- und bildungsphilosophischen Zugängen und theoriegeleiteter empirischer Forschung im Verbund mit kasuistischen Einzelfallanalysen, die im Rahmen der unterschiedlichen Fachdidaktiken umgesetzt werden.[50]

---

50 Hierzu z. B.: J. Drerup/M. Zulaica y Mugica/D. Yacek (Hg.), Dürfen Lehrer (s. Anm. 33). Zur aktuellen Debatte über kasuistische Ansätze im Kontext von Demokratieerziehung und demokratischer Bildung: M. Levinson/J. Fay, Democratic Discord in Schools, Cambridge, MA 2019.

Fahimah Ulfat

Die Perspektive von Kindern in der islamischen Theologie und Religionspädagogik

Zusammenfassung: Das Bildungsverständnis in muslimisch geprägten Gesellschaften ist aufgrund historischer Entwicklungen mehrheitlich noch stark an Nachahmung und einseitiger Erziehung ausgerichtet. Daher spielt die Perspektive von Kindern in der Theologie bis dato keine Rolle. In der sich in Deutschland entwickelnden islamischen Religionspädagogik hat sich währenddessen ein Paradigmenwechsel im Verständnis von religiöser Bildung vollzogen, sodass die Perspektive von Kindern hier einen wesentlichen Platz einnimmt und ein traditionelles konservatives Theologie- und Bildungsverständnis irritieren und verstören kann. Es wird in diesem Beitrag aufgezeigt, dass die ganz eigene Wahrnehmung der kindlichen Spiritualität und des kindlichen theologischen Räsonierens einen beträchtlichen Mehrwert für den theologischen Erkenntnisgewinn hat.

Abstract: Due to historical developments, the understanding of education in Muslim societies is still strongly oriented towards imitation and one-sided education. Therefore, the perspective of children has not played a role in theology to date. Meanwhile, a paradigm shift in the understanding of religious education has taken place in Islamic religious education that is developing in Germany, so that the perspective of children has an important place here and can irritate and disturb a traditional conservative understanding of theology and education. This article shows that the very own perception of children's spirituality and theological reasoning has a considerable added value for gaining theological knowledge.

1 Einleitung

Die vorliegende Ausgabe der Berliner Theologischen Zeitschrift befasst sich mit der Frage, wie die Perspektiven von Kindern in der Theologie repräsentiert werden.

Mit Blick auf die islamische Theologie gibt es auf diese Frage eine kurze Antwort: bis dato gar nicht. Das hängt mit dem vorherrschenden traditionalistischen Bildungsverständnis in muslimisch geprägten Gesellschaften zusammen.

Kontakt: Fahimah Ulfat, Zentrum für Islamische Theologie, Eberhard Karls Universität Tübingen; E-Mail: fahimah.ulfat@uni-tuebingen.de

https://doi.org/10.1515/bthz-2023-0016

Es wird im Folgenden unter Punkt zwei skizziert. Anhand einer Reihe von historischen Entwicklungen und Ereignissen, wie dem Kolonialismus und der Entstehung
salafistischer Bewegungen, lässt sich zeigen, wie religiöse Erziehung bis heute allzu
häufig als bloße Nachahmung (taqlīd) aufgefasst wurde und wird. Hier wird Erziehung und Bildung einseitig vom Erziehenden aus definiert und dient dazu, eine
auf einem bestimmten Verständnis des Islam basierende Ideologie zu propagieren.

In Deutschland haben die Etablierung und Profilierung einer wissenschaftlich
orientierten islamischen Religionspädagogik zu einer Wende im Verständnis der
Aufgabe von Theologie und religiöser Bildung geführt. Dieses Verständnis wird
unter Punkt drei skizziert.

Abschließend wird unter Punkt vier anhand einer empirischen Forschungsarbeit der Autorin dieses Beitrags beispielhaft demonstriert, wie die Perspektive
von Kindern in der Religionspädagogik angemessen in die Theoriebildung einbezogen werden kann.

2 Bildungsverständnis in muslimisch geprägten Gesellschaften

Wenn es um Erziehung und Bildung in muslimischen Kontexten geht, wird der
hohe Stellenwert von Wissen, die Pflicht, nach Wissen zu streben und Wissen zu
bewahren auf die koranische Offenbarung im 7. Jahrhundert zurückgeführt. Im
Koran finden sich zahlreiche Aussagen zu Wissensaneignung und -vermittlung.
Besonders geschätzt wird dabei das eigene Nachdenken, das Bemühen zu Verstehen und das Nutzen des eigenen Verstandes. Das Streben nach Wissen wurde so
zu einem Grundideal muslimischer Frömmigkeit. Die meisten Verse im Koran, die
Lehren und Lernen thematisieren, beziehen sich auf eine Unterweisung der Gläubigen im Glauben und auf die Förderung ihrer spirituellen Entfaltung. Zugleich
wird auch die Bedeutung des rationalen Begreifens der Welt unterstrichen. Quell
allen Wissens ist Gott, der »Allwissende«. Er ist laut Sure 96:1–5, nicht nur Schöp-
fer, sondern auch Lehrer des Menschen.[1] Diese Verse, die als die ersten Offenba-
rungsverse gelten, heben laut muslimischer Auffassung die Konzepte von Wissen,
Lehren und Erziehung als zentrale Themen der göttlichen Offenbarung hervor.[2]

---

1 Vgl. J. W. Fück, Vorträge über den Islam. Aus dem Nachlaß herausgegeben und um einen An-
merkungsteil ergänzt von Sebastian Günther, Hallesche Beiträge zur Orientwissenschaft 27 (1999),
VII–184: 1.

Sobald sich die junge muslimische Gemeinschaft konstituiert hatte, wurde ein einfaches Bildungssystem eingeführt. Die ersten informellen Bildungseinrichtungen waren Grundschulen (*kuttāb*). In der frühen Umayyaden-Periode (660–750 n. Chr.) war die Elementarbildung gut etabliert. Immer wenn der Islam andere Länder erreichte, wurden bereits bestehende Bildungssysteme übernommen beziehungsweise in das eigene integriert.[3] Eine weiterführende Ausbildung für Schüler fand anfänglich auf informeller Basis statt, indem Gelehrte des Koran, der prophetischen Tradition (*ḥadīṯ*), der Normenlehre (*fiqh*), der Grammatik und der Philologie in Moscheen Vorlesungen in sogenannten Studienzirkeln (*ḥalqa*) hielten.[4] Schüler suchten Lehrer auch in anderen Ländern auf und studierten bei ihnen. Historisch gesehen diente die Moschee in der Tradition des Propheten als erster offizieller Ort des Lehrens und Lernens, bevor man ab dem 10. Jahrhundert die Aktivitäten zentralisierte und die Bildung stärker institutionalisierte, indem *Madāris* (singular *Madrasa*) als Institutionen für höhere Bildung gegründet wurden.[5]

Die *Madāris* wurden zunächst durch Stifter:innen finanziert. Dies führte zu unabhängiger und autonomer Forschung vieler Gelehrter. Andererseits versuchten die Staatsapparate, die Kontrolle über das Bildungswesen zu erlangen, indem sie einigen *Madāris* Zuwendungen beziehungsweise Spenden und andere finanzielle Mittel zukommen ließen und anderen nicht. Dies ebnete den Weg für eine wirksame staatliche Kontrolle der *Madāris*, die zur Verbreitung der jeweiligen Herrschaftsideologie und zur Legitimierung der bevorzugten religiösen Strömung gegenüber den anderen genutzt wurden.[6] In den *Madāris* wurde in erster Linie eine Grundausbildung in der Disziplin *fiqh* (muslimische Normenlehre beziehungsweise Jurisprudenz) angeboten. Der *fiqh* hatte eine zentrale Bedeutung im Rahmen der Anstrengungen, den Bedürfnissen der wachsenden muslimischen Gemeinschaften gerecht zu werden und sie mit den verschiedenen lokalen Kulturen abzustimmen. Die Disziplin *fiqh* entwickelte Handelsnormen und -vorschriften. Daher stellte sie auch im muslimischen Bildungswesen eine entscheidende Disziplin dar und die Absolventen der *Madāris* fungierten hauptsächlich als Verwaltungsperso-

---

2 S.A.-R.A. Marghalani, Islamic Education in Saudi Arabia, in: H. Daun/R. Arjmand (Eds.), Handbook of Islamic Education, Cham 2018, 611–624: 614.
3 R. Arjmand, Introduction to Part I: Islamic Education: Historical Perspective, Origin, and Foundation, in: H. Daun/R. Arjmand (Eds.), Handbook of Islamic Education, Cham 2018, 3–31: 18f.
4 G. Schoeler, Gesprochenes Wort und Schrift. Mündlichkeit und Schriftlichkeit im frühislamischen Lehrbetrieb, in: P. Gemeinhardt/S. Günther (Hg.), Von Rom nach Bagdad. Bildung und Religion von der römischen Kaiserzeit bis zum klassischen Islam, Tübingen 2013, 269–290: 272–274.
5 Arjmand, Introduction to Part I: Islamic Education (s. Anm. 3), 24.
6 Arjmand, Introduction to Part I: Islamic Education (s. Anm. 3), 25.

nal für die Regierung.[7] *Madāris* entwickelten sich zu Institutionen der Bewahrung und Weitergabe des Wissens, die bis ins 19. Jahrhundert überdauerten.[8]

Im 8. und 9. Jahrhundert entstand in Basra und Bagdad eine elitäre Klasse von sunnitischen Gelehrten (*'ulamā'*), die zunehmend Kritik an dem verschwenderischen und aristokratischen Lebensstil der abbasidischen Kalifen, insbesondere an al-Mahdī (gestorben 785) und seinem Sohn, dem Kalifen Harūn al-Rashīd (gestorben 809), übten. War bis zum frühen Abbasiden-Kalifat der Kalif die religiöse und politische Autorität, so änderte sich dies, als die Gelehrten (*'ulamā'*) ihre religiöse Autonomie gegenüber den Kalifen ausbauten. Seit jener Zeit galt der Kalif als Beschützer des göttlichen Gesetzes, doch die *'ulamā'* waren diejenigen, die die Normen aus den Quellen ableiteten und somit als Gesetzgeber fungierten. Diese Position der *'ulamā'* hatte starke Auswirkungen auf das Verständnis von Bildung: »The conservative *'ulamā'* began to use knowledge as a source of political legitimacy and supremacy. By claiming to be the successors and heirs of the Prophet's religious authority, they also appropriated to themselves the role of bearers of ›correct‹ knowledge.«[9] Auf der Basis ihrer moralischen und religiösen Führung und ihrer Rolle als Träger des ›richtigen‹ Wissens erwarben sie ein Monopol über die religiöse Bildung. »The domination is justified under the notion of ijtihād, based of which an individual who has not a religious expert is not entitled to interpret the dogma and thus should follow a mujtahid as a source of religious emulation.«[10]

Durch die Einrichtung der *Madāris* wurden die *'ulamā'* zu den Vermittlern des formalen muslimischen Wissens. Die Abhängigkeit der *'ulamā'* von den Zuwendungen der Stifter:innen zur Finanzierung der *Madāris* zwang diese letztlich dazu, die Regierungen als Verwalter der Zuwendungen und anderer religiöser Mittel zu stützen. Die Bildungseinrichtungen wurden durch die Regierung finanziell unterstützt und durch die *'ulamā'* inhaltlich dominiert. »The Muslim learned class of *'ulamā'* is regarded as the guardian of the faith and the dogma, and has played a paramount role in creation of the theoretical foundations of Islam as well as practical issues which emerged as a result of the Muslim expansion and encounter with new issues.«[11] Die Doktrin des *taqlīd* (Nachahmung) verlieh den *'ulamā'* eine größere Autorität und beschränkte die Möglichkeiten abweichender kritischer

---

7 Arjmand, Introduction to Part I: Islamic Education (s. Anm. 3), 26.

8 Vgl. N. von Doorn-Harder, Art. Teaching and Preaching the Qur'ān, in: Encyclopaedia of the Qur'ān (2006), 205–231.

9 Y. Baiza, The Learned Class ('Ulamā') and Education, in: H. Daun/R. Arjmand (Eds.), Handbook of Islamic Education, Cham 2018, 113–133: 121.

10 Arjmand, Introduction to Part I: Islamic Education (s. Anm. 3), 29.

11 Arjmand, Introduction to Part I: Islamic Education (s. Anm. 3), 28.

theologischer und philosophischer Ansätze.[12] Diese politische Tendenz verschlechterte den Zustand der muslimischen Bildung.

In der Neuzeit brachte der europäische Kolonialismus neue politische, militärische und bildungspolitische Herausforderungen für die besetzten muslimischen Länder mit sich. Im 19. Jahrhundert wurde das traditionelle System der Weitergabe des Koran und des Studiums der klassischen theologischen Disziplinen mehr oder weniger zerstört, als die Länder des Nahen Ostens unter kolonialem Einfluss begannen, die *Madāris* durch säkulare Institutionen zu ersetzen. Dies führte zu einer Krise im traditionellen Bildungssystem, die die klassischen Institutionen zwang, sich neu zu definieren, was sich im 20. Jahrhundert weiter fortsetzte.

Die europäischen Impulse inspirierten einige muslimische Denker dazu, pädagogische und intellektuelle Reformen anzustoßen. In Indien setzte sich Sayyed Ahmed Khan (1817–1898) für die Übernahme des europäischen Bildungsmodells ein. Diese neuen Reformbewegungen fanden auch in Afghanistan bei al-Afghani (gestorben 1897) Widerhall, dem Berater des Emirs Shir Ali Khan. Diese Reformbewegungen befürworteten die Integration des europäischen Bildungsmodells, was eine grundlegende Abkehr vom traditionellen Madrasa-System bedeutete.[13]

Die konservativen *'ulamā'* lehnten diese Reformen ab. Sie beharrten nicht nur auf der Tradition der Nachahmung, sondern unterstützten auch den Versuch einer Wiederbelebung der Lebensweise der ersten Generation von Muslimen (*salaf*).[14]

Diese Entwicklungen und Ereignisse, die mit einer sogenannten ›Krise der islamischen Erziehung und Bildung‹ einhergingen, werden im Folgenden kurz skizziert, da sie zusätzlich zu den Folgen des Kolonialismus eine weitere Wende für die muslimisch geprägten Gesellschaften darstellten und starke Auswirkungen darauf hatten, wie Islam von nun an verstanden, gelebt und gelehrt werden sollte.

Zwischen den 1940er und 1960er Jahren erlangten die Länder des Nahen Ostens, die im Rahmen des postkolonialen Prozesses entstanden waren, ihre Unabhängigkeit. Im damaligen Kontext des Kalten Krieges suchten diese jungen Staaten entweder eine Nähe zu den USA oder zur Sowjetunion. Die meisten Monarchien orientierten sich auf die USA hin (z. B. die Golfstaaten, Marokko, Jordanien, Iran). Andere Nationen wandten sich der Sowjetunion zu (z. B. Syrien, Ägypten, Irak, Libyen und die palästinensischen Autonomiegebiete).

Die neuen Nationalstaaten waren weit entfernt von islamistischen Ideologien. Für viele Menschen damals war der arabische Sozialismus, wie ihn der ägyptische Staatspräsident Gamal Abdel Nasser forcierte, zukunftsweisend. 1967, nach der

---

12 Arjmand, Introduction to Part I: Islamic Education (s. Anm. 3), 27.
13 Baiza, The Learned Class (s. Anm. 9), 120.
14 Baiza, The Learned Class (s. Anm. 9), 127.

Niederlage von Ägypten und Syrien gegen Israel im Sechs-Tage-Krieg, kamen viele Menschen in den arabischsprachigen Nationen zu der Überzeugung, dass diese Idee nicht verwirklicht werden konnte.

Die ägyptische Regierung reagierte darauf mit einer repressiven Politik gegen die islamistischen Muslimbrüder, die dazu führte, dass viele von ihnen ins Exil nach Saudi-Arabien und Europa gingen.

Die Muslimbrüder spielten auch eine bedeutende Rolle im jungen saudischen Staat. Die Saudis standen in Opposition zum arabischen Sozialismus, weil diese Ideologie die Monarchien in Frage stellte. Im Zuge der Entwicklungen konstruierten die saudischen Machthaber in Gestalt des modernen Islamismus eine Gegenideologie als Alternative zum Sozialismus und bedienten sich dazu der Expertise der Muslimbruderschaft. Dadurch gewannen die Muslimbrüder Einfluss auf das saudische Bildungssystem.

Eine ähnliche Entwicklung fand im Iran statt. Der Iran war eine quasidiktatorische prowestliche Monarchie. Von den politisch sehr unterschiedlich eingestellten Oppositionskräften im Iran waren es die islamistischen Schiiten um Ayatullah Ruhollah Chomeini, die sich durchsetzen konnten. Sie stürzten die Regierung des Schah Reza Pahlavi, und Chomeini ging als Führer der Islamischen Revolution von 1979 und Gründer der Islamischen Republik Iran in die Geschichtsbücher ein. Dieser neue Staat wandte sich gegen die USA, eine Politik, die ihren spektakulärsten Ausdruck in der Besetzung der US-amerikanischen Botschaft in Teheran fand. Im Laufe der kommenden Jahre begann auch der Iran, seine islamistische Ideologie international zu verbreiten.

Auch auf sunnitischer Seite nahm die Entwicklung einen krisenhaften Verlauf. Durch ihre Ölexporte gewannen die Golfstaaten unter der politischen Führerschaft von Saudi-Arabien immer mehr an politischem Gewicht. Einige Stimmen in der saudischen Gesellschaft plädierten für eine Liberalisierung der Gesellschaft. Diese prowestlichen und reformerisch orientierten Aktivist:innen schlugen vor, Kinos zu eröffnen, Frauen Auto fahren zu lassen und so weiter. Auf der anderen Seite bekamen bestimmte Gruppen von Wahhabiten den Eindruck, dass die Monarchie sie nicht unterstützte. Diese Entwicklungen und die Erfolge der Revolution im Iran inspirierten eine Gruppe von Wahhabiten, die sich als *Al-Jamaa Al-Salafiya Al-Muhtasiba* (die Gruppe der Altvorderen, die Recht befiehlt und Unrecht verbietet) bezeichneten, unter der Leitung von Dschuhaimān al-ʿUtaibī, am 20. September 1979 die Heilige Moschee in Mekka zu besetzen, um das saudische Königshaus zu stürzen und einen Islamischen Staat in ihrem Sinne zu errichten. Zur Lösung dieses Problems benötigte die saudische Regierung die theologische Unterstützung der wahhabitischen Geistlichkeit. Das führte dazu, dass der Einfluss der islamistischen Kräfte in Saudi-Arabien erheblich zunahm und die Wahhabiten zur internationalen Verbreitung ihrer Ideen auf die finanziellen Ressourcen des saudischen Staates zugreifen konnten.[15]

Diese und weitere Entwicklungen haben sich auf die Bildungssysteme der entsprechenden Länder prägend und nachhaltig ausgewirkt. Im Iran beispielsweise ließ Chomeini im Jahr 1980 zeitweise alle Universitäten schließen, um neue Curricula einzuführen, die von der »korrupten westlichen Kultur« bereinigt zu sein hatten und ein »islamkonformes Wissen« vermitteln sollten.[16]

In Saudi-Arabien war eine ähnliche Entwicklung zu beobachten. Yahia Baiza bezeichnet diese Entwicklung als eine »Islamisierung des Wissens«, ein Ergebnis »des postkolonialen nationalistischen Diskurses, der seine Wurzeln im religiösen Nationalismus hat«.[17] Der Diskurs über die »Islamisierung des Wissens« ging aus einer Reihe von Weltkonferenzen über muslimische Bildung hervor, die zwischen 1977 und 1996 stattfanden. Die erste Weltkonferenz über muslimische Bildung fand vom 31. März bis 8. April 1977 in Mekka, Saudi-Arabien, statt, die sechste und letzte 1996 im Islamic College in Kapstadt, Südafrika. »The proponents of this idea believe that Islamization of knowledge can lead Muslim countries to revive a new phase of Muslim civilization. However, an in-depth analysis of this phenomenon reveals that it is primarily an apologetic and reactionary approach towards Western advances in science and technology.«[18]

Bereits im Vorwort des Tagungsbandes der ersten »World Conference on Muslim Education« 1977, die von der King Abdulaziz University in Mekka organisiert wurde, werden die für die Konferenz bestimmenden Grundgedanken deutlich: die Modernisierung der muslimischen Welt und die Krise, die damit einherging. Dieser Prozess wird als ein Überrollen der muslimisch geprägten Welt durch marxistische und liberale Konzepte beschrieben, wobei die größte Gefahr im »westlichen Liberalismus« gesehen wird.[19] Dagegen hätten muslimische Gelehrte bisher noch keine adäquaten islamischen Konzepte formuliert. Der Westen habe seine »religiöse Verankerung« verloren. Seit der Renaissance habe eine moralische Abwärtsentwicklung stattgefunden. Die Menschen im Westen würden sich nicht mehr an einem »religiösen Kodex« orientieren, der ihnen als »unhinterfragbare

---

15 F. Schweitzer/F. Ulfat, Dialogisch – kooperativ – elementarisiert. Interreligiöse Einführung in die Religionsdidaktik aus christlicher und islamischer Sicht, Göttingen 2021, 62–72.

16 P. Franke, Bamberger Einführung in die Geschichte des Islams (BEGI) 13, Wikiversität, 10.02.2020, https://de.wikiversity.org/w/index.php?title=Bamberger_Einf%C3%BChrung_in_die_Geschichte_des_Islams_(BEGI)_13&oldid=617071.

17 Baiza, The Learned Class (s. Anm. 9), 129.

18 Baiza, The Learned Class (s. Anm. 9), 129.

19 S.S. Husain/S.A. Ashraf, Crisis in Muslim Education, Jeddah 1979, IX.

Norm« ethische und spirituelle Grundlagen liefern könne.[20] Folge sei ein Gefühl der »Wurzellosigkeit«, das auch in die muslimischen Gesellschaften eingedrungen sei.[21] Auch dass das traditionelle Bildungssystem in muslimisch geprägten Ländern an westliche Standards angepasst wurde, wird bemängelt, da dadurch bei den Lernenden Zweifel an den grundlegenden Annahmen des Islam erzeugt würden.[22] Gefordert wird dagegen die Entwicklung pädagogischer Konzepte, die ›islamisch‹ seien.

In Folge dieser Entwicklungen lässt sich konstatieren, dass in diesen Ländern die kritische Gelehrsamkeit aus der muslimischen Bildung und dem muslimischen Denken nahezu verschwunden ist, während ein sich am Prinzip der Nachahmung (*taqlīd*) orientierender Traditionalismus zur Grundlage der Bildung und Erziehung wurde.

Im Jahr 2010 wurde in Saudi-Arabien eine umfassende Reform der allgemeinen Bildung durchgeführt. Diese Reform führte zu einer Änderung der gesamten Schulbücher für die allgemeine Bildung.[23] Der Lehrplan wurde modifiziert, indem die traditionellen theologischen Disziplinen um Themen wie Menschenrechte und globale Gemeinschaft erweitert wurden. Dennoch ist das Bildungsverständnis nach wie vor stark traditionell orientiert.[24]

Dabei ist der Begriff der *tarbīya* der Eckpfeiler der Bildung auf allen Ebenen. Wesen, Inhalt und Form der islamischen Erziehung in muslimischen Gesellschaften im Allgemeinen fallen unter diesen Begriff. In Reaktion auf die Verbreitung westlicher Ideen wurde von Seiten der traditionalistischen *'ulamā'* eine Reihe neuer Terminologien geschaffen, um die Unterschiede zwischen ›Islam‹ und ›Westen‹ zu betonen. So wurden Begriffe wie ›islamische Kultur‹, ›islamische Literatur‹, ›islamische Wirtschaft‹ und ›islamische *tarbīya*‹ konstruiert, um eine auf einem bestimmten Verständnis des Islam basierende Ideologie zu propagieren. »Islamic *tarbīyah* [is] a multifold process of education and upbringing, which involves various measures including the education of the Islamic sciences, relying on Islamic heritage, and at the collective level formulating and implementing policies to train generations of Muslims in accordance with religious values and norms, which often in the Muslim countries overlap with national identities and interests.«[25]

---

20 Husain/Ashraf, Crisis in Muslim Education (s. Anm. 19), 1.
21 Husain/Ashraf, Crisis in Muslim Education (s. Anm. 19), 2.
22 Husain/Ashraf, Crisis in Muslim Education (s. Anm. 19), 3.
23 Marghalani, Islamic Education in Saudi Arabia (s. Anm. 2), 616.
24 Marghalani, Islamic Education in Saudi Arabia (s. Anm. 2), 622.
25 Marghalani, Islamic Education in Saudi Arabia (s. Anm. 2), 613.

Aus der Perspektive einer wissenschaftlich reflektierten islamischen Religionspädagogik gesprochen, legen diese Entwicklungen beredtes Zeugnis davon ab, wie ursprünglich versucht wurde, auf die Krise der islamischen Bildung und Erziehung zu reagieren. Die entsprechenden reformerischen Initiativen mussten jedoch schnell einer islamistischen Lehre weichen, in deren Fahrwasser eine ideologische Zementierung althergebrachter kultureller und politischer Vorstellungen stattfand und stattfindet. ›Islam‹ und ›Westen‹ werden als in jeglicher Hinsicht inkompatible Gegensätze konstruiert. Diese ideologische Dichotomisierung hat bis heute erhebliche und teilweise verheerende Auswirkungen. Sie führt zu einem Bildungssystem, das sich zwar islamisch nennt, aber faktisch die Bildungsideale und das spirituelle Lehr- und Lernethos des Koran ignoriert und den Menschen religiös in Unmündigkeit hält.[26] Es kann niemanden verwundern, dass in einem solchen System, das schon die Perspektive der Erwachsenen aus Prinzip ignoriert, die Perspektive von Kindern im Speziellen erst recht nicht in den Blick genommen wird. Kinder, ihre spirituellen Bedürfnisse und ihre theologischen Perspektiven, werden in diesen Ideologien weder zur Kenntnis genommen, noch repräsentiert, geschweige denn dass ihre Äußerungen in irgendeiner Form zur Geltung kommen können.

3 Verständnis religiöser Bildung aus einer in Deutschland beheimateten islamischen Theologie und Religionspädagogik

Die Einführung des islamischen Religionsunterrichts sowie die Entwicklung und Akademisierung der islamischen Religionspädagogik in Deutschland sind mit der Migrationsgeschichte verwoben, insbesondere mit der Anwerbung von Gastarbeiter:innen aus der Türkei, die 1961 einsetzte. Ab 1973 holten viele Gastarbeiter:innen ihre Familien nach. Unter dem Druck der Tatsache, dass die Gastarbeiter:innen nicht in ihre Länder zurückkehren würden und die zugewanderten Muslim:innen ein Teil der Gesellschaft wurden und blieben, stellte sich die zunehmend dringliche Frage nach dem Aufbau einer religionspädagogischen Infrastruktur.[27]

Der erste Schulversuch »Islamkunde in deutscher Sprache« wurde 1999 in Nordrhein-Westfalen gestartet. Ab den 2000er Jahren wurde der deutschen Politik

---

26 Schweitzer/Ulfat, Dialogisch – kooperativ – elementarisiert (s. Anm. 15), 67–68.
27 H. Engin, Die Institutionalisierung des Islams an staatlichen und nicht-staatlichen Bildungseinrichtungen, in: M. Rohe et al. (Hg.), Handbuch Christentum und Islam in Deutschland, Freiburg im Breisgau ²2015, 369–391.

und den Bildungseinrichtungen die Bedeutung und Funktion von Religion und Religiosität bei muslimischen Kindern und Jugendlichen zunehmend bewusst, vor allem unter integrations- und sicherheitspolitischen Aspekten, insbesondere nach den Terroranschlägen des 11. Septembers 2001 und ihren Folgen.[28] Die Deutsche Islam Konferenz stimmte 2008 für die Einführung eines flächendeckenden islamischen Religionsunterrichts und rief Ansprechgremien für die Lehr- und Bildungspläne des Fachs ins Leben. Mit der Empfehlung des deutschen Wissenschaftsrats begann 2011 die Ausbildung von Lehrkräften für den islamischen Religionsunterricht an deutschen Universitäten.

Aus einer wissenssoziologischen Perspektive gesprochen besteht die Funktion von Theologie allgemein darin, religiöses Wissen zu »pflegen«, das heißt, die Bedeutung, den Sinn und die Relevanz religiösen Wissens weiterzugeben und zu sichern, aber auch, dieses religiöse Wissen immer wieder dahingehend zu prüfen, ob es mit den Lebenserfahrungen und -bedingungen der Menschen vereinbar ist. Somit bewegt sich diese theologische Pflege »in der Regel zwischen den Polen des ›Bewahrens‹ und des ›Erforschens‹«.[29] Anders ausgedrückt, besteht eine theologische Grundspannung zwischen den Polen der Tradition und der Situation. Das Ausbalancieren dieser Pole kann als eine der wichtigsten Herausforderungen der Theologie bezeichnet werden.

Für die islamische Religionspädagogik dient dementsprechend nicht nur die Interpretation der Quellen als epistemologische Grundlage, sondern auch die »Situation«. Damit sind die Menschen der Gegenwart, ihre Lebenswelt, ihre Denkweisen, Haltungen und Handlungen, aber auch die Kultur und Gesellschaft, in der sie leben, gemeint.[30] Bezüglich der Muslim:innen in Deutschland spricht Harry Behr von einem Übersetzungsprozess zwischen der theologischen Tradition einerseits und der Situation von in Deutschland lebenden Muslim:innen andererseits.[31] Aus diesem Spannungsfeld zieht die islamische Religionspädagogik ihr kritisches Moment. Die Situation, in der Menschen ihren Glauben leben, kommt zu theologischer Geltung und wird zu einer Größe, die Anstöße für theologierelevante Erkenntnisse liefert. Das spezifische theologische Merkmal der islamischen Religionspäd-

---

28 R. Ceylan, Cultural Time Lag: Moscheekatechese und islamischer Religionsunterricht im Kontext von Säkularisierung, Wiesbaden 2014, 22.
29 W. Gebhardt, Zwischen Tradition und Innovation. Von der Funktion der Theologie in symbolischen Sinnwelten, in: H. Behr/F. Ulfat (Hg.), Zwischen Himmel und Erde, Münster 2014, 63–77: 65.
30 M. Schambeck, Zum Verständnis und Geschäft der Religionspädagogik: wissenschaftstheoretische Anmerkungen, in: Religionspädagogische Beiträge 70 (2013), 91–103: 99.
31 H.H. Behr, Islamischer Religionsunterricht in der Kollegstufe, in: F. van der Velden/H.H. Behr/ W. Haussmann (Hg.), Gemeinsam das Licht aus der Nische holen: Kompetenzorientierung im christlichen und islamischen Religionsunterricht der Kollegstufe, Göttingen 2013, 17–40: 22.

agogik (wie der praktischen Theologie im Allgemeinen) ist somit, die Erkenntnisse der Situation in die Theologie einzubringen und theologische Normen neu oder weiter zu denken.

4 Die Aufnahme der Perspektive von Kindern für bildungstheoretische Überlegungen

Um die Perspektive von Kindern in dem oben angesprochenen Spannungsfeld zwischen Tradition und Situation angemessen beschreiben und sachgerecht verstehen zu können, bedarf es empirischer Forschungen, die die individuellen Deutungsleistungen der Kinder zunächst überhaupt wahrnehmen, sie dann wissenschaftlich erheben und anschließend in die theologischen Diskurse einspeisen. Die Autorin dieses Beitrags hat eine qualitative Forschungsarbeit zu den Gottesbeziehungen muslimischer Kinder durchgeführt, die einen besonderen Einblick in die Perspektiven der Kinder auf Gott und Welt ermöglicht hat. Auf der Basis der empirischen Ergebnisse war es ihr möglich, eine Reihe von bildungstheoretischen Überlegungen zu formulieren, die im Folgenden skizziert werden.

Wenn es um (religiöse) Bildung aus einer muslimischen Perspektive geht, bemühen Wissenschaftler:innen oft den Begriff *fiṭra*. Das arabische Wort *fiṭra* wird meist übersetzt mit »ursprüngliche Disposition«, »natürliche Veranlagung« oder »angeborene Natur«.[32]

»Dieser Begriff [...] erfasst nach Auffassung muslimischer Bildungstheoretiker:innen die [...] naturgegebene Disposition des Menschen, Gott zu suchen und zu finden; der Mensch wird als *bedürftig* nach Religion und zugleich als *fähig* zur Religion angesehen«.[33] Im Allgemeinen wird durch die Diskussion und Reflexion dieses Begriffs von zahlreichen muslimischen Theolog:innen das Wissen um die Existenz Gottes als angeborene menschliche Natur vorausgesetzt. Die Rolle der Propheten besteht darin, sie zu läutern, zu stärken und zu perfektionieren.[34]

---

[32] J. Hoover, Fiṭra, Encyclopaedia of Islam, THREE, 2016, http://dx.doi.org/10.1163/1573-3912_ei3_COM_27155 (abgerufen am 13.2.2023).

[33] H.H. Behr, Du und Ich. Zur anthropologischen Signatur des Korans, in: ders./F. Ulfat (Hg.), Zwischen Himmel und Erde: Bildungsphilosophische Verhältnisbestimmungen von Heiligem Text und Geist, Münster 2014, 11–31: 17.

[34] Das Konzept der *fiṭra* hat erkenntnistheoretische Implikationen, die auf Moral, Recht, Psychologie und weitere Bereiche des menschlichen Lebens Auswirkungen haben, auf die hier nicht näher eingegangen wird; vgl. Hoover, Fiṭra (s. Anm. 31).

Hier wird deutlich, dass das muslimische Menschenbild zwar von einer natur-
gegebenen Disposition des Menschen zur Religion ausgeht, dass aber Glaube und
gutes Verhalten als durch Sozialisation vermittelt angesehen werden und auch
eine aktive Hingabe und Haltung des Menschen erfordern. Der Mensch bedarf also
der Anleitung, Anregung, Bildung und Erziehung, um sein natürliches spirituelles
Potenzial zu entwickeln. Das heißt: »Nur entlang der Folie einer religiösen Lehre
sind allgemein muslimischer Auffassung nach Kinder in der Lage, ganz unabhängig
von der spirituellen Disposition eigene religiöse Identität im Sinne bewusster Positionalität zu entwickeln«.[35] Religiöse Bildung ist demnach ein integraler Bestandteil
des Islam und beruht auf willentlicher Entscheidung.

Was bedeuten nun diese Erörterungen im Kontext der Frage nach dem Verhältnis von Kindern und Theologie? Zur Beantwortung dieser Frage soll die genannte
empirische Arbeit der Verfasserin hinzugezogen werden.[36]

Die Kinder aus der Studie waren durchweg muslimischen Glaubens, unterschieden sich jedoch in ihrer religiösen Sozialisation, ihrer Muttersprache, ihrer
kulturellen Herkunft und ihrem Geschlecht. Die meisten Kinder des Samples
nahmen am islamischen Religionsunterricht in der Grundschule teil und erhielten auch eine zusätzliche religiöse Unterweisung in der Moschee beziehungsweise
Gemeinde.

Die Kinder ließen sich aufgrund ihrer Perspektiven in drei idealtypisch zu
verstehende Profile der Selbstrelationierungen zu Gott einordnen. Diese Typen
werden im Folgenden kurz vorgestellt:

Typ A: Relationierung des Selbst zu Gott im Modus der Personalisierung
Die Perspektive der Kinder, die sich diesem Typ zuordnen lassen, weist eine Got-
tesnähe auf, die die Kinder aus ihren biographischen Erfahrungen ableiten. Gott
wird erlebt als ein Du, dessen Existenz nicht in Frage gestellt wird. Sozialweltliche,
zwischenmenschliche und jenseitsbezogene Phänomene werden in einem hohen
Abstraktionsgrad zur Sprache gebracht, wobei in der Regel Bezüge zu Gott hergestellt werden. Es zeigt sich, dass religiöse beziehungsweise transzendenzbezogene Selbst- und Weltdeutungen für das Handeln der Kinder eine erhebliche Rolle
spielen, dabei aber auch immanente Selbst- und Weltdeutungen auftauchen.[37]

35 H.H. Behr, Menschenbilder im Islam, in: M. Rohe (Hg.), Handbuch Christentum und Islam in
Deutschland. Grundlagen, Erfahrungen und Perspektiven des Zusammenlebens, Freiburg im Breisgau u.a. 2014, 489–530: 506.
36 F. Ulfat, Die Selbstrelationierung muslimischer Kinder zu Gott: Eine empirische Studie über die
Gottesbeziehungen muslimischer Kinder als reflexiver Beitrag zur Didaktik des Islamischen Religionsunterrichts, Paderborn 2017.
37 Ulfat, Die Selbstrelationierung muslimischer Kinder zu Gott (s. Anm. 36), 121–168.

Typ B: Relationierung des Selbst zu Gott im Modus der Moralisierung und Traditions-orientierung

Dieser Typ ist dadurch gekennzeichnet, dass die Kinder aus einer Orientierung am sozial und religiös Erwarteten heraus sprechen, dass sie für sich als Norm über-nommen haben. Dabei dominiert eine moralisierende, schwarz-weiß gezeichnete Gottesperspektive. Es wird eine zweckrationale Beziehung zu Gott geschildert, in dem Sinne, dass eine religiöse Leistung erbracht werden muss, um auf Gottes Ent-scheidungen positiven Einfluss nehmen zu können. Gott wird die Rolle des Erschaf-fers eines Lohn-Strafe-Systems zugewiesen, wobei sich Typ B auf die Bewältigung des Systems fokussiert, nicht aber auf die Beziehung zu Gott.[38]

Typ C: Relationierung des Selbst zu immanenten Größen im Modus der Gottesferne

Bei diesem Typ existiert Gott lediglich als peripheres Element der sozialen Realität der Kinder. Es fehlt ein existenzieller Bezug zu Gott, zur Religion oder zu trans-zendenzbezogenen Fragestellungen. Der Typ zeichnet sich durch eine immanente Gegenwartsbezogenheit und eine Fokussierung auf zwischenmenschliche Interak-tionen und Bezüge aus. Themen mit normativem Potenzial werden im Gegensatz zu den beiden anderen Typen nicht religiös gedeutet. Der leere Platz an der Stelle der Gottesbeziehung wird mit immanenten Welt- und Selbstdeutungen gefüllt. Auch deklaratives Wissen über Gott wird von diesem Typ kaum herangezogen, obwohl die Kinder ebenfalls eine religiöse Bildung durchlaufen haben. Der Typ nimmt eine strenge Trennung zwischen ›Phantasie‹ und ›Wirklichkeit‹ vor, wobei Gott im Bereich der Phantasie verortet wird.[39]

Was lässt sich nun angesichts dieser empirischen Befunde zu dem oben skizzierten theologischen Konzept einer natürlichen spirituellen Veranlagung des Menschen (*fiṭra*) sagen, speziell angesichts des Typ C und seiner Überzeugungen? Im Material wird deutlich, dass Kinder, die sich diesem Typ zuordnen lassen, trotz der religiö-sen Sozialisation keinen existenziellen Bezug zu religiöser Praxis oder zu Gott her-stellen.

Es stellt sich die Frage, ist Typ C ein Irrtum, hat er seine *fiṭra* nicht richtig ent-wickelt oder ist Typ C gar ein Beleg gegen die *fiṭra*?

Fiṭra, verstanden als natürliche spirituelle Veranlagung, kann keineswegs zwangsläufig mit einer in eine konkrete Religion eingebettete Gottesbeziehung gleichgesetzt werden. Sie muss eher als eine Fähigkeit, ein Potenzial zur Selbstrela-tionierung zum Sein gedeutet werden. Es gibt unterschiedliche Formen der Selbst-

---

38 Ulfat, Die Selbstrelationierung muslimischer Kinder zu Gott (s. Anm. 36), 168–207.
39 Ulfat, Die Selbstrelationierung muslimischer Kinder zu Gott (s. Anm. 36), 207–244.

relationierung und nur eine von ihnen, nämlich der oben skizzierte Typ A, führt zu einem vertrauensvollen Verhältnis zu Gott.

So gesehen haben alle drei Typen ihre *fiṭra* entwickelt, auch Typ C. Er hat sich das Potenzial für einen Bezug zum Sein erhalten, deutet und lebt es aber rein immanent. Auch bei Typ C kann also von einer *fiṭra* ausgegangen werden. Damit bekommt Typ C eine neue theologische und religionspädagogische Qualität.

Auf der Grundlage der Perspektiven der Kinder ist es also möglich, ein religionspädagogisch operationalisierbares Verständnis von *fiṭra* zu formulieren: In diesem Sinne ist das Kernverständnis von *fiṭra* die Fähigkeit und Bereitschaft des Menschen, Religion auszuprobieren und seinen spirituellen Weg zu suchen, zunächst unabhängig davon, wohin er ihn führen mag.[40]

Auf dieser Grundlage können Überlegungen für ein wissenschaftlich reflektiertes muslimisches Bildungsverständnis entwickelt werden:

Der Mensch ist aus einer muslimisch-anthropologischen Sicht mit einem erkenntnisbereiten Geist ausgestattet, mit dem er in der Lage ist, die Welt zu erschließen. Dazu gehört unaufhebbar auch das Potenzial zur Gotteserkenntnis. Der Mensch wird intellektuell *und* spirituell grundsätzlich als fähig angesehen, transzendenzbezogene Weltsichten auszuprobieren und sich dabei seinen eigenen Weg zu suchen. Er ist aber auch in der Lage, sich willentlich gegen einen Transzendenzbezug zu entscheiden.[41]

Bildung umfasst in muslimischer Perspektive die Förderung und Anregung der Selbsterkenntnis und Selbstentwicklung der intellektuellen, sozialen *und* spirituellen Fähigkeiten und Potenziale des Menschen und ist damit primär als Selbst-Bildung angelegt.

5 Fazit

Mit Hilfe der vorgestellten empirischen Forschungsarbeit konnte nicht nur die Perspektive von Kindern erfasst und abgebildet werden, sondern ihre eigenen Sichtweisen unmittelbar und mit eigener Stimme in den Prozess theologischer Reflexion und Theoriebildung eingebracht werden. Die Perspektive von Kindern ist hier in Interaktion mit Kindern als Interpreten ihrer eigenen Lebenswirklichkeit eingeholt worden und fließt so formgebend in den theologischen Prozess ein.

40 Ulfat, Die Selbstrelationierung muslimischer Kinder zu Gott (s. Anm. 36), 281.
41 Vgl. F. Ulfat, Theologisch-anthropologische Grundlagen religiöser Bildung aus islamisch-religionspädagogischer Perspektive, in: Theologische Quartalsschrift 2 (2019), 149–160.

Was bedeuten diese Überlegungen für die Frage, wie die Perspektive von Kindern spezifisch in der islamischen Theologie repräsentiert werden und in welcher Form sie dort theologische Geltung erlangen können?

Die Perspektive von Kindern in der islamischen Theologie zu repräsentieren, wie das beispielhaft hier am Konzept der *fiṭra* demonstriert wurde, gibt einen neuen entscheidenden Impuls für eine pluralistische Religionstheologie und bricht ein exklusivistisches Theologie- und Bildungsverständnis, wie es auf einem ideologischen Verständnis des Islam basiert, auf. Des Weiteren führt die Perspektive von Kindern dazu, dass die Deutungshoheit der klassischen Gelehrten, die den Anspruch erheben, Träger des ›richtigen‹ Wissens zu sein, in Frage gestellt wird.

Die Perspektive von Kindern irritiert und verstört ein traditionelles konservatives Theologie- und Bildungsverständnis und macht den Konstruktionscharakter, die Historizität, die Kontextualität und die Subjektivität von theologischer Erkenntnis auf eindrückliche Weise bewusst. Insbesondere lässt sie deutlich werden, dass die ganz eigene Wahrnehmung der kindlichen Spiritualität und des kindlichen theologischen Resonierens einen beträchtlichen Mehrwert für den theologischen Erkenntnisgewinn hat.

Wie gehen die Kinder der Studie mit der Spannung von Tradition und Situation um und welche Erkenntnis ist daraus zu gewinnen? Typ B versucht in der Tat, die je eigene biographische und alltägliche Situation in Richtung der Variante der Tradition aufzulösen, die an ihn von seinem Umfeld herangetragen wird. Damit entspricht er in vielem dem Bildungsideal der konservativ-traditionalistischen Gelehrten, wie es oben skizziert wurde. Theologisch gesprochen bauen die Kinder dieses Typs jedoch keine lebendige Gottesbeziehung auf. Stattdessen arbeiten sie sich an einem moralischen System ab, das im Wesentlichen auf einem Set von konservativ-traditionalistischen Verhaltenserwartungen beruht. Typ A hingegen, mit seinem persönlichen, von Vertrauen getragenen, spirituellen Verhältnis zu Gott und Typ C, der sich völlig von der Tradition abwendet, fordern die Theologie in völlig neuer Weise heraus. Sie sind es, die zeigen, dass die islamische Theologie sich weiter entwickeln muss, um ihr Potenzial auch in einer pluralisierten, individualisierten und globalisierten Welt weiter entfalten und zur Wirksamkeit bringen zu können.

Die Tatsache, dass die Tradition mit Hilfe der Perspektive von Kindern weiterentwickelt wird, gefährdet sie nicht, geschweige denn, dass sie sie destruieren würde. Vielmehr vitalisiert sie sie und hält sie am Leben, ganz im Sinne des Jean Jaurès zugeschriebenen Ausspruchs: »Tradition heißt nicht Asche bewahren, sondern ein Feuer am Brennen halten.«[42]

---

42 Zitiert in: G. Kiefel, Betroffen vom Leben, Wuppertal 1980, 145.

Was heißt das für die theologische Grundspannung, die hier zwischen dem Begriffspaar ›Tradition‹ und ›Situation‹ aufgebaut wird? Es zeigt sich, dass diese Grundspannung immer schon eine im Kern historische war. Es trifft nicht eine ahistorische ›Situation‹ auf eine überhistorische ›Tradition‹. In Wirklichkeit steht die Theologie vor der Realität einer Folge von historischen Situationen und einer Folge von stets neu bearbeiteten Versionen von Tradition. Diese Historisierung des Begriffspaars kann helfen, das Verhältnis beider Größen als dynamisch zu verstehen und sich damit neue Räume der Weiterentwicklung zu eröffnen. Die Perspektiven von Kindern ernst zu nehmen, bedeutet, das einzufordern.

Ob die islamisch-theologischen Disziplinen bereit und fähig sind, von Kindern her und auf sie hin zu denken, bleibt aber weiterhin eine offene Frage. Die islamische Religionspädagogik, die sich in Deutschland zurzeit profiliert, würde in enormer Weise profitieren, je mehr sie in ihrer Theoriebildung die Perspektive von Kindern zur Geltung kommen lässt.

Martin Breul

Freiheit, Gnade und das Kind auf der einsamen Insel

Ein Gedankenexperiment zur Naturgeschichte der Freiheit

No Man is an island, entire of itself
Every man is a piece of the continent, a part of the main.
(John Donne)

Zusammenfassung: Die umstrittene Verhältnisbestimmung von Freiheit und Gnade ist ein Dauerbrenner der ökumenischen Theologie. In diesem Artikel rekonstruiere und kritisiere ich einige katholisch-theologische Kompromissvorschläge der letzten Jahre und versuche im Anschluss an die jüngsten Erkenntnisse der evolutionären Anthropologie mit Blick auf die kindliche Ontogenese eine ›Naturgeschichte der Freiheit‹ zu erzählen. Es ist die Perspektive einer Entwicklungstheorie des Kindes, die einen innovativen Blick auf das Gnade-Freiheits-Problem bietet: Gerade weil sich Freiheit der Interaktion mit Anderen verdankt, ist sie keine reine, kontextenthobene Autonomie, sondern immer geschichtlich verwurzelt. Das vorgängige Gnadenhandeln Gottes zeigt sich in der Verdanktheit der Freiheit, die wiederum notwendig ist, um innerweltliche Erfahrungen in einem Kontext des Glaubens zu deuten. Eine Naturgeschichte der Freiheit ermöglicht also ein Zueinander von Gnade und Freiheit, die es ermöglicht, beide nicht als in Konkurrenz stehend, sondern als sich wechselseitig bedingend zu begreifen.

Abstract: The contentious relationship between freedom and grace is a perennial issue in ecumenical theology. In this article I reconstruct and criticize some compromise proposals of recent years. I then engage these proposals in a conversation with a ›natural history of human freedom‹, which can be told by following the latest findings of evolutionary anthropology with a special emphasis on the ontogenesis of children. This combination offers an innovative view on the problem: Precisely because freedom owes itself to interaction with others, it is not ›pure‹ autonomy, removed from context, but always historically rooted. God's prior action of grace is located in the owedness of freedom, which in turn is necessary to interpret inner-worldly experiences in a context of faith. A natural history of freedom, then, enables a togetherness of grace and freedom which allows them to be understood not as competing, but as mutually dependent principles.

Kontakt: Martin Breul, Fakultät Humanwissenschaften und Theologie, Institut für Katholische Theologie, Technische Universität Dortmund; E-Mail: martin.breul@tu-dortmund.de

https://doi.org/10.1515/bthz-2023-0017

1 Einleitung

Die kontroverstheologische Streitfrage nach dem Verhältnis von Gnade und Freiheit beschäftigt nach wie vor die Theologie und das ökumenische Gespräch. Auch wenn die wegweisende »Gemeinsame Erklärung zur Rechtfertigungslehre« von 1999 einen Grundkonsens zwischen der *katholischen* Betonung des vollen personalen Beteiligtseins des religiösen Menschen in seinem Glauben und der *evangelischen* Betonung der Passivität des religiösen Menschen im Empfangen der göttlichen Gnade erreicht hat und diese Frage daher nicht als kirchentrennendes Hindernis betrachtet werden kann, sind die Diskussionen um diese Verhältnisbestimmung nicht verstummt.[1] Der Grundkonflikt wird von Magnus Lerch auf den Punkt gebracht: »Wird der Glaube primär (oder sogar ausschließlich?) dadurch konstituiert, dass der Mensch von Gottes Gnade ergriffen und bestimmt wird, oder ist er ohne freie Selbstbestimmung, ohne ein Sich-Ergreifen-*Lassen* nicht zu denken?«[2]

Die leitende Hypothese dieses Beitrags ist es, dass eine innovative Antwort auf diese klassische dogmatische Fragestellung aus der Perspektive der kindlichen Entwicklungsforschung gewonnen werden kann: Es ist gerade die Erforschung der menschlichen Ontogenese, welche primär in vergleichenden Experimenten zwischen Kleinkindern und Primaten vorgenommen wird, die einen interdisziplinären Impuls zur Lösung der Pattsituation in der Debatte um Gnade und Freiheit liefern kann. Auch in dieser Hinsicht kann die Theologie *von Kindern lernen*: Versteht man die menschliche Ontogenese besser, dann ist ein tieferes Verständnis von zentralen menschlichen Eigenschaften möglich, die für das Gnade-Freiheits-Problem wichtig sind. Eine ›Naturgeschichte der Freiheit‹ kann also helfen, einen Begriff von Freiheit zu formulieren, der neue Lösungsperspektiven für einen alten theologischen Streit aufzeigt. Damit erweist sich eine ›Theologie der Kinder‹ als ein zentraler theologischer Lernort, der nicht nur eine Nische des theologischen Forschungsdis-

---

1 Die ungelösten theologischen Probleme der »Gemeinsamen Erklärung zur Rechtfertigungslehre« von 1999 werden pointiert von Michael Seewald zusammengefasst, vgl. M. Seewald, Personalität und Passivität. Ungelöste Fragen der ›Gemeinsamen Erklärung zur Rechtfertigungslehre‹, Stimmen der Zeit 144 (2019), 907–916. Einen guten ökumenischen Überblick über die Rezeption der »Gemeinsamen Erklärung« und die Debattenlage 20 Jahre nach der Unterzeichnung der Erklärung liefern auch die Beiträge in B. Oberdorfer/T. Söding (Hg.), Wachsende Zustimmung und offene Fragen. Die Gemeinsame Erklärung zur Rechtfertigungslehre im Licht ihrer Wirkung (QD 302), Freiburg i. Br. 2019.
2 M. Lerch, Gnade und Freiheit – Passivität und Aktivität. Anthropologische Perspektiven auf ein ökumenisches Grundproblem, Internationale katholische Zeitschrift Communio 45 (2016), 408–425: 408.

kurses füllt, im Sinne eines ›Ach ja, wir brauchen ja auch noch eine Theologie der Kinder‹ – ganz im Gegenteil zeigt sich, dass eine Berücksichtigung gegenwärtiger Forschungsarbeiten zur kindlichen Entwicklung einen Entdeckungszusammenhang für Einsichten bietet, die auch für ›klassische‹ Fragen der Dogmatik wichtige Erkenntnisse bereithält.

Der Ausgangspunkt der folgenden Überlegungen ist in der ›Evolutionären Anthropologie‹ Michael Tomasellos verortet. Tomasello hat in seinem jüngsten, 2020 erschienenen Buch »Mensch werden. Eine Theorie der Ontogenese« zwar keine theologischen Fragestellungen in den Blick genommen. Allerdings bietet sein naturgeschichtlicher Ansatz der evolutionären und der ontogenetischen Entwicklung des Menschen eine Möglichkeit, die eher evangelisch-theologische Betonung der Notwendigkeit des äußerlichen Ergehens der göttlichen Gnade mit der eher katholisch-theologischen Betonung der Freiheit der menschlichen Annahme und Bejahung der Gnade zu vereinen. Ich werde im Folgenden die These verteidigen, dass ein naturgeschichtlicher Blick auf das menschliche Freiheitsvermögen die »Gemeinsame Erklärung« von 1999 stützen kann: Freiheit gibt es nicht im Nullkontext – es bedarf vorgehender Erfahrungen und einer intersubjektiven Sozialisierung des Menschen, damit sich das Freiheitsvermögen allererst ausbilden kann. Dieser passivische Kern der Freiheit kann theologisch als Gnade bezeichnet werden. Zugleich wäre es aber auch zu vereinfacht, den glaubenden Menschen als rein passiven Empfänger eines Gnadengeschenks zu betrachten – ohne eine freie und vernünftige Deutung der ergehenden Erfahrungen lässt sich die eigene Existenz nicht in einem religiösen Licht verstehen.

Um diese These zu untermauern gehe ich in drei Schritten vor: Zunächst rekonstruiere ich den Versuch Jürgen Werbicks, eine ökumenisch tragfähige Verhältnisbestimmung von Gnade und Freiheit zu formulieren, sowie die katholisch-theologische Kritik an Werbicks Vermittlungsvorschlag, die sich exemplarisch an den Positionen Thomas Pröppers und Saskia Wendels festmachen lässt (2). In einem zweiten Schritt skizziere ich in groben Zügen Tomasellos Theorie der menschlichen Ontogenese, um die evolutionär-anthropologischen Fundamente einer ›Naturgeschichte der Freiheit‹ zu rekonstruieren. Insbesondere nutze ich dazu ein Gedankenexperiment, welches den Kern der diesen Beitrag leitenden Intuition freilegen soll (3). Konfrontiert man Werbicks, Pröppers und Wendels Überlegungen mit Tomasellos Theorie der menschlichen Ontogenese, kann ein Mittelweg zwischen Werbicks kompatibilistischer Auflösung des Gnade-Freiheits-Dilemmas zugunsten der Gnade und Pröppers und Wendels libertarischer Internalisierung der göttlichen Gnade zugunsten des menschlichen Freiheitsvermögens gebahnt werden (4). Der berechtigten Intuition, dass religiöser Glaube immer auch ein Gnadenhandeln Gottes ist, kann damit Rechnung getragen werden, da sich Freiheit nicht ohne vorhergehende Geschichtlichkeit denken lässt. Zugleich ist eine derart naturgeschichtlich eingebettete Freiheit nicht lediglich eine kompatibilistische Freiheit im Sinne der Möglichkeit des Bejahens eines ohnehin unausweichlich Geschehenden, da gerade die evolutionäre Anthropologie einen starken, libertarischen Begriff von Intentionalität und Freiheit erlaubt.

2 Freiheit und Gnade im ökumenischen Gespräch

Innerhalb der katholisch-theologischen Literatur der jüngeren Zeit zum Problem des Verhältnisses von Gnade und Freiheit hat Jürgen Werbick einen innovativen Ansatz formuliert, der den passivischen Intuitionen Luthers weit entgegenkommt, ohne das aktivische Beteiligtsein des religiösen Menschen am Glaubensakt völlig aufzuheben.[3] Werbick formuliert einen ökumenisch anschlussfähigen Entwurf der Verhältnisbestimmung des Gnadenhandelns Gottes und der Freiheit des Menschen, der die Spannung zwischen der zumeist katholisch geprägten Betonung der freien Zustimmung des Menschen zum Glauben und der zumeist evangelisch geprägten Betonung der Unverfügbarkeit der göttlichen Gnade und der damit verbundenen passiven Rolle des Menschen im Glaubensgeschehen aufrechterhält. Entsprechend besagt Werbicks Grundthese:

> Einerseits: Gottes Nahekommen in der Gnade erreicht mich nicht, ohne dass ich mich erreichen lasse. Andererseits: Ich kann mich von Gottes Gnade nicht erreichen lassen, wenn sie mir nicht die schlechthin verheißungsvolle Perspektive erfüllten Menschseins von sich aus erschließt.[4]

Für den Kontext unserer Fragestellung bedeutet dieses an Augustinus anschließende wechselseitige ›Nicht-ohne‹, dass das konkrete Gnadenhandeln Gottes einerseits unabdingbar für den Glauben ist – erst wenn Gott in der Welt handelt und sich dem Menschen als letzter Grund der Wirklichkeit mitteilt, ist Glaube möglich. Andererseits ist dieses Gnadenhandeln niemals unter Missachtung der menschlichen Freiheit denkbar – ein Übergehen der freien Antwort des Menschen würde Gott zu einem Manipulator des Menschen machen und damit eine liebende Beziehung zwischen Mensch und Gott verunmöglichen. Daher plädiert Werbick für eine »Gleichursprünglichkeit von autonomer Selbstbestimmung und Ergriffenwerden.«[5]

---

3 Vgl. zu dieser Analyse von Werbicks Ansatz auch M. Breul, Gottes Geschichte. Eine theologische Hermeneutik der Rede vom Handeln Gottes, Regensburg 2022, 320–328.
4 J. Werbick, Gnade (Grundwissen Theologie), Paderborn 2013, 92 f.

Diese Austarierung des Verhältnisses von Gnade und Freiheit kann meines Erachtens gerade im ökumenischen Gespräch als sinnvolle Interpretation der »Gemeinsamen Erklärung« zur Rechtfertigungslehre dienen. Zugleich ergibt sich in meinen Augen ein Problem für das angezielte Verhältnis wechselseitiger Angewiesenheit von Freiheit und Gnade: Werbick setzt einen Freiheitsbegriff voraus, der gnadentheologisch durchtränkt ist und das Freiheitsdenken der Moderne in der Hinsicht unterbietet, als dass Freiheit nur in ihrer Ausrichtung auf Gott real wird: »Es ist kaum verstehbar, dass der Mensch das Gute ablehnt, wenn es ihm als solches nahe kam und zur Verheißung wurde. [...] Die These, der Mensch könne durch seine freie Entscheidung das Böse als solches [...] wählen, ist nicht mehr nachvollziehbar.«[6] Mit anderen Worten: Die freie Annahme der Gnade Gottes ist keine autonome Entscheidung des Menschen, da der Mensch angesichts des unbedingt Guten gar nicht mehr Nein sagen könne – letztlich ist die Annahme der Gnade auf Seiten des Geschöpfs daher wieder auf die Gnade Gottes zurückzuführen. Man könne, so Werbick, von katholischer Seite nicht einerseits die Prädestinationslehre mit der Behauptung kritisieren, sie führe zu einer Willkür Gottes, und andererseits sagen, die Freiheit des Menschen schließe es ein, bei voller Einsicht in das Gute auch das Böse wählen zu können, da dies das Moment der Willkür einfach nur in die Freiheit des Menschen verlagern würde. Ob nun die blinde Entscheidung für oder gegen den Glauben auf Seiten Gottes oder auf Seiten des Menschen erfolge, sei letztlich nicht entscheidend, da eine »Entscheidung gegen die Gnade abgründig grundlos wäre und so auch nicht mehr als freie Entscheidung verstanden werden könne.«[7]

Das grundlegende Problem dieser Position besteht im vorausgesetzten freiheitstheoretischen Kompatibilismus.[8] Werbicks Freiheitsbegriff kann nicht als libertarisch gelten, da das menschliche Freiheitsvermögen auf die Bejahung der es ergreifenden Gnade festgelegt ist, da ein Nein zur Gnade willkürlich und somit nicht frei wäre. Damit ist das Prinzip alternativer Möglichkeiten jedoch aufgeho-

---

5 Werbick, Gnade (s. Anm. 4), 85. Werbick hat die Gleichursprünglichkeitsthese von Gnade und Freiheit auch verteidigt in J. Werbick, Christlich glauben, Freiburg i. Br. 2019, bes. 314–335.

6 Werbick, Gnade (s. Anm. 4), 91.

7 Werbick, Gnade (s. Anm. 4), 91.

8 Ohne tiefer in die Debatte um Libertarismus und Kompatibilismus einzusteigen, nennt Werbick Peter Bieri und Michael Pauen als philosophische Gewährsmänner, die zugleich zu den führenden Vertretern eines Kompatibilismus in der deutschsprachigen Philosophie der Gegenwart gezählt werden können; vgl. J. Werbick, ›Zur Freiheit hat uns Christus befreit‹. Was Luthers Widerspruch gegen Erasmus einer theologischen Theorie der Freiheit heute zu denken gibt, in: M. Böhnke/ M. Bongardt/G. Essen/J. Werbick (Hg.), Freiheit Gottes und der Menschen (FS Pröpper), Regensburg 2006, 41–69: 50.

ben: »Ist vollendete Freiheit nicht doch dies: *gar nicht anders zu können* als diesem Ruf oder dieser Herausforderung zu folgen, weil sie mich in meine Wesens-Vollendung hineinführt?«[9] Dieses Nicht-anders-Können bleibe frei, da ich das, was ich gar nicht anders wollen könnte, immer noch bejahen könne – dem Menschen bleibt als einzige Option der Freiheit also das »dankbare Empfangen des Jasagenkönnens zu mir und zu der Zukunft, die Gott mir ist«,[10] weshalb Werbick »Selbstbestimmung als Bestimmtwerden in Freiheit und zur Freiheit«[11] versteht. Willensfreiheit erschöpft sich für Werbick darin, das Sich-Ergreifen-Lassen durch das Gute zu bejahen: »Im Ergriffenwerden vom Guten sich selbst ergreifen und vernünftig bestimmen können, das macht offenkundig das Geschehen von Willensfreiheit ursprünglich aus.«[12] Diese Formulierungen Werbicks haben dabei eine frappierende Ähnlichkeit zu kompatibilistischen Positionen – Werbick sieht den freien Willen dann realisiert, »wenn er entdeckt, was er [...] mit ganzem Herzen wollen kann«,[13] und er fordert dazu auf, »frei zu ergreifen, was mich hier ergriffen hat.«[14] Dies ist sehr nah an klassischen Formulierungen des Kompatibilismus: Ein Wille ist frei, wenn er wollen kann, was er will. Gegen diesen freiheitstheoretischen Kompatibilismus lassen sich jedoch gute philosophische und theologische Gründe ins Feld führen.[15]

In *philosophischer* Perspektive ist es in meinen Augen ein nicht aufgebbares Kennzeichen des libertarischen Freiheitsdenkens, dass sich Freiheit auch wider bessere Gründe für eine weniger rationale Handlung entscheiden ›darf‹ als sie es von einem Standpunkt der Vernunft aus betrachtet tun müsste. So argumentiert Geert Keil im Rahmen seines fähigkeitsbasierten Libertarismus dafür, dass »ein

9 Werbick, ›Zur Freiheit hat uns Christus befreit‹ (s. Anm. 8), 68 (meine Hervorhebung).
10 Werbick, ›Zur Freiheit hat uns Christus befreit‹ (s. Anm. 8), 68f.
11 J. Werbick, Kirche der Freiheit? Eine katholische Perspektive, in: K. von Stosch/S. Wendel/A. Langenfeld/M. Breul (Hg.), Streit um die Freiheit. Philosophische und theologische Perspektiven, Paderborn 2019, 497–514: 511.
12 Werbick, Gnade (s. Anm. 4), 107.
13 Werbick, Christlich glauben (s. Anm. 5), 281.
14 Werbick, Christlich glauben (s. Anm. 5), 282.
15 Werbicks Terminologie liegt quer zur gängigen Unterscheidung zwischen Libertarismus und Kompatibilismus, da er zwischen ›Wahlfreiheit‹ und ›gebundener Freiheit‹ unterscheidet (vgl. Werbick, ›Zur Freiheit hat uns Christus befreit‹ [s. Anm. 8], 58f.). In meinen Augen ist diese terminologische Engführung des Libertarismus auf Wahlfreiheit bei gleichzeitiger Abgrenzung von ›gebundener Freiheit‹ kein glücklicher begrifflicher Rahmen für die Debatte, da dieser *frame* implizit den Mythos bejaht, dass libertarische Freiheit ›ungebundene‹ Freiheit im Sinne einer völligen Unabhängigkeit von Kontexten, Bedingungen und Gegebenheiten ist. Gegen dieses Missverständnis von libertarischer Freiheit als völliger Autarkie argumentiert exemplarisch G. Keil, Willensfreiheit, Berlin/Boston 2012, 115–124.

angemessener und anthropologisch plausibler Freiheitsbegriff [...] eine Freiheit zur begrenzten Unvernunft und zum Bösen einschließen sollte.«[16] Zwar könne man nur dann von Freiheit sprechen, wenn Gründe im Spiel sind – völlig erratische Handlungen, für die keinerlei Gründe angegeben werden können, scheinen wir zu pathologisieren oder zumindest nicht für frei zu halten. Aus der prinzipiellen Angewiesenheit des Freiheitsvermögens auf Gründe, die den Willen geneigt machen, die eine oder andere Handlung auszuführen, kann dennoch nicht auf einen Gründe-Determinismus geschlossen werden. Hier scheint eine vermittelnde Position plausibel zu sein, die als notwendige Bedingung für Freiheit zwar eine Empfänglichkeit für Gründe annimmt, aber zugleich auch die ›Freiheit zur Unvernunft‹ in bestimmten Grenzen zulässt:

> Das für die Zurechnung erforderliche Gemeinsame von vernünftigen und unvernünftigen sowie von moralisch guten und bösen Entscheidungen muss in den Fähigkeiten ihrer Urheber gesucht werden. [...] Für die Zurechnung genügt, dass ein Willensbildungsprozess *für Gründe empfänglich* bzw. *überlegungszugänglich* ist, auch wenn die Überlegung faktisch unterbleibt, zu früh abgebrochen wird oder zu einem inakzeptablen Ergebnis gelangt. [...] Die Fähigkeit, sein Handeln nach Gründen auszurichten, die in den zur Debatte stehenden Fällen nicht verloren ist, schließt eben die Möglichkeit ein, dass der Akteur schlechte Gründe gelegentlich guten vorzieht. [...] Schriebe man die Entscheidung, gute Gründe in den Wind zu schlagen, wie Kant einem Unvermögen zu, so trüge man dem aktiven, willentlichen Charakter solcher Entscheidungen zu wenig Rechnung. Solange kein *pathologischer* Fähigkeitsverlust vorliegt, muss eine unvernünftige oder unmoralische Wahl als ›unsere eigene Tat‹ gelten.[17]

Handlungen wider bessere Einsicht sind also nicht per se unfreie Handlungen. Wenn keine guten Gründe für eine Handlung vorliegen und diese dennoch ausgeführt wird, handelt die betreffende Person unvernünftig, aber eben *nicht unfrei*, da sie willentlich gute Gründe in den Wind schlägt und damit ihr Vermögen der Freiheit aktualisiert. In unserem Kontext ließe sich reformulieren: Auch eine Person, die Handlungen vollzieht, die sich bei bestem Willen nicht als innerweltliche Konkretisierung der göttlichen Gnade verstehen lassen, und dies ›wider besseren Wissens‹ tut, vollzieht prima facie immer noch freie Handlungen. Das moderne Freiheitsdenken kann sich in philosophischer Perspektive nicht damit abfinden, das Ja des Menschen zum Gnadenangebot Gottes als einzige Möglichkeit zu begreifen, die dem Menschen in seiner Freiheit offensteht – das Nein des Menschen zur Gnade muss auch dann denkbar bleiben, wenn sich die Gnade unvermittelt zeigte,

---

16 G. Keil, Besteht libertarische Freiheit darin, beste Gründe in den Wind zu schlagen?, in: K. von Stosch/S. Wendel/A. Langenfeld/M. Breul (Hg.), Streit um die Freiheit. Philosophische und theologische Perspektiven, Paderborn 2019, 23–39: 25.
17 Keil, Libertarische Freiheit (s. Anm. 16), 37 f.

da andernfalls die menschliche Freiheit auf ein Vermögen der Affirmation des Unausweichlichen reduziert wird.

In *theologischer* Perspektive können an dieser Stelle zudem Überlegungen weiterhelfen, die stärker als Werbick an ein solches libertarisches Freiheitsdenken anschließen. So hält Thomas Pröpper auch im Ergriffenwerden durch göttliche Gnade am Prinzip alternativer Möglichkeiten fest, und dies aus einem genuin theologischen Grund: Wenn Gott »sich selber dazu bestimmt hat, sich von der menschlichen Freiheit bestimmen zu lassen, d.h. die Würde ihrer Zustimmungsfähigkeit zu achten«,[18] dann kann diese Freiheit nicht angesichts des Anblickens des uneingeschränkt Guten die Anerkennung dieses Guten als alternativlos betrachten. Eine Beschränkung der Freiheit auf das ›freie‹ Einstimmen in Gottes guten Willen käme einer Aufhebung libertarischer Freiheit an entscheidender Stelle gleich, da eine wirkliche Selbstbestimmung nicht denkbar ist, wenn die einzige Option für die Freiheit die Annahme der göttlichen Gnade ist. Ein Moment der Zustimmung gehöre unabdingbar zum Glauben und ist »der ursprüngliche und deshalb unvertretbare Akt unserer Freiheit«,[19] ohne den der Glaube nicht zum *je eigenen* Glauben werden könne. Gäbe man dieses Moment der Selbstbestimmtheit des Menschen auf, müsste man, so Pröpper, streng genommen auch den Gedanken der Selbstmitteilung Gottes wieder einziehen, da »dann der Mensch als freier Partner Gottes und Adressat seiner Offenbarung buchstäblich ausgeschaltet«[20] sei.[21]

Auch Saskia Wendel kritisiert Werbicks These der Gleichursprünglichkeit von Gnade und Freiheit mit dem Hinweis, dass eine genauere Explikation dieser ›Gleichursprünglichkeit‹ die Tendenz habe, doch wieder der einen oder der anderen Seite das Primat zuzuschreiben:

> Ist es nicht vielmehr so, dass ich mich dazu bestimme, mich ergreifen zu lassen? Und dass dann die Autonomie dem Ergriffenwerden als Möglichkeitsbedingung vorgeordnet und gerade nicht gleichursprünglich ist? Oder dass umgekehrt das Ergriffenwerden die Autonomie immer schon unterläuft, weil das Zustimmen gleichsam zu spät kommt, weil es das

---

18 T. Pröpper, Theologische Anthropologie, Band 1, Freiburg i. Br. 2011, 489f. Vgl. zu Pröppers Verhältnisbestimmung von Freiheit und Gnade auch pointiert A. Langenfeld/M. Lerch, Theologische Anthropologie, Paderborn 2018, bes. 136–141.

19 Pröpper, Theologische Anthropologie, Band 2 (s. Anm. 18), 1338.

20 Pröpper, Theologische Anthropologie, Band 2 (s. Anm. 18), 1338.

21 Vgl. dazu auch die Rückfrage Langenfelds an Werbick: »Braucht es nicht […] einen viel deutlicheren libertarischen Impuls, um den vom schlechthin Guten Ergriffenen wirklich als denjenigen denken zu können, der dieses *selbst* ergreift, *sich* identifiziert, dieses und nicht jenes *wählt*?« (A. Langenfeld, Frei im Geist. Studien zum Begriff direkter Proportionalität in pneumatologischer Absicht, Innsbruck 2021, 176).

Ergreifen nicht bestimmen, nicht kontrollieren kann – womit dann das Ergriffenwerden der Autonomie vorausläge?[22]

Während Wendel Werbicks Position als Bejahung eines Primats der Gnade angesichts des latent kompatibilistischen Freiheitsbegriffs versteht, spricht sie sich eindeutig für ein Primat der Autonomie aus: »Glauben ist ein Akt der Selbstbestimmung, der Selbsttat und des Selbstvollzuges [...].«[23] Während Werbick die Freiheit also so weit deflationiert, dass sie zu einer kompatibilistischen Fähigkeit des durch Gottes Gnadenhandeln ermächtigten Ja-Sagens des Geschöpfs wird, hält Wendel an der Selbstbestimmung des Geschöpfs auch im Ergriffenwerden durch die göttliche Gnade fest und verlegt das Moment der göttlichen Gnade in das Vermögen der Freiheit selbst. Wendel formuliert im Anschluss an Überlegungen Meister Eckharts zur Einwohnung Gottes im Grund der Seele für die Verhältnisbestimmung von Freiheit und Gnade programmatisch:

> Dass Menschen glauben können, haben sie zwar ganz aus sich selbst heraus, doch genau darin, dass sie es ganz aus sich selbst haben, haben sie es von Gott, und das nicht als Akt willkürlicher göttlicher Gnadenwahl bzw. zusätzlicher Begnadung, sondern als eine dem bewussten Leben zugehörige Möglichkeit, kein Existenzial also, ob natürlich oder übernatürlich, sondern Potenzial. Ein Vermögen, das realisiert werden kann, aber nicht muss.[24]

In anthropologischer Hinsicht entscheidend ist meines Erachtens die Tatsache, dass Werbicks Freiheitsbegriff nicht die Möglichkeit einer echten Wahl zwischen Alternativen beinhaltet und daher das Problem der Verhältnisbestimmung von Freiheit und Gnade doch zugunsten eines Primats der göttlichen Gnade auflöst. So hält Aaron Langenfeld kritisch gegen Werbick fest: »[W]enn mein Wollen *vollständig* aus welchen Determinanten auch immer ableitbar ist, scheint die Auskunft, dass es sich bei diesem Wollen um *mein* Wollen handelt, äußerst schwer nachvollziehbar, wenn nicht sogar begrifflich unmöglich. Freiheit sollte daher, auch christlich gesprochen, die Möglichkeit einer wirklichen Wahl beinhalten.«[25] Werbicks Deflationierung des Freiheitsbegriffs ermöglicht ihm eine hinreichende Berücksichtigung der göttlichen Gnade, aber dies um den Preis der Aufgabe zentraler Elemente des modernen Freiheitsdenkens.

22 S. Wendel, In Freiheit glauben. Grundzüge eines libertarischen Verständnisses von Glauben und Offenbarung, Regensburg 2020, 124.
23 Wendel, In Freiheit glauben (s. Anm. 22), 120.
24 Wendel, In Freiheit glauben (s. Anm. 22), 125 f.
25 Vgl. Langenfeld, Frei im Geist (s. Anm. 21), 183.

Unbeschadet dieser Kritik am kompatibilistischen Vorschlag Werbicks wäre es interessant zu sehen, ob Werbicks im Prinzip sinnvolle Kompromissformel zwischen Gnade und Freiheit auch funktionieren würde, wenn sie einen anspruchsvolleren Begriff von Freiheit voraussetzte. Dieser libertarische Freiheitsbegriff müsste ja gar nicht bis zur These der Selbstursprünglichkeit der Freiheit getrieben werden, sondern nur darauf beharren, dass die freie Antwort des Menschen auf die Zuwendung Gottes nicht wieder von Gott ermächtigt ist, sondern wirklich von einem Gegenüber Gottes gesprochen werden kann, das seine Freiheit durch ein Nein zu Gott in den Augen des Theologen oder der Theologin nicht schon wieder revoziert hat.[26] Im Folgenden möchte ich genau an dieser Stelle anschließen und die genannten katholisch-theologischen Suchbewegungen im Feld von Freiheit und Gnade mit einigen Ergebnissen einer empirisch informierten ›Naturgeschichte der Freiheit‹ konfrontieren, um zu einem vertieften Verständnis von Freiheit und Gnade zu kommen.

3 Evolutionäre Anthropologie: Tomasellos Theorie der kindlichen Entwicklung

In der evolutionären Anthropologie werden seit einiger Zeit wieder Gedankenexperimente diskutiert, die sich als ›Kaspar-Hauser-Fälle‹ bezeichnen lassen. Was würde passieren, wenn ein gesunder menschlicher Säugling auf einer einsamen Insel ausgesetzt wird und ohne jeglichen zwischenmenschlichen Kontakt aufwachsen müsse? Daraus lässt sich auch ein Gedankenexperiment entwickeln, welches danach fragt, wie eigentlich Religion entsteht, oder genauer: Ob sich Religion der gnadenhaften Initiative Gottes oder der freien Vernunft des Menschen verdankt. Schauen wir zunächst auf das Gedankenexperiment selbst:

> Stellen Sie sich vor, dass es inmitten eines fernen Ozeans eines Tages ein schreckliches Unglück gibt: Ein Schiff gerät in eine Notlage und versinkt. Die gesamte Besatzung und alle Passagiere des Schiffes haben keine Chance zu überleben. Lediglich ein kleines Kind wird, wie durch ein Wunder, auf einem großen Stück Plastikmüll durch den Ozean getragen und strandet auf einer einsamen Insel, die von Menschen unbewohnt ist. Dort findet es glücklicherweise gute Lebens-

---

26 Auch Werbick selbst hat in seinem Gesprächsangebot an Pröpper zugestanden, dass er diese Fragen offen lassen müsse, da ihm nicht klar sei, ob das transzendentale Freiheitsdenken wirklich auf das Paradigma libertarischer ›Wahlfreiheit‹ festgelegt sei (vgl. Werbick, ›Zur Freiheit hat uns Christus befreit‹ [s. Anm. 8], 68f.). Pröpper selbst ist in seiner später erschienenen »Theologischen Anthropologie« jedoch, soweit ich sehe, auf dieses Gesprächsangebot nicht weiter eingegangen.

bedingungen vor: Es gibt genug zu essen und zu trinken; das Klima erlaubt ein Leben in einer Höhle, ohne Angst vor Erfrierung haben zu müssen; und es gibt keine gefährlichen Tiere, die das Leben des Kindes bedrohen. Aber es gibt eine Sache nicht: Das Kind hat keine Interaktionen mit anderen Menschen. Es bekommt keinen sprachlichen Input, und erst recht kommt es überhaupt nicht in Berührung mit religiösen Vorstellungen, Überzeugungen oder Praxen. Das Kind wächst in dieser Umgebung zu einem Erwachsenen heran, und die Frage, die sich aus theologischer Perspektive stellt, lautet: Würde dieses Kind im Laufe seines Heranwachsens eine religiöse Selbst- und Weltdeutung entwickeln?

Dieses Gedankenexperiment ist zum Glück ein hypothetisches Szenario. Es ist angelehnt an den sagenumwobenen Fall des Kaspar Hauser, der (angeblich) ein solches Schicksal durchlitten hat und der zum Untersuchungsgegenstand vieler Sprachwissenschaftlerinnen und Sprachwissenschaftler wurde. Wenn wir aber nun um des experimentellen Charakters dieser Geschichte willen annehmen, dass es sich genauso ereignet hat, dann zielt das Gedankenexperiment in das Herz einer klassischen, auch ökumenisch umstrittenen Fragestellung: Woher kommt der Glaube? Die Intuition, die dieses Gedankenexperiment abrufen möchte, lautet »Nein!«. Nein, es ist nicht ohne Weiteres denkbar, dass dieses Kind eine religiöse Weltsicht entwickelt – ohne eine religiöse Sozialisation, ohne die Begegnung mit religiösen Menschen, ja sogar ohne die Interaktion mit Menschen ist nur schwer vorstellbar, dass Menschen religiöse Überzeugungen entwickeln. Es braucht Erfahrungen, Begriffssysteme, zwischenmenschliche Interaktionen, kurz: Impulse ›von außen‹, damit Religion entsteht.

Diese Intuition ist auch empirisch gut gedeckt. Michael Tomasello, einer der führenden Forscher in der evolutionären Anthropologie, hat sowohl für eine evolutionäre Erklärung der denkerischen[27] und moralischen[28] Fähigkeiten des Menschen als auch für die individuelle Ontogenese von menschlichen Personen[29] bahnbrechende Forschungsarbeiten geleistet. Auf der Basis vergleichender Experimente mit Kleinkindern und Schimpansen, den nächsten Verwandten des Menschen, hat er sich auf die Suche nach den Eigenschaften gemacht, die den evolutionären Erfolg des Menschen gegenüber allen anderen Spezies erklären. Dabei hat er einerseits erstaunliches über das Denken von Primaten herausgefunden. So musste er seine zunächst verteidigte Hypothese, dass sich das evolutionäre Erfolgsgeheimnis des Menschen seiner Fähigkeit der Bezugnahme auf Objekte und Personen, also der Intentionalität verdankt, aufgeben – auch Primaten verfügen über individuelle Intentionalität, also beispielsweise ein Verständnis darüber, dass auch das Gegen-

---

27 Vgl. M. Tomasello, Eine Naturgeschichte des menschlichen Denkens, Berlin 2014.
28 Vgl. M. Tomasello, Eine Naturgeschichte der menschlichen Moral, Berlin 2016.
29 Vgl. M. Tomasello, Mensch werden. Eine Theorie der Ontogenese, Berlin 2020.

über mentale Zustände hat und dass diese Sicht auf die Welt des Gegenübers für die eigenen Handlungen berücksichtigt werden sollte.[30] Es ist also nicht das Vermögen zur individuellen Intentionalität, das Menschen auszeichnet und damit verantwortlich für ihren spezifischen evolutionären Erfolg sein kann.

Tomasellos Folgehypothese, die inzwischen auch als experimentell gut abgesichert gelten kann, lautet, dass es die Fähigkeit zur *kollektiven* Intentionalität ist, die Menschen auszeichnet. Die Hypothese der kollektiven Intentionalität zielt dabei auf

> die Fähigkeit einzelner Menschen [...], auf interdependente Weise zusammenzukommen, um als individueller Akteur zu handeln – entweder mit anderen Individuen oder innerhalb einer Gruppe –, wobei die ganze Zeit über die Individualität aufrechterhalten wird, und den Prozess durch neue Formen der kooperativen Kommunikation zu koordinieren, wodurch eine grundlegend neue Form der Sozialität geschaffen wird.[31]

Sowohl der evolutionäre Blick auf die Entstehung dieser Fähigkeit innerhalb der Spezies Mensch als auch der ontogenetische Blick auf die Entstehung dieser Fähigkeit im einzelnen Individuum legen nahe, dass sich diese Fähigkeit in einem zweistufigen Prozess entwickelt.[32] Tomasello differenziert dazu das Vermögen der geteilten Intentionalität in die beiden Kategorien der ›gemeinsamen Intentionalität‹ (*joint intentionality*) und der ›kollektiven Intentionalität‹ (*collective intentionality*). Ihr hauptsächlicher Unterschied besteht in einem Wechsel der Abstraktionsebene: Die Fähigkeit der ›gemeinsamen Intentionalität‹ ermöglicht es, in konkreten Kontexten und mit konkreten anderen Individuen Intentionalität auszubilden. Damit geht die Entstehung der wichtigen Fähigkeit der Übernahme der Perspektive des Anderen einher. Die Kognition bleibt perspektivisch, und es erfolgen erste kooperative Interaktionen und ein Imitationslernen. Tomasello verortet den Beginn der ontogenetischen Entstehung gemeinsamer Intentionalität in der sogenannten ›Neunmonatsrevolution‹: »Anstatt mit anderen einfach nur Gefühlszustände zu teilen, teilen die Säuglinge mit ihnen jetzt intentionale Zustände – Ziele, Aufmerksamkeit, Wissen –, die sich auf äußere Bezugsgegenstände richten.«[33]

---

30 Diese Hypothese verteidigte Tomasello noch in M. Tomasello/J. Call, Primate Cognition, New York/Oxford 1997.

31 Tomasello, Mensch werden (s. Anm. 29), 486.

32 Im Folgenden lege ich den Fokus auf die menschliche Ontogenese. Eine theologische Rezeption der evolutionären Erklärung der Entstehung dieser Vermögen habe ich bereits vorgelegt in: M. Breul, Die Entstehung des Geistes. Ist Michael Tomasellos ›Naturgeschichte des menschlichen Denkens‹ eine Lösung des Leib-Seele-Problems?, in: ZKTh 141 (2019), 413–433.

33 Tomasello, Mensch werden (s. Anm. 29), 439. Vgl. auch 449: »Der Vorschlag lautet also, dass zwischen neun Monaten und drei Jahren die einzigartig menschlichen Anpassungen für gemein-

Nach der Ausbildung der gemeinsamen Intentionalität erfährt das kindliche Abstraktionslevel ungefähr im Alter von drei Jahren einen neuen Schub, denn zu dieser Zeit ereignet sich »die objektive/normative Wende«,[34] mit der die Ausbildung kollektiver Intentionalität einhergeht. Diese ermöglicht die Einnahme einer über-individuellen Perspektive eines jeden Mitglieds einer bestimmten Gruppe – »das an der Gruppe orientierte Denken und Handeln ist nicht nur ein Hochskalieren vom Zweitpersonalen zum Mehrpersonalen, sondern vielmehr eine Hochskalierung zur Selbstidentität der Gruppe.«[35] Damit gewinnen Kleinkinder ungefähr im Alter von drei Jahren die Fähigkeit, das eigene Denken und Handeln von einem abstrakten, gewissermaßen ›objektiven‹ Standpunkt aus zu evaluieren. Dies ist auch der Zeit-punkt, an dem Kinder echte Interaktionen mit Gleichaltrigen beginnen und nicht bloß asymmetrische Interaktionen mit Erwachsenen haben. Dieser Prozess endet dann im Alter von 6 bis 7 Jahren damit, als »vernünftige und verantwortliche ›Per-sonen‹«[36] zu gelten, denen man zunehmend eigenständige Aufgaben übertragen kann und die verlässliche Partner in Interaktionszusammenhängen sind.[37]

Entscheidend für die Ausbildung kognitiver, sozialer und moralischer Vermö-gen ist daher die Interaktion mit anderen, die zur Ausbildung der Fähigkeit geteil-ter Intentionalität führen. Es ist diese Fähigkeit, die den evolutionären Erfolg des Menschen erklärt und die den Schlüssel zu anderen beeindruckenden menschli-chen Fähigkeiten bietet.

Das ist auch der Grund, warum einflussreiche individualistische Theorien – wie etwa die Theorie der geistigen Entwicklung, die auf Jean Piaget zurückgeht – heutzutage aufgrund ihrer fehlenden Berücksichtigung der tiefgreifend sozialen Natur der menschlichen Ontogenese kritisch betrachtet werden. Auch wenn Piaget auf die soziale Umwelt und die symbolischen Interaktionen des Kindes mit seiner

---

same Intentionalität sich mit den Entwicklungspfaden verbinden, die für alle Menschenaffen cha-rakteristisch sind, um einzigartig menschliche Weisen des Verstehens, der Kommunikation und des Lernens von anderen zu erzeugen, sowie einzigartige Weisen des Verhaltens zu anderen als verständnisvollen Kooperationspartnern, die des Vertrauens und der Unterstützung würdig sind.«

34 Tomasello, Mensch werden (s. Anm. 29), 451.

35 Tomasello, Mensch werden (s. Anm. 29), 451.

36 Tomasello, Mensch werden (s. Anm. 29), 469.

37 Natürlich ist auch Tomasello bewusst, dass 7-jährige Kinder keine Personen in dem Sinne sind, dass sie volle Verantwortung für ihre Handlungen tragen. Allerdings behauptet er, dass die kogniti-ven Fähigkeiten dazu durch das Erreichen der Stufe der kollektiven Intentionalität schon angelegt sind – alles, was noch fehle, sei kulturelles Wissen und Übung im Gründe-Geben und Gründe-Verlangen: »Sechsjährige können nicht an einer kooperativen Problemlösung mit Bezug auf die Frage teilnehmen, wie man mit der kommenden Dürreperiode umgehen soll oder wie man sich bei einem schwelenden Streit […] um Geld verhalten soll, weil sie nicht genug darüber wissen, wie Dürre und Geld funktionieren.« (Tomasello, Mensch werden [s. Anm. 29], 472).

Umwelt verweist, erfolgt dieser Verweis eher stereotypisch und erhält keine tragende Funktion in der Piaget'schen Theoriearchitektur – er fasst die Grundlagen des kindlichen Entwicklungsprozesses »wesentlich individualistisch auf [...]: Das Kind als Wissenschaftler, der seine Umgebung erforscht und lernt, wie die Dinge funktionieren.«[38] Tomasello kritisiert diese individualistischen Theorien, da sie weder die menschliche Kognition noch die menschliche Sozialität hinreichend erklären könnten. Der Schlüssel für beides liege nicht in der Sprachlichkeit des Menschen, sondern in seinem Vermögen zu geteilter Intentionalität, aus der das beeindruckende Sprachvermögen des Menschen allererst folge: »Entscheidend ist, dass diese tieferen Prozesse geteilter Intentionalität – und nicht sprachliche Repräsentation und Komputation – das sind, was erforderlich ist, um die vielen und vielfältigen anderen Formen der einzigartig menschlichen Kognition und Sozialität zu erklären, angefangen von dem entstehenden Sinn der Kinder für Fairness und Verpflichtung bis zu ihrem kooperativen Denken mit Gleichaltrigen.«[39]

Diese Idee eines Primats der Intersubjektivität, welche einem Handlungssubjekt vorausgeht, ist keine Erfindung der evolutionären Anthropologie, sondern bereits im Pragmatismus eines George Herbert Mead oder der Diskurstheorie Jürgen Habermas' vorgedacht. So hält Habermas in seinem monumentalen Werk »Auch eine Geschichte der Philosophie« in kritischer Abgrenzung zu einer Subjektphilosophie, für die das Intersubjektive immer nur eine konsekutive Folge vorgängiger Subjektivität, aber nicht konstitutiv für ebendiese sein kann, explizit fest:

> Paradigmenbildende Kraft erhält [...] die intersubjektive Beziehung der kommunikativ vergesellschafteten Subjekte zueinander, die in die formativen Kontexte ihrer Lebenswelt eingebettet sind und gleichzeitig von deren Ressourcen zehren, während sie sich auf etwas in der objektiven Welt beziehen und gegebenenfalls miteinander über etwas verständigen. [...] Die Selbstbeziehung des erkennenden, handelnden und erlebenden Subjekts ist kein Erstes mehr, sondern wird ihrerseits durch ein Netz vorgängiger interpersonaler Beziehungen ermöglicht.[40]

Damit soll keineswegs das Autonomiedenken der Moderne unterboten werden. Vielmehr soll die ›vernünftige Freiheit‹ des Subjekts noch tiefer verstanden werden, indem naturgeschichtliche und ontogenetische Gesichtspunkte ihrer Genese in den Blick rücken. Wenn es aber die Fähigkeit zur kollektiven Intentionalität ist, die Menschen auszeichnet, ist es noch unplausibler als in Theorien der individuel-

38 Tomasello, Mensch werden (s. Anm. 29), 426.
39 Tomasello, Mensch werden (s. Anm. 29), 426f.
40 J. Habermas, Auch eine Geschichte der Philosophie, Band 2: Vernünftige Freiheit. Spuren des Diskurses über Glauben und Wissen, Berlin 2019, 576.

len Intentionalität oder bloßer Subjektivität, dass Menschen ohne eine gelingende Sozialisation, also ohne kommunikative Interaktion, zu Personen werden, die Selbstbewusstsein, Freiheit oder Moral ausbilden.

Wenn wir diese Erkenntnisse der evolutionären Anthropologie auf das Gedankenexperiment anwenden, fällt die Antwort recht eindeutig aus: Ohne zwischenmenschliche Interaktionen wäre es um die Ausbildung von Kognition, Moralität und Freiheit durch das Kind auf der einsamen Insel schlecht bestellt. Spuren dieses Gedankenexperiments finden sich auch in Tomasellos Schriften, und er ist hier ganz explizit:

> Ein modernes Kind, das auf einer einsamen Insel aufwächst, würde ganz auf sich gestellt nicht automatisch vollständig menschliche Denkprozesse aufbauen. Ganz im Gegenteil. Kinder werden mit Anpassungen zur Zusammenarbeit und Kommunikation und zum spezifischen Lernen von anderen geboren – die Evolution wählt adaptive Handlungen aus. Aber nur durch die tatsächliche Ausübung dieser Kompetenzen in der sozialen Interaktion mit anderen während der Ontogenese erzeugen Kinder neue Repräsentationsformate des Denkens, wenn sie [...] ihre koordinierenden Interaktionen mit anderen zu einem Denken für sich selbst internalisieren.[41]

Im Folgenden möchte ich diese Überlegungen theologisch perspektivieren und in ein Gespräch mit der Debatte um das Verhältnis von Gnade und Freiheit bringen. Ich bin der Auffassung, dass sich aus den Ergebnissen der evolutionären Anthropologie einige Schlussfolgerungen ableiten lassen, die ein neues Licht auf das Verhältnis von Gnade und Freiheit werfen können.

4 Ein neuer Vorschlag zur Lösung des Dilemmas von Freiheit und Gnade

Tomasello richtet seinen evolutionär-anthropologischen Blick nicht auf das menschliche Vermögen der Willensfreiheit. Dennoch lässt sich sein Ansatz nicht sinnvoll rezipieren, wenn man ein solch zentrales menschliches Vermögen einfach aus der Naturgeschichte und der Ontogenese des Menschen ausklammert. Daher gilt: Eine ›Naturgeschichte der Freiheit‹ ist nicht denkbar ohne intersubjektive Interaktionen, die als Ermöglichungsbedingung für die Entstehung autonomer Subjekte gelten können.[42] Freiheit selbst setzt also etwas Vorgegebenes voraus –

---

41 Tomasello, Eine Naturgeschichte des menschlichen Denkens (s. Anm. 27), 20.

42 Es ist wichtig zu sehen, dass mit dieser Beschreibung keine Werturteile verbunden sind. Ein

intersubjektive Interaktionen, die das Potenzial zur Entwicklung eines freien Subjekts aktualisieren. Damit ist *nicht* ein Kompatibilismus bejaht, da die naturgeschichtliche Einbindung der Freiheit nicht das Prinzip alternativer Möglichkeiten oder die Idee einer Freiheit als Spontanität und Kreativität verunmöglicht. Der grundlegende Libertarismus, der von Pröpper, Wendel oder Langenfeld gegenüber Werbicks Quasi-Kompatibilismus verteidigt wird, bleibt mit Blick auf die Analyse dessen, was Freiheit zu Freiheit macht, gleich. Was sich verschiebt, ist die Analyse der Ermöglichungsbedingungen der Freiheit: Auch Freiheit ist ein naturverflochtenes Vermögen, welches evolutionär entstanden ist und daher nicht als selbstursprünglich verstanden werden kann. Mit dieser Aussage ist ebenso *nicht* ein Naturalismus verbunden – es macht ja gerade die Rede von einer ›Naturgeschichte‹ der Freiheit aus, die Einsicht in die Naturverflochtenheit menschlicher Vermögen zu berücksichtigen, ohne sie auf natürliche Vorgänge zu reduzieren. Die Genealogie der Freiheit – sowohl menschheitsgeschichtlich als auch im konkreten Individuum – ist allerdings konstitutiv für die Analyse des Vermögens selbst. Sie ist nicht ein nettes Surplus, das lediglich ein Ornament für einen transzendentalen Freiheitsbegriff ist, sondern zielt in das Herz philosophischer und theologischer Freiheitsanalysen: Ohne angemessene Berücksichtigung der Naturgeschichte der Freiheit fehlt solchen Analysen eine entscheidende Dimension des menschlichen Freiheitsvermögens. Jan-Christoph Heilinger hält in seinen Überlegungen zu einer »Naturgeschichte der Freiheit« daher treffend fest:

> Der methodische Ausgangspunkt einer derart verstandenen Naturgeschichte ermöglicht es, die Debatten über die Freiheit des Willens aus dem Korsett neurowissenschaftlicher Experimente zu befreien, die häufig auf einem zu engen Verständnis der Beweiskraft von Kausalerklärungen beruhen. Schließlich wird mit der Freiheit ein Phänomen untersucht, das gar nicht isoliert betrachtet werden kann, sondern nur unter Berücksichtigung eines ganzen

---

typischer Einwand gegen eine ›Theologie der Kinder‹ besagt, dass Kinder ja nur das ›Potenzial‹ zur Entwicklung eines freien Subjekts hätten und ihre Perspektive damit marginalisiert wird, weil kindliches Dasein ja nur eine ›Vorstufe‹ zum Ideal vollständiger Autonomie im Erwachsenenalter sei. In meinen Augen verfehlt dieser Einwand die Pointe einer ›Naturgeschichte der Freiheit‹: Es geht hier nicht um ein normativ aufgeladenes ›Stufenmodell‹ der menschlichen Ontogenese, das bestimmten Idealen des Erwachsenen-Seins genügen muss, sondern um eine empirisch gestützte Beschreibung der ontogenetischen Entwicklungsschritte von Individuen. Offensichtlich sind Säuglinge und Kleinkinder keine autonomen Wesen, wie es Erwachsene sind, und so werden sie in der alltäglichen, der pädagogischen oder der juristischen Praxis auch nicht behandelt. Daraus lässt sich aber nicht folgern, dass das Kind-Sein nur eine Schwundstufe des Erwachsenen-Seins ist, sondern nur, dass sich die Fähigkeiten und Perspektiven von Kindern und Erwachsenen unterscheiden – und das auch die Theologie gut beraten wäre, nicht nur die idealisierte Perspektive eines gebildeten, physisch und psychisch gesunden Erwachsenen für die eigene Theoriebildung zu berücksichtigen, sondern auch die Perspektiven von Kindern auf die Welt zu beachten.

Organismus, der sich in einer sozialen und natürlichen Umwelt orientieren und verhalten muss, überhaupt angemessen beschrieben werden kann.[43]

Ein solchermaßen rückgebundenes und interdisziplinäres Verständnis von Freiheit kann nun für den Streit um das Verhältnis von Freiheit und Gnade fruchtbar gemacht werden. Das Zueinander von Freiheit und Gnade muss gar nicht durch die Bejahung eines Kompatibilismus erkauft werden, sondern kann durch das Eintragen ihrer eigenen Naturgeschichte in das Vermögen libertarischer Freiheit gelöst werden, da auch diese Passivität in sich trägt – ohne vorhergehende Erfahrungen, ohne ein Moment von Passivität kann es keine Aktivität, keine libertarische Freiheit geben. Insofern könnte eine vermeintliche Frontstellung zwischen Gnade und Freiheit auch auf einem missverständlichen Gebrauch der beiden Begriffe beruhen, und naturgeschichtliche Indizien des Zueinanders – nicht des Gegeneinanders – von Freiheit und Gnade könnten theologische Indizien dafür sein, dass es sich in der Sache um kein wirkliches Problem handelt. Dies stellt auch Langenfeld heraus:

> Die Frage welches Prinzip (Freiheit oder Gnade, M.B.) dabei stärker ist, muss als Scheinproblem betrachtet werden, da Gott und Mensch nie als Konkurrenzursachen verstanden werden dürfen. Andernfalls würde Gott letztlich zu einer innerweltlichen Ursache erklärt. [...] Es geht nicht ohne Gottes ungeschuldetes Angebot der Liebe, aber auch nicht ohne die freie Annahme des Menschen.[44]

In eine ähnliche Richtung zielt ein Vorschlag von Magnus Lerch, der ebenfalls das Zueinander von Passivität und Aktivität betont und sich gegen eine einseitige Privilegierung einer Seite ausspricht. Für Lerch korreliert die Betonung der Aktivität des Menschen mit einer transzendentallogischen Denkform, die Betonung der Passivität des Menschen hingegen mit einer phänomenologischen Denkform. Beide unterscheiden sich in ihren Reflexionsrichtungen: Während die transzendentallogische Denkform das ›Auf-etwas-hin-Sein‹ des Menschen und damit seine Aktivität und Autonomie in den Blick nehme, schaue die phänomenologische Denkform auf das ›Von-etwas-Her-Sein‹ des Menschen und betone daher die Passivität und das Bestimmtwerden des Menschen durch die ihn umgebenden Kontexte. Lerch zufolge können sich beide Denkformen wechselseitig ergänzen, solange sich

> die jeweilige Denkform [...] keine hermeneutische Alleingeltung verschafft. Die *transzendentallogische* Ebene beschreibt den Menschen als das Wesen *möglicher Selbstbestimmung*, die

---

43 J.-C. Heilinger, Einleitung: Naturgeschichte der Freiheit, in: ders. (Hg.), Naturgeschichte der Freiheit, Berlin 2007, 1–29: 11.

44 A. Langenfeld, Art. Gnade, in: ders./C. Dockter/M. Dürnberger (Hg.), Theologische Grundbegriffe. Ein Handbuch, Paderborn 2020, 68–70: 69 f.

von der Gnade nicht ausgelöscht, sondern umgekehrt vorausgesetzt wird: Personale Liebe (und damit auch Gott selbst, der die Liebe ist) setzt sich nicht gewaltsam durch, sondern erreicht ihren Adressaten nur im Modus freier Zustimmung. Damit ist das anthropologisch und theologisch unhintergehbare Moment der *Aktivität* bezeichnet. Die *phänomenologische* Ebene beschreibt den Menschen als das Wesen *realen Bestimmtseins* durch faktische Prägungen, die mir und meinen einzelnen Freiheitsakten vorausliegen, diese daher gerade mitbestimmen: Der Liebe kann ich nur zustimmen, wo ich von ihr eingenommen, berührt und bewegt bin. Damit ist das ebenso unverzichtbare Moment menschlicher *Passivität* markiert.[45]

Der Vorteil dieses Herangehens ist, das Werbick'sche Anliegen der Vermittlung von Aktivität und Passivität aufzunehmen, ohne diese Vermittlung durch eine kompatibilistische ›Schrumpfung‹ des Freiheitsbegriffs zu erkaufen. In einer räumlichen Metapher gesprochen: Es gibt kein Innen ohne Außen, da das Innenleben des Subjekts ohne Konfrontation mit dem Außen überhaupt nicht entstehen könnte – weder naturgeschichtlich noch ontogenetisch. Es gibt aber auch kein ›Außen-an-sich‹ ohne das Innen eines Subjekts, da das Außen nicht als solches zugänglich ist, sondern der deutenden Erschließung eines Subjekts bedarf. Ein Insistieren auf der Notwendigkeit der Begegnung mit dem konkreten Anderen und seiner Freiheit ist der ›Ereignisort‹ von Gnade. Zugleich kommt diese Innen-Außen-Metaphorik schnell an ihre Grenzen: Gerade in der Perspektive einer evolutionären Anthropologie sind die Übergänge zwischen Innen- und Außenperspektiven fließend, da die Ontogenese des Subjekts – die kommunikative Interaktion mit seiner sozialen Umwelt – entscheidend dafür ist, um überhaupt die klassischen Vermögen des Subjekts wie Freiheit, Vernunft oder Personalität auszubilden.[46]

Eine Naturgeschichte der Freiheit und das ihr zugehörige Gedankenexperiment vom einsamen Kind auf der Insel zeigen also zweierlei. Zum einen ist der

---

45 Lerch, Gnade und Freiheit (s. Anm. 2), 421.
46 Es gibt eine interessante Parallele zwischen einer evolutionär-anthropologischen ›Naturgeschichte der Freiheit‹ zu einer im Anschluss an Hegel formulierten ›Sozialgeschichte‹ der Freiheit, wie sie Christoph Menke entwickelt und Sarah Rosenhauer theologisch aufnimmt. Rosenhauer schreibt, im Einklang mit den Erkenntnissen der evolutionären Anthropologie und im Anschluss an Menke: »Freiheit bedarf der Anerkennung durch andere Freiheit, um zu sich selbst befreit zu werden. [...] Freiheit muss zu sich selbst befreit werden durch die Interaktion mit dem Anderen – dem Anderen, der ihm in Form des Nein (Disziplin) gegenübertritt und ihm so ermöglicht, das Vermögen der Entgegensetzung auszubilden und dem Anderen, der ihm in Form des Ja (Anerkennung) begegnet und ihn so dazu befreit, seine Freiheit anders als Selbstbeherrschung und Anpassung zu vollziehen.« (S. Rosenhauer, Der nahe Gott. Das Argument aus religiöser Erfahrung, in: dies./M. Breul/A. Langenfeld/F. Schiefen, Gibt es Gott wirklich? Argumente für den Glauben – ein Streitgespräch, Freiburg 2022, 113–149: 127; vgl. dazu auch S. Rosenhauer, Die Unverfügbarkeit der Kraft und die Kraft des Unverfügbaren. Subjekttheoretische und gnadentheologische Überlegungen im Anschluss an das Phänomen der Kontingenz, Paderborn 2018). Diese Querverstrebungen

Glaube nicht einfach ohne weiteres aus der Freiheit des Menschen ableitbar. Der Mensch gibt sich nicht selbst den Glauben, sondern er muss bestimmte Erfahrungen machen, die ihn auf den Glauben stoßen. Die Idee, dass der Glaube an Gott nur ein Produkt der freien Vernunft des Menschen ist, kommt einer Projektionsthese gleich. Zum anderen gilt aber auch: Dieses Primat der Initiative Gottes wäre missverstanden, wenn Gnade nur die von oben kommende Injektion des Glaubens in (ausgewählte?) Gläubige wäre. Genau dies wäre in unserem Gedankenexperiment bei dem einsamen Kind auf der Insel ja streng genommen auch möglich. Gnade kann also nicht einfach Instruktion meinen, nicht das unvermittelte Herstellen des Glaubens durch ein episodisches göttliches Handeln. Die Rede vom Primat der Initiative Gottes zielt also vielmehr darauf, dass Gott sich in deutungsoffenen geschichtlichen Zusammenhängen so zeigt, dass Menschen diese Erfahrungen als Offenbarung Gottes deuten können und ihren Glauben darauf begründen. Es geht nicht ohne diese geschichtlichen und existenziellen *Erfahrungen* – das ist ja auch der Grund, warum unsere Intuition so klar ist, dass im Gedankenexperiment das Kind keine religiöse Selbst- und Weltdeutung entwickelt. Es geht aber auch nicht ohne eine *Deutung* dieser Erfahrungen in einem Bezugsraum des Glaubens. Der tiefere Sinn der ›Gemeinsamen Erklärung zur Rechtfertigungslehre‹ könnte genau darin liegen: Einerseits in der Betonung des ›Gesagt-Bekommen-Müssens‹, das zuerst kommen muss, und andererseits in der Betonung der freien Deutung dessen, was da in den Ambiguitäten der weltlichen Kontexte gesagt wird.

Tomasellos Theorie der Ontogenese bestätigt diese Auffassung auch empirisch, zumindest für den Bereich der Entwicklung des menschlichen Denkens: Ohne Input von außen kann es dem Kind auf der Insel nicht gelingen, das zu entwickeln, was für den durchschlagenden evolutionären Erfolg der Spezies Mensch verantwortlich ist: Kollektive Intentionalität. Der Mensch zeichnet sich nicht dadurch aus, dass er sich seine Freiheit und sein Selbstbewusstsein einfach selbst gibt oder diese auf mirakulöse Weise selbstursprünglich und ohne Rückbindung an evolutionäre Prozesse im Menschen entstehen – er ist konstitutiv auf Interaktion, auf Intersubjektivität angewiesen, um zum Subjekt zu werden. Zugleich eröffnet Tomasellos naturgeschichtlicher Blick auf die menschliche Ontogenese einen Raum dafür, eine nicht-reduktive Analyse libertarischer Freiheit vorzunehmen und zudem auch über die Legitimität theistischer Interpretationen der eigenen Existenz nachzudenken.[47]

---

zwischen dem Pragmatismus der evolutionären Anthropologie Tomasellos und der Anerkennungstheorie Hegels können an dieser Stelle nicht weiter vertieft werden, aber sie bieten ein interessantes zukünftiges Forschungsfeld.

47 Vgl. zu diesen weitergehenden Überlegungen zur Rationalität des Glaubens im Anschluss an die

Eine Integration der ›Perspektive der Kinder‹ bzw. der Perspektive einer gegenwärtigen kindlichen Entwicklungstheorie zeigt also, dass die aktuelle Debatte um das Verhältnis von Gnade und Freiheit von der Integration einer solchen Perspektive nur profitieren kann. Es könnte durchaus sein, dass bestimmte Pattsituationen der ökumenischen Debatte um Gnade und Freiheit mit der fehlenden Repräsentation dieser Perspektive zu tun haben, da die Frage ›Woher kommt die Religion?‹ meist ausschließlich mit der Frage ›Woher kommt die Religion eines autonomen erwachsenen Menschen?‹ gleichgesetzt wird. Wenn man sich die naturgeschichtliche und ontogenetische Entwicklungspfade zentraler menschlicher Vermögen anschaut, kommt man jedoch zu einer alternativen, ontogenetisch kontextualisierten Entstehungsgeschichte zentraler menschlicher Vermögen. Diese Einsicht wurde hier exemplarisch in der Debatte um Gnade und Freiheit erprobt – und es würde sicher einige weitere Erkenntnisfortschritte für die Systematische Theologie bringen, wenn diese Einsicht auch in anderen Bereichen Einzug halten würde.

Abschließend könnte ein evolutionär-anthropologischer Zugriff also folgendes über das Verhältnis von Freiheit und Gnade sagen: Religiöser Glaube ist immer Gnade. Gnade ist aber nicht die mirakulöse Injektion des Glaubens durch eine göttliche Manipulation des Überzeugungssystems einer Person. Gnade ist vielmehr die Erfahrung von Geborgenheit, Vertrauen, Freundschaft, Liebe. Diese Erfahrung ermöglicht eine Deutung des eigenen Lebens als eines Daseins, welches sich Gott verdankt. Und so ließe sich der in der Theologie seit Jahrhunderten ungeklärte Konflikt von Gnade und Freiheit vielleicht lösen: Ohne Gnade, d.h. ohne die Interaktion mit einer Umwelt, die Erfahrungen von Liebe ermöglicht, ist Glaube nicht denkbar. Ohne Freiheit, diese Erfahrungen von Liebe als Erfahrungen der Gegenwart Gottes zu deuten, ist Glaube aber auch nicht denkbar. Es braucht also beides: Die göttliche Initiative, die dem Menschen zeigt, dass der Urgrund des Seins gut ist, und die freie menschliche Rezeption dieser Initiative, die immer in innerweltlichen Begrifflichkeiten und Erfahrungen verkapselt ist und daher deutungsoffen bleibt.

Evolutionäre Anthropologie auch M. Breul, Tomasello and Kant. Religious Faith and the Evolution of Morality – Empirical Support for Kant's ›Postulates of Practical Reason‹?, in: ders./C. Helmus (Hg.), The Philosophical and Theological Relevance of Evolutionary Anthropology. Engagements with Michael Tomasello, London/New York 2023, i.E.; M. Breul, Eine Naturgeschichte der Religion? Zum Verhältnis von Evolutionärer Anthropologie und religiösen Selbst- und Weltdeutungen, in: G.M. Hoff/J. Knop (Hg.), Konstruierte Schöpfung?, Freiburg 2023, i.E.

Verzeichnis der Autorinnen und Autoren

Prof. Dr. Florian Bock
Ruhr-Universität Bochum, Katholisch-Theologische Fakultät, Kirchengeschichte des Mittelalters und der Neuzeit, Universitätsstraße 150, 44780 Bochum, Deutschland,
florian.bock@ruhr-uni-bochum.de

Dr. Dr. Martin Breul
Technische Universität Dortmund, Institut für Katholische Theologie, Emil-Figge-Straße 50, 44227 Dortmund, Deutschland, **martin.breul@tu-dortmund.de**

Dr. Malte Cramer
Ruhr-Universität Bochum, Evangelisch-Theologische Fakultät, Universitätsstraße 150, 44801 Bochum, Deutschland, **malte.cramer5@rub.de**

Prof. Dr. Johannes Drerup
Technische Universität Dortmund, Fakultät Erziehungswissenschaft, Psychologie und Bildungsforschung, Institut für Allgemeine Erziehungswissenschaft und Berufspädagogik, Professur für Allgemeine Erziehungswissenschaft mit dem Schwerpunkt Bildungstheorie, Emil-Figge-Straße 50, 44227 Dortmund, Deutschland, **johannes.drerup@tu-dortmund.de**

Prof. Dr. Mohammad Gharaibeh
Humboldt-Universität zu Berlin, Berliner Institut für Islamische Theologie (BIT), Professor für Islamische Ideengeschichte, Unter den Linden 6, 10099 Berlin, Deutschland,
mohammad.gharaibeh@hu-berlin.de

Prof. Dr. Bernhard Grümme
Ruhr-Universität Bochum, Katholisch-Theologische Fakultät, Lehrstuhl für Religionspädagogik und Katechetik, Universitätsstraße 150, 44801 Bochum, Deutschland, **bernhard.gruemme@rub.de**

Prof. Dr. Rebekka Klein
Ruhr-Universität Bochum, Evangelisch-Theologische Fakultät, Lehrstuhl für Systematische Theologie, Universitätsstraße 150, 44801 Bochum, Deutschland, **rebekka.klein@ruhr-uni-bochum.de**

Prof. Dr. Britta Konz
Johannes Gutenberg-Universität Mainz, Evangelisch-Theologische Fakultät, Wallstraße 7/7a, 55122 Mainz, Deutschland, **bkonz@uni-mainz.de**

Prof. Dr. Andreas Kunz-Lübcke
Fachhochschule für Interkulturelle Theologie Hermannsburg, Missionsstraße 3–5, 29320 Südheide, Deutschland, **a.kunz-luebcke@fh-hermannsburg.de**

https://doi.org/10.1515/bthz-2023-0018

Prof. Dr. Katharina Pyschny
Universität Graz, Katholisch-Theologische Fakultät, Institut für Alttestamentliche Bibelwissenschaft,
Heinrichstraße 78, 8010 Graz, Österreich, **Katharina.Pyschny@uni-graz.at**

Michael Rocher
Universität Siegen, Fakultät II, Department Erziehungswissenschaft, Adolf-Reichwein-Straße 2a,
57076 Siegen, Deutschland, **michael.rocher@uni-siegen.de**

Prof. Dr. Dr. h. c. Friedrich Schweitzer
Eberhard Karls Universität Tübingen, Evangelisch-theologische Fakultät, Liebermeisterstraße 12,
72076 Tübingen, Deutschland, **Friedrich.Schweitzer@uni-tuebingen.de**

Prof. Dr. Dr. Clemens Sedmak
University of Notre Dame, Keough School of Global Affairs, 1060E Jenkins Nanovic Halls, Notre Dame,
IN 46556, USA, **csedmak1@nd.edu**

Prof. Dr. Henrik Simojoki
Humboldt-Universität zu Berlin, Theologische Fakultät, Lehrstuhl für Praktische Theologie und
Religionspädagogik, Unter den Linden 6, 10099 Berlin, Deutschland, **henrik.simojoki@hu-berlin.de**

Prof. Dr. Thomas Söding
Ruhr-Universität Bochum, Katholisch-Theologische Fakultät, Universitätsstraße 150, 44801 Bochum,
Deutschland, **thomas.soeding@ruhr-uni-bochum.de**

Prof. Dr. Fahimah Ulfat
Eberhard Karls Universität Tübingen, Zentrum für Islamische Theologie (ZITh), Professur für
Islamische Religionspädagogik, Rümelinstraße 27, 72070 Tübingen, Deutschland,
fahimah.ulfat@uni-tuebingen.de

Dr. Tim Weitzel
Universität Regensburg, Fakultät für Philosophie, Kunst-, Geschichts- und Gesellschaftswissenschaften, Institut für Geschichte, Universitätsstraße 31, 93053 Regensburg, Deutschland,
tim.weitzel@geschichte.uni-regensburg.de

Berliner Theologische Zeitschrift
Band 41 (2024): »Heilige Räume – Räume des Heiligen«

Unser nächster Band ist sakralen Räumen in Geschichte und Gegenwart gewidmet und geht
Imaginationen, Konstruktionen und Konzeptionen von heiligen Räumen in Judentum, Christentum
und Islam nach. Im Einzelnen sind folgende Beiträge geplant: **Almila Akca** (Berlin), Religiöse Praxis
muslimischer Senior:innen in Berliner Kieztreffs und Stadtteilzentren. Wie das Heilige im zivilen Raum
ausgehandelt wird – **Marlen Bunzel** (Berlin), Heilige Räume im Alten Testament – **Alexander Deeg**
(Leipzig), Making and Unmaking of »Holy Spaces«. (Raum-)Praktiken des Heiligen – **Insa Eschebach**
(Ravensbrück), Sakralisierungsprozesse in der Erinnerungskultur – **Reinhard Flogaus** (Berlin),
Vorstellung vom »Heiligen Russland«. Geschichte und aktuelle Bedeutung – **Martin Illert** (Halle),
Apotheose der Nation? Entstehung und Gestaltung der Methodiusgebetsstätte Ellwangen – **Sonja
Keller** (Neuendettelsau), Materielle Kulturen des Religiösen erschließen. Zum Gestaltungsprimat im
Umgang mit kirchlichen Bauten – **Stefanie Lieb** (Köln), »Gott wohnt auch im Bimsbeton«. Sakral-
raumtheorien und Materialsemantiken des Nachkriegskirchenbaus – **Lubomir Batka** (Bratislava),
Moralische Emotionen in Heiligen Räumen und in Räumen des Heiligen. Schuld, Empörung und
Bewunderung – **Philip Manow** (Bremen), Erik Peterson, Carl Schmitt, und ihr Austausch darüber,
wie der *ekklesia*-Begriff aus dem Politischen ins Religiöse und wieder zurück wandert – **Ulrich Mell**
(Tübingen), Heiliggeistkirche. Zum Verständnis des Heiligen im frühen Christentum – **Anna Minta**
(Linz), Architekturen der Gemeinschaftsstiftung. Heilige Räume und Kultorte – **Gerdi Nützel** (Berlin),
Shared Space. Impulse für die Sakralbauarchitektur in einem religiös pluralen Kontext – **Silke
Radosh-Hinder** (Berlin), »Neutrale« Heiligkeit? Dilemma und Lösungsansätze in der (kommunikativen) Konstruktion interreligiöser und multireligiöser Räume – **Eli Reich** (Potsdam), »Standing
crowded, but prostrating spaciously«. Poetics of Space in Jewish Theology of Prayer – **Risto Saarinen**
(Helsinki), »Der ort ist wol leiblich« (Luther). Der aristotelische Raumbegriff in der christlichen Theo-
logie – **Ansgar Schulz / Benedikt Schulz** (Leipzig), In Bewegung. Umgestaltung des Kirchenraumes
von St. Rochus in Düsseldorf – **Edward Van Voolen** (Potsdam), Was sind heilige Orte im Judentum? –
Joseph Verheyden (Leuven), Travels with Egeria, or How to Create Sacred Space – **Thomas Wabel**
(Bamberg), Neues Bauen für den neuen Menschen? Christliche Anthropologie im Gespräch mit Otto
Bartning – **Günther Wassilowsky** (Berlin), Das posttridentinische Rom als heiliger Raum. Urbane
Rituale und Topographie – **Matthias Wüthrich** (Zürich), Wo sind die Toten? Eschatologische
Reflexionen zu digitalen und analogen Jenseitstopologien – **Kim de Wildt** (Bonn), Die Unheiligkeit
des Sakralraums.

www.ingramcontent.com/pod-product-compliance
Lightning Source LLC
Chambersburg PA
CBHW031914160426
42812CB00096B/675